인도 고전어
쌍쓰끄리땀
첫마당

1

संस्कृत

saṃskṛtavākyopakriyā

강성용 지음

인도 고전어 쌍쓰끄리땀 첫마당

1

rasa

वाक्योपक्रिया

머리말

필자는 오래전부터 한국 학생들이 인도의 문화와 역사를 이해하는 관문이라고 할 수 있는 인도 고전어 쌍쓰끄리땀을 배울 수 있도록 교재를 만들겠다는 생각을 해왔다. 어쩌면 이 기획은 자료들을 뒤지면서 독학으로 쌍쓰끄리땀을 배우는 길에 들어선 1980년대 후반부터 이미 시작되었다고 할 수 있을 것이다. 부족함과 어려움이 많았고, 숱한 우여곡절이 있었지만, 필자의 구상이 이 책으로 결실을 맺기까지 좋은 인연들과 많은 이의 도움이 있었다. 이 모두를 언급하지는 못할지라도 이 책의 기획 의도가 반영되어 현재의 모습을 갖추기까지의 사정을 밝히는 이야기를 짧게 덧붙이고자 한다.

한국인들이 쌍쓰끄리땀을 배우기란 어려운 일이다. 그런데 실제로 필자 주변에는 다양한 이유로 인도 고전어를 배우고자 하는 사람이 많았다. 대학의 정규 강의는 물론이고 비정규 언어 강좌를 통해 필자 나름대로 가르치는 일에 노력해본 경험이 있다. 그런데 한국인이 인도유럽어에 속하는 쌍쓰끄리땀을 배우는 데에 영어나 다른 현대 유럽어로 편찬된 교재를 사용해 배우다 보니 문제가 적지 않았다. 현실적으로 영어 이외의 언어로 된 교재를 채택하는 일은 불가능하기도 했다. 그리고 일본어로 저술된 교재나 그 번역서들의 경우에는 불교한문을 직접 차용하는 번역이 아닌 번역이라는 문제가 심각해 강의 교재로 활용하기에는 적절하지 않았다. 모든 문법 서술 작업이 피할 수 없는 구조적인 한계가 있다 하더라도, 교재라면 정확한 정보를 좀 더 효율적으로 제공하려는 시도를 멈추지 말아야 한다. 그런데 필자 스스로가 과연 더 나은 교재를 만들어낼 만큼의 시간과 노력을 쏟아부을 수 있을지 확신이 서지 않는 기간이 길었다. 그런데 한국의 교육과정이 가진 제도적인 틀에 맞게 한국의 학습자들이 효과적으로 공부할 수 있도록 해주는 교재를 만들어야 할 필요를 실감하던 차에, 또 다른 맥락에서 새로운 교재를 만들 필요성을 절감하게 되었다. 현재 전 세계적으로 활용되고 있는 수많은 교재, 그리고 한국에서 주로 사용하는 더 많은 저질의 교재들이 담고 있는 일부 정확하지 않거나 아예 잘못된 정보들이 수정되지 않고 확대 재생산되고 있다는 사실에 주목하게 되었기 때문이다.[1]

한국어로 교재를 만들려니 무엇보다 먼저 고전쌍쓰끄리땀을 확립시킨 인도의 빠니니문법 전통을 정리해 한국어로 설명할 수 있는 토대를 마련해야 했다. 2011년에 출간된 『빠니니 읽기: 인도 문법전통의 이해』(한길사)가 이러한 토대를 만들어온 작업의 결과물이다. 이 작업을 통해 본 교재에서 사용할 기본적인 문법 용어들, 즉 빠니니(Pāṇini)의 문법체계를 한국어로 서술하기 위한 준비가 이루어졌다. 하지만 몇 년 동안 교재 편찬 작업은 희망으로만 남아 있을 수밖에 없었는데, 가장 큰 이유는 교재의 특성상 학습의 효율성과 정확성을 담보해야 하므로 수없이 수정에 수정을 거쳐야 했기 때문이다. 결국 세계적으로 사용되는 쌍쓰끄리땀 교재들을 최대한 빠짐 없이 모아 비교하고 검토하는 작업이 이루어졌고, 고려대학교 민족문화연구원의 문화학교에서 이루어졌던 쌍쓰끄리땀 야간 강좌에서 매 강좌를 위한 초고를 마련하고 이것을 수정해가면서 집필을 시작할 수 있었다. 이 초고는 몇 차례 수정을 더 거친 후에 구체적인 출간 원고의 모습을 갖추고 서

1 이 문제에 대한 구체적인 고민과 검토의 내용은 「쌍쓰끄리땀 교육을 위한 교재의 계보와 쟁점 그리고 모색」(『불교학 리뷰』, 2019년 25권)이라는 글에서 구체적으로 제시되어 있다.

울대학교 정규 강좌에서 교재로 사용되었다.

쌍쓰끄리땀의 문법을 서술하는 작업 자체가 갖는 구조적인 문제는 물론이고 교재로서의 교육적 효율성에 대해 고민하다 보니 쌍쓰끄리땀 문법의 근원적인 이론적 한계와 문법책들의 계보를 구체적으로 재검토하기에 이르렀는데,[2] 이 과정에서 필자가 맞딱뜨린 문제들이 피할 수 없는 문법 서술의 구조적인 문제들이나 쌍쓰끄리땀의 역사와 맞닿은 문제들이라는 사실을 명확하게 확인할 수 있었다. 이 결과로 학습의 효율성과 정확성을 목표로 삼아, 한국의 교육 환경 안에서 사용 가능한 교재를 만들어야 한다는 현실적 필요에 맞추는 것이 가장 적절한 교재 구성의 원칙이라고 판단하게 되었다. 그리고 이 맥락에서 부가적으로 크게 고려된 것은 초급 교재에서 얻은 쌍쓰끄리땀에 대한 지식이 개별 학습자들에게 미래를 위해 가져다주어야 할 확장 가능성이었다. 이러한 점들을 고려해 지금의 체제로 교재가 마련되었는데, 체제 구성을 최종으로 결정할 즈음 우연히 각국의 학자들과 함께 쌍쓰끄리땀 교육과 교재의 고민을 공유할 기회가 찾아왔고,[3] 필자에게 큰 도움이 되었다. 필자가 거쳐온 많은 고민과 모색의 내용은 앞서 발표한 별도의 글에서도 찾아볼 수 있겠지만, 본 교재 역시 완벽하다고 할 수 없으며 앞으로 개선해야 할 과제를 안고 있음을 필자는 잘 알고 있다. 다만 지금까지 필자가 노력해서 얻은 최선의 결과를 이 교재에 담았다. 앞으로 이 책의 교재로서의 활용 가능성과 학습의 효율성을 높이기 위해 다양한 매체와 디지털 기술을 활용한 다양한 형식을 동원해서 추가적인 노력을 기울이려고 마음

---

2 쌍쓰끄리땀 문법책의 계보나 그 구조적 한계에 대한 논의에 관심이 있는 독자라면 필자가 발표한 논문 「쌍쓰끄리땀 문법의 서술, 그 역사적 맥락과 쟁점들」(『인문학연구』, 2017년 109호)과 「쌍쓰끄리땀 문법의 서술, 구조적 쟁점들에 대하여」(『인문과학』, 2019년 115호) 등을 참조하기 바란다.

3 중국 항저우에서 2017년에 열린 학술대회에서 필자가 발표한 글, "Considerations on the Theoretical Issues and Practical Problems in Preparing Sanskrit Course Books in Korean" 이 베이징에서 발간될 단행본에 실릴 예정이다. 본 교재의 발간에 대한 구체적인 고민들을 정리한 글이다.

먹고 있다.

이제 이 책이 세상에 나오기까지 수많은 오류와 개선해야 할 사항을 지적해주고 제안해준 수많은 학생들에게, 그 이름을 일일이 밝히지는 못하지만, 깊은 감사의 마음을 전한다. 이 교재가 탄생하기까지에는 고려대학교 민족문화연구원의 야간 강좌에서 빛나는 열정을 보여준 수많은 분들의 열의가 늘 함께했다. 대학 재학생이나 일반인들은 물론이고 선배 학자분들까지 모두 함께했던 시간이 본 교재를 잉태한 힘이었다고 생각한다. 동국대학교 이정희 선생님과 김성옥 선생님께 감사를 드린다. 쌍쓰끄리땀 강의가 항상 열릴 수 있도록 "문화학교"라는 누구에게나 열린 고전어 교육의 장을 수십 년간 조직해준 고려대학교 민족문화연구원의 모든 관계자분께 감사를 드린다. 특히 조성택 선생님과 문화학교의 강의를 지원해주셨던 우응순 선생님, 그리고 세세한 일까지 꼼꼼히 챙겨주었던 조교들에게도 감사의 마음을 전한다. 또한 서울대학교에서 정규과목으로 강좌를 진행하는 동안 많은 제안과 지적을 해주었던 학생들과 청강생들에게도 마음으로부터 감사를 전한다. 한정숙 선생님, 김현경 씨, 김옥진 씨의 제안과 조언에서 얻은 바도 많았다. 서울대학교의 구하원 선생님과 트래비스 스미스(T. Smith) 선생님은 필자 주변의 드문 인도학 전공자인데, 쌍쓰끄리땀 강좌를 진행하는 데 많은 도움을 주었다.

이 교재를 집필하는 일에서 연구보조원 일을 기꺼이 맡아 크게 애써준 두 분, 배대국 씨와 서정주 씨의 도움이 없었다면 이 교재의 집필은 아예 불가능했을 것이다. 두 사람의 확신과 열정은 필자에게 항상 큰 자극이 되었고, 배대국 씨는 이 교재의 가편집까지 맡아주었으니 무어라 고마움을 전해야 할지 모르겠다. 두 사람이 모두 필자에게서 쌍쓰끄리땀을 배운 학생이었는데, 같은 시기에 배우기 시작한 학생 김정애 씨는 필자가 놓치고 있는 점들에 대해 발전적인 제안을 해주어서 교재의 내용을 학생들의 눈높이에 맞추는 데 도움이 되었다. 그리고 씨알디자인의 함석훈 사장님이 데바나가리 문자를 익힐 수 있도록 자료를 만드는 일에 도움을 주신 덕분에 필자의 머릿속에만 있던 구상들이 현실로 구현되었다. 오랫동안 준비해온 작업이 늦게야 빛을 보게 되었지만, 이제 비로소 공식적으로 감사의 마음을 전한다. 그리고 이지영 선생님은 그림 자료를 다듬어 준비해주었다.

필자가 본격적인 쌍쓰끄리땀 교육을 받기 시작했던 것은 독일 함붉(Hamburg)대학의 베즐러(A. Wezler) 선생님의 수업에서였다. 베즐러 선생님은 파울 티메(Paul Thieme)의 학맥(paramparā)을 이은 분이셨고 그 전통에 따라 "인도학자는 매 학기마다 최소한 한 강좌는 문학작품(kāvya)을 읽어야 한다."고 하셨다. 부족한 제자이다 보니 전공하고 있는 인도철학 분야의 자료를 읽어 내기에도 버거운 상황이어서 문학작품을 읽지는 못하더라도, 최소한 일주일에 한 번은 인도 우화집을 읽는 고집을 아직까지 버리지 않게 만들어주신 데에 감사를 드린다. 이 습관이 아니었다면 필자가 쌍쓰끄리땀 교재를 집필하는 일은 없었을 것이다. 그리고 필자의 석사 지도교수이자 항상 고전 문헌학자의 대가적인 모범을 보여주셨던 프라이젠단쯔(K. Preisendanz) 선생님께도 감사를 드린다. 그분의 인내와 지도가 없었더라면 필자가 쌍쓰끄리땀 교재를 만드는 일에 나설 만큼 만용을 부릴 위치에 도달하지는 못했으리라 생각한다.

한국에서 한국에 필요한 인도 고전학 분야의 작업을 하는 것이 의미 있는 일이라는 결심을 한 이후, 한국 학계에서 십여 년의 세월을 보내는 동안 아직까지도 쌍쓰끄리땀 교재를 만들어야겠다는 필자의 고집이 꺾이지 않게 도와주신 분들께 감사를 드려야 할 것 같다. 동국대학교 김성철, 정승석, 우제선, 황순일 선생님과 명지대학교 이종화 선생님, 서울산업대학교 정영근 선생님 서울대학교 성해영, 정현주, 김성수 선생님, 그리고 마지막으로 하지만 가장 높이 손을 올려 합장하는 뜻을 담아 동경대학교 히로시 마루이(丸井 浩) 선생님과 류코쿠대학교 카츠라 쇼류(紹隆 桂) 선생님께 감사를 드린다.

라틴어 문법전통 전공자이고 필자의 가장 가까운 동료이자 동반자인 부산외국어대학교 장지연 선생님은 고비 때마다 전문가만이 줄 수 있는 좋은 조언과 격려로 너른 토대가 되어주었다. 고마운 마음을 전하고 싶다.

이 모든 분들의 도움과 지원에도 불구하고 이 교재에 부족한 부분이 있는 것은 온전하게 필자의 부족함 때문이다. 이 교재가 거름이 되어 훨씬 더 훌륭한 학자들이 배출되고 더 훌륭한 교재들이 만들어지기를 기대한다. 모든 독자들에게 쌍쓰끄리땀의 바다가 열려 재미와 감동이 함께하는 지성의 대항해가 순조롭게 이루어지기를 기대한다.

2018년 11월 29일

관악산에서 강성용

일러두기

말의 모양에 대해 언급할 때에는 따옴표를 사용해서 구체적인 표현의 사용(use)과 언급(mention)을 구분하는 것이 논리적으로는 타당하겠지만, 문장부호를 그렇게 사용하지는 않을 것이다. 문법을 설명하는 책이다 보니 따옴표를 많이 사용하면 가독성을 해칠 수 있고, 맥락이 너무나 분명하게 말의 형태에 대한 설명과 연관되는 것들이어서 따옴표 사용의 실익이 없다고 판단되기 때문이다. 오해의 소지를 없애기 위해 필요하다고 판단되는 경우에는 따옴표를 사용하였다. 다른 문장부호들의 경우도 마찬가지다. 일반적으로 쉼표(,)를 써야 할 자리에 쌍반점(;)을 사용하기도 했는데, 여러 가지 문법서술 사항을 나열할 때 각 항목들의 구분을 시각적으로 명확하게 보여주기 위해 일부러 사용한 경우다. 아래와 같은 부호들은 앞으로 출간이 계획되어 있는 다른 자료들과의 체계적인 연계를 고려하여 사용된 것임을 밝혀둔다.

✤ : 본 교재에 제시된 각 설명 항목들의 번호를 표시.
D : 본 교재와 학습서에 제시된 연습문제의 문항 번호를 표시.
⮳ : 본 교재 안에서 앞서 설명된 항목을 참조하라는 표시.
⮱ : 본 교재 안에서 뒤따라 제시될 항목을 참조하라는 표시.

※ : 학습서의 설명 항목을 나타내는 표시.

← 혹은 → : 형태상의 변화 혹은 의미상의 전용을 표시.

√ : 동사말뿌리를 나타내는 부호.

/ : 형태상 혹은 해석상 여러 가능성이 있는 경우를 나타낸다.

학습서의 항목번호는 교재의 항목번호와 일치되도록 배치되어 있다. 아주 드물게 교재에는 언급되지 않는 내용이 학습서에 제시되는 경우에 학습서 전용 항목번호들을 표시했다.

동사말뿌리 뒤의 각괄호([ ]) 표시 안에 제시되는 것은 현재 3인칭 단수형이다. 로마자 표기에서는 내부싼디의 경우 아누쓰바라로 콧소리를 대체해서 표기하는 방식을 따르지 않고 뒤따르는 자음의 각 무리에 속하는 콧소리를 사용하는 것을 원칙으로 삼았다. 본 교재에 나타나는 줄임말은 아래와 같다.

Ā.	ātmanepada
P.	parasmaipada

[a.]	adjective	형용사
[adp.]	adposition	부치사
[adv.]	adverb	부사
[f.]	feminine	여성(명사)
[ind.]	indeclinable	불변화사
[m.]	masculine	남성(명사)
[n.]	neuter	중성(명사)
[prn.]	pronoun	대명사

(den.)	denominative	명사유래형
(ifc.)	in fine compositi	겹낱말의 끝자리에서
(impf.)	imperfect	과거형
(inf.)	infinitive	부정형
(pass.)	passive	수동형
(caus.)	causative	시킴형
(p.p.)	past participle	과거분사

sg.	singular	단수
du.	dual	양수
pl.	plural	복수
1.	uttamapuruṣa	일인칭
2.	madhyamapuruṣa	이인칭
3.	prathamapuruṣa	삼인칭

차례

5 머리말
11 일러두기
20 들어가는 말 I
25 들어가는 말 II

제1과

34 쌍쓰끄리땀의 모음
34 짧은 모음의 발음
37 긴 모음 e 와 o 의 발음
38 자음의 발음
46 반모음의 발음
47 갈이소리의 발음
48 내쉼소리와 다른 소리들
55 연습문제

제2과

58 싼디(sandhi)에 대하여
59 모음의 층위
62 모음싼디
65 모음싼디가 적용되지 않는 경우(pragṛhya)
66 동사 현재활용 Parasmaipada
72 연습문제
75 낱말 목록

제3과

78 다된말(pada)
78 명사곡용
80 -a 끝모음명사 남성곡용
82 동사 현재활용 Ātmanepada
86 자음싼디 1/3
87 끝소리 -m의 싼디
88 끝소리 -ḥ의 싼디
91 격의 이름들
92 임자격(nominative, N.)의 의미
93 대상격(accusative, A.)의 의미
97 연습문제
102 낱말 목록

제4과

106 -a 끝모음명사 중성곡용
108 자음싼디 2/3
111 끝자음 -n의 싼디
113 말끝 콧소리의 중복
113 수단격(instrumental, I.)의 의미
116 위함격(dative, D.)의 의미
117 형용사의 곡용과 일치
120 연습문제
123 낱말 목록

제5과

126 자음싼디 3/3
128 말의 첫소리에 적용되는 싼디
130 내부싼디의 두 가지 규칙
131 인칭대명사 1인칭과 2인칭
133 유래격(ablative, Ab.)의 의미
135 과거를 나타내는 불변화사, sma
136 가짐격(genitive, G.)의 의미
141 연습문제
146 낱말 목록

제6과
150 -ā 끝모음명사 여성곡용
152 끝자음명사 한말줄기명사 남성곡용
153 끝자음명사 한말줄기명사 여성곡용
156 끝자음명사 한말줄기명사 중성곡용
157 명령형
160 곳때격(locative, L.)의 의미
162 부름격(vocative, V.)의 의미
162 의문문과 불변화사
164 불변화사에 대하여
166 연습문제
170 낱말 목록

제7과
174 -i 끝모음명사 남성곡용
175 -u 끝모음명사 남성곡용
176 다음절 -ī 끝모음명사 여성곡용
177 지시대명사
184 동사 √as 불규칙활용
186 연습문제
191 낱말 목록

제8과
194 의문대명사
196 관계대명사
199 불변화사의 k-y-t 짝이룸
202 대명사형 곡용 명사
204 대명사형 곡용 명사 연관 불변화사
207 대명사 idam과 adas
212 연습문제
220 낱말 목록

제9과
224 -u 끝모음명사 여성곡용
225 -u 끝모음명사 중성곡용
226 -ṛ 로 끝나는 행위자명사의 곡용

227 -ṛ 로 끝나는 친족명사의 곡용
230 거듭의 일반 규칙
231 데바나가리 1/4 (ka-, ca-varga)
233 자음과 결합된 모음
235 아누쓰바라, 비싸르가, 비라마 표기
237 연습문제
243 낱말 목록

제10과

246 동사의 10갈래 구분
248 고정형 갈래들과 비고정형 갈래들
251 제일인칭뒷토 사용을 위한 추가 규칙
252 현재 체계(present system)
253 명령형 인칭뒷토
254 강형 현재말줄기와 약형 현재말줄기
256 현재말줄기 강 · 약형 구분
258 동사의 갈래 표식
259 모음내부싼디 가운데 일부
261 고정형 동사에 대하여
261 고정형 동사: 제1갈래 (bhū-갈래)
263 고정형 동사: 제4갈래 (div-갈래)
265 고정형 동사: 제6갈래 (tud-갈래)
266 고정형 동사: 제10갈래 (cur-갈래)
266 10갈래 동사와 시킴형
268 -i 끝모음명사 중성곡용
269 -i 끝모음명사 여성곡용
269 데바나가리 2/4 (ṭa-, ta-, pa-varga)
272 연습문제
278 낱말 목록

제11과

282 단음절 -ī 끝모음명사 여성곡용
282 단음절 -ū 끝모음명사 여성곡용
283 비고정형 갈래의 활용
284 비고정형 동사: 제3갈래 (hu-갈래)
285 제3갈래 거듭 규칙

287 제3갈래의 예외 형태 동사들
288 비고정형 동사: 제2갈래 (ad-갈래)
288 제2갈래 동사들의 내부싼디 규칙
291 제2갈래 동사의 예외 활용
294 비고정형 동사: 제5갈래 (su-갈래)
296 비고정형 동사: 제8갈래 (tan-갈래)
297 비고정형 동사: 제7갈래 (rudh-갈래)
298 제7갈래 동사들의 내부싼디 규칙
300 비고정형 동사: 제9갈래 (krī-갈래)
302 데바나가리 3/4
(반모음, 갈이소리, 내쉼소리, 독립모음표기)
305 연습문제
311 낱말 목록

제12과

314 과거형(imperfect)
318 동사앞토(upasarga)
320 끝자음 중성명사 -as , -is , -us
323 -as 끝자음명사의 남성과 여성곡용
324 -is, -us 끝자음명사의 남성과 여성곡용
326 데바나가리 4/4: 문자 결합
328 특별한 결합문자
329 둘 이상 자음의 결합
329 데바나가리 표기의 관행
332 연습문제
338 낱말 목록

제13과

340 쌈쁘라싸라나(samprasāraṇa)
340 동사활용의 일반체계
341 수동형 활용
345 행위자(kartṛ) 개념
353 수동과거형
355 수동명령형
355 명사말줄기의 강·중·약형 구분
356 -an으로 끝나는 남성곡용

359 중성 두말줄기명사와 세말줄기명사
364 연습문제
370 낱말 목록

제14과

374 iṬ : 사잇모음 -i
375 과거분사(past participle)
375 과거분사의 의미
379 과거분사 만들기
384 과거분사(p.p.)의 활용
390 -mat, -vat 곡용
390 -mat(/-mant), -vat(/-vant) 끝자음명사 남성곡용
393 -mat(/-mant), -vat(/-vant) 끝자음명사 중성곡용
393 mahat 곡용
395 bhavat 곡용
397 과거능동분사
400 연습문제
405 낱말 목록

409 전체 낱말 목록
429 한국어로 찾아보기
437 쌍쓰끄리땀으로 찾아보기
443 외국어로 찾아보기
447 어려운 말모양 찾아보기

교재의 구성과 활용에 대하여

이 교재는 일반적으로 16주를 한 학기로 상정하는 한국 대학들에서 두 학기에 걸친 과정으로 이루어지는 쌍쓰끄리땀 초급 강의에서 활용될 수 있도록 기획되었다. 그래서 각 14과로 이루어진 두 권의 교재와 개별 학습서가 따로 마련되어 있다. 75분 수업이 매주 두 차례 이루어진다고 가정하면, 중간시험과 기말시험을 제외하고도 수업 구성에 약간의 여유가 있을 수 있기 때문이다. 불가피한 휴강이 있는 경우가 아니라면 추가적인 내용을 설명하는 데에 남은 수업을 활용할 수 있을 것이다. 예로 쌍쓰끄리땀의 개괄적인 역사에 대해 첫 수업을 할당한다면 좋으리라 생각한다. 수업에 참여해서 배울 수 있는 여건이 되지 못하는 학습자들이 혼자서도 배울 수 있도록 자세한 설명을 첨가해서 준비한 것이 학습서이고, 이 학습서에는 각 과의 연습문제는 물론 교재에서 학습자가 혼자서 연습하기를 요구하는 내용에 대한 풀이가 담겨 있다. 수업에 참여해서 강의를 듣는 학생들에게도 학습서가 나름대로 유용할 것이다. 교재에서 자세하게 설명하지 못하는 내용을 학습서에 자세하게 설명해 두었기 때문이다. 학습용 교재가 아닌 찾아보기용 혹은 참고용 문법책 『쌍쓰끄리땀 문법』은 따로 준비되어 출간될 것인데,

본 교재만을 사용하고자 하는 학습자들은 교재의 끝에 포함되어 있는 다양한 찾아보기를 적절하게 잘 활용하기 바란다. 특히나 초보 학습자들을 위해서 별도의 "어려운 말모양 찾아보기"를 만들어 두었다.

대학의 정규 과정에서 강의교재로 이 책이 사용된다면, 수업 진행자가 적절하게 시험을 위해 학습해야 하는 학습량을 조절할 수 있으리라 생각한다. 구체적으로 한 두 과를 지정하여 그 안에 제시된 예문들과 연습문제의 문장들로 학습량을 제한해 주고 그 내용을 변형하는 방식으로 시험문제를 출제한다면 평가를 위해 학생들에게 요구하는 학습량을 조절하는 것은 그다지 어렵지 않다는 것이 필자의 경험이다. 구조적으로 앞선 과에서 배우는 내용을 소화하지 않고 뒤따르는 과에 제시된 예문들을 다룰 수 없기 때문에 학습부담이 너무 크다고 판단되는 경우에는 다양한 방식으로 적절하게 조절이 가능하리라고 필자는 생각한다. 이 교재는 학습의 편의성뿐 아니라 초급 쌍쓰끄리땀 문법에서 배워야 할 내용을 빠짐없이 전달하는 일에도 역점을 두고 만들어진 교재이다. 따라서 강의교재로서 학습량을 조절하는 것은 교습자의 판단에 따라 이루어져야 할 것이다. 학습의 편의를 위해 배울 내용의 서술이 자연스럽게 흘러가는 방식으로 교재에서 다루는 내용들을 배치하다 보니, 각 과 안에 제시된 소제목들은 일관된 체계를 갖추어 주어진 것이 아니다. 소제목들의 배치가 체계적인 것도 아니고, 한 소제목 아래에 그 제목에 해당되는 내용만 포함되어 있는 것도 아니다. 학습자들이 배워 나가는 과정에서 개략적인 이정표 정도로 활용할 수 있도록 제시한 소제목들이므로 내용 배치의 체계를 나타나는 것으로 생각하지는 말아야 할 것이다.

본 교재가 쌍쓰끄리땀의 초급 문법으로 학생들이 익혀야 할 모든 내용을 대략 빠짐없이 다루는 것을 분명한 목표로 설정한 데에는 이유가 있다. 한국에 인도 고전학을 전공으로 가르치는 대학내 전문적인 교육기관이 아직도 전무한 상태이고, 초급 문법 과정 안에서 배우지 못하는 내용을 뒤따르는 강좌들에서 보충해 줄 수 있는 구조적인 가능성이 없는 한국의 현실에서 피할 수 없는 선택이다. 따라서 특정한 교육기관의 교육 편제가, 세 번째 학기로 상정되는 "쉬운 쌍쓰끄리땀 문장 읽기" 과정 안에서 초급 문법에서 미처 다루지 못한 부분을 보충하여 강의할 수 있게 해 준다면 굳이 두 권의 교재에서 제시한 내용이 모두 다 일 년 안에 다루어질 필요는 없다. 학습의 효율적인 진행을 위해 본 수업시간 이외로 설정된 조교의 지도시간까지를 확보할 수 있다면 좋겠지만, 한국에서 고전어 강좌에 이러한 지원이 가능하게 하는 대학이 아직까지는 없다. 따라서 수업 진행자의 적절한 판단과 지도의 역량이 더욱 절실하게 요구되는 것이 피할 수 없는 현실이다. 학습의 내용상 첫 학기 학습 내용을 담은 1권에 암기해야 할 양이 많게 배치되어 있다. 학습 내용을 줄여서 학습을 해야만 하는 경우라면, 예외적인 형태이거나 문법적으로 알아두어야 하는 내용이지만 자주 사용되지 않는 형태에 대해서는 학습자들이 모두 암기하거나 익히기보다는 알아 두고 이해하는 정도로 소화하면 될 것이다. 추후 학습자가 혼자서 반복하며 익히는 과정에서 처음 배울 때에 크게 주의하지 않았던 대목들을 보다 주의 깊게 이해할 수 있을 것이기 때문이다.

초급 학습자에게는 항상 부담이 될 수밖에 없지만, 초급 문법을 다 배우고 나서 읽기 연습을 시작할 때 요구되는 기초 낱말들을 익혀야만 한다는 필요가 있기 때문에 암기할 낱말들의 수를 적정한 선에 맞출 수 있게 최대한 애썼다. 문법사항의 설명을 위해 피할 수 없기는 하지만, 초급 학습자에게 필요하지는 않은 낱말들은 예문은 물론이고 연습문제에서도 그 사용이 최대한 배제되어 있다. 배운 문법적인 형태가 반드시 익혀야 할 중요한 것인지를 학습자 스스로 판단하기 어려운 경우라면, 각 낱말의 중요성에 대해서는 예문과 연습문제에 제시된 문장들을 근거로 삼아 판단하기 바란다. 시작 단계에서는 익혀야 할 단어들을 단순하게 암기하는 수밖에 없겠지만, 나중에 제2권에 제시된 내용을 배우는 과정에서 각 단어들이 만들어지는 방식과 이에 따라 단어의 의미를 추정할 수 있는 요령을 배우게 될 것이다. 이 단계에 이르고 나면 앞서 익힌 단어들이 왜 특정한 형태로 특정한 위치에 배치되어 있었는지 알아챌 수 있는 것은 물론이고 이것들을 기초로 더 많은 단어들을 구사하는 능력을 얻기에 어려움이 없을 것이다.

예문 선택은 다양한 분야에서 사용될 수 있는 기본 단어와 문장들을 고르는 것을 원칙으로 삼아 이루어졌다. 또한 예문과 연습문제의 문장들은 최대한 인도 고전에 나타나는 원문 형태를 반영하려고 노력하였다. 예문이나 인용문에서 원전의 문구를 변형하지 않고 그대로 인용한 경우에는 각 원문 텍스트의 제목을 제시하였다. 많은 문장들은 대부분 원문 자료에서 단어를 교체하는 정도의 최소한의 변형만을 가해서 만들어진 것들이다. 그리고 특정한 단어를 선택할 때에는 단어의 원래 어감이 최대한 반영되는 방식으로 제시하고자 노력하였다. 고전쌍쓰끄리땀 텍스트에서 직접 일차자료에서의 용례를 확인하는 일이 어려운 경우를 제외하고는 모두 일차자료의 용례에 맞추어 예문을 준비하려고 최선을 다하였다. 이 과정에서 사전상의 설명으로는 동의어이지만 어감이 다른 용어를 사용해야만 하는 경우에는, 제시되는 단어의 수를 줄여야 한다는 필요와 상충되는 경우도 있었다. 되도록이면 원래의 어감을 최대한 반영하려는 쪽으로 선택을 했고, 필요한 때에는 사전적인 동의어들이 여럿 제시될 수밖에 없었다.

인도유럽어족에 속하는 언어가 아닌 한국어를 모국어로 사용하는 학습자들이 겪게 되는 어려움을 고려해서 고안된 본 교재는 한국인 학습자들을 기준으로 학습량이 일정하게 배분되도록 최대한 노력하였다. 이러한 의도에서 다른 외국어로 된 교재들에서 일반적으로 서두에 도입하는 싼디와 데바나가리를 분산 배치하였으며, 데바나가리 학습에서 지도를 받지 못할 학생들을 염두에 두고 학습서 안에 문자연습을 위한 별도의 연습 기회를 마련하였다. 발음 연습에 많은 시간을 할당하였고, 이를 통해서 싼디를 자연스럽게 이해하고 익힐 수 있도록 유도하였다. 또한 인도 문법전통에서 사용하던 용어들의 도입과 소개는 최대한 제한하였다. 특정한 맥락에서는 인도 문법전통의 용어들을 이해하는 것이 쌍쓰끄리땀의 학습에 반드시 필요할 뿐 아니라 원전자료의 독해는 물론이고 인도 고전에 대한 현대적 논의를 이해하는 데에 필요한 경우가 있기 때문에, 이 경우에는 인도 문법전통의 용어들을 소개하고 반복하여 익힐 수 있게 하였다. 쌍쓰끄리땀 문법을 기술하는 데에 필요한 용어들을 한국어로 준비하는 작업은 많은 부분, 『빠니니 읽기: 인도 문법전통의 이해』(한길사, 2011)를 집필하면서 이루어졌다. 일부 확장되거나 바뀐 것들도 있지만 큰 틀에서는 이 단행본에서 마련된 한국어 용어들을 사용하였다.

학습서는 강의를 수강하는 학생이라 하더라도 학생이 정확하게 이해하지 못하거나 의문이 드는 대목들에 대해 답을 찾을 수 있게 하려고 최대한 자세한 설명을 제시하였다. 따라서 학습자들은 학습서의 내용이 번잡하거나 짐이 된다고 느낀다면 교재에 제시된 내용만을 숙지하는 방식으로 공부해 나가면 된다. 대학 강의가 아닌 장에서 쌍쓰끄리땀을 배우고자 하는 학습자들을 위해 학습서를 마련하는 것 외에도 새로운 다양한 기술적인 가능성들을 활용해서 배울 수 있는 기회를 제공하고자 한다. 의지가 있는 사람이라면 누구라도 어렵지 않게 쌍쓰끄리땀을 익힐 수 있도록 자료를 확충해 나가게 될 것이며, 본 교재가 그 출발점이 될 것이다. 대학의 교육과정 안에서 배우는 학생들도 이러한 추가적인 학습도구들을 잘 활용해서 효율적으로 쌍쓰끄리땀을 배울 수 있게 되기를 희망한다.

"쌍쓰끄리땀"이라는 언어에 대하여

"쌍쓰끄리땀"이라는 이름을 가진 언어는 인도에서 고대부터 현재에 이르기까지 문화와 역사를 담는 주된 매개체였고, 현재의 지리적인 인도보다 넓은 문화권으로서의 인도에서 그 영향력을 오랜 기간 유지해 오고 있는 언어이다. 또한 불교의 동아시아 전래와 함께 한국의 전통 안에도 깊숙하게 자리 잡고 있는 쌍쓰끄리땀을 배우는 일에 앞서 짧게 쌍쓰끄리땀이 어떠한 언어인지 소개하고자 한다.

쌍쓰끄리땀은 인도유럽어(Indo-European) 어족에 속하는 언어이고, 따라서 거의 모든 유럽의 언어들은 발생사적으로 쌍쓰끄리땀과 멀거나 가까운 친척관계에 있다고 할 수 있다. 여기에는 영어, 독일어, 프랑스어, 그리스어, 라틴어 등이 모두 포함된다. 이러한 사정은 이 모든 언어들이 아마도 단일한 조상이 되는 언어(들)에서 유래되었기 때문일 것인데, 이 조상 언어의 구체적인 기록을 우리는 가지고 있지 못하다. 흑해와 카스피해 부근에서 기원전 3,000년 이후로 공통의 언어를 가진 종족들이 이주를 시작했던 것이 이 모든 언어적 현실의 역사적 진원이라고 추정된다. 인도유럽어로 기록이 남아 있는 가장 오래된 언어는 현재로서는 힡타잍(Hittite)언어이지만, 인도유럽어의 주된 흐름 안에 남아 있으면서도 방대한 양의 자료를 남겼다는 면에서 쌍쓰끄리땀의 중요성을 대체하기는 어렵다. 쌍쓰끄리땀이 인도유럽어를 연구하는 데에서 가장 중요한 언어들 중의 하나로 꼽히는 데에는 이견이 없다. 쌍쓰끄리땀은 인도유럽어 중에서도 인도이란어(Indo-Iranian) 어족에 속한다. 다시 말하자면 쌍쓰끄리땀과 가장 가까운 친척관계에 있는 언어가 고대페르시아의 언어라는 말이 된다. 인도와 이란으로 이주해 온 인도이란어를 사용하던 사람들은 자신들을 “아랴”(아리안, Skt. ārya; Av. airya)라고 불렀다. 이러한 사정 때문에 아리안들이 이주하기 이전부터 인도에서 살고 있던 사람들이나 원래부터 인도에서 사용되던 언어들과 대조시켜서 이 사람들을 부르거나 이 사람들의 언어를 부를 때에는 “인도아리안”(Indo-Aryan)이라는 표현이 사용된다. 아리안들이 원래 머물던 지역은 코카서스의 북부가 아닌가 추정되지만 실제로 아리안언어의 최초 기록이 남아 있는 것은 남부코카서스라고 할 수 있는 지역에 대략 기원전 1,500—1,300년에 자리 잡고 있던 미탄니(Mitanni)왕국에서 비롯된 것이다. 이 기록을 남긴 것과 동일한 아리안들이 동쪽으로 이주하다가 일부는 이란지역으로 그리고 일부는 인도로 이주해 간 것으로 추정된다. 따라서 이란지역의 아리안이 남긴 최초기 언어 기록이자 조로아스터교의 성전인 『아베스타』(*Avesta*)는 인도로 이주한 아리안들이 남긴 최초의 전승인 『릭베다』(*Ṛgveda*)와 여러모로 닮은꼴이다. 하지만 남아 있는 자료의 분량 면에서나 언어와 전통의 계승이 중단 없이 이루어진 면에서 베다시기 인도아리안의 자료는 훨씬 더 큰 중요성을 가진 자료라고 할 수 있다.

인도아리안들이 인더스강 유역에 도달하여 본격적으로 『베다』 텍스트에 나타나는 그들의 종교와 문화를 발전시키기 이전부터 인도에는 고도로 발달된 도시문명이 있었다. 하랍빠(Harappa)와 모헨조다로(Mohenjo Daro)로 대표되는 유적지 발굴로 널리 알려지게 되어 우리에게 “인더스 문명”이라고 알려진 이 문명은 인도아리안들이 인도로 이주해 오기 이전에 발전했었지만, 아리안들이 인도에 도착할 때에는 이미 사라진 후였다. 인더스문명에서 문자를 사용했다고 추측할 만한 정황이 있지만, 구체적으로 인더스문명을 이루었던 사람들이 누구였으며 그들이 사용했던 언어가 어떠했는지 우리가 아는 것은 거의 없다. 드라비다(Skt. drāviḍa)언어를 사용하던 사람들이었을 것이라는 추측이 강하게 제기되고 있지만, 현재 우리가 확인할 수 있는 것은 이미 베다시기부터 인도아리안의 언어가 드라비다언어의 영향을 받아 변형되고 있었다는 사실 뿐이다.

인도아리안들의 이주는 긴 기간에 걸쳐서 작은 단위의 이주가 연속되는 방식으로 이루어졌던 것으로 보이고, 인도로 이주해 온 후에도 서북부에서 동북부로의 이주는 계속 진행되었다. 『베다』 텍스트에 나타나는 제사 의식과 제사 의식을 수행하는 전문가로서의 사제집단이 사회적 권위를 인정받는 사회체제가 확립된 것은, 다시 말해서 본격화된 아리안문화의 관철은 불교가 발생할 당시까지도 인도 서북부와 북중부에 한정되어 있었으며 인도 북동부를 모두 아우르고 있지는 못했다. 베다시기 북인도의 종교적이고 문화적이며 정치적인 기득권을 확보한 아리안들은 이미 강하게 다른 언어를 사용하던 원주민들과 다면적인 접촉을 경험하고 있었을 뿐만 아니라, 아리안 주류의 이주 이전부터 인도에 자리 잡고 있었던 먼저 이주해온 아리안집단과 긴장관계를 유지하고 있기도 했다. 주류 아리안에 속하는 집단들이 받아들이는 사회적이고 종교적인 규범(dharma)이 사회적인 관습과 규범으로 보편화되어 관철되고 사제집단(brāhmaṇa)의 권위가 사회적으로 확립되고 나서 인도에서의 아리안문화가 확고해졌다고 할 수 있다. 이렇게 아리안문화가 관철된 것은 우선 북인도 지역에 제한된 일이었고, 인종적으로나 언어적으로 차이가 큰 남인도 지역은 다른 발전과정을 겪게 된다. 현재 인도의 언어분포만 보더라도 인도아리안어에 속하는 현대 인도어들은 북인도의 언어들이다.

인도아리안의 언어를 고대와 중세 그리고 현대어로 나누어 본다면, 고대어의 시작은 『릭베다』(*Ṛgveda*)에서 나타나는 초기 베다어에서 출발한다. 우리가 "고전쌍쓰끄리땀"(Classical Sanskrit)이라고 부르는 형태의 쌍쓰끄리땀은 베다어 말기의 모습을 띤 층위의 쌍쓰끄리땀을 일컫는데, 구체적으로는 빠니니(Pāṇini)가 제시한 문법체계에서 서술되는 형태의 쌍쓰끄리땀을 기준으로 삼아 부르는 용어이다. 인도아리안들은 다양한 인도아리안어에 속하는 지역 언어, 혹은 방언들을 사용하고 있었고 끊임없이 인도아리안과는 다른 언어들과의 접촉 속에서 지내고 있었다. 따라서 다언어의 일상을 겪으며 사는 일은 인도아리안들에게 자연스럽고 일상적인 일이었다. 하지만 인도아리안의 종교와 문화가 지배적인 종교와 문화로 받아들여지면서 『베다』 텍스트를 담지한 언어는 고급언어이고 최상위층의 언어이자 종교적, 문화적, 정치적 권위를 가진 언어로 인도의 역사를 지배하게 된다. 『베다』 텍스트가 가진 종교적인 맥락과 그 텍스트를 외워서 전승하는 일에서 변형이나 왜곡 없이 온전하게 전승하려고 하는 태도가 맞물리면서 『베다』의 언어는 고정된 불변의 언어이자 모두가 그 모범을 따라야 하는 언어로 간주되게 된다. 이러한 필요에 따라 각 베다의 전승 전통들이 발전시켜 오던 나름의 어형분석전통(prātiśākhya)들에 기초해서 베다시기 말기에 사용되던 베다의 언어, 다시 말해서 쌍쓰끄리땀의 형태를 고정시킨 작업이 바로 대략 기원전 500—350년 사이에 편찬된 것으로 생각되는 빠니니(Pāṇini)의 『아스타댜이』(*Aṣṭādhyāyī*, 여덟 장으로 이루어진 작품)이다. 『아스타댜이』에서 제시되는 체제에 따른 언어를 우리는 통상적으로 "고전쌍쓰끄리땀"이라고 부른다. 베다어의 말기이자 고전쌍쓰끄리땀이 형성되던 시기에 마련된 빠니니의 문법전통은 쌍쓰끄리땀을 형태론의 측면에서 고정시켜 주었고, 이를 통해 구조적인 안정성을 가진 전승의 언어로서 쌍쓰끄리땀이 현재까지 사용될 수 있는 토대를 만들어 주었다. 이 토대 위에서 쌍쓰끄리땀은 아주 긴 세월 동안 모태어나 일차적인 일상어는 아닐지라도 일상어에 가까운 소통가능성을 가진 학습된 언어로서 인도라는 문화적 단위의 정체성을 구축하는 핵심축으로 기능하게 된다. 인도의 토착어로부터 받은 영향 때문에 인도아리안어가 변형된 측면도 있지만, 쌍쓰끄리땀의 형식적 안정성이 확보된 이후 쌍쓰끄리땀은 아주 강한 확장가능성을 얻게 되었다. 다른 언어에서 여러 요소들을 차용하더라도 쌍쓰끄리땀의 구조적인 안정성에는 영향을 미치지 않는 방식으로 쌍쓰끄리땀의 확장가능성이 확보되었기 때문이다. 이렇게 쌍쓰끄리땀이 언어로서뿐 아니라 인도아리안의 문화를 담지하는 매체로서 종교적이고 문화적인 권위를 가지고 인도 문화권 내에서 포용적인 팽창과정을 겪어가는 것을 우리가 "쌍쓰끄리땀화"(sanskritization)라 부르는 것은 그 역사적 과정의 핵심 요소로 언어적 맥락이 배후에 자리 잡고 있기 때문이다.

인도아리안들은 지속적으로 다언어의 상황에 노출되어 있었고, 자신들이 가진 언어에도 큰 편차가 있다는 것을 알고 있었다. 전승의 언어이자 모범이 되는 언어로서의 쌍쓰끄리땀 이외에도 수많은 언어 혹은 방언들이 사용되고 있었으며 시간이 지나면서 우리가 중세 인도아리안어(Middle Indo-Aryan, Middle Indic)로 분류하는 다양한 언어들이 뚜렷하게 차이를 드러내며 나타나게 되었다. 그 결과가 현재 우리에게 전해지는 전통불교의 전승을 전하는 빠알리(Pāli)나 대승불교의 전승과 연관된 불교혼성쌍쓰끄리땀(Buddhist Hybrid Sanskrit) 혹은 자이나 전승이 사용하는 아빠브랑샤(Apabhraṃśa)와 같은 언어들이다. 우리는 이 언어들 혹은 이 언어들의 뿌리가 되는 언어들이 고전쌍쓰끄리땀과 발생사적으로 직선적인 선후관계를 가진 것인양 단순화시켜 상황을 파악하려고 하지 말아야 한다. 중세 인도아리안어의 근원은 이미 빠니니 이전의 인도아리안어에 자리 잡고 있었고 이 언어들이 더 진화된 결과가 현재 우리가 북인도에서 만나 볼 수 있는 다양한 현대 인도아리안어들이다. 이러한 큰 역사적인 맥락으로부터, 우리가 중세 인도아리안어들을 배우고자 할 때 우선 고전쌍쓰끄리땀을 먼저 배우는 것이 합당한 순서가 되는 사정이 기인한다.

우리가 본 교재에서 배우게 되는 언어는 빠니니의 문법체계가 고정한 바를 기준으로 삼는 고전쌍쓰끄리땀이다. "쌍쓰끄리땀"이라는 이름은 "saṃskṛtam"(vākyam)이라는 과거분사를 형용사로 사용한 용례에서 기인한 것이다. "sam-√(s)kṛ"라는 동사에서 나온 말인데 "준비된 (언어)"로서 제사에 사용될 수 있는 언어이자, "다듬어진 (언어)"이고 "순화된 (언어)"라는 의미를 담은 이름이다. 따라서 문법적으로 "올바른 (언어)"라는 의미를 갖는 표현이기도 하다. 제사에서 사용되는, 다시 말해서 『베다』 텍스트가 사용하는 언어인 만큼 신들과 소통할 때 사용되는 언어라는 권위를 갖는 것은 당연하다. 이와 대조시켜 다른 언어들을 부르는 용어가 "쁘라끄릳"(prākṛta)이다. 이는 원초적인 상태의 언어로서 교육을 받거나 다듬어지는 과정을 거치지 않은 채로 사람들이 사용하게 되는 언어를 가리킨다고 할 수 있다. "쁘라끄릳"은 종종 쌍쓰끄리땀과 대조되는 의미에서 속어나 일상어를 가리키는 표현이고, 고전쌍쓰끄리땀과 대조해서 중세 인도아리안어를 부르는 표현이다. 하지만 쌍쓰끄리땀을 일상언어로 구사하던 사람들이 살던 시기에는 자신들의 언어를 "쌍쓰끄리땀"이라고 차별화시킨 일은 없었고, 그들에게 쌍쓰끄리땀은 그저 제대로 된 '언어'(bhāṣā)였을 뿐이었다. 인도의 대 서사시에서 처음 언어의 이름으로 "쌍쓰끄리땀"이라는 용어가 사용되고 나서도 한참 후인 기원후 4세기 이후에나 언어의 이름으로 "쌍쓰끄리땀"이라는 말이 사용되는 용례가 일상화된다는 사실은 쌍쓰끄리땀이 학습을 통해 전승되는 교육과 전승의 언어이자 식자층이 공유하는 언어이고, 인도아리안들이 지역적인 차이를 넘어 소통하는 데에 사용하는 표준어로서의 역할을 하게 되는 맥락이 뚜렷해진 것은 후대의 일이라는 점을 부각시켜 준다.

인도문자의 역사는 아쇼까(Aśoka)의 비석문에 사용된 문자들을 출발점으로 삼는 것이 가장 타당한 접근이다. 기원전 3세기에 아쇼까가 왕의 칙령을 기록하고 돌이나 돌기둥에 중세 인도어로 왕의 칙령을 새겨 선포할 때, 혹은 그 직전에 인도의 문자체계가 고안되고 본격적으로 사용된 것으로 보인다. 인더스문명에서 발굴된 수없이 반복되는 부호 혹은 기호들이 실제로 문자인지 여부도 따져볼 문제이지만, 문자 기록이라고 하더라도 그 문자 기록의 체계가 아직 해명되어 있지 않으며 현재 그 후속 문자가 사용되거나 유통된 사실에 대해서는 알려진 바가 없다. 아쇼까 왕의 시대부터 나타나는 두 가지 문자들, 브라흐미(Brāhmī)와 카로스티(Kharoṣṭhī) 문자들 중에서 후자는 후속 문자체계의 발전이 없이 사라진 문자체계이고, 현재 인도에서 사용되는 모든 문자들은 브라흐미를 조상으로 삼아 발전해 온 문자들이다. 브라흐미에서 파생된 문자들 중에서 굽따문자(Gupta) 문자가 북인도에서 굽따왕조 시기에 거의 통일된 방식의 기록 수단으로 정착된 이후에는 이 굽따문자에서 비롯된 다양한 문자체계들이 등장한다. 나가리(Nāgarī), 샤라다(Śāradā), 씯담(Siddham)등의 문자가 여기에 속하는데, 이로부터 현재 북인도에서 사용되는 대부분의 문자들이 파생되어 발전되는데, 지금의 데바나가리(Devanāgarī), 구르무키(Gurmukhī), 벵갈문자(Bāṃlā) 등이 여기에 속한다. 현재 쌍쓰끄리땀 텍스트의 출간에 가장 널리 사용되는 사정은 물론이고 인도 현대어들에서의 활용 가능성 등을 고려하여 이 책에서는 데바나가리 문자체계를 배우게 될 것이다. 쌍쓰끄리땀의 로마자 표기는 International Alphabet of Sanskrit Transliteration (IAST) 체계에 따른 표기를 배우게 될 것인데, 이는 1894년에 세계동양학회에서 마련된 이후 세계적으로 통용되는 인도 언어들의 로마자 표기의 표준으로 사용되기 때문이다. 데바나가리를 익히고 나면 다른 북인도 문자체계를 익히는 것도 어렵지 않을 것이고, 서남아시아의 다른 나라들에서 사용되고 있는 역사적으로 인도 문자체계에 뿌리를 둔 여러 문자체계를 익히는 데에도 도움이 될 것이다.

교육을 받은 지식인의 언어이자 인도아리안의 문화를 담지하는 언어로서 쌍쓰끄리땀의 활용과 역할은 지금도 큰 틀에서 유지되고 있다고 할 수 있다. 뉴스를 포함한 라디오 방송은 물론이고 학술적인 토론과 출판의 언어로 쌍쓰끄리땀은 그 활력을 아직까지도 유지해 오고 있다. 이러한 역사적인 맥락이 쌍쓰끄리땀을 다른 "죽은 언어" 취급을 받는 고전어들과 크게 다른 특징을 가진 언어로 만들고 있다. 죽은 언어와 살아 있는 언어의 구분과는 다르게 교육을 통해 익혀진 언어와 자연적으로 습득된 언어의 구분에 대해 고민하고, 이를 근거로 우리는 다시 "죽은 언어"의 정의에 대해 고민해야 할 필요가 있다. 빠니니가 고정시킨 형태의 언어는 이미 빠니니의 시대

당시부터도 일부는 배워야만 하는 학습의 대상이었지만 사용되는 언어였고 특정한 맥락에서는 표현수단으로서 선호되는, 그리고 그러한 의미에서 살아있는 언어였다. 배워야 하는 비중이 점점 더 커져온 역사를 갖고 있기는 하지만, 쌍쓰끄리땀은 교육된 언어로서 그 살아있는 모습이 지금까지 유지되어 오고 있다고 할 수 있다.

다양한 맥락과 분야에서 쌍쓰끄리땀은 인도의 문화와 역사를 이해하는 핵심적인 도구이며 현재까지도 인도의 문화전통을 담지하는 언어이고, 다양한 중세 인도어들을 학습하거나 현대 인도어들을 익히는 일에서도 중요한 역할을 하게 되는 언어이다. 나아가 중앙아시아는 물론이고 서남아시아의 문화와 역사를 이해하는 열쇠가 되는 언어들 중 하나이며, 인도 종교전통에 속하는 불교전통을 비롯한 다양한 세계관들에 접근하는 발판이 되는 언어이기도 하다. 어떤 독자들은 종교사회학이나 언어사회학에 대한 관심에서 쌍쓰끄리땀을 배울 수도 있고, 또 다른 사람들은 역사비교언어학의 본격적 발전의 단서가 된 언어이자 인도유럽어 연구의 주된 자료로서 쌍쓰끄리땀을 배울 수도 있을 것이다. 이 모든 맥락에서 출발점이 되는 것이 고전쌍쓰끄리땀을 이해하는 언어능력이고, 이 능력은 다른 다양한 연관된 언어들과 연관된 자료들에 대한 연구로 확장가능한 새로운 지평을 열어 줄 것이다. 이것은 쌍쓰끄리땀의 역사가 흘러온 궤적이 남긴 결과이다.

제1과
संस्कृतवाक्योपक्रिया

쌍쓰끄리땀의 모음

✣01.01 고전쌍쓰끄리땀에서 나타나는 소리들은 그에 해당하는 서로 구분되는 문자들로 기록된다.

✣01.02 우선 고전쌍쓰끄리땀의 모음(svara)은 13개인데 다음과 같다.

a, ā, i, ī, u, ū, ṛ, ṝ, ḷ, e, ai, o, au

이들 가운데 단순 모음(śuddha)만을 나타내자면 다음과 같다. 각 짧은 모음에 상응하는 긴 모음이 짝으로 자리 잡고 있다.

표01.01 짧은 모음과 긴 모음 대조

짧은 모음	a	i	u	ṛ	ḷ
긴 모음	ā	ī	ū	ṝ	(*ḹ)

짧은 모음의 발음

✣01.03 설명을 간단하게 하기 위해 우선 i의 발음부터 설명하도록 하겠다. i는 한국어의 "이" 발음을 짧게 하면 된다. "이불"에서의 "이"처럼 발음을 하면 된다. 이렇게 짧게 발음된 i의 길이를 늘여서 "이~"하고 발음을 하면 ī가 된다. "번호 이 번"이라고 발음을 할 때 처럼 생각하면 된다. 발음의 길이 차이가 i와 ī의 차이이다.

✣01.04 u는 한국어의 "우"발음에 해당한다. 이것을 길게 발음해서 "우~"라고 하면 ū가 된다.

✣01.05 이제 다시 처음으로 돌아와 모음 a와 ā의 발음을 알아보자. 원형인도유럽어(Proto-Indo-European)에서 비롯된 역사적 근원으로 보자면 a는 한국어

의 "아"에 해당하고, 따라서 "아버지"에서의 "아"에 해당하는 방식으로 발음을 하면 된다. 그리고 이것을 길게 늘여 발음하면 ā가 된다. 마치 "아집"(我執)에서의 "아~" 와 같이 [아:]로 발음하면 된다. 이렇게 발음하면 a와 ā사이에는 소리의 길이만 차이가 있게 된다. 하지만 역사적으로 인도유럽어의 근원 모음이 아닌 인도아리안어의 모음 a는 이미 베다(Veda)시대부터 "아"가 아니라 "어"에 가깝게 발음되어 왔다. a는 한국어의 "어"에 가깝게 발음되지만 한국어 "어"보다는 혀뿌리가 있는 입의 안쪽을 더 벌려서 발음해야 한다. 영어의 "but"에서 "u"에 해당하는 발음 [Λ]에 가깝다. 물론 강세를 가진 음운인지의 여부와 앞뒤에 나타나는 소리들이 무엇인지에 따라 입을 조금 덜 벌리는 [ə]로 발음되는 경우도 있는 것은 자연스러운 현상이다. 이 경우라면 영어의 "surf"에서 "u"에 해당하는 발음을 하게 된다.

✤01.06 이 둘 중의 어느 발음으로 연습해야 할지 고민이라면, 초보자인 학생들에게는 "어"에 가까운 발음을 연습하라고 필자는 권하겠다. 하지만 이렇게 발음을 익힐 때에 항상 주의해야 하는 점이 있다. 그것은 바로 a와 ā가 길이의 차이가 나도록 발음되어야 한다는 사실이다. 쌍쓰끄리땀에서는 a가 "어"로 그리고 ā가 "아"로 발음된다고 하더라도 반드시 ā는 길게 "아~"로 발음해 주어야 한다. 쌍쓰끄리땀에서 a는 짧은 모음으로 그리고 ā는 긴 모음으로 발음되어야 한다.

✤01.07 영어, 독일어, 프랑스어와 같은 유럽어를 배운 경험이 있는 학생이라면 간략하게, ṛ는 우리가 이들 언어에서 알고 있는 자음 r을 모음으로 발음하는 것이라고 설명하는 것이 가장 효과적인 설명이다. 영어의 "right"에서 나타나는 "r"을 길게 늘여서 발음한다고 생각해 보라. 한국인들이 소리를 내기에 무척이나 힘든 소리이다. 프랑스어를 발음해 본 경험이 있는 독자들이라면 프랑스어의 "pardon"에서 나타나는 r을 길게 늘여서 발음하는 방식으로 발음을 하면 된다. 이렇게 발음을 하면 한국 사람들에게는 "르"나 "리"라는 소리보다는 "크"나 "흐"소리에 가까운 소리로 들릴 것이다.

쌍쓰끄리땀을 배우기 위해, 이 소리의 발성을 어렵게 연습해야만 하는 것은 아니다. 고전쌍쓰끄리땀에서 전해지는 이 소리를 지금까지도 정확하게 유지하고 있는 현대 인도아리안어가 없고 또 이 발음을 정확하게 재현하는 사람들도 없다. 따라서 인도에서도 관행적으로 사용하며 그리고 국제 학계에서도 일반적으로 사용하는 대체 발음을 따라서 하면 된다. 그리고 이 대체 발음은 결코 어렵지가 않다. 영어의 r보다는 독일어의 r에 가까운 발음을 하고서 그 뒤에 아주 짧게 "i" 발음을 붙이는 방식으로 발음 문제를 해결한다. 따라서 ṛ는 "리"에 가깝게 "r^{i}"라고 발음한다. 예로 ga의 경우 "거/가"에 가까운 발음이 되겠지만 gṛ의 경우에는 g-발음을 하고 그 뒤에 r-발음을 붙인 다음 아주 짧게, 다시 말해서 들릴까 말까 하는 정도로 i-발음을 붙인다. 그래서 결과적으로 "그^{리}" 혹은 "gr^{i}"에 가까운 발음을 하게 된다. 종종 "그^{르}"에 가깝게 들리기도 한다.

✤01.08 앞서 i와 ī의 경우처럼 쌍쓰끄리땀에는 모음 ṛ를 길게 늘여서 발음하는 긴 모음 ṝ가 있다. 이론적으로는 ṛ를 단지 길게 발음하면 되겠지만 ṛ도 현실적으로 발음하기 힘든 내지는 불가능한 상황인지라 그에 상응하는 긴 소리를 발음할 수는 없다. 따라서 ṝ도 일반적으로 대체 발음을 하게 된다. ṝ의 경우는 r-발음 뒤에 "u"가 붙어 있는 것처럼 붙여서 발음한다. 따라서 "루"에 가까운 발음 "r^{u}"라는 발음이 이루어진다. 이렇게 해서 ṝ는 "r^{u}"로 발음되어 "r^{i}"로 발음되는 ṛ와 구분된다. 그래서 "gṝ"라면 "그^{루}"에 가까운 발음 "gr^{u}"가 된다. 연습을 할 때 학습자들이 신경을 써야 할 부분은 ṛ는 짧게 그리고 ṝ는 길게 발음하는 연습을 해야 한다는 것이다.

✤01.09 자음 r이 모음 역할을 하게 되는 맥락에서 모음 ṛ가 있듯이 자음 l이 모음 역할을 하게 되는 경우에 존재하는 모음이 있는데 그것이 ḷ이다. 앞의 ṛ와 마찬가지로 정확하게 따지자면 모음 역할을 하는 자음인데 r이 아니고 l에 해당하는 소리라는 점이 다르다. 영어에서의 예를 들자면 apple을 발음할 때 나오는 l처럼 생각하면 된다. apple의 l이 letter에서의 l과 다른 발음이라

는 것을 상기해 보라. 혹은 little의 두 번째 l이 첫 번째 l과 다른 점을 생각해 보라. 모음 ḷ의 경우에도 고전쌍쓰끄리땀의 발음을 정확하게 구현하는 것이 현실적으로 어렵기 때문에 대체 발음을 하는 것이 일반적인 관행이다. 즉 l-소리 뒤에 아주 짧게 모음 i를 삽입해서 발음을 한다. 따라서 ḷ는 "리"에 가깝게 "l^{i}"로 발음하거나 혹은 뒤에 모음 ṛ를 덧붙이는 느낌으로 "l^{ri}"로 발음한다. 이 두 방식 모두 많이 사용되는 발음이기는 하지만 정확한 발음은 아닌 대체 발음이다.

✤01.10 이론상으로만 따지자면 모음 ḷ를 긴 모음으로 발음하는 것이 바로 ḹ이다. 하지만 이 긴 모음은 고전쌍쓰끄리땀에 존재하지 않는다.

긴 모음 e와 o의 발음

✤01.11 모음 e는 한국어의 "에~"로 발음하면 된다. 이때 중요한 것은 "에~" 자체가 이미 긴 모음이므로 길게 발음해야 한다는 사실이다. e는 엄밀하게 따지자면 복합 모음이기 때문에 "어이"를 아주 빠르게 붙여서 발음하듯 발음해야 한다. 영어의 "date" 혹은 "they"처럼 발음을 해야 한다. 그 이유는 역사적으로 e가 "a + i"로부터 나온 것이기 때문이다. 즉 e = a + i의 등식이 성립된다. 이 등식은 기억해야 할 필요가 있다. 하지만 현대에 쌍쓰끄리땀을 발음하는 사람들은 모두 e를 복합 모음으로 발음하지 않고 단순 모음이자 긴 모음으로 발음한다. 예로 "ge"의 경우 "게에~"로 발음한다. 이렇게 발음을 하더라도 e = a + i라는 사실을 염두에 두기 바란다.

✤01.12 쌍쓰끄리땀의 복합 모음 ai는 "아이"에 가깝게 발음된다. 복합 모음이기 때문에 발음은 당연히 긴 모음으로 발음된다. 역사적인 연원 때문에 성립되는 ai = ā + i의 등식을 기억해야 한다.

✤01.13 다른 긴 모음 o는 한국어의 "오~"로 길게 단순 모음으로 발음하면 된다.

긴 모음이므로 길게 발음해야 한다는 것에 유의하기 바란다. e의 경우와 마찬가지로 정확한 발음을 따지자면 복합 모음이어서 음운변화의 내용을 보면 o = a + u가 성립된다. 이것도 역사적으로 o가 인도이란어의 *au에서 비롯된 때문이다. 영어의 "go", "doubt"의 모음부에 해당하는 발음을 하면 정확한 발음에 가깝다. 하지만 현대에는 모두 단순 모음으로 발음한다. 따라서 o는 길게 발음해야 하고, 그 배경에 있는 o = a + u 의 등식을 기억해야 한다.

✤01.14 복합 모음 au는 한국어의 "아우"에 해당한다. 또한 au = ā + u의 등식이 성립한다. 이것도 역사적으로 이 복합 모음이 인도이란어의 *āu에서 비롯된 것이기 때문이다. 종종 au를 "오" 혹은 "오~"라고 발음하는 경우가 있는데, 이것은 중세 인도어나 현대 인도아리안어에서 나타나는 발음을 따르는 것이므로, 고전쌍쓰끄리땀의 발음으로 맞는 것이 전혀 아니다.

자음의 발음

표01.02 쌍쓰끄리땀 자음의 다섯 무리

발음 방식 구분 / 발음 위치 구분		터짐소리 stop / plosive				콧소리 nasal
		안울림소리 surd / voiceless		울림소리 voiced		
		안거센소리	거센소리	안거센소리	거센소리	콧소리
무른곳소리	guttural/velar kaṇṭhya	ka	kha	ga	gha	ṅa
굳은곳소리	palatal tālavya	ca	cha	ja	jha	ña
혀말은소리	retroflex mūrdhanya	ṭa	ṭha	ḍa	ḍha	ṇa
이빨소리	dental dantya	ta	tha	da	dha	na
입술소리	labial oṣṭhya	pa	pha	ba	bha	ma

01.15 자음만으로는 발음이 불가능하기 때문에 표01.02는 제시하고자 하는 자음들을 발음할 수 있게 하기 위해서 단순 모음 a를 각 자음의 뒤에 첨가해서 표기한 것이다. 모음 ā 혹은 i와 같은 다른 모음들을 붙여서 발음 연습을 해도 무방하다. 설명을 간단하게 하기 위해 모음 a의 발음은 "어"로 통일해서 설명하도록 하겠다.

01.16 ka는 우리말의 "꺼"에 가까운 발음이 된다. 무른곳소리이므로 입 뒤쪽 깊은 목 쪽에서 발음이 되도록 해야 한다. 영어의 king에서의 k처럼 "커"로 발음하지 않게 해야 한다. 한국어의 거센소리가 아니라 된소리로 발음해야 한다. 거센소리와 된소리의 구분에 익숙한 한국인들이 연습하기에는 어려움이 없는 소리이다. 안울림소리이므로 성대가 울리지 않게 그리고 안거센소리이므로 입에서 바람이 세게 흘러나오지 않게 하라.

01.17 kh는 k의 거센소리이다. kha는 "꺼"가 아니고 "커"로 발음된다. 바람이 섞여서 흘러나오면서 소리가 나야 한다. 그리고 이 소리는 터짐소리이다. 발음이 되기 전에는 발성기관에서 바람이 새어 나가지 않도록 막고 있다가, 터뜨리듯이 바람이 새어 나가기 시작하면서 발음이 되어야 하는 소리이다.

01.18 절대로 하지 말아야 할 일은 kha를 "크허"라고 2음절로 발음하는 것이다. 정확한 발음은 "커"에 가까운 것이다. "kha"에서 "h"는 거센소리라는 것을 구분하기 위해 첨가한 것이지 별도의 발음을 요구하는 소리가 아니다. 이것은 모든 거센소리에 적용되는 내용이다. kha, khā, khi, khī, khu, khū, khṛ, khṝ 모두 분명하게 한 자음을 가진 한 음절로, 다시 말해서 한글의 표기 방식으로 말하자면 한 글자로 발음해야 한다.

01.19 ga는 앞서 ka와 같은 방식으로 발음한다. 하지만 결정적인 차이는 울림소리라는 점이다. 따라서 성대가 떨리게 발음을 해야 한다. 이렇게 발음을 하다 보면 자연스럽게 "거"에 가까운 발음을 하게 될 것이다. 그리고 ga는 안거센소리이다. 따라서 터져 나오는 바람이 강하지 않게 발음을 해야 한다.

01.20 gha는 ga와 같은 위치에서 울림소리로 발음을 하는데 ga와는 달리 거센

소리여야 한다. 입김이 터져 나오는 공기의 흐름을 강하게 해서 발음해야 한다. 이 소리는 한국인 학습자들에게 약간 까다로운 소리이다.

✤01.21 지금까지 배운 네 자음, 즉 k, kh, g, gh의 발음은 같은 위치에서 발성이 되지만 발성하는 방식이 다른 차이에서 구분되는 소리이다. 이 점을 명확하게 이해하기 위해서 그림01.01을 보자.

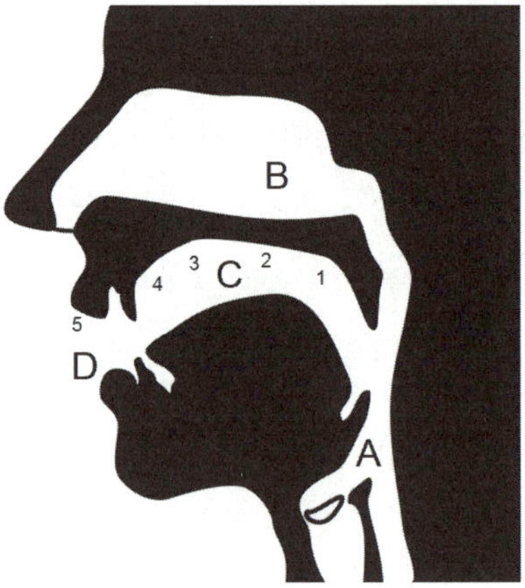

그림01.01 자음의 발성 위치

인간의 발성기관 단면도에서 이 네 자음이 발음되는 위치는 1로 표시된 위치이다. 이 위치로 혀의 뒤쪽이 이동해서 A에서 C 방향으로 흐르는 공기의 흐름을 막고 있다가 막았던 공기의 흐름을 열어 주면서 터지듯이 소리가 나는 방식으로 발성되는 소리들이다. 이렇게 막았다 터지는 방식으로 소리가 나기 때문에 이 소리들을 터짐소리(sparśa, stop)라고 한다. 이 때에는 코로 가는 공기의 흐름 즉 A에서 B로 가는 흐름은 계속 막혀 있다. 이렇게 발음이 되는 근본적인 방식, 즉 막혀 있다 터지는 소리라는 것과 발음 위치가 1의 위치라는 사실은 k, kh, g, gh에 모두 공통이지만, 이 네 소리들이 발음되는 방식은 크게 다르다.

✤01.22 이제 무른곳소리 중에서 마지막으로 나오는 ṅ-소리의 발음을 배우자. 이

소리를 발음하는 방식은 앞선 무른곳소리의 네 터짐소리와 같다. 그런데 그림01.01의 A에서 나오는 공기가 C가 아니라 B를 통해서도, 즉 코를 통해서도 흘러 나오게 된다. 즉 "빵"을 발음할 때 "ㅇ" 받침의 발음에 해당하는 소리인데 발음되는 위치가 k와 같은 곳에서 나는 소리이다. 그리고 공기는 입을 통해서—즉 A에서 C로—만 흐르는 것이 아니라 동시에 코를 통해서—즉 A에서 B로—도 흐른다. 그래서 한국어로 ṅa의 발음을 표기하자면 마치 "ᅌ어"를 아주 빠르게 한 음절로 발음하는 것처럼 들린다. 공기가 코를 통해 흐른다는 사실은 터짐소리들과 다르지만 발음의 위치는 1에 해당하는 소리이다. 따라서 k, kh, g, gh, ṅ 다섯 소리를 합쳐서 "무른곳소리"라고 부른다. 이유는 1의 위치가 바로 입천장에서 무른 살이 있는 부분이기 때문이다. 그리고 모든 콧소리는 울림소리이다.

✤01.23 ca는 된소리 "쩌"에 가까운 소리이다. ka와 비교했을 때 발음을 하게 되는 위치가 목 뒷쪽에서 약간 더 앞 쪽으로 옮겨온 위치, 즉 그림01.01의 2로 표시된 부분에서 나오는 소리이다. "카더라"와 "짜더라"의 "카"와 "짜"를 비교하며 발음을 해 보기 바란다. 앞의 것은 kha가 되고 뒤의 것은 ca가 되는 셈이다. ci는 "찌"에 해당하는 소리가 된다. 안울림소리이니까 발음할 때 목이 떨리면 안된다. 그리고 안거센소리이니까 입에서 나오는 바람의 흐름이 느껴지지 않게 발음을 해야 한다.

✤01.24 cha는 ca와 같은 소리이지만 거센소리라는 차이가 있다. 다시 말해서 입에서 나오는 바람을 느낄 수 있게 발음을 해야 한다. 그러면 "처"에 가까운 소리가 나게 될 것이다. 안울림소리이므로 소리를 낼 때 성대가 떨리지 않아야 한다. 발음의 위치는 ca와 같다.

✤01.25 ja는 ca와 같은 위치에서 발음되고 발음하는 방식도 같은데 다만 울림소리이다. 즉 성대가 울리는 소리를 내야 한다. 이렇게 하면 자연스럽게 "저"에 가까운 소리가 난다. ji는 "지"로 그리고 ju는 "주"로 발음된다.

✤01.26 jha는 ja와 같은 소리인데 거센소리이다. 다시 말해서 입에서 나오는 공기

의 흐름을 강하게 해야 한다. 반복되는 설명이지만 절대 "즈허"가 아니다. 한 음절로 단번에 소리를 내야 한다. 그리고 울림소리이니까 성대의 진동을 확인하면서 발음하라.

✣01.27 ña는 c, ch, j, jh와 같은 위치에서 발음하는 콧소리이다. 다시 말해서 "빵"의 "ㅇ"받침을 c 발음하는 위치에서 내는 소리라고 생각하면 된다. 스페인어나 불어를 할 줄 아는 사람이라면 쉽게 생각할 수 있는 소리이다. 스페인어의 niño나 불어의 peigne를 생각해 보라. 결국 한국어의 "ᅌ녀"에 가까운 소리가 난다. 한국어로 "아니오"를 줄인 말인 "아뇨"에서의 "뇨"가 ño의 발음에 가깝다. 물론 콧소리이고 콧소리는 울림소리이다. c, ch, j, jh, ñ 모두 발음의 위치는 같은 굳은곳소리들이다. 그림01.01에서 2의 위치는 입천장이 단단한 곳이다.

✣01.28 다음으로 배울 자음들 ṭa, ṭha, ḍa, ḍha, ṇa는 혀말은소리(cerebral/retroflex)이다. 그 뜻은 혀끝을 세운 뒤에 혀를 접어서 혀 끝이 목방향을 향해, 보다 정확하게 말하자면 머리의 정수리를 향해 있을 수 있게 뒤쪽으로 접은 후에 혀끝이 입천장과 닿았다가 떨어지면서 만들어 내는 소리이다. 혀를 들어서 혀 끝이 입천장에 닿도록 접어야 소리를 낼 수 있다.

그림01.02 혀말은소리에서의 혀 모양

이 소리는 한국 사람들에게 익숙하지 않은 소리이다. 그리고 다른 인도유럽어에서 보기도 어려운 소리이다. 따라서 아주 많은 연습을 필요로 한다. 중국어를 배워 본 경험이 있는 학생이라면 중국어 是[shì]의 발음을 생각하면 이해하기 쉬울 것이다. 이 발음을 하는 일 자체가 처음에는 무척 곤혹스럽게 느껴질 수도 있을 것이다. 조급하게 생각하지 말고 천천히 하지만 분명하게 반복하면서 연습해 나가야 하는 소리이다. 혀를 완전히 뒤로 꺾어 말아서 혀끝이 그림01.01에서 표시된 3지점에 닿아 공기가 A에서 C를 통해 흘러가는 것을 막고 있다가 이 막힌 공기가 터지면서 소리를 내야 한다. 초보자들은 혀말은소리에 익숙하지 않아서 발음하는 중간 중간에 발음이 끊기는 경험을 하게 될 것이다. 익숙해지도록 반복해서 연습해야 한다.

✤01.29 ṭ는 혀를 말아서 입천장에 대고 공기의 흐름을 막았다가 혀가 입천장으로부터 떨어지면서 나는 터짐소리이자 성대가 울리지 않는 안울림소리이고 안거센소리이다. 한국어로 표기하기에는 마땅하지 않은 소리인데, ṭa는 한국어의 "터"와 "떠"와는 다른 소리가 나야 한다.

✤01.30 ṭh는 ṭ와 달리 거센소리이다. 즉 입에서 나오는 공기의 흐름을 강하게 해야 한다. 그 외에는 ṭ와 같은 소리이다. 안울림소리이기 때문에 성대가 진동하지 않아야 한다.

✤01.31 ḍ는 ṭ와 마찬가지로 발음을 하는 소리이지만 울림소리이다. 따라서 성대가 울리면서 소리가 나야 하고 그 외에는 ṭ와 마찬가지로 발음된다. 그래서 ḍa를 발음하면 "터"나 "떠"보다는 "더"에 가까운 소리가 나게 된다.

✤01.32 ḍh는 ḍ와 같은 방식으로 발음을 하는 울림소리이지만 거센소리로 발음을 해야 한다. 즉 공기가 강하게 흘러 나오면서도 성대가 울려야 한다.

✤01.33 ṇ는 ṭ와 같은 방식으로 발음을 하는 혀말은소리이지만 콧소리이다. ṇa는 한국어에서 "너"라고 적을 수 있는 소리와는 다른 혀말은소리이면서도 콧소리가 되어야 한다. ṇ이 콧소리라는 것은 그림01.01을 사용해서 이론적으로

설명하자면 접힌 혀가 막고 있던 자리가 열리면서 터지는 듯하게 공기가 흘러 나가면서 소리가 날 때, 흘러 나가는 공기—즉 A에서 나온 공기—의 일부가 C뿐 아니라 B를 통해서도 흘러 나가도록 하면서 나는 소리이다.

✣01.34 다음으로 배울 소리는 이빨소리이다. ta, tha, da, dha, na이다. 이 소리들은 혀의 끝이 앞쪽 윗이빨의 뿌리가 있는 잇몸 부분—그림01.01에서 4로 표시된 부분—에 닿아 공기의 흐름을 막고 있다가 터지듯이 공기가 흐르기 시작하면서 나는 소리이다. ta는 이빨소리 중에서 안울림소리이고 안거센소리이다. 즉 성대가 울리지 않게 발음을 하면서 공기의 흐름이 강하지 않도록 발음을 해야 한다. 따라서 한국어의 "떠"에 가까운 소리가 난다. ta와 같은 위치에서 같은 방식으로 발음을 하되 거센소리로, 다시 말해서 입에서 나오는 바람이 강하게 발음을 하면 tha가 된다. 한국어로 하자면 "터"에 가까운 소리가 된다.

✣01.35 이빨소리 ta와 같은 위치에서 안거센소리로 발음을 하되 울림소리, 즉 성대가 울리게 발음을 하면 그것이 da가 된다. 한국어로 표기하자면 "더"에 가깝다. 이 da를 거센소리로 바꾸어 발음을 하면 dha가 된다. 한국어 표기가 어렵지만 "드허"를 한 음절로 발음하는 것 같은 소리가 난다.

✣01.36 이빨소리가 나는 위치에서 ta와 마찬가지로 혀끝으로 공기의 흐름을 막고 있다가 공기의 일부는 입으로—그림01.01의 C— 터져 나가고 공기의 일부는 코로—그림01.01의 B— 흘러 나오게 발음을 하면 이빨소리에 속하는 콧소리 na가 발음된다. 한국인에게 익숙한 소리 "ㄴ"이라고 생각해서 무리가 없다. 따라서 na의 발음은 "너"에 가까운 소리이다.

✣01.37 표01.02에 보이는 마지막 줄은 입술소리들이 자리 잡은 줄이다. 말 그대로 입술들끼리 맞붙어서 공기의 흐름을 막고 있다가 그 공기가 터지듯 흘러나오면서 내는 소리이다. 따라서 혀가 직접 개입되지 않는 소리이다. pa는 입술끼리 붙여서 막고 있다 입술을 열면서 소리를 내는데 성대가 떨리지 않게 해야 하고 터져 나오는 바람이 세게 흘러 나오지 않게 해야 한다. 결국 pa

는 한국어로 "뻐" 소리에 가깝다. pa의 발음을 똑같게 하되 거센소리가 되게 해서 바람이 세게 흘러나오도록 발음하면 pha의 발음이 된다. 한국어로 "퍼"에 가까운 소리가 나게 된다.

✣01.38 pa와 똑같이 발음을 하되 단지 성대가 울리도록 하는 발음의 차이를 주면 ba의 발음이 되고 pha와 똑같이 발음을 하되 단지 성대가 울리도록 하는 발음의 차이를 주면 bha의 발음이 된다. ba는 한국어의 "버"에 가까운 발음이 되고 bha는 한국어로 "브허"를 한 음절로 발음하는 듯한 소리가 된다. 한국인들이 발음하기로는 bha는 익숙하지 않은 소리일 것이고 연습이 필요할 것이다.

✣01.39 입술소리 중 하나인 콧소리는 한국어의 "ㅁ"에 해당하는 소리이다. 따라서 ma는 한국어로 "머"에 가깝게 소리를 내면 된다. 콧소리가 울림소리라는 사실을 다시 상기하기 바란다.

✣01.40 쌍쓰끄리땀은 언어이고 모든 자연언어의 일차적이며 근원적인 형태는 입으로 발성된 소리이다. 문자 기록이거나 디지털 기술을 활용한 녹음이거나 자기적인 소리의 기록 방식이거나 모두 이 일차적인 소리를 기록하는 다양한 방법들일 뿐이다. 따라서 고전어라고 해서 발음 연습이 중요하지 않을 것이라고 착각해서는 안 된다. 모든 언어는 그 소리를 정확하게 익히는 것에서부터 출발한다. 그리고 정확한 발음에 대한 이해가 이루어지지 않으면 각 소리들이 연결되면서 이루어지는 소리의 변형, 곧 배우게 될 싼디(sandhi)를 이해할 수 없게 된다. 또한 앞으로 배우고 설명해야 할 수많은 언어 현상들이 모두 암기의 대상이 되고 만다. 한국인들은 누구나 "신라"라는 단어가 "실라"라고 발음되는지를 안다. 자음동화나 역행동화를 배우기 전에도 이러한 현상을 안다. 마찬가지로 쌍쓰끄리땀의 발음을 할 줄 알면 고대인도인의 발성기관과 같은 구조를 가진 발성기관 때문에 우리는 이해와 암기에 앞서서 당연하게 스스로의 발음을 통해 많은 쌍쓰끄리땀의 언어 현상들을 구현할 수 있게 된다. 고전어는 "죽은 언어"라는 선입견 때문에 발음 연습을 무시하

는 어리석음에 빠지지 말기 바란다.

01.41 이상 표01.02에 제시된 자음들의 발음을 알아보고 연습을 했다. 또 각각의 소리가 어떤 위치에서 발성이 되는지 그리고 어떤 방식으로 발성이 되는지에 따라 구분해 가면서 소리를 내는 것이 정확한지 혼자서 나름대로 확인해 볼 수 있는 방법도 제시했다. 이렇게 다섯 소리의 무리들이 체계적으로 분류되고 또 그 소리의 특성에 맞추어 순서에 따라 나열되어 제시되었다는 사실을 분명하게 확인하고 그 나열의 논리를 표01.02에서 파악해 보기 바란다. 나열의 논리는 아주 간단하게 소리가 나오는 위치에 따른 구분을 통해 입의 뒷쪽에서 나오는 소리에서 시작해 입의 앞쪽에서 나오는 소리의 순서로 다섯 종류로 자음의 무리들이 분류되었다. 그리고 각각의 무리 안에서는 안울림소리가 먼저 제시되고 울림소리가 제시되며 안거센소리의 뒤에 거센소리가 제시되어 있다. 콧소리는 항상 같은 무리의 마지막에 자리 잡는다.

반모음의 발음

01.42 자음의 뒤를 잇는 소리들은 반모음이다. 반모음에는 y, r, l, v의 네 가지 소리가 있는데 이것들은 모두 영어나 독일어에서와 같은 방식으로 발음되는 소리라고 생각을 해도 좋은 소리를 갖는다. ya는 "여", ra는 "러", la는 "를러"에 가까운 소리가 난다. 대부분의 한국 사람들이 영어를 배우는 현재의 상황에서 이 발음들을 익히는 것이 크게 어렵지는 않을 것이다. 마지막의 v는 영어에서의 v에 해당한다고 생각하면 된다. 그래서 va는 "버"와 "워"의 중간쯤 되는 소리로 발음된다. 아랫입술을 윗이빨에 살짝 닿게 했다가 떨어뜨리면서 소리를 내면 된다. 그림01.01에 D로 표시된 아랫입술이 윗이빨에 닿았다가 떨어지면서 나는 소리이다. 모든 반모음은 울림소리이다.

01.43 이상의 설명에 따라 네 반모음의 소리를 내도록 해 보면, 이 소리들의 발

음 위치를 파악할 수 있다. ya는 ca와 같은 굳은곳소리고 ra는 ṭa와 같은 혀말은소리이며 la는 ta와 같은 이빨소리이고 va는 pa와 같은 입술소리이다. va가 아랫입술을 사용하는 소리이기 때문에 va는 입술소리이다.

✤01.44 여기에서 학습자들은 반모음을 나열한 순서도 소리를 내는 위치가 뒤에 있는 것부터 앞에 있는 것으로 나열되어 있음을 볼 수 있다.

갈이소리의 발음

✤01.45 갈이소리는 한국 사람들이 조용히 하라고 할 때 사용하는 "쉬~"하는 소리처럼 바람이 새어 나오면서 마찰되어 나는 소리를 말한다. 쌍쓰끄리땀에서 갈이소리는 세 가지 소리가 있다. 갈이소리는 바람이 계속 새어 나와 마찰을 일으키면서 나는 소리여서 성대가 떨리지 않는 안울림소리이다.

✤01.46 śa는 영어의 sha나 독일어의 scha 혹은 프랑스어의 cha처럼 발음된다. 한국어로 "쉬어"를 한 음절로 발음하는 것 같은 소리가 난다.

✤01.47 ṣa는 ṭa처럼 혀말은소리를 내는 위치로 혀를 이동시켜 두고서 그 상태에서 혀를 펴지 않고 혀와 입천장 사이로 바람이 흘러 나가면서 나오는 소리를 내는 것이다. 이 소리는 한국어로 비슷한 소리를 적는 것 자체가 불가능한 소리이다. 혀말은소리가 표기되지 못하지만 "스아"를 한음절로 발음하는 것과 비슷한 소리가 난다. 하지만 앞서 혀말은소리의 발성을 충분히 연습한 사람이라면 혀말은소리의 방식으로 발성하는 갈이소리를 낼 수 있을 것이다.

✤01.48 sa는 한국어의 "ㅆ"에 해당하는 소리를 내면 된다. 따라서 sa는 "써"와 유사한 소리가 난다.

✤01.49 이상의 갈이소리 서술에서 śa는 ca와 같은 굳은곳소리고 ṣa는 ṭa와 같은

혀말은소리이며 sa는 ta와 같은 이빨소리라는 것을 알 수 있다. 그리고 앞선 자음들과 마찬가지로 갈이소리의 나열 순서도 발성 위치가 뒤에서 앞으로 움직이는 방식으로 정열된다.

내쉼소리와 다른 소리들

✣01.50 이제 내쉼소리의 발음을 배우자. 내쉼소리는 바람을 내쉬는 방식으로 발성을 하는 소리라고 생각하자. 우선 h의 경우에는 발성이 이루어지는 위치가 목 뒤의 아주 깊은 곳이다. 우리가 배운 ka와 같은 무른곳소리들이 나는 위치보다 더 깊은 목에서 나오는, 한국어의 "ㅎ"과 비슷한 소리이다. 이 소리를 내는 것은 우리들에게는 불가능하다고 생각하고 비슷한 소리를 내는 것에 만족해야 한다. 왜냐하면 우리가 깊은 목에서 ha 발음을 하면서 이 소리가 울림소리가 되도록 만들어 내는 것이 불가능하기 때문이다. ha는 한국어의 "허"에 가까운 소리이다. 이것을 울림소리로 발음하는 소리를 우리는 재현하지 못한다. 그런데 이것에 크게 안타까워할 일은 아니다. 현대 인도인들도 이 소리를 재현하지 못하기는 마찬가지이기 때문이다.

✣01.51 우리가 ha의 발음을 재현하는 것이 불가능하기 때문에 ha와 연관된 소리의 변화에 대해서는 실제로 발음을 해 보면서 납득하기가 어렵다. 따라서 우리가 이 소리를 울림소리로 구현하지는 못하더라도, 이 소리가 울림소리라는 사실에 우리는 주목하고 있어야 한다.

✣01.52 내쉼소리에는 h의 아래 점이 찍혀 있는 소리가 있다. 바로 ḥ인데 이것을 우리는 "비싸르가"(visarga)라고 부른다. 이 소리는 앞서 배운 h에 상응하는 안울림소리라고 생각하면 된다. 그런데 이 소리는 다른 모음과 결합되어 사용되는 것이 아니라 단어나 음절의 끝에 첨가되는 방식으로만 사용된다. 따라서 devaḥ의 경우에는 "데~버흐"에 가깝게 발음된다. ḥ의 뒤에 따라오는

모음이 없기 때문에 ḥ를 발음하는 것이 옹색한 것이 사실이다. 그래서 "흐" 혹은 "하"를 아주 짧게 발음하는 식으로 비싸르가를 발음하는 것도 흔한 발음 방식이다. 인도 사람들도 이 발음을 정확하게 구현해 내지 못한다. 물론 울림소리 h처럼 사정이 복잡하지는 않지만, 뒤따르는 모음이 없이 ḥ를 발음해야 하다 보니 관행적으로 사용하는 대체 발음이 있다. 그 방식은 바로 ḥ의 바로 앞에 오는 모음을 아주 짧게 ḥ의 뒤에 붙여서 발음하는 방식이다. 이것이 인도에서 널리 사용되는 대체 발음의 방식이다. 따라서 devaḥ는 "데~버허"로 발음하고 matiḥ는 "머띠히"로 paśuḥ는 "빠슈후"로 발음한다. 다시 말하지만 이 방식은 인도에서 널리 사용되는 대체 발음의 방식이다. 이 방식이 역사적으로 올바른 쌍쓰끄리땀의 발음 방식은 아니라는 말이다. 비싸르가 앞에 오는 모음이 어떤 것이든 상관하지 않고 비싸르가를 모두 "흐" 혹은 "하"로 발성하는 발음이 틀린 발음이라고 할 이유는 없다. 모두 다 대체 발음들이기 때문이다.

✣01.53 추가로 배워야 하는 마지막 발음은 m의 아래에 점을 찍어서 ṃ으로 표기하는 아누쓰바라(anusvāra)이다. 아누쓰바라도 비싸르가처럼 뒤에 모음이 붙어서 사용되는 일은 없고 다른 모음의 뒤에서만 사용된다. 발음은 앞선 모음을 비음으로 바꾸어 주는 것으로 하면 된다. 한국어로 말하자면 받침 "ㅇ"이라고 생각하면 간단하다. ma는 "머"인데 maṃ은 "멍"으로 발음한다. mā는 "마~"이니까 māṃ은 "마~앙"이라고 발음한다. ki는 "끼"인데 kiṃ은 "낑"이라고 발음한다.

✣01.54 앞서 표01.02에서 자음들을 발성되는 위치에 따라 다섯무리로 나누었는데, 이렇게 나누어진 각 무리를 부를 때 우리는 쌍쓰끄리땀에서 "무리"를 뜻하는 단어 varga를 사용해서 이름을 붙인다. 무른곳소리는 "ka-varga"라고 부른다. 혀말은소리는 "ṭa로 대표되는 무리"라는 의미에서 "ṭa-varga"라고 부른다. 따라서 "pa-varga"라는 말은 입술소리를 뜻한다.

✣01.55 이 때 발성의 위치에 따라 구분을 하자면 갈이소리들의 경우에도 각각 śa

는 ca-varga에, ṣa는 ṭa-varga에, sa는 ta-varga에 속한다는 것을 배웠다. 그렇다면 앞선 표01.02가 확장되어야 할 필요가 있다고 보인다. 즉 반모음이나 갈이소리 등도 소리 내는 위치에 따라 구분하는 체계에 포함시킬 수 있을 것이기 때문이다. 이러한 내용을 반영해서 표01.02를 자음을 넘어선 범위로 확장시키면 아래의 표01.03이 완성될 것이다.

표01.03

발음 방식 구분 / 발음 위치 구분	터짐소리				콧소리	반모음	갈이소리
	안울림소리		울림소리				
	안거센소리	거센소리	안거센소리	거센소리	콧소리		
무른곳소리	ka	kha	ga	gha	ṅa		(h)
굳은곳소리	ca	cha	ja	jha	ña	ya	śa
혀말은소리	ṭa	ṭha	ḍa	ḍha	ṇa	ra	ṣa
이빨소리	ta	tha	da	dha	na	la	sa
입술소리	pa	pha	ba	bha	ma	va	

이 표에서 내쉼소리 h가 ka-varga에 표시되어 있기는 하지만, 괄호 안에 들어가 있는 이유는 앞서 말한 것처럼(☞✣01.50) h가 소리나는 위치가 ka-varga의 발성 위치보다 더 깊은 목 안쪽이기 때문이다.

✣01.56 위의 표01.03을 보면서 전체 소리들의 발음을 연습해 보기 바란다. 이 연습을 통해서 자신의 발음이 이 표에 상응하는 체계적인 차이들, 즉 거센소리인지 여부와 울림소리인지 여부 등등에 따라 구분되는지를 다시 확인해 보기 바란다. 앞으로 배우게 될 음운의 동화현상을 이해하는 것을 쉽게 만들어 줄 것이다. 로마자 표기법에서 지키는 논리 중의 하나가 로마문자의 아래에 점이 찍힌 소리들이 혀말은소리라는 사실도 눈에 들어온다.

✣01.57 지금까지 쌍쓰끄리땀의 소리들과 그 발음 그리고 표기를 배웠다. 물론 우

리가 지금 배우는 표기는 국제적으로 사용되는 표준 방식으로—IAST 표기 방식—로마자 문자에 추가 부호를 첨가해서 그 수를 늘린 것이다. 인도에서 사용하던 그리고 사용하고 있는 쌍쓰끄리땀의 표기 방식은 시대와 지역 그리고 사회·종교적인 집단에 따라 다양하다. 그 중에서 대표적으로 배울 만하다고 판단되는 데바나가리(Devanāgarī) 표기법은 9과에서 시작해서 차근차근 배워 나가게 될 것이다.

✣01.58 로마자로 표기를 하든 인도의 전통 문자체계를 채택하든 간에 알아 둘 점은 바로 쌍쓰끄리땀에서는 모든 문자 내지는 글자가 분명하게 고정된 하나의 소리를 나타낸다는 사실이다. 영어의 g가 어떤 때에는 gender에서처럼 "ㅈ"에 가깝게 발음되는데 다르게 grammar에서는 "ㄱ"에 가깝게 발음되기도 하는 것처럼 표기와 발음간의 불일치가 존재하는 일이 없다는 말이다. 영어의 a가 "아"에 혹은 "애"에 가깝게 발음되다가 가끔 "어"처럼 발음되는 것과 같은 현상은 없다. 따라서 발음되는 그대로 기록한다는 쌍쓰끄리땀의 기록원칙은 기록된 철자와 발음의 정확한 일치를 만들어 낸다.

✣01.59 발음하는 대로 적고 적힌 대로 발음하는 원칙에 따라 텍스트를 소리 내어 읽는 연습을 하게 될 것인데, 여기에서 주의할 점을 적고자 한다.

✣01.59(01) 자음이 반복되어 있으면 반드시 이것을 발음하도록 한다. 예로 data와 datta는 발음이 확연하게 달라야 한다. data는 "더떠"라고 한다면 datta는 "덛떠"가 되어야 한다. dāna는 "다~너"로 발음하고 dānna는 "다~ㄴ너"라고 분명하게 구분가능하게 발음해야 한다. 영어에서 little은 t가 두 번 나오는지 한 번 나오는지 들어서 구분되는 방식으로 발음되지 않는다. 이렇게 영어 방식의 발음을 따라서는 안 된다. 쌍쓰끄리땀의 겹친자음은 발음에서 확연하게 구분되어야 한다.

✣01.59(02) e와 o가 긴 모음이므로 항상 "에~"와 "오~"로 긴 모음이라는 사실이 과장될 만큼 길게 발음하는 습관을 들여야 한다. 시간이 지나면서 자연스럽게 그 길이가 조정되어 갈 것이지만 초보들은 길게 발음하도록 연습을 해야 한다.

✤01.59(03) j와 ñ의 결합인 jña를 발음할 때에는 gya로 발음하지 말아야 한다. jñ가 역사적인 발전을 거쳐 현대 북인도어—예로 힌디(Hindī)—에서 gya "갸"로 발음되게 된 데에는 나름의 사정이 있었다. 하지만 우리가 현재 배우는 것은 고전쌍쓰끄리땀이다. 따라서 힌디어에서 하는 발음을 쌍쓰끄리땀에 투사하는 것은 심한 역사 역행이다. j와 ñ는 같은 ca-varga에 속하는 소리로 이 둘은 아주 자주 결합되어 나타나는데, 정확하게 발음하자면 ñ앞에서 j는 묵음이 되어서 ñ만이 발음되어야 한다. 하지만 수많은 학자들과 많은 쌍쓰끄리땀을 익히는 사람들이 jñ를 구분되게 발음하기 위해 "즈냐"로 발음한다. 이것은 현대에 만들어진 대체 발음이라고 할 수 있다. 필자는 학생들에게 이 대체 발음을 따르거나 혹은 음성학적으로 정확한 ñ만을 발음하는 발음을 따르라고 권하겠다.

✤01.60 대체 발음과 관련하여 혹은 쌍쓰끄리땀의 발음 일반에 대하여 독자들이 의식할 것은 바로 올바른 쌍쓰끄리땀의 발음에 대한 태도이다. 인도 사람들 중에 자기가 하는 발음만이 제대로된 쌍쓰끄리땀 발음이라고 주장하는 경우들이 종종 있다. 역사적인 면에서는 물론이고 발음의 음가 자체를 따져보아도 받아들일 근거는 없는 주장이다. 쌍쓰끄리땀 발음에는 지역적 편차가 있었고 지금도 있다. 이 모두가 살아 있는 그 지역의 쌍쓰끄리땀 전통이었다. 또한 쌍쓰끄리땀 발음에는 역사적인 변천의 과정이 있었다. 하지만 고전쌍쓰끄리땀의 표준을 제시한 빠니니(Pāṇini)의 문법을 기준으로 삼아 발음을 배우는 우리는 당시 쌍쓰끄리땀의 발음이 어떤 음가를 지닌 것이었는지에 대해 정확하게 알고 있다. 따라서 어떤 발음이 정확한 발음인지에 대해서는 이론적인 논쟁의 여지가 별로 없다. 우리가 모든 쌍쓰끄리땀 음운들을 정확하게 발음해 내지는 못한다는 현실을 감안할 때 상대적으로 보다 나은 발음을 집단적으로 혹은 개인적으로 구현하는 예들을 볼 수 있을 뿐이다.

✤01.61 이상의 모든 발음 설명에서 일관되게 배제된 내용은 바로 발음의 강세에 관한 것이다. 베다시기 쌍쓰끄리땀에서 강세는 발음의 높낮이로 강세를 표

현하는 높이강세(pitch accent)가 있었지만 고전쌍쓰끄리땀 시기부터 강세는 의미를 구분하는 역할을 하는 언어요소에서 배제된다. 따라서 고전쌍쓰끄리땀을 배우는 현재의 맥락에서 강세에 대한 체계적인 설명은 없을 것이고 단어들에서도 강세가 표기되거나 하는 일은 없을 것이다.

✤01.62 쌍쓰끄리땀을 표기한 문장에는 단어나 어구의 시작부분에 " ' " 모양의 따옴표 부호가 사용된다. 이것은 인용을 나타내는 따옴표가 아니고 쌍쓰끄리땀을 표기하는 도중에 모음 a가 탈락한 자리를 표시하는 부호이다. 예를 들어 "nalaḥ-atra-vadati."라는 방식으로 세 어구를 결합시켜 문장을 만들면 실제 문장은 "nalo 'tra vadati."가 된다. atra의 첫 자리에 있는 a가 탈락되는 것이다(↳✤02.15). 이 부호를 "아바그라하"(avagraha)라고 부른다. 발음을 할 때에는 아바그라하를 무시하고 그냥 발음을 하면 된다. 아바그라하는 필사본에 따라 표기되지 않는 경우도 많다.

✤01.63 사전에서 단어를 찾을 때에 기억해야 하는 음운나열의 순서가 있는데 다음과 같다.

a ā i ī u ū ṛ ṝ ḷ e ai o au ṃ ḥ
k kh g gh ṅ c ch j jh ñ ṭ ṭh ḍ ḍh ṇ t th d dh n p ph b bh m
y r l v ś ṣ s h

표01.03에 나타난 발성 위치에 따른 구분을 똑같이 모음들에 적용하면 모음들도 소리 내는 위치가 뒤에 있는 것들부터 앞에 있는 것들로 나열이 가능하다. 단순 모음의 경우 a, i, u의 순서가 될 것이다. 그리고 나서 단순 모음에 속하는 ṛ와 ḷ를 첨가하면 짧은 모음이 모두 나열된다. 이 뒤로 긴 모음을 나열하는데 발성 위치에 따라 나열하고 단순 모음과 복합 모음의 순서로 나열하면 e, ai, o, au가 된다. 그 뒤로는 표01.02에 제시된 순서로 자음들이 나열된다. 자음들의 뒤로는 반모음이 나열되고 그 뒤에 갈이소리가 온다. 갈이소리 뒤에 마지막으로 내쉼소리 h가 자리 잡는다. 각 소리들이 나열되는 원

칙은 발성 위치가 뒤에서 앞으로 옮겨가는 순서이다. 이 때 한 가지 예외가 되는 것은 바로 아누쓰바라(ṃ)와 비싸르가(ḥ)인데 이것들은 모음이 끝나고 자음이 시작되기 전에 자리를 잡는다. 결국 모음 → ṃ ḥ → 자음 → 반모음 → 갈이소리 → h의 순서로 나열되는 것이 큰 틀의 순서이다.

이 순서를 한꺼번에 모두 암기하려고 할 필요는 없다. 원칙을 염두에 두고 단어를 찾을 때마다 반복해서 떠올리다 보면 자연스럽게 습득되게 될 것이다. 본 교재에 제시되어 있는 낱말 목록도 모두 이 순서에 따르기 때문에 시간이 지나면 익숙하게 될 것이다.

연습문제

01.01 아래에 표시된 텍스트를 소리 내어 읽어 보시오.

mūrkho brāhmaṇo nṛpasyāraṇye 'sti. atha brāhmaṇaś ca yajñasyārthaṃ grāmasya vaṇijakāc chāgaṃ labhate sma. ahaṃ grāmāc chāgaṃ skandhe nayāmi nṛpasyāraṇyāya cāgacchāmīti manyate sma.

atha tridhūrtā brāhmaṇaṃ paśyanti sma. ahaṃ chāgam icchāmīti dhūrto 'nyau dhūrtau lobhād vadati. āvām api cchāgam icchāva ity ubhau bhāṣete. upāyena vayaṃ chāgaṃ brāhmaṇāl labhante, atha tu kim asmākam upāya iti manyante sma. tatkālaṃ dhūrto vadati he mitre 'dyopāyam eva labhe chāgasyārthaṃ ca śreṣṭham upāyam upadiśāmīti. dhūrto mitrābhyāṃ dhūrtābhyām upāyaṃ prati saṃvadati sma.

tataḥ prathamo dhūrto brāhmaṇaṃ vadati. aho brāhmaṇa, kim iti tvaṃ kukkuraṃ skandhe nayasy āgacchasi ceti. kiṃ tvaṃ vadasi? tan na kukkuro 'sti. yajñasyārthaṃ chāgaḥ. kukkurāṃs tu naiva spṛśāmīti brāhmaṇo vadati.

paścād anyau dhūrtāv api brāhmaṇaṃ vadataḥ. he, kim iti kukkuraṃ tava skande nayasi. tvaṃ naiva brāhmaṇo bhavasīti. tato dhūrtasya vākyād brāhmaṇasya saṃśayo bhavati. āvayor grāme brāhmaṇaḥ kukkuraṃ na spṛśati kukkurād bibheti ca. kim iti tvam kukkuraṃ na paśyasi skandhe 'pi nayasīti pṛcchataḥ punar dhūrtau. tato dhūrtasya vacanād mūrkhasya brāhmaṇasya moho bhavati sma.

mūrkhaś ca brāhmaṇaś cāpalena cchāgaṃ kṣipati manyate ca. kathaṃ mamendriyāṇi mohena hatāni. katham ahaṃ kukkuraṃ chāgaṃ paśyāmi. kukkurāṃś ca brāhmaṇā eva na spṛśanti. adya mamāndhatvāt kukkuraṃ spṛśāmi sma. tataḥ snānam icchāmi. snānasyārthaṃ gṛhāya gacchāmīti. dhūrtā upāyena mūrkhād brāhmaṇāc chāgaṃ labhante.

▷ 01.02 아래의 두 문단을 최대한 자주 반복해서 큰 소리를 내어 읽고, 친숙하게 입에 익도록 하시오. 읽으면서 긴 모음으로 발음해야 할 부분과 짧은 모음으로 발음해야 할 부분에 주의해서 발음하면서 읽는 방식이 나름대로의 익숙한 리듬이 되기까지 반복하시오.

▷ 01.02(01)

vadati vadataḥ vadanti vadasi vadathaḥ vadatha vadāmi vadāvaḥ vadāmaḥ

▷ 01.02(02)

devaḥ devau devāḥ devam devau devān devena devābhyām devaiḥ devāya devābhyām devebhyaḥ devāt devābhyām devebhyaḥ devasya devayoḥ devānām deve devayoḥ deveṣu deva devau devāḥ

제2과
संस्कृतवाक्योपक्रिया

싼디(sandhi)에 대하여

✣02.01 두 소리가 연이어서 발음이 될 때 앞선 소리와 뒤따르는 소리가 서로 영향을 미쳐서 발음이 바뀌게 되는 일은 여러 언어에서 발견되는 자연스러운 현상이다. 예를 들어 우리가 "관리"라고 표기를 하지만 발음은 [괄리]라고 하게 되는 경우와 같다. 앞뒤의 소리가 서로 영향을 미쳐서 비슷하게 되면, 이질적인 소리들을 발음하기 곤란한 상황을 피할 수 있게 된다. 이렇게 두 소리가 비슷하게 되는 현상을 "동화"(assimilation)라고 한다. 많은 언어들에서 문자로 언어가 표기될 때 이러한 발음상의 변형은 표기에 반영되지 않는다. 한국어에서는 [괄리]라 발음하면서도 표기는 "관리"라고 한다. 어원을 반영해서 표기하는 것이다.

✣02.02 "싼디"라고 불리는 현상은 말소리들이 뭉쳐서 이루어진 단위들이 나열될 때에 일어나는 소리의 변화를 말한다. 싼디에는 크게 내부싼디(internal sandhi)와 외부싼디(external sandhi)가 있다. 한 낱말을 구성하기 위해 의미를 갖는 최소 단위들이 나열되면서 일어나는 변화는 내부싼디라고 하고, 이미 만들어진 낱말의 형태들이 나열되면서 앞선 낱말이나 어구의 끝소리와 뒤따르는 낱말이나 어구의 첫소리가 변하게 되는 것을 외부싼디라고 한다. 간단하게 말해서 한 낱말 혹은 어구를 만들어 내는 과정에 관련되는 것이 내부싼디이고, 이미 만들어진 낱말 혹은 어구들끼리 만나게 되면서 일어나는 변화가 외부싼디이다. 단 두 가지 규정을 제외하고는 내부싼디는 우리의 관심사가 아니다. 이미 완성된 단어나 어구들이 만날 때 이루어지는 외부싼디만을 배우고 익히게 될 것이다.

✣02.03 쌍쓰끄리땀의 특징 중 하나는 발음상의 변형을 정확하게 문자표기에 반영한다는 것이고 또 이러한 변형의 방식을 구체적이고 자세한 법칙들로 정하여 두었다는 것이다. 쌍쓰끄리땀에서 발음이 바뀌면 표기도 바뀌게 되기 때문에 발음이 바뀌는 현상이 표기에 반영되는 것을 배우는 일이 싼디를 배

우는 일이라고 생각하면 된다.

구체적인 싼디 현상을 가장 잘 이해하고 암기할 수 있는 길은 스스로 올바른 방식의 쌍쓰끄리땀 발음을 해 보는 것이다. 한국어에서 "관리"가 발음되지 않는 이유는 인간이 가진 보편적인 발성기관의 구조 때문이다. 따라서 한국어를 배우는 외국인들도 이론을 따로 배우지 않아도 [괄리]라고 발음되는 이유를 납득할 수 있다. 그런데 쌍쓰끄리땀의 경우에는 발음의 변형을 실제 기록에 정확하게 반영하기 때문에 표기법 자체가 달라진다. 따라서 이러한 규칙들을 익히지 않으면 기록되어 있거나 발성되는 구체적인 쌍쓰끄리땀 문장을 이해하는 것이 불가능하다. 독자들이 배우는 원래 말의 형태가 실제 단어나 문장에서 다른 모습으로 나타나게 되는 과정을 이해해야만 할 것이기 때문이다.

✣ 02.04 내부싼디는 어떤 낱말이나 어구를 만들어 가는 과정에 적용되기 때문에 규칙적인 나열에 연관되고, 외부싼디는 우연히 만나서 함께 놓이게 된 낱말이나 어구들끼리의 관계이므로 우연한 병렬상황에서 기인된 것들이라고 할 수 있다. 구체적으로 초보자가 쌍쓰끄리땀을 배우거나 쌍쓰끄리땀 문장을 읽어 나갈 때 중요하게 익혀야 할 것은 외부싼디로 제한된다. 내부싼디의 규칙은 너무나 복잡해서 학습의 효율성을 높이는 일에 도움이 되지 않기 때문이다. 외부싼디는 문장 안에서 발음을 편하게 혹은 가능하게 하기 위한 동화를 통한 소리의 변형이라고 생각하면 된다.

모음의 층위

✣ 02.05 여러 문법규정을 익히기 위한 기초 지식으로 알아야 할 것이 바로 쌍쓰끄리땀에서 나타나는 모음의 강화 현상과 그 결과 드러나는 모음의 층위이다. 모음 i가 강화되어 구나형이 되면 e가 되고, 모음 i가 강화되어 브릳디형이

되면 ai가 된다. 이 규정을 다른 말로 표현할 때 이렇게 말하기도 한다. 모음 i의 구나(형)은 e이고 브릳디(형)은 ai이다. 즉 모음 i를 한 번 강화시키면 e가 되는데 이것을 또다시 강화시키면 ai가 된다는 말이다. 이 내용을 체계화해서 나타내는 것이 아래 표02.01이다.

02.06 인도 문법전통에서 이해하고 설명하는 방식의 모음층위는 표02.01과 같다. 이 내용에 따라 일반적인 설명과 학습이 이루어지므로 이 내용을 숙지하고 있어야 한다.

표02.01 인도 문법전통의 모음강화 체계

원모음	a / ā	i / ī	u / ū	ṛ / ṝ
구나 guṇa	a / ā	e	o	ar
브릳디 vṛddhi	ā	ai	au	ār

원모음이 강화된 형태가 구나형이고 이러한 강화 현상을 "구나"(guṇa)라고 부른다. 구나형이 다시 강화되어 원모음이 거듭 강화되는 현상을 "브릳디"(vṛddhi)라고 한다. 모음 a의 구나형은 a 혹은 ā이고 브릳디형은 ā이다. 모음 i의 구나형은 e이고 브릳디형은 ai이며 모음 u의 구나형은 o이고 브릳디형은 au이다. 모음 ṛ의 경우에는 구나형은 ar이고 브릳디형은 ār가 된다.

02.07 표02.01을 보자면 모음 ā의 구나형이 a일 수도 있다는 의외의 상황이 가능하게 보인다. 하지만 강화시키는 현상이 구나인 이상 ā의 구나형이 ā인데 ā의 브릳디형도 ā일 수 있다는 뜻으로 이 표를 읽어야 한다. 그렇다면 a의 구나형이 a일 수는 있게 되는 상황이 가능하다. 그렇다면 강화된 형태인 구나가 어떻게 원모음과 같은 형태가 될 수 있을지 의구심이 든다. 이러한 상황이 벌어지는 맥락을 이해하기 위해서는 아래 표02.02를 이해해야만 한다.

02.08 인도의 문법전통을 떠나 역사언어학적인 판단에 따라, 그리고 쌍쓰끄리땀의 구조에 대한 판단에 따라 모음강화의 층위를 나타내는 표를 제시하자

면 아래와 같다. 아래와 같이 이해하는 방식을 염두에 두는 것이 앞으로 명사곡용과 동사활용에서 나타나는 음운변화의 모습을 이해하는 것에 큰 도움이 될 것이다.

표02.02 역사언어학에 따른 모음강화 체계

약형	ø	i/ī	u/ū	ṛ/ṝ
기본형	a	e	o	ar
강화형	ā	ai	au	ār

여기에서 "ø"라고 표기된 것은 아무런 소리가 없다는, 내지는 빈자리라는 뜻이다. 쌍쓰끄리땀에서 일어나는 음운변화 현상에 대한 역사적으로 정확한 이해는 분명하게 표02.02의 내용이지만 전통적인 방식으로 설명하는 표02.01에 따라 일반적인 쌍쓰끄리땀 초급문법의 설명과 학습이 이루어진다. 또한 학계의 관행과 수많은 참고 자료들이 일반적으로 전통문법의 설명 체계를 따르기 때문에 a의 구나형이 a일 수도 있고 ā일 수도 있다는 방식의 체계를 알아 두는 것은 분명하게 가치가 있다. 게다가 표02.01의 체계를 채택하는 것 자체가 이론적인 설명의 면에서 효율적이거나 학습자를 위한 체계로서 유리한 측면이 충분하게 있다. 하지만 경우에 따라 표02.02의 체계를 근거로 설명을 해야만 하는 경우도 있다. 따라서 우리는 표02.02의 체계를 이해하고 이를 근거로 표02.01의 체계를 익히는 전략을 구사하도록 하겠다.

✣02.09 우선 표02.02가 보여 주듯, 우리가 출발점으로 삼아야 하는 기본 모음은 a이고 이것이 약화된 것은 ø이며 강화된 것은 ā이다. 기본형이 e인 경우에는 약형이 i 혹은 ī가 되고 강화형은 ai가 된다. 기본형 o에 대해서는 약형이 u, ū인데 강화형이 au라고 생각하고, 기본형이 ar일 때에는 약형이 ṛ 혹은 ṝ이고 강화형이 ār라고 생각해야 한다. 이 틀에 따라 이해를 하면 앞서 배운 등식들, e = a + i (☞✣01.11)와 o = a + u (☞✣01.13)와 ai = ā + i (☞✣01.12)

와 au = ā + u (☞✣01.14)가 잘 맞아 떨어진다.

✣02.10 따라서 표02.01에 드러나는 입장의 핵심은 실제로는 약형이 들어가야 할 자리를 기본형이 있는 자리로 설정하면서 기본형이 한 번 강화되면 구나형이 되고 두 번 강화되면 브릳디형이 되는 것으로 상정했다는 점이다. 그래서 표02.01처럼 체계가 흐트러진 방식의 모음강화 층위표가 생겨나게 되었다. 따라서 우리는 구나형이 약화된 것이 원모음이고 구나형이 강화된 것이 브릳디형이라고만 생각을 하고 표02.01의 내용을 모두 암기하려 하지 말고 a-ā-ā; i-e-ai; u-o-au; ṛ-ar-ār 정도로 단순화시켜 외우도록 하자.

모음싼디

✣02.11 같은 종류의 모음들은 긴 모음이 된다.

✣02.11(01) -a/ā + a/ā- → ā

kanyā asmi → kanyāsmi; iha āhāraḥ → ihāhāraḥ

✣02.11(02) -i/ī + i/ī- → ī

damayantī iha → damayantīha; asi īśvaraḥ → asīśvaraḥ

✣02.11(03) -u/ū + u/ū- → ū

sādhu ūcuḥ → sādhūcuḥ; tu ubhayam → tūbhayam

✣02.11(04) -ṛ + ṛ- → ṝ

kartṛ ṛju → kartṝju; dātṛ ṛṣiḥ → dātṝṣiḥ

✣02.12 a/ā + 원모음 → 구나형

✣02.12(01) -a/ā + i/ī- → e

ayodhyā iha → ayodhyeha; vidarbhā iti → vidarbheti;
iha iha → iheha

✣02.12(02) -a/ā + u/ū- → o

kanyā utpadyate → kanyotpadyate; iha uttaram → ihottaram

✣02.12(03) -a/ā + ṛ- → ar

iha ṛṣiḥ → iharṣiḥ; tathā ṛgvedaḥ → tathargvedaḥ

✣02.13 a/ā + 구나형/브릳디형 → 브릳디형

✣02.13(01) -a/ā + e- → -ai-

iha eva → ihaiva; kanyā eva → kanyaiva

✣02.13(02) -a/ā + ai- → -ai-

iha aikyam → ihaikyam; tathā aindraḥ → tathaindraḥ

✣02.13(03) -a/ā + o- → -au-

iha odanam → ihaudanam; yathā oṣaḥ → yathauṣaḥ

✣02.13(04) -a/ā + au- → -au-

tatra audumbaraḥ → tatraudumbaraḥ;
vidarbhā audakā → vidarbhaudakā

✣02.14 i/ī/u/ū/ṛ + 다른 모음 → 해당 반모음

✣02.14(01) -i/ī + 다른 모음 → -y + 다른 모음

vāri asti → vāry asti; devī eva → devy eva

✣02.14(02) -u/ū + 다른 모음 → -v + 다른 모음

madhu api → madhv api; hetu iva → hetv iva

✣02.14(03) -ṛ + 다른 모음 → -r + 다른 모음

dātṛ ubhaye → dātr ubhaye; pitṛ eva → pitr eva

✣02.15 -e/o + a- → e/o '-

te aśvāḥ → te 'śvāḥ; ko atra → ko 'tra

e나 o로 끝나는 단어의 뒤에 짧은 모음 a-로 시작하는 단어가 뒤따라 오면 그 짧은 모음 a가 탈락되어 발음되지 않는다. 이 때 a가 탈락되었다는 사실을 나타내 주기 위해 그 자리에 아바그라하(')를 표기해 준다.

✣02.16 -e/o + a-아닌 모음 → -a + a-아닌 모음

te ācāryāḥ → ta ācāryāḥ; ko unmadaḥ → ka unmadaḥ

✣02.17 위의 ✣02.16의 경우처럼 모음충돌(hiatus)이 나타나더라도 이미 싼디 법칙이 적용되고 난 경우에는 싼디의 결과로 나타난 모음충돌의 형태 그대로 두어야 한다. 만약 (te ācāryāḥ →) ta ācāryāḥ를 다시 싼디시킨다면 (→ *tācāryāḥ) 이 경우는 이중싼디(double sandhi)의 오류가 된다.

✣02.18 -ai + 모음 → -ā + 모음

tasmai indraḥ → tasmā indraḥ; vai uttamaḥ → vā uttamaḥ

✣02.19 -au + 모음 → -āv + 모음

tau eva → tāv eva; aśvau uttamau → aśvāv uttamau

여기에서 중요하게 기억해야 할 대목은 "-ai + 모음"의 경우에는 i가 y가 된 이후에 탈락되지만, "-au + 모음"의 경우에는 u가 v가 된 이후에 탈락되지 않는다는 사실이다.

모음싼디가 적용되지 않는 경우(pragṛhya)

✣02.20 -ī, -ū, -e 등의 명사나 동사의 양수 뒷토는 싼디가 되지 않는다.

kavī imau "이 두 시인"; paśū uttamau "최고의 가축 두 마리";
vadethe imam "너희 둘이 이것을 말한다"

✣02.21 amī (대명사 adas "저것"의 남성 임자격 복수)는 싼디가 되지 않는다.

amī āryaḥ

✣02.22 모음으로 이루어진 감탄사 ā, i와 모음으로 끝나는 감탄사 aho, he 등은 뒤따르는 모음과 싼디되지 않는다.

he ācārya; aho ārya; ā apehi; i indra

✣02.23 이상의 내용을 표로 정리해 보면 아래와 같다.

표02.03 모음싼디 표

앞선 끝모음	뒤따르는 첫모음										
	a-	ā-	i-	ī-	u-	ū-	ṛ-	e-	ai-	o-	au-
-a / ā	-ā-	-ā-	-e-	-e-	-o-	-o-	-ar-	-ai-	-ai-	-au-	-au-
-i / ī	-y a-	-y ā-	-ī-	-ī-	-y u-	-y ū-	-y ṛ-	-y e-	-y ai-	-y o-	-y au-
-u / ū	-v a-	-v ā-	-v i-	-v ī-	-ū-	-ū-	-v ṛ-	-v e-	-v ai-	-v o-	-v au-
-ṛ	-r a-	-r ā-	-r i-	-r ī-	-r u-	-r ū-	-ṝ-	-r e-	-r ai-	-r o-	-r au-
-e	-e '-	-a ā-	-a i-	-a ī-	-a u-	-a ū-	-a ṛ-	-a e-	-a ai-	-a o-	-a au-
-o	-o '-	-a ā-	-a i-	-a ī-	-a u-	-a ū-	-a ṛ-	-a e-	-a ai-	-a o-	-a au-
-ai	-ā a-	-ā ā-	-ā i-	-ā ī-	-ā u-	-ā ū-	-ā ṛ-	-ā e-	-ā ai-	-ā o-	-ā au-
-au	-āv a-	-āv ā-	-āv i-	-āv ī-	-āv u-	-āv ū-	-āv ṛ-	-āv e-	-āv ai-	-āv o-	-āv au-

동사 현재활용 Parasmaipada

02.24 이제 쌍쓰끄리땀의 동사활용을 배워 보자.

표02.04 √vad P.Ā. [vadati, vadate] "말하다"의 parasmaipada-활용

인칭 \ 수	단수	양수	복수
3.	vadati 그가 말한다	vadataḥ 그들 둘이 말한다	vadanti 그들이 말한다
2.	vadasi 당신이 말한다	vadathaḥ 당신 둘이 말한다	vadatha 당신들이 말한다
1.	vadāmi 내가 말한다	vadāvaḥ 우리 둘이 말한다	vadāmaḥ 우리들이 말한다

이 표에서 예로 든 활용은 √vad "말하다" 동사의 현재서술형 활용이다. √vad라는 표시는 동사가 만들어지는 근원적인 형태인 동사말뿌리가 vad라는 것을 나타내기 위해 "√"표시를 첨가해서 나타낸 것이다. 동사말뿌리를 나타낼 때에는 수학에서 사용되는 "√" 부호를 사용하여 나타내는 것이 일반적인 방식이어서 "√vad"와 같이 표기하는 것이 일반적이다. 때매김이 현재이고 서술형이니까 현재 혹은 일반적인 동작이나 상태를 서술하는 형태라는 뜻이다. 현재가 아닌 때매김으로는 과거형이나 미래형 등을 생각할 수 있을 것이고, 서술형이 아니라면 명령형 등을 생각할 수 있겠다. 표02.04에서 우리는 쌍쓰끄리땀 동사활용에서 이루어지는 수의 구분이 세 가지가 있음을 확인할 수 있다. 즉 한 주체가 말한다는 것과 두 주체가 말한다는 것과 여러 주체가 말한다는 것이 동사의 형태에서 분명하게 구분되어 표현된다. 3인칭의 경우에 "어떤 한 사람이 말한다."는 vadati가 되지만, "어떤 두 사람이 말한다."는 vadataḥ가 된다. 그리고 "어떤 [두 명보다 많은] 사람들이 말한다."는 vadanti라고 해야 한다. 따라서 vadati는 "그 남자가 말한다."는 물론이고 "그 여자가 말한다." 혹은 "바람이 말한다." 등등의 모든 경우에 사용될 수 있다. 그리고 표에서 인칭이 세 가지로 구분되는 것을 확인할 수 있다. 즉

"나 [한 사람이] 말한다."는 vadāmi라고 하고, "당신 [한 사람이] 말한다."는 vadasi라고 하며, "저 [한 사람이] 말한다."는 vadati라고 한다. 이처럼 세 가지 인칭과 세 가지 수를 구별하기 때문에 이 표에 보이는 것과 같은 총 9가지 형태를 익혀야 한다.

✤02.25 우리가 유럽의 문법전통을 따라 인칭을 표시하는 것과는 다른 순서로 인도의 전통문법학에서 인칭을 표시한다. 쌍쓰끄리땀에서 "1인칭"(prathamapuruṣa, 첫 번째 인칭)이라고 하는 것이 우리가 일반적으로 말하는 3인칭이다. 그리고 우리가 흔히 말하는 1인칭은 쌍쓰끄리땀에서 "3인칭"(uttamapuruṣa, 마지막 인칭)이 되고, 2인칭의 경우에는 중간에 끼어 있는 인칭이 되어 쌍쓰끄리땀으로는 "중간인칭"(madhyamapuruṣa)이라고 한다. 즉 인도의 문법전통에 따라 인칭들을 나열하면 우리의 3인칭이 제일 앞으로 가고 우리의 1인칭이 제일 뒤로 자리를 잡아야 한다. 3인칭이 가장 빈번하게 쓰이는 형태일 것이고 따라서 제일 중요한 형태가 될 것이라는 사실은 큰 상상력을 동원하지 않아도 이해할 수 있을 것이다. 수를 나타내는 용어에는 그다지 특이하다고 할 만한 점이 없다. ekavacana, dvivacana, bahuvacana라는 용어는 "하나[의 것]에 대한 말", "두 [것]에 대한 말", "여러 [것]에 대한 말"의 뜻으로 이해하면 된다.

✤02.26 인도의 문법전통에서 어떤 용어를 사용하여 인칭과 수를 가리키는지는 지금은 전혀 신경쓰지 않아도 된다. 쌍쓰끄리땀의 동사활용 형태를 익힐 때 인도의 전통 방식에 따르는 것이 가장 효율적이다. 즉 각 인칭별로 단수-양수-복수의 순서에 따라 외우는 것이 좋다. 즉 vadati-vadataḥ-vadanti를 한 덩어리로 삼아서 순서에 맞게 외우도록 한다. 표02.04에서 가로방향으로 외워야 한다는 말이다. 세로 방향으로 외우지 않도록 주의하라. 1인칭 단수-양수-복수를 한 단위로 읽어서 외우고 2인칭과 3인칭을 마찬가지로 암기해야 한다. 큰 소리로 자주 읽어 반복하기를 권한다.

✤02.27 표02.04에서 "말하다"라는 뜻을 나타내는 말의 "vada-"라는 부분은 변하

지 않고 반복되는데 그 뒤에 붙는 부분들이 변하면서 서로 다른 뜻을 나타낸다는 것을 알 수 있다. 이것은 마치 영어에서 동사말뿌리 √go가 goes, going, gone이 되는 것과 같다고 할 수 있는데 이처럼 동사의 변화하지 않는 부분을 "말줄기"(stem)라고 하고 뒤에 붙는 부분을 "뒷토"(ending)라고 한다. 여기에서 "말하다"의 현재형 말줄기는 vada-인데 이 말줄기는 다시 따지자면 동사말뿌리(verbal root) √vad에서 만들어진 말줄기이다. vadati라는 3인칭 단수형이 만들어진 과정은 우선 "말하다"를 뜻하는 동사말뿌리 √vad에서 출발한다. √vad에 짧은 모음 -a-가 첨가되어서 vad-a라고 하는 현재말줄기가 만들어진 뒤에 3인칭 단수를 나타내는 뒷토 -ti가 붙어서 만들어진 말이 vadati이다. 만약 -ti 대신 -si가 첨가되었다면 √vad + a + si → vadasi가 되어서 "당신이 말한다."는 말이 되었을 것이다. "때리다"를 의미하는 √tud에서 "그 [여자들] 둘이 때린다."라고 말하려면 tudataḥ라고 해야 하고 "그 [여자들] 여럿이 때린다."라고 하려면 tudanti라고 해야 한다.

✣02.28 위의 활용표에 맞추어 tudati "때리다"와 diśati "가리키다"를 활용시켜 보라! 이제 우리는 tudati라는 말 자체가 주어가 생략된 온전한 문장이라는 사실을 이해할 수 있다. tudasi나 tudāmi도 마찬가지이다. 이 표현 안에 이미 수와 인칭이 정확하게 표현되어 있기 때문이다.

✣02.29 쌍쓰끄리땀의 불변화사 ca는 영어의 "and"에 해당하는 단어이다. 여러 가지 사물이나 사태들을 나열하거나 연결하여 말할 때 사용된다. 하지만 이 단어는 결코 문장의 맨 첫 자리에 나타나지 않는다. 다시 말해서 문장의 두 번째 위치나 혹은 그 뒤에만 사용될 수 있다는 뜻이다.

예문02.01 diśati vadati ca.

[그 사람은] 가리키고 또 말한다.

일반적으로 "A와 B"라고 나열을 표현할 때는 "A B ca"라고 해야 한다. 다르게 "A와 B와 C"라고 말하고 싶다면 쌍쓰끄리땀으로는 "A ca B ca C ca"라고 해야 한다. 또 "A B C ca"라고 할 수도 있고 문장을 여러 가지로 변형할 수는 있으나 "A B C ca"라고 하면 A와 B를 묶어 하나로 삼고 거기에 다른 한 묶음으로서 C를 추가한다는 의미가 될 수도 있다. 다시 말해서 "(A + B) + C"의 의미로 이해될 수도 있다. 따라서 예문02.01은 누군가가 가리키고 또 말한다는 뜻이 된다.

diśāmi vadasi ca.

나는 가리키고 그리고 당신은 말한다.

예문02.02 vadatha. likhāmi. dveṣṭi ca kṣipati.

당신들은 말한다. 나는 적는다. 그리고 그 사람은 싫어하고 던진다.

두 문장을 연결하는 의미에서 ca가 쓰일 때에는 뒤따르는 문장의 첫 번째 단어가 아닌 자리에 ca가 나타난다. 일반적으로 첨가되는 문장의 두 번째 단어로 ca가 나타나서 문장 전체를 "그리고 ~"라고 첨가하는 역할을 한다. 그래서 예문02.02의 "dveṣṭi ca kṣipati."라는 어순이 만들어진 것이다.

✤02.30 예문02.02에 나타난 동사 √dviṣ 2P.Ā. [dveṣṭi, dviṣṭe] "싫어하다, 미워하다"는 제2갈래에 속하는 동사이다. 동사말뿌리 뒤에 있는 숫자 "2"가 나타내는 바가 그것이다. 여기에서 "갈래"는 쌍쓰끄리땀의 동사들을 10가지 종류로 나누어 활용 형태를 파악하는 구분이다. 앞으로 10과와 11과에서 구체적인 내용을 배우기 전까지는 제1, 4, 6, 10갈래가 아닌 동사들은 모두 현재 3인칭 단수형으로만 사용될 것이다. 다시 말해서 당분간은 동사들 중에서 제1, 4, 6, 10갈래에 속하는 것들만 앞의 표02.04에 맞추어 활용시켜서 사용할 수 있다는 말이다.

✤02.31 한국어의 "그러나, 그런데, 하지만"에 해당하고 영어의 "but"에 해당하는 표현이 쌍쓰끄리땀의 tu인데 이 말도 두 문장을 연결할 때에는 뒤따르는 문장의 첫 번째 자리가 아닌 곳에 나타나게 된다. 그리고 tu는 자주 이유를 나타내는 약한 표현으로 사용되기도 한다.

vadāvaḥ. dveṣṭi tu tudati.

우리 둘은 말한다. 하지만 그는 싫어하고 때린다.

tatra pibāmi. kutra pibatha? iha pibāmaḥ.

거기에서 나는 마신다. 어디에서 당신들은 마시는가? 우리는 여기에서 마신다.

iha vadāmi. tatra ca likhati. kutra tu likhasi?

여기서 나는 말한다. 그리고 저기에서 그는 적는다. 그런데 당신은 어디에서 적는가?

✣02.32 부정을 의미하는 불변화사 na를 사용하여 "~이 아니다"라거나 "~하지 않는다"는 의미를 표현한다. na는 일반적으로 na가 부정하고자 하는 말의 앞에 놓인다.

na vadasy atra. na likhasi tv iha.

너는 그 경우에(i-a ☞✣02.14(01)) 말하지 않는다. 너는 그러나 이 경우에는(u-i ☞✣02.14(02)) 적지 않는다.

iha, tatra, atra처럼 장소를 나타내는 부사들은 "이 경우에", "저 경우에", "그 경우에"의 의미나 혹은 "이때에", "저 때에", "그때에"의 시간을 나타내는 의미로도 사용된다.

tatra pibāmi. tatra na pibati. iha pibati. iha na pibāmi.

거기에서 나는 마신다. 거기에서 그는 마시지 않는다. 여기에서 그는 마신다. 여기에서 나는 마시지 않는다.

tatra vadati. tatra ca likhati na likhāmi. likhāmīha. likhāmi na tatra. neha likhati.

거기에서 그는 말한다. 그리고 거기에서 그는 적고 나는 적지 않는다. 나는 여기에서 적는다(i-i ☞✣02.11(02)). 나는 거기에서는 적지 않는다. 여기에서는(a-i ☞✣02.12(01)) 그는 적지 않는다.

✣02.33 쌍쓰끄리땀의 단어들을 종류에 따라 크게 나누어 명사, 대명사, 동사, 형용사, 부사, 불변화사, 부치사로 나누고자 한다. 명사는 곡용을 갖는 단어들

을 가리키고 동사는 활용을 하는 단어들이며 형용사는 그것이 수식하는 명사에 따른 곡용을 하는 단어이다. 불변화사(avyaya)는 형태의 변화가 없이 사용되는 단어들을 통칭하여 가리키는 말인데, 접속사, 조사(particles), 감탄사 등등을 아울러서 가리키는 말이다. 부사는 불변화사이기는 하지만 따로 표시하고 구분할 것이다. 쌍쓰끄리땀에서 부치사는 드물고 또 부사와 명확하게 구분되기 어려운 면이 있지만 부치사로서 특정한 격을 가진 명사와 결합하여 쓰인다는 특징 때문에 따로 구분하여 표시하고자 한다. 부치사는 전치사와 후치사를 아울러 가리키는 말이다. 쌍쓰끄리땀에서는 단어의 위치가 덜 고정적이어서 전치사와 후치사의 구분이 의미가 없는 경우가 많아서 그렇다.

✤ 02.34 이상 쌍쓰끄리땀 품사에 대한 내용은 본 교재를 사용하기 위해 우선 설명을 한 것이지 이 내용을 모두 지금 이해할 필요가 있는 것은 아니다. 앞으로 각 품사에 해당하는 단어들을 배우면서 내용을 파악하게 될 것이다. 각 과별로 새로 등장하는 단어의 목록은 각 과의 끝에 제시될 것이고, 모든 단어들을 함께 모아 본 교재의 끝에 찾아 볼 수 있도록 목록으로 제시할 것이다. 제2과의 낱말 목록에 나타나는 여러 약어들을 이해할 수 없겠지만, 앞으로 배워야 할 내용인지라 지금은 개의치 말고 배운 내용들만을 공부해 나가기 바란다. 본 교재에서는 동사를 제시할 때 동사말뿌리 뒤에 각동사가 속하는 갈래를 숫자로 나타내고 그 뒤에 "[ ]"표시를 사용해서 현재서술형 3인칭 단수의 형태를 제시할 것이다. 이 형태를 근거로 해서 지금 배운 동사활용에 맞추어 동사를 사용하면 된다.

연습문제

▷ 02.01 다음 각 단어를 표02.04에 맞추어 활용시키시오.

▷ 02.01(01) √diś [diśati] "가리키다"

▷ 02.01(02) √likh [likhati] "적다"

▷ 02.01(03) √pat [patati] "떨어지다"

▷ 02.01(04) √pā [pibati] "마시다"

▷ 02.02 다음을 한국어로 옮기시오.

▷ 02.02(01) iha vadāmaḥ. tatra diśataḥ.

▷ 02.02(02) tatra diśathaḥ. neha kṣipathaḥ.

▷ 02.02(03) pibanti skandantīha ca. vadatha cātra.

▷ 02.02(04) kutra vadasi likhanti ca?

▷ 02.02(05) tatra vadāmi. na likhantīha.

▷ 02.02(06) iha kṣipāvaḥ. tatra patathaḥ. tatra na patanti.

▷ 02.02(07) vadati na tatra tudati. na dveṣṭy atra.

▷ 02.02(08) kutra pibasi skandasi ca?

▷ 02.03 다음에 제시된 구절들을 연결시켜 싼디를 적용하시오. 문장의 내용과는 무관하게 기계적인 싼디 적용 연습이니 띄어서 표기가 가능한 대목에서만 각 어구들을 띄어서 표기하면 된다.

▷ 02.03(01) tatra-asti-indraḥ

▷ 02.03(02) vadatu-unmattā-nārī

▷ 02.03(03) rājā-āgacchati-iti-uktā-bālā

▷ 02.03(04) gacchatu-iti-śrutvā-āgacchāmi-aham

▷ 02.03(05) mahati-āśrame-apaṭhyata-muninā-ṛgvedaḥ

▷ 02.03(06) tasya-gṛhe-ekena-balena-uṣyate

▷ 02.03(07) tasmai-imāni-pustakāni-adadva-āvām

D 02.03(08) tatra-tau-ṛṣī-avadatām

D 02.03(09) jajñau-ekasmin-vane-amṛtau-iva-gurū-vedān

D 02.03(10) aho-iti-mama-pitā-uvāca

D 02.03(11) devī-odanān-brāhmaṇāya-dadau-iha

D 02.03(12) vane-icchati-tena-muninā-saha-eṣā-aputrā-bhāryā

D 02.03(13) kanyā-tasyai-ajuhota-mṛgān

D 02.03(14) sāgare-iva-āśrame-acarat

D 02.03(15) kutra-adya-pibati-tatra-eva-adya-pibati

D 02.03(16) tatra-ṛṣiḥ-pibati-iha-ca-anyadā-skandati

D 02.03(17) nanu-upaiti-kanyā-ca-na-iha-vadati

D 02.03(18) kutra-īśvaraḥ-patati-tatra-īśvaraḥ-patati-na-iha-īśvaraḥ-patati-patati-tu-iha-indraḥ (-ḥ로 끝나는 말들은 여기에 제시된 경우들에는 뒤따라 오는 말들과 싼디를 이루지 않는다.)

낱말 목록

atra	[ind.] 그곳, 그 경우
aho	[ind.] (감탄사로 "아!"에 해당하는 표현으로 만족, 놀람, 고통, 슬픔, 후회, 불쾌함 등을 표현) 아!, 오호!, 저런!, 어이쿠!, 어휴!
ā	[ind.] (감탄사로 어떤 기억이 떠오르면서 드러내는 감정의 표현) 아 그래!, 아 맞아!
iha	[ind.] 여기, 여기에서, 이 세상에서
kutra	[ind.] 어디
√kṣip	6P.Ā. [kṣipati, kṣipate] 던지다
ca	[ind.] ~와, 그리고
tatra	[ind.] 그곳에, 그 경우에
tu	[ind.] 그러나, 그런데, 왜냐하면
√tud	6P. [tudati] 때리다, 찌르다
√diś	6P. [diśati] 가리키다, 보여주다
√dviṣ	2P.Ā. [dveṣṭi, dviṣṭe] 싫어하다, 미워하다
na	[ind.] ~하지 않는다, ~이 아니니다
√pat	1P.Ā. [patati, patate] 떨어지다, 날다
√pā	1P.Ā. [pibati, pibate] 마시다
√likh	6P.Ā. [likhati, likhate] 긁다, 적다
√vad	1P.Ā. [vadati, vadate] 말하다
√skand	1P.Ā. [skandati, skandate] 뛰어오르다, 뛰다
he	[ind.] (감탄사로 누군가를 부르거나 불만을 나타내는 표현) 어이!, 그대!

제3과
संस्कृतवाक्योपक्रिया

다된말(pada)

✤03.01 명사는 명사격뒷토가 붙어서 곡용이 끝나 만들어진 형태 그리고 동사는 동사인칭뒷토가 붙어서 활용이 끝나 만들어진 형태가 되어야 그 단어가 실제로 문장 안에서 쓰일 수 있게 된다. 이렇게 문장 안에서 쓰일 수 있도록 완성된 형태의 단어를 "다된말"(pada)이라고 한다. 따라서 실제 쌍쓰끄리땀의 구사에서 사용되는 모든 말은 다된말로 한정된다. 그렇지 않은 동사말뿌리나 명사말줄기라는 것은 실제로 쓰이는 것이 아니고 언어를 학습하거나 혹은 언어를 이론적으로 분석할 때에만 상정되는 가상의 형태에 불과하다.

✤03.02 한 문장을 그 문장을 이루는 다된말(pada)로 끊어서 낭송하게 되면 이것을 pada-pāṭha(끊어읽기, 다된말로 읽기)라고 한다. 이것은 다된말들에 당연히 적용되어야 하는 싼디를 적용시켜 자연스럽게 낭송하는 saṃhitā-pāṭha(연결되어진 읽기)와 다른 상태로 텍스트를 읽는 것인데, 인위적으로 문장을 다된말 단위로 끊어서 읽는 일이기 때문이다. 따라서 끊어읽기는 문장이 담고 있는 다된말의 형태들을 명확하게 구분하는 장점이 있기는 하지만 결코 자연스러운 방식은 아니다. "tatraivāśvaḥ pibati."라고 해야 할 문장을 "tatra-eva-aśvaḥ-pibati."라고 발음하는 일이기 때문이다. "tatraivāśvaḥ pibati."가 saṃhitāpāṭha이고, "tatra-eva-aśvaḥ-pibati."가 padapāṭha이다. 따라서 앞선 연습문제 D02.03은 "다음의 padapāṭha를 saṃhitāpāṭha로 바꾸시오!"라고 할 수도 있을 것이다.

명사곡용

✤03.03 쌍쓰끄리땀에서 다된말이 된 명사에서는 성구분과 수 그리고 격이 드러나야 한다. 명사에서도 곡용이 될 때 변하지 않는 부분이 있어서 이것을 "명

사말줄기"(nominal stem)라고 한다. 명사말줄기 뒤로 명사곡용에서 사용되는 격뒷토가 붙어서 명사의 다된말이 이루어지는 것이다. 한 번 다된말이 완성되면 그 형태를 보고 명사의 격과 수와 성구분을 알아 볼 수 있다. 수는 동사의 경우와 마찬가지로 단수, 양수, 복수의 세 가지가 있고 성구분은 남성, 여성, 중성의 세 가지가 있다.

✣03.04 문법에서의 성구분(gender)이란 각 단어가 갖는 문법적인 성을 말한다. 따라서 구체적인 생명체의 자연 성별(sex)처럼 생물학적 특성에 의해 정해지는 것이 아니고 언어적인 관습에 의해서 확정되는 것이다. 물론 생명체를 나타내는 단어에서는 문법적인 성구분이 자연의 성별과 일치하는 경우가 많다. 예로 "pitṛ"(아버지)라는 낱말은 남성이고 "mātṛ"(어머니)라는 낱말은 여성인 것처럼 말이다. 하지만 문법적인 성구분이 자연의 성별과 일치하지 않는 경우도 많다. 또한 생명이 없는 대상이나 사건 등등을 나타내는 단어의 성구분이 정해지는 것은 온전하게 언어의 관습에 따른다.

✣03.05 격이란 해당하는 명사가 문장에서 어떤 통사적인 기능을 하는지를 표현해 주는 것을 말한다. 명사의 곡용을 통해서 표현되는 해당 명사가 갖는 문장 안에서의 기능을 나타낸다는 뜻인데, 주로 문장에서의 동사와의 관계를 나타낸다. 언어들마다 격을 나타내는 방식이 다른데, 한국어의 경우에는 명사의 뒤에 조사가 붙어서 격을 나타낸다. "사람을 때린다."와 "사람이 때린다."의 차이는 대상격(accustive)을 나타내는 조사 "-을/를"과 임자격(nominative)을 나타내는 조사 "-이/가"의 차이에 의해서 표현된다. 영어의 예를 보면 격을 나타내는 방식이 다르다. 예로 "John respects Sam."과 "Sam respects John."에서 앞의 John은 임자격이지만 뒤의 John은 대상격이다. 즉 영어에서는 대부분의 경우 단어 자체의 형태가 바뀌는 것이 아니라 단어 배열의 순서가 바뀌어 각 단어의 격을 구별한다. 쌍쓰끄리땀은 이와는 다르게 각 단어의 형태가 바뀌어서 각 격이 구분되는 방식을 취한다. 예로 janaḥ-diśati라는 문장과 janam-diśati라는 문장에서 janaḥ는 임자격의 형

태이고 janam은 대상격의 형태이다. 그래서 앞의 문장은 "사람이 가리킨다."가 되고 뒤의 문장은 "(누군가가) 사람을 가리킨다."가 된다. 쌍쓰끄리땀에서는 이처럼 명사의 격이 형태상으로 분명하게 구분된다.

✤03.06 이렇게 형태상으로 격이 명확하게 구분되는 까닭에 diśati-janaḥ라고 말을 하거나 janaḥ-diśati이라고 말을 해도 두 문장 각각의 의미에는 변화가 없다. 동사의 활용에서 명확하게 수와 인칭을 볼 수 있으며 명사의 곡용에서 성구분, 수, 격을 알 수 있기 때문에 쌍쓰끄리땀은 다른 언어에 비해 어순에서 자유롭다고 말할 수 있다. 물론 어순이 바뀔 때 근본적인 의미가 변하지 않는 경우에도, 어순을 바꾸어서 생기는 어감이나 강조의 변화는 있다.

-a 끝모음명사 남성곡용

✤03.07 예로 "신"을 뜻하는 명사말줄기 "deva"는 남성명사이고 아래의 표03.01과 같이 수와 격에 따라 곡용된다. 성구분이 남성(masculine)이면 명사 뒤에 "m."이라고 표기하고 중성(neuter)의 경우에는 "n."이라고 표기하며, 여성(feminine)이면 "f."라고 표기한다.

✤03.08 우리는 이제 deva [m.] "신"의 곡용을 배울 것인데, 그 내용은 표03.01이다. 그런데 이 deva의 곡용형태는 -a로 끝나는 모든 남성명사에 두루 적용된다. 따라서 이 곡용 형태를 외우고 나면 -a로 끝나는 모든 다른 남성명사들도 곡용시킬 수 있다. deva는 모음으로 끝나기 때문에 끝모음명사로 분류한다.

표03.01 -a 끝모음명사 남성곡용 deva [m.] "신"

격	약칭	단수	양수	복수
임자격	N.	devaḥ	devau	devāḥ
대상격	A.	devam	devau	devān
수단격	I.	devena	devābhyām	devaiḥ
위함격	D.	devāya	devābhyām	devebhyaḥ
유래격	Ab.	devāt	devābhyām	devebhyaḥ
가짐격	G.	devasya	devayoḥ	devānām
곳때격	L.	deve	devayoḥ	deveṣu
부름격	V.	deva	devau	devāḥ

❖ 03.09 동사활용을 외울 때에도 그러하였듯이 외우는 순서는 같은 격에 속하는 세 가지 형태를 묶어서 한 단위로 외운다. 즉 devaḥ-devau-devāḥ, devam-devau-devān이라고 외워야 한다. 수단격, 위함격, 유래격 양수가 모두 똑같은 devābhyām이기 때문에 이 셋을 묶어서 외우는 것이 더 효율적이라고 생각할 수 있다. 하지만 실제 언어 사용에서의 사정은 그렇지 않다. 구체적인 형태의 인지와 적용을 위해서는 이러한 전통적인 인도의 학습법을 따르는 것이 좋다. 물론 암기의 짐을 덜거나 혹은 자신이 암기한 것이 맞는지 다시 생각해 보고자 할 때 양수 수단격, 위함격, 유래격이 같다는 것을 염두에 두는 것이 도움이 될 것이다. 또한 앞으로 다른 곡용의 형태들을 배울 때에도 이러한 사실을 알고 있는 것은 큰 도움이 된다. 하지만 초보 학습자로서 각 격에 해당하는 세 형태들끼리 묶어서 큰 소리로 읽고 암기하는 일을 게을리해서는 안 된다.

표03.01에 보이듯 쌍쓰끄리땀에서 명사는 세가지 수에 걸쳐서 총 8개의 격으로 곡용된다. 구체적인 격들의 의미는 하나씩 배워 나가게 될 것이다. 우선 표03.01에 주어진 형태를 암기하고 나서 그 내용을 배우는 것이 인도

의 전통 교육 방식이기도 하거니와 배우는 데에 효과적이라고 생각된다.

✣03.10 -a 끝모음 남성명사인 vānara (원숭이), kāla (때, 시간)를 표03.01에 따라 곡용해 보라! 그리고 새로 주어지는 -a로 끝나는 남성명사를 암기할 때에는 그 임자격 단수 형태를 암기하도록 한다. 다시 말해서 "원숭이"라는 단어는 "vānaraḥ"라고 암기해야 한다. 이렇게 하는 이유는 임자격 뒷토로 -ḥ가 쓰였다는 것을 알게 되어서 "vānaraḥ"라는 단어가 남성이라는 것을 따로 외울 필요가 없이 한꺼번에 암기할 수 있기 때문이다. 그리고 나중에는 해당하는 단어의 문법적인 형태를 명확하게 인지할 수 있는 단서가 되기 때문이다.

동사 현재활용 Ātmanepada

✣03.11 고전쌍쓰끄리땀에는 parasmaipada 형태와는 별도로 ātmanepada 형태의 동사활용이 있다. 이 두 가지 활용 형태가 따로 존재하기 때문에 쌍쓰끄리땀의 각 동사들은 이 두 활용 형태 중 하나를 따라서 활용된다. 예로 √tud "때리다"는 parasmaipada-활용에 따르기 때문에 현재서술형 3인칭 단수가 "tudati"(그가 때린다)가 된다. 그런데 ātmanepada-활용에 따르는 √labh는 3인칭 단수형이 "labhate"(그가 얻는다)가 된다. 따라서 학습자들은 각 동사를 배울 때 동사의 현재 3인칭 단수 형태를 외우는 것이 좋다. 이렇게 하면 각 동사가 parasmaipada-활용을 따르는지 혹은 ātmanepada-활용을 따르는지를 알 수 있기 때문이다. 결국 동사를 암기하기 위해서는 동사 말뿌리의 형태와 이에 덧붙여서 현재형 3인칭 단수형을 외워야 한다.

✣03.12 현재형 parasmaipada-활용은 이미 표02.04에서 배웠다. 이제 이와는 다른 현재형 ātmanepada-활용을 익히도록 하자. 아래의 표03.02가 현재형 ātmanepada-활용을 보여주고 있다.

표03.02 √vad P.Ā. [vadati, vadate] "말하다"의 ātmanepada-활용

수 인칭	단수	양수	복수
3.	vadate 그가 말한다	vadete 그들 둘이 말한다	vadante 그들이 말한다
2.	vadase 당신이 말한다	vadethe 당신 둘이 말한다	vadadhve 당신들이 말한다
1.	vade 내가 말한다	vadāvahe 우리 둘이 말한다	vadāmahe 우리들이 말한다

표03.02를 암기할 때에도 앞선 표02.04와 마찬가지로 vadate-vadete-vadante; vadase-vadethe-vadadhve; vade-vadāvahe-vadāmahe의 형태로 외운다.

✣03.13 그런데 동사 √vad처럼 parasmaipada와 ātmanepada 활용형 모두를 사용할 수 있는 경우도 있다. parasmaipada의 형태로만 활용되는 동사들이 있고 또 ātmanepada 형태로만 활용되는 동사들도 있는데, 또 어떤 동사들은 parasmaipada와 ātmanepada의 두 형태 모두를 사용한다는 말이다. 두 활용 형태 모두를 사용하는 동사의 경우 활용의 형태로는 parasmaipada와 ātmanepada가 분명하게 구분되지만, 그 활용 형태의 차이에 따라 의미상의 차이가 있는지는 동사에 따라 그리고 또 같은 동사라고 할지라도 문맥에 따라 다르다.

✣03.14 "parasmaipada"와 "ātmanepada"는 각각 "남을 위한 말"과 "자신을 위한 말"이라는 뜻의 용어이다. 동사 √yaj "제사 지내다"의 경우를 예로 들어 설명해 보자. √yaj "제사 지내다"의 두 활용 형태는 각각 3인칭 단수 parasmaipada로 yajati가 되고 이에 해당하는 ātmanepada 형태는 yajate가 된다. 3인칭 단수 parasmaipada로 √yaj가 활용되면 yajati가 되어 "남을 위하여 제사를 지내다"는 뜻이고 이에 해당하는 ātmanepada형태인 yajate는 "자기 스스로를 위하여 제사를 지내다"는 뜻이 된다. 맥락을 분명하게 하자면 이렇다. 제사를 지

내는 일은 전문적으로 제사를 주관하는 사제(brāhmaṇa)가 맡게 된다. 따라서 자신의 필요 때문에 제사를 지내려고 사제가 아닌 사람이 사제에게 비용을 지불하고 제사를 지내도록 시키는 경우에는 이 사람에 대해서 yajate라고 해야 한다. 왜냐하면 제사를 지낸 결과는 바로 yajate 행위를 하는 사람 자신에게 돌아가기 때문이다. 그리고 이렇게 "yajate"를 행하는 사람이 지불하는 대가를 받고 제사를 지내는 전문 사제는 "yajati"를 행하게 되는 셈이다. 따라서 이 맥락에 맞추어 본다면 인도의 문법 용어 parasmaipada와 ātmanepada는 그 의미가 분명하다.

✣ 03.15 쌍쓰끄리땀에서는 parasmaipada(표02.04)와 ātmanepada(표03.02)의 형태가 명확하게 구분되기 때문에 각 동사들은 이 둘 중의 한 형태로 활용되거나 혹은 두 형태 모두로 활용이 가능하다. 그런데 두 형태 모두 활용이 가능한 동사들(ubhayapada) 중에서 많은 동사들은 parasmaipada-활용과 ātmanepada-활용 사이의 의미상 차이가 없다. 다시 말해서 그냥 활용이 가능한 형태의 표가 두 벌이 따로 존재하는 것일 뿐이라고 할 수 있다. 표03.02에서 본 √vad "말하다"가 바로 여기에 해당되는 예이다. 형태상으로는 구분되는 ātmanepada의 형태로 활용이 가능하지만 parasmaipada-활용의 경우와는 구분되는 ātmanepada로서의 의미를 따로 지니고 있는 경우란 실제로 많지 않다. 이것은 역사적으로 고전쌍쓰끄리땀에서 이미 parasmaipada와 ātmanepada 사이의 의미상 구분은 흔적이 희미하게 남아 있는 과거 언어의 유산일 뿐이라는 뜻이다. 드물게 √yaj처럼 두 활용 형태의 의미가 명확하게 구분되는 경우들이 있다.

✣ 03.16 우리는 parasmaipada를 P.로 ātmanepada를 Ā.로 줄여서 표기하고자 한다. 앞으로 학습자들은 동사를 외울 때 동사말뿌리와 3인칭 단수 현재형을 함께 외워서 그 동사가 P.와 Ā. 중 어느 형태로 활용하는지를 구분해서 외워야 한다. 이렇게 익히는 데에 도움을 주기 위해서 동사말뿌리 뒤에 "√vad P.Ā. [vadati, vadate]"와 같은 정보가 주어진다. 이 동사가 P.와 Ā. 양쪽으로

활용되는데 3인칭 단수가 P.일 때 vadati, Ā.일때 vadate라는 정보를 주고 있는 것이다.

✤ 03.17 결국 단순하게 말하자면 동사의 활용형 표는 항상 두 벌씩이 있는데, 어떤 동사들은 P.나 Ā. 한 벌만 사용하고 어떤 동사들은 이 두 벌 모두를 사용한다. 그런데 두 벌 모두를 사용하는 경우에도 어떤 동사들은 P.인지 Ā.인지 활용 형태에 따라 의미가 구별되고 어떤 동사들은 의미가 구별되지 않는다는 말이다.

✤ 03.18 이렇게 이해할 수 있는 내용을 영어로 번역할 때 "parasmaipada"를 "active voice"로 "ātmanepada"를 "middle voice"로 번역하다 보니 학습자들에게 용어 자체를 이해하는 일에서부터 어려움이 생기는 것이 일반적인 현상이다. Ā. 활용형이 역사적으로는 분명한 의미구분을 갖는 말태도(voice)의 형태였고 이것을 나타내는 별도의 활용 형태도 가지고 있지만, 고전쌍쓰끄리땀에서는 별도의 의미를 갖지 못하는 경우가 많다는 사정이 학습자들에게 더욱 혼란을 가중시킨다. 게다가 일본어 번역어를 차용하면서 Ā.를 "중간태"라고 번역하는 경우 상황은 더 어려워지고 만다. 별도로 존재하는 동사활용 형태인 ātmanepada를 한국어로 "중간태"라고 부르다 보니, 맥락과 무관하게 오해의 소지가 많게 된다. 따라서 단지 형식적인 활용의 형태로서 특정한 동사들은 이 형태에 따라 활용된다는 맥락에서 ātmanepada를 말하는 것이라면, 학습자들은 간단하게 어떤 동사는 앞선 표02.04가 아니고 위의 표03.02에 따른다고 생각하면 된다.

✤ 03.19 √prach의 Ā. [pṛcchate]와 √yaj의 Ā. [yajate]를 표03.02에 맞추어 활용시켜 보라!

✤ 03.20 추가로 언급할 경우들이 있다. P.와 Ā. 두 형태 모두 활용되는 동사인데 Ā.로 활용될 때에 어떤 경우에는 P.로 쓰일 때와 아무런 의미 차이가 없지만 문맥에 따라서 어떤 경우에는 Ā. 본연의 의미를 나타내는 경우가 있다. 예로

들수 있는 동사가 √ji P.Ā. [jayati, jayate]이다. "이기다, 물리치다, 승리하다"의 뜻으로 사용되는 이 동사는 종종 "승리의 대가로 쟁취하다, 전리품으로 얻다"의 의미로도 쓰인다. 그런데 맥락에 따라 "jayati"와 "jayate"를 구분해서 사용하는 경우라면 Ā.의 경우에는 "(자신을 위해) 쟁취하다, (자신에게 돌아오도록) 얻다"의 의미로 이해해야 한다.

✤03.21 표03.02와 표02.04에서 알아 둘 만한 것은 동사활용에서 1인칭 양수형은 1인칭 복수형의 활용을 따르는데 단지 -m-을 -v-로 바꾸는 차이만을 보인다는 사실이다. 이는 다른 활용형에서도 일반적으로 적용되므로 염두에 두기 바란다.

자음싼디 1/3

외부싼디의 자음싼디 중에서 다된말(pada)의 끝에 자주 나타나는 형태들 몇 가지에 적용되는 것들만을 골라 자음싼디 규칙들 중 처음으로 배우도록 하자.

✤03.22 어떤 다된말이 문장의 중간에 오지 않고 문장의 끝에 나오는 경우나 그 다된말이 홀로 독립적으로 쓰이는 경우에는 이 다된말의 끝에 오는 소리가 뒤따라오는 소리가 없어서 싼디를 이룰 수 없게 된다. 이렇게 뒤따르는 말이 없이 쓰이는 끝소리를 "진짜말끝"(absolute final)이라고 부른다. 쌍쓰끄리땀에서 진짜말끝에 나타날 수 있게 허용된 소리들은 k, ṭ, t, p, ṅ, ṇ, n, m, l, ḥ뿐이다. 따라서 어떤 다된말이 문장의 끝에 혹은 독립적으로 나타날 때 그 다된말의 끝에 나오는 소리는 여기에 제시된 소리이거나 혹은 여기에 제시된 소리로 바뀌어야만 한다는 것을 의미한다.

예를 들어 남성명사 -a의 임자격 뒷토는 -s이다. 따라서 원래 deva의 임자격 단수는 devas라고 해야 하겠지만, 이 단어가 가상의 문법적인 형태가 아니라 실제로 쓰이는 다된말이 되자면 devaḥ가 되어야 한다. s는 진짜말끝에 나타날 수 없는 소리이기 때문이다. punar의 경우에도 마찬가지이다. 이 단어가 다된말로 쓰이려면 -r가 진짜말끝이 될 수 없기 때문에 -ḥ가 되어서 punaḥ가 되어야 한다. (↳✣04.07(07)) 이에 대한 자세한 규정은 다음의 제4과에서 배우게 될 것이다.

끝소리 -m의 싼디

✣03.23(01) 끝소리 -m은 모음 앞에서는 변화하지 않는다. 모음이 아닌 모든 소리 앞에서는 ṃ (anusvāra)이 된다.

dharmam-vadati → dharmaṃ vadati;

śiṣyam-ācāryam-ca → śiṣyam ācāryaṃ ca

-m은 독립성이 적은 소리이다. 따라서 -m이 그 소리값을 유지하는 경우는 뒤에 모음이 따르는 경우뿐이다.

✣03.23(02) 하지만 이 싼디의 표기상 편차가 가능한 경우는 -m의 뒤에 터짐소리가 따라오는 경우이다. 이때에는 -m을 아누쓰바라로 대체하지 않고 뒤따라 오는 첫소리와 같은 무리에 속하는 콧소리로 대체하는 것이 가능하다. 즉 kim-karoti → kiṃ karoti만이 아니고 kim-karoti → kiṅ karoti가 가능하다. 또 śatrum-jayati → śatruṃ jayati뿐 아니라 śatruñ jayati가 가능하다. amitram-tudati → amitraṃ tudati와 amitran tudati의 경우도 마찬가지이다.

이것은 일반적으로 적용가능한 비음의 표기 방식이기는 하지만, 자주 나타나지는 않으며 아누쓰바라를 사용한 표기에 익숙해지더라도 텍스트를 파악하고 이해하는 데에 실제로 어려움을 겪지는 않을 것이다.

✤03.23(03) 또한 -m의 뒤에 첫소리 y- / l- / v-가 나타나는 경우에는 문자 표기가 다른 방식으로 나타나는 것이 가능하다. nagaram-yāti → nagaraṃ yāti; tam-likhati → taṃ likhati; tam-vadati → taṃ vadati라고 아누쓰바라를 사용해서 표기하는 대신에 뒤따라 오는 반모음의 비음화된 형태를 나타내는 표기를 사용하여 각각 nagaraỳ̃ yāti; tal̃ likhati; tav̐ vadati라고 표기하는 것이 가능하다. 실제로 자주 쓰이지는 않는 표기이므로 알아 두고 지나가는 정도로 생각할 내용이다. 따라서 본 교재에서는 ✤03.23(01)을 따르도록 할 것이다.

끝소리 -ḥ의 싼디

✤03.24 끝소리 -ḥ의 외부싼디 규칙은 다음과 같다.

✤03.24(01) -ḥ + k- / kh- / p- / ph-의 경우 -ḥ는 변화하지 않는다.

punaḥ-karoti → punaḥ karoti; nalaḥ-pibati → nalaḥ pibati;
devaḥ-kṣipati → devaḥ kṣipati

✤03.24(02) -ḥ + c- / ch- → -ś + c- / ch-

pūrṇaḥ-candraḥ → pūrṇaś candraḥ; devaḥ-ca → devaś ca;
aśvaḥ-ca-nṛpaḥ-ca → aśvaś ca nṛpaś ca; vīraḥ-carati → vīraś carati

✤03.24(03) -ḥ + ṭ- / ṭh- → -ṣ + ṭ- / ṭh-

kuṭhāraiḥ-ṭaṅkaiḥ-ca → kuṭhārais ṭaṅkaiś ca;
devaḥ-ṭiṭṭibhaḥ-ca → devaṣ ṭiṭṭibhaś ca

✤03.24(04) -ḥ + t- / th- → -s + t- / th-

janaḥ-tudati → janas tudati; tataḥ-thakāra → tatas thakāra;

vīrāḥ-tu-aśvam-tudanti → vīrās tv aśvaṃ tudanti;

paṇḍitaḥ-tatra-dharmam-vadati. → paṇḍitas tatra dharmaṃ vadati.

✣03.24(05) -ḥ + ś- / ṣ- / s- → -ḥ + ś- / ṣ- / s- (혹은 -ś + ś- / -ṣ + ṣ- / -s + s-)

suptaḥ-śiśuḥ → suptaḥ śiśuḥ 혹은 suptaś śiśuḥ;

paṇḍitaḥ-śiṣyaḥ-ca → paṇḍitaḥ śiṣyaś ca 혹은 paṇḍitaś śiṣyaś ca;

mārgaḥ-ṣaṣṭiyojanaḥ → mārgaḥ ṣaṣṭiyojanaḥ 혹은 mārgaṣ ṣaṣṭiyojanaḥ;

aśvaḥ-skandati → aśvaḥ skandati 혹은 aśvas skandati;

manuḥ-svayam → manuḥ svayam 혹은 manus svayam

인도 문법전통에서도 이 두 가능성 모두를 인정하고 있다. 필사본의 표기에서 비싸르가를 사용하는 경우가 더 많은 것 같고, 현대 학자들은 대부분 비싸르가를 쓰고 있다.

✣03.24(06) -aḥ / -āḥ가 아닌 -ḥ의 뒤에 r- 이외의 울림소리가 따라올 때 -r가 된다.

kaviḥ-ayam → kavir ayam; dharmaiḥ-mārgaḥ → dharmair mārgaḥ;

nalaiḥ-aśvaiḥ-devaiḥ-ca → nalair aśvair devaiś ca

✣03.24(07) -aḥ / -āḥ가 아닌 -ḥ의 뒤에 r-이 따라오면 -ḥ에서 변형된 -r가 탈락되고 그 앞에 나온 모음을 긴 모음으로 바꾼다.

kaviḥ-rūḍhaḥ → kavī rūḍhaḥ; raviḥ-rakṣati → ravī rakṣati;

paśuḥ-riṇakti → paśū riṇakti

✣03.24(08) 이 규정에 대한 예외는 부르는 말로 쓰이는 bhoḥ나 bhagavant의 부름격인 bhagoḥ를 들 수 있다. 이 두 단어의 경우 울림소리 앞에서 -ḥ가 탈락된다. bhoḥ-devāḥ → bho devāḥ가 된다. 하지만 bhoḥ-chettaḥ → bhoś chettaḥ이다.

✣03.25 -r에서 변형된 -ḥ가 -aḥ / -āḥ로 나타날 때, 즉 진짜말끝이 되기 전의 형태가 -ar / -ār인 경우의 싼디는 다음과 같다.

✤03.25(01) -ḥ + r-가 아닌 울림소리 → -r + r-가 아닌 울림소리

punaḥ-iha → punar iha; punaḥ-mārgaḥ → punar mārgaḥ;
antaḥ-gacchāmi → antar gacchāmi

✤03.25(02) -ḥ + r- 의 경우 -ḥ의 원형인 앞선 -r가 탈락되고 탈락된 -r 앞에 나온 모음을 긴 모음으로 바꾼다.

punaḥ-rakṣāmi → punā rakṣāmi; antaḥ-rakṣati → antā rakṣati

✤03.26 -r에서 변형된 것이 아닌 -ḥ가 -aḥ / -āḥ로 나타날 때, 즉 진짜말끝이 되기 전의 형태가 -as / -ās인 경우의 싼디는 다음과 같다.

✤03.26(01) -aḥ + a가 아닌 모음 → -a + a가 아닌 모음

devaḥ-iha → deva iha; aśvaḥ-uṣṭraḥ → aśva uṣṭraḥ;
candraḥ-iva → candra iva; paṇḍitaḥ-ācāryam → paṇḍita ācāryam

✤03.26(02) -aḥ + a → -o + ’- 즉 앞의 끝소리 -aḥ가 -o로 바뀌고 나서 첫소리 a-는 탈락된다. 탈락된 자리에는 아바그라하가 사용된다.

devaḥ-atra-vadati. → devo ’tra vadati.; tataḥ-aśvaḥ → tato ’śvaḥ

✤03.26(03) -aḥ + 울림소리 자음 → -o + 울림소리 자음

devaḥ-gacchati → devo gacchati; nalaḥ-vadati → nalo vadati

✤03.26(04) 이상의 규정에 대한 중요한 예외가 있다. 대명사 saḥ와 eṣaḥ는 문장의 끝에 올 때에만 -ḥ를 보존해서 갖게 되고 뒤에 a-가 아닌 그 어떤 다른 소리가 오더라도 sa / eṣa가 된다. 뒤에 a-가 따라올 때에는 so / eṣo가 된다. 예로 “mṛtaḥ saḥ.”는 그대로 남는다.

saḥ-abravīt → so ’bravīt; saḥ-indraḥ → sa indraḥ;
eṣaḥ-kālaḥ → eṣa kālaḥ; saḥ-atra-nalaḥ → so ’tra nalaḥ;
eṣaḥ-aśvaḥ → eṣo ’śvaḥ; saḥ-uttamaḥ → sa uttamaḥ;

eṣaḥ-ācāryaḥ → eṣa ācāryaḥ; saḥ-vadati → sa vadati;
eṣaḥ-candraḥ → eṣa candraḥ

✤03.26(05) āḥ + 울림소리 → ā + 울림소리

vīrāḥ-gacchanti → vīrā gacchanti;

janāḥ-uttamāḥ-atra-ca → janā uttamā atra ca

✤03.27 이상의 내용을 단순화시켜 개괄적인 표로 나타내자면 다음과 같다.

표03.03

앞 단어 끝소리	뒷 단어 첫소리								진짜 말끝
	모음		울림소리 자음		안울림소리 자음				
	a-	그 외	r-	그 외	c/ch-	ṭ/ṭh	t/th	그 외	
-aḥ	-o ’-	-a	-o	-o	-aś	-aṣ	-as	-aḥ	-aḥ
-āḥ	-ā	-ā	-ā	-ā	-āś	-āṣ	-ās	-āḥ	-āḥ
-iḥ	-ir	-ir	-ī	-ir	-iś	-iṣ	-is	-iḥ	-iḥ
-uḥ	-ur	-ur	-ū	-ur	-uś	-uṣ	-us	-uḥ	-uḥ

격의 이름들

✤03.28 인도 전통문법에서는 각 격의 이름을 순서대로 번호를 붙여서 부른다. 즉 임자격은 “첫째 격”(prathamā [vibhakti]) 대상격은 “둘째 격”(dvitīyā [vibhakti])이라고 부르는 방식의 이름을 사용한다. 이 책의 서술에서는 학습자들의 편의를 위해 구체적인 서술의 경우에는 한국어 이름을 사용하고 간략한 표기를 위해서는 영어의 일반적인 격명칭의 약형을 사용하도록 하겠다. 사용될 명칭의 개괄을 정리하자면 다음과 같다. 우선 우리에게 중요한

것은 영어 약칭과 한국어 이름이다.

표03.04

쌍쓰끄리땀 이름	영어 이름	영어약칭	한국어 이름	기존 한국어 이름
prathamā	nominative	N.	임자격	주격
dvitīyā	accusative	A.	대상격	목적격, 대격
tṛtīyā	instrumental	I.	수단격	도구격, 구격
caturthī	dative	D.	위함격	여격, 위격
pañcamī	ablative	Ab.	유래격	탈격, 종격
ṣaṣṭhī	genitive	G.	가짐격	소유격, 속격
saptamī	locative	L.	곳때격	처격, 처소격
(sambodhana)	vocative	V.	부름격	호격

임자격(nominative, N.)의 의미

✣03.29 문장에서의 주어 그리고 서술어로 사용되며 주어나 서술어와 동격(apposition)으로 사용된다.

nalo vīraḥ. 날라는(nalaḥ) 영웅이다.

nalo vīro na nṛpaḥ. 날라는 영웅이고 왕은 아니다.

✣03.30 쌍쓰끄리땀에서 영어의 be 동사에 해당하는 연결사(copula)는 주로 √as [asti]와 √bhū [bhavati]가 쓰이는데 일반적으로 생략된다. 따라서 "nalo vīraḥ."는 "nalo vīro 'sti." 혹은 "nalo vīro bhavati."라고 표현해도 의미가 같다. 그리고 임자격이 주어와 서술어 모두에 쓰였기 때문에 "vīro nalaḥ."도 같은 의미의 문장이다. 따라서 "nalo vīraḥ."를 "영웅은 날라이다."라고 번역할 수 있는 가능성도 열려 있다. 맥락에 따라 결정을 하는 것이 옳다.

고전쌍쓰끄리땀에서의 주어는 원칙적으로 말하자면 뒤에 오는 것이 정형이다. 하지만 이것은 결코 기계적으로 적용될 수 있는 어순의 원칙이 아니다. "nalo vīraḥ"를 "날라는 영웅이다."라고 해석하는 것은 굳이 따지자면 중요한 말이 문장의 처음에 가도록 만든다는 어순의 원칙에 따라 이루어진 판단이라고 할 수 있겠다. 따라서 주어가 중요하다고 판단되어 맨 앞에 배치되는 문장은 자연스러운 것이다. 이러한 사실은 염두에 두면 "nalo nṛpo vīraḥ."를 해석할 때 "왕인 날라는 영웅이다.", "날라는 영웅인 왕이다.", "날라는 왕이며 영웅이다."가 모두 가능하게 된다.

✤ 03.31 임자격은 책의 제목이나 단어를 인용할 때 사용된다.

saṃskṛtavākyopakriyā [f.]
쌍쓰끄리땀 첫머리 ← 쌍쓰끄리땀(saṃskṛtam) 언어(vākya)로 이끌기 (upakriyā)

대상격(accusative, A.)의 의미

✤ 03.32 대상격은 동사의 직접적인 목적어가 된다.

nṛpau devaṃ namataḥ. 두 왕이 신에게 경의를 표한다.

✤ 03.33 대상격은 동사가 나타내는 동작의 방향이나 지향점을 나타낸다.

vīrān diśasi. vīrās tu nṛpaṃ vadanti.
당신은 영웅들을 가리킨다. 그런데 영웅들은 왕에게 말한다.

janā gṛhaṃ gacchanti. 사람들이 집으로 간다.

nṛpo yajate svargam eva gacchati. brāhmaṇaś ca yajaty upahāram evecchati.

왕은 (제사 주최자로서) 제사를 지내고 바로 그 하늘나라로 간다. 사제는 (제사 수행자로서) 제사를 지내고 공물만(eva)을 원한다(icchati).

eva는 불변화사로 바로 앞서는 말을 강조하는 역할을 한다. "바로 그, 오직"으로 번역될 수 있다. 절이나 문장의 첫자리에 오지 못한다.

nṛpo dharmam eva vadati. atha nṛpas tu daṇḍam evecchati.

왕은 올바름만 말한다. 이제 왕은 도리어 폭력만을 원한다(eva-icchati).

✣03.34 대상격 둘이 함께 사용되어 구문을 구성하는 동사에서는 두 개의 대상격이 사용된다.

nṛpau janān mārgaṃ pṛcchataḥ.

두 왕이 사람들에게 길을 물었다.

✣03.35 대상격을 목적어로 가져야 하는 부치사(adposition)와 함께 사용된다.

vīro nṛpaṃ namati paṇḍitaṃ prati tu hasati.

전사는 왕에게 경의를 표하고 나서는 현자를 향해서 웃는다.

이 문장에서 tu는 대조를 나타내는 의미에서 사용되었으나 두 번째 절에서 위치를 잡을 때 paṇḍitam의 바로 뒤로 가지 못한다. paṇḍitam과 prati가 연관성이 강해서 한 단위로 묶인 표현 "현자를 향해서"이기 때문이다.

✣03.36 동사 시킴형이 사용될 때 시킴을 당하는 행위자, 다시 말해서 시킴을 당해서 직접 행위를 하게 되는 행위자는 대상격으로 나타난다.

nṛpo nalaḥ sevakaṃ vādayati. (vādayati는 √vad 1P.Ā. [vadati, vadate]의 시킴형, 시킴형은 22과에서 배우게 될 것이다.)

왕 날라는 하인에게 말하도록 시킨다. (결국 말하는 사람은 sevaka)

nalo vīraḥ śaṅkhaṃ vādayati.

영웅인 날라는 소라고둥을 분다. (← 소라고둥이 소리를 내도록 시킨다)

✣ 03.37 비교를 나타낼 때에는 서로 비교의 대상이 되는 두 단어의 격을 일치시킨다.

gṛhakārako gṛham iva devālayaṃ karoti.
목수는 집처럼 신전을 만든다.

iva는 "~과 같이, ~처럼"을 뜻하는 불변화사인데 주로 앞선 말과의 비교를 나타낸다. 절이나 문장의 첫자리에 오지 못한다. 예문에서 gṛham에 비교시켜서 말을 하니까 devālayam처럼 gṛham도 대상격을 취한다.

✣ 03.38 시간의 길이나 공간의 크기를 나타낸다.

vīrau yajete saṃvatsaram eva.
두 영웅은 일 년이나 제사를 지낸다(Ā.).

saṃvatsara [m.] "한 해, 만으로 일 년"을 대상격으로 써서 부사로 사용한 것이다. 아래의 māsa [m.] "한 달"도 마찬가지의 경우이다.

māsam upahāram eva pṛcchati brāhmaṇa ity ācāryo nṛpaṃ vadati.
"사제는 한 달을 공물만 요구한다."라고 스승이 왕에게 말한다.

✣ 03.39 iti는 인용부호처럼 쓰여서 직접 하는 말의 인용부터 생각의 내용을 나타낼 때에도 쓰이고 이유를 나타내거나 개념을 인용할 때에도 쓰인다. iti가 구체적으로 직접인용을 나타내고 있는지의 여부는 문맥에 따라 결정된다. 그리고 iti의 사용에 관련된 어려움은 iti가 포괄하는 인용의 대상이 되는 대목의 시작이 어디부터인지가 따로 표시되지 않기 때문에 문맥에 따라 파악해야 한다는 점이다. 논증과 반론이 다층적으로 제시되는 철학이론서의 경우 iti로 인용되는 구절 안에 iti로 인용되는 다른 구절이 중층으로 배치될 수도 있고, 경우에 따라 여러 페이지에 걸친 긴 내용이 하나의 iti 표현이 포괄하는 내용이 되는 경우도 있다.

nalaḥ satyaṃ karotīti devā manyante.
"날라는 참된 것을 행한다."라고 신들은 생각한다.

03.40 명사를 부정할 때에는 부정앞토 a- / an-을 사용하게 된다. 뒤따라 오는 말이 모음으로 시작할 때에는 an-이 사용된다. 문장을 부정할 때에는 주로 동사를 부정하게 되는데 이 때에는 na를 사용한다.

he upahāram eva pṛcchasīti nṛpo 'paṇḍitaṃ brāhmaṇaṃ vadati.
"어이, 당신은 종일 공물만 요구하는군요."라고 왕이 무식한 사제에게 말한다.

만약 여기 쓰인 단어가 apaṇḍitam이 아니고 paṇḍitam이었다면 싼디가 nṛpaḥ paṇḍitaṃ으로 달라졌을 것이다. 따라서 싼디에 의해 부정앞토 a-가 탈락된다고 해도 오해의 소지는 없다.

apaṇḍitaḥ sevakaḥ.	하인은 못 배운 사람이다.
sevako 'paṇḍitaḥ.	하인은 못 배운 사람이다.
sevako na paṇḍitaḥ.	하인은 배운 사람이 아니다.

paṇḍita iva vadati likhati ca sevakaḥ. athābrāhmaṇas tu sevako dharmaṃ na karoti.
하인은 배운 사람처럼 말하고 쓰고 한다. 그런데 사제가 아니어서(a-brāhmaṇaḥ) 하인은 다르마를 행하지 않는다.

nṛpa eva satyaṃ karotīty asatyaṃ vadaty apaṇḍito gṛhakārakaḥ.
"왕이야말로 참된 것을 행한다."라고 참되지 않은 것을 못 배운 목수가 말한다.

paṇḍito nṛpaś ca dharmaṃ prati saṃvadataḥ.
현자와 왕은 다르마에 대해서 함께 토론한다.

연습문제

D 03.01 다음 문장에 싼디를 적용하고 해석하시오.

D 03.01(01) punaḥ-iha-nṛpān-namataḥ-vadataḥ-ca

D 03.01(02) vaṇijakaḥ-tatra-asti

D 03.01(03) gṛhakārakaḥ-gṛham-karoti

D 03.01(04) devam-jayāmaḥ-iti-nṛpāḥ-bhāṣante

D 03.01(05) tatkālam-vānarāḥ-aśvāḥ-iva-devālayam-āgacchanti

D 03.01(06) sevakāḥ-apaṇḍitāḥ punaḥ-punaḥ-tu-satyam-vadanti

D 03.01(07) he-asatyam-vadasi-iti-paṇḍitāḥ-brāhmaṇam-bhāṣante

▷ 03.01(08) gṛhakārakaḥ-punaḥ-devālayam-karoti-gṛham-ca-gacchati

▷ 03.01(09) aho-na-satyam-bhāṣethe-iti-śiṣyau-vaṇijakau-prati-eva-manyete-tatkālam

▷ 03.01(10) atha-paṇḍitau-aśvam-diśataḥ-iti-manyete-vīrau. paṇḍitau-tu-tatra-candram-eva-na-aśvam-diśataḥ

▷ 03.01(11) sūryaḥ-iva-devaḥ-atra-janān-pṛcchati-kutra-nṛpaḥ-candram-iva-vīram-jayati-iti

▷ 03.01(12) janāḥ-saṃvatsaram-brāhmaṇau-eva-satyam-prati-pṛcchanti

▷ 03.01(13) paṇḍitaḥ-apaṇḍitam-dviṣṭe-apaṇḍitaḥ-ca-paṇḍitam-dviṣṭe

▷ 03.01(14) janāḥ-tatra-paṇḍitam-dharmam-prati-pṛcchanti-punar-iha-āgacchanti-ca-dharmam-pṛcchante

▷ 03.01(15) ācāryaḥ-ca-śiṣyaḥ-ca-sevakaḥ-ca-aśvaḥ-ca-mārgam-punar-gacchanti

▷ 03.01(16) aśvau-iha-skandataḥ-carataḥ-ca. nṛpaḥ-aśvau-atra-dviṣṭe-daṇḍam-ca-kṣipati

D 03.01(17) śiṣyam-ācāryaḥ-tatkālam-vadati. nṛpaṃ-namasi-satyam-ca-punar-vadasi-iti

D 03.01(18) atha-vīraḥ-tu-ācāryaḥ-nṛpaḥ-aśiṣyaḥ-nalaḥ-iha-punar-punar-namati

D 03.01(19) śiṣyaḥ-saṃvatsaram-na-punaḥ-krīḍati-iti-bhāṣete-atra-brāhmaṇau-tatkālam

D 03.01(20) atha-devāḥ-sūryam-icchanti-na-candram-iti-āgacchanti-iha

D 03.01(21) janāḥ-devālayam-prati-gacchanti-devam-prati-ca-namanti

D 03.01(22) kutra-nṛpaḥ-dharmam-karoti-iti-pṛcchete-iha-sevakau-apaṇḍitau

D 03.01(23) ācāryāḥ-nṛpāḥ-śiṣyāḥ-ca-dharmān-punar-manyante-iha-dharmam-prati-pṛcchanti-ca

D 03.01(24) apaṇḍitaḥ-nṛpam-prati-namati. brāhmaṇam-prati-tu-namati-nṛpam- prati-eva-paṇḍitaḥ-hasati

D 03.02 다음 이야기를 한국어로 옮기시오. (cāpala-vānara-kathā 1/2)

D 03.02(01) athāsti vaṇijakaḥ. vaṇijako devālayam icchati. vaṇijako gṛhakārakaṃ prati gacchati ca namati ca. he gṛhakārako bhavasīti vadati vaṇijako 'tra. gṛhakārako devālayaṃ karotītīhāgacchāmi. devālayam icchāmīti gṛhakārakaṃ vadati vaṇijakaḥ. tatkālaṃ vaṇijaka upahāraṃ diśati. janā devālayam icchantīti manyate gṛhakārakaḥ.

D 03.02(02) atha gṛhakārakaś ca saṃvatsaraṃ devālayaṃ karoti. dinaṃ gṛhakārako punaḥ punar gṛhaṃ gacchati pibati ca. tatkālaṃ tu vānarā devālayam āgacchanti krīḍanti ca. tatra stambho 'sti.

D 03.03 다음의 한국어 문장을 쌍쓰끄리땀으로 옮기시오.

D 03.03(01) 배우지 못한 자가 진리가 아닌 것을 자꾸 자꾸 말한다.

▷ 03.03(02) 사제들은 일 년 동안 공물만(eva)을 요구한다.

▷ 03.03(03) 영웅과 현자인 왕은 사원으로 간다.

▷ 03.03(04) 거기에서 원숭이들은 막대기들을 던지고 뛰어다니고 논다.

▷ 03.03(05) 두 사제는 일 년 동안 말하고(√bhāṣ) 쓴다.

▷ 03.03(06) 하인들은 왕에게 (왕을 향해) 인사한다. 하지만 왕은 하인들에게 인사하지 않는다.

▷ 03.03(07) 이 세상에서(iha) 스승은 말하고 학생들은 적는다는(iti) 다르마를 현자가 지적한다(√diś).

▷ 03.03(08) 사람들이 해와 달을 가리킨다.

▷ 03.03(09) 우리 둘은 집을 원한다고 두 상인은 신에게 말한다.

▷ 03.03(10) 영웅 날라(nala)는 현명한 사제에게 다르마에 대하여 묻는다.

낱말 목록

atha [ind.] 이제, 그런데, 그리고, 게다가 (주제를 바꿈)

apaṇḍita [a.] 못 배운, 학식이 없는
[m.] 학식이 없는 사람, 못 배운 사람

aśva [m.] 말, 종마, (놀이판의) 말

√as 2P. [asti] ~이다, 있다

ā-√gam 1P. [āgacchati] 오다, 돌아오다, 다가오다, 도착하다

ācārya [m.] 스승

iti [ind.] (인용을 나타내서) ~라고 (말하다, 생각하다), ~이므로

iva [ind.] (앞선 말에 비교해서) ~과 같이, ~처럼, 마치 ~인 것처럼

√iṣ 6P.Ā. [icchati, icchate] 원하다, 갈구하다, 추구하다, 기대하다

upahāra [m.] 공물, (신에게 바치는) 제물

eva [ind.] 바로 (앞의 말을 강조), 분명히, 바로 그, 오직, 단지

kāla [m.] 시간, 때, 경우, 운명

√kṛ 8P.Ā. [karoti, kurute] 하다, 실행하다, 만들다

√krīḍ 1P. [krīḍati] 놀다, 놀이를 하다, 즐기다

√gam 1P. [gacchati] 가다, 움직이다, ~한 상태가 되다

gṛha [m.] 집, 가정

gṛhakāraka [m.] 집 짓는 사람, 목수

candra [m.] 달

√car 1P.Ā. [carati, carate] 돌아다니다, 활동하다

jana [m.] 사람, 인간, 종족, 생명체, (집합명사로) 사람들, 백성

√ji 1P.Ā. [jayati, jayate] 이기다, 물리치다, 승리하다, 쟁취하다, 얻다

tatkālam [adv.] 그때에, 그 사이에

daṇḍa [m.] 막대, 몽둥이, 권력, 물리력

dina [m.][n.] 하루, 날

deva [m.] 신

devālaya [m.] 사원, 신전, 신이 머무는 곳, 하늘나라

dharma [m.] 사회적 종교적 규범, 관습, 옳은 것, 바른 것, 정의

√nam 1P.Ā. [namati, namate] ~(A. D.)에게 경의를 표하다, ~(A. D.)에게 인사하다, 경배하다, 굽히다

nala [m.] 날라 (고유명사)

nṛpa [m.] 왕, 왕자, 통치자, 사람들의 수호자

paṇḍita [m.] 배운 사람, 지식인

[a.] 배운, 현명한, 학식이 있는

punar [ind.] 다시, 반복해서

√prach 6P.Ā. [pṛcchati, pṛcchate] 묻다, 질문하다, 요청하다

prati [ind.] ~을 향하여, ~에 마주하고, ~에 대하여
[adp.] (주로 A.뒤에서) ~을 향하여, ~에 대하여, ~에 맞서서

brāhmaṇa [m.] 사제, 사제 계급

√bhāṣ 1Ā. [bhāṣate] 말하다, 발언하다

√bhū 1P. [bhavati] 있다, ~이다, 되다

√man 4Ā.; 8Ā. [manyate / manute] 생각하다, 추측하다, ~(A.)을 ~(A. 혹은 iva 첨가)으로 간주하다

mārga [m.] 길, 진로, 경로, 자취, 방법, 방식

māsa [m.] 한 달, 달(moon), 달(month)

√yaj 1P.Ā. [yajati, yajate] 제사 지내다, 공물을 바치다

√labh 1Ā. [labhate] 얻다, 잡다, 성취하다, 도달하다, 성공하다, ~(inf. D.)하기를 허락받다

vaṇijaka [m.] 상인, 교역상

vādayati (caus.) √vad 말하도록 시키다, (악기를) 연주하다

vānara [m.] 원숭이

vīra [m.] 전사, 용사, 우두머리, 영웅, 남편
[a.] 용감한, 강한, 뛰어난

śaṅkha [m.][n.] 소라고둥, 나팔로 부는 소라고둥, 나각(螺角)

śiṣya [m.] 학생

saṃvatsara [m.] 한 해, 만 일 년

satya [n.] 진리, 사실, (구현될 힘을 지닌) 진실
[a.] 참된, 진짜의

sam-√vad 1P.Ā. [saṃvadati, saṃvadate] ~(I. G.)와 토론하다, 의논하다, 말을 나누다

sūrya [m.] 태양, 해

sevaka [m.] 하인, 시중드는 사람, 고용인, 수행원

stambha [m.] 기둥, 받침대

svarga [m.] (죽어서 가게 되는) 하늘나라

√has 1P. [hasati] 웃다, 미소짓다, 비웃다

제4과
संस्कृतवाक्योपक्रिया

-a 끝모음명사 중성곡용

✤04.01 이제 중성명사이면서 -a로 끝나는 명사의 곡용을 익혀 보자.

표04.01 -a 끝모음명사 중성곡용 phala [n.] "열매"

격	약칭	단수	양수	복수
임자격	N.	phalam	phale	phalāni
대상격	A.	phalam	phale	phalāni
수단격	I.	phalena	phalābhyām	phalaiḥ
위함격	D.	phalāya	phalābhyām	phalebhyaḥ
유래격	Ab.	phalāt	phalābhyām	phalebhyaḥ
가짐격	G.	phalasya	phalayoḥ	phalānām
곳때격	L.	phale	phalayoḥ	phaleṣu
부름격	V.	phala	phale	phalāni

✤04.02 -a 끝모음 중성명사의 곡용은 표03.01(deva [m.])과 비교해 보면 분명하게 임자격(과 부름격)과 대상격에서만 차이가 난다. 따라서 표04.01을 모두 다시 외워야 하는 것은 아니며, 외우는 방법은 앞선 표03.01과 마찬가지이다. 단어 자체를 암기할 때 임자격 뒷토를 붙인 형태, "phalam"으로 암기하기를 권한다.

✤04.03 부름격은 원칙적으로 단수에서만 임자격과 차이가 난다. 따라서 단수에서도 임자격과 일치하는 경우에는 아예 임자격과 차이가 없게 된다. 인도 문법전통에서 부름격은 임자격의 한 변형으로만 간주되고 별도의 격으로 받아들여지지 않는다. 인도 문법전통에는 7개의 격만 있는 셈이다. 부름격을 빼고 나면, -a로 끝나는 남성명사와 비교할 때 -a로 끝나는 중성명사는 임자격과 대상격에서만 차이가 난다는 것을 알 수 있다.

따라서 앞으로 배우게 될 많은 명사의 곡용에서 부름격의 단수 형태를 눈여겨 보아야 하며, 부름격을 따로 익혀야 하는 일은 드물다.

예문04.01 satyam eva jayate! 진리(중성 임자격 단수)만이 승리한다!

✣04.04 예문04.01은 인도의 국가 슬로건(national motto)으로 강한 정치적이고 사회적인 함축을 가지고 사용되는 문장이다. 국가 상징물의 아래에 인쇄된 형태로 현재 거의 모든 인도의 공문서와 인도 화폐에서도 사용된다. 이 문장의 출처는 *Muṇḍaka-Upaniṣad* 3.1.6인데 그 원문은 아래와 같다.

satyam eva jayate nānṛtaṃ
satyena panthā vitato devayānaḥ ।
yenākramanty ṛṣayo hy āptakāmā
yatra tat satyasya paramaṃ nidhānam ॥

참된 것(satyam)만을 얻을 것이며 거짓된 것(an-ṛta)을 [얻지 않을 것이다.]
참된 것에 의해서 신들의 길이 뻗어 나가고
이 길을 통해 원하는 바를 성취한 리시(ṛṣi)들이 나아가니
참된 것의 최상의 자리로 [간다].

독자들이 현재로서는 이 문장을 첫 줄만 이해할 수 있을 것이다. 나머지 내용들은 나중에 다시 배우게 될 것이니 무시하기 바란다. 여기 제시된 해석을 보면 예문04.01에서 임자격으로 해석되고 있는 satyam이 대상격으로 이해되고 있다. 예문04.01과는 아예 다른 해석이 주어진다. 중성명사이기 때문에 이러한 이중의 해석이 가능하게 된 것이다. 그리고 원문의 jayate는 Ā.이다. 이 경우에는 Ā.의 의미를 살린 해석이 정확한 해석이어서 "이기다"가 아니라 "(자신의 것이 되도록) 얻다"로 해석되어야 한다. 첫줄에서 뒤따르는 na-anṛtam의 anṛta도 중성명사여서 satya와 똑같은 방식으로 이중의 해석이 가능하다. 따라서 satyam eva jayate nānṛtam을 정치 구호로 사용할 때에는, 원문을 고려한다면, 분명한 오역이기는 하지만 문법상으로는 가능한

해석, "진리만이 승리하며, 거짓은 그렇지 않다!"라고 해석한다.

자음싼디 2/3

진짜말끝

✣04.05 모든 모음은 진짜말끝에 나타날 수 있기 때문에 진짜말끝의 위치에 나타난다는 사실 때문에 싼디의 대상이 되지는 않는다. 진짜말끝의 자리에 자음이 나타날 때에는 우선 진짜말끝에 오직 하나의 자음만이 나타나야 한다. 그리고 여러 자음들이 겹쳐서 진짜말끝에 자리 잡고 있다면 맨 뒤의 것부터 탈락되어 결국 맨 앞에 있는 자음 하나만 진짜말끝에 남게 된다.

sant-s → san; bhavant-s → bhavan; vāc-s → vāc → vāk;
prāñc-s → prāṅk → prāṅ

✣04.06 예외적으로 동사말뿌리의 일부로서 말끝에 rk, rṭ, rt, rp가 나타나는 경우에는 복수의 자음이 그대로 남아있게 되는 경우가 드물게 있다.

ūrk; amārṭ (← 3. sg. impf. √mṛj)

✣04.07 그런데 이렇게 하나만 남은 자음이라고 하더라도 진짜말끝에 나타날 수 있는 자음(☞✣03.22)만이 남아 있어야 한다. 그렇지 않은 자음이 진짜말끝에 있다면 진짜말끝에 나타날 수 있는 소리로 바뀌어야 한다: 즉 k, ṭ, t, p, ṅ, ṇ, n, m, l, ḥ 중의 하나로 바뀌어야 한다. 이것도 싼디이다. 진짜말끝에 나타날 수 없는 자음이 진짜말끝에 자리 잡고 있다면 다음과 같은 싼디가 이루어진다.

✣04.07(01) 굳은곳소리(palatal), 즉 ca-varga가 아닌 경우에는 터짐소리들(stops)은 각각의 같은 무리(varga)에 속하는 소리에 해당하는 진짜말끝에 올 수 있는 소리로 대체된다.

math → mat; suhṛd → suhṛt; vedavid → vedavit; agnidh → agnit;
mṛdh → mṛt; yudh → yut

❖ 04.07(02) -c → -k가 된다. 굳은곳소리(palatal), 즉 ca-varga에 속하는 말끝의 경우이다.

vāc → vāk; udac → udak; ṛc → ṛk; tvac → tvak; ruc → ruk;
śic → śik; śuc → śuk

❖ 04.07(03) -j → -k 혹은 드물게 -j → -ṭ가 된다. 굳은곳소리(palatal), 즉 ca-varga에 속하는 말끝의 경우이다.

vaṇij → vaṇik; bhiṣaj → bhiṣak; viśvasṛj → viśvasṛṭ

❖ 04.07(04) -ś → -k 혹은 드물게 -ś → -ṭ가 된다.

adṛś → adṛk; īdṛś → īdṛk; viś → viṭ

❖ 04.07(05) -ṣ → -ṭ 혹은 드물게 -ṣ → -k가 된다.

asuradviṣ → asuradviṭ; dadhṛṣ → dadhṛk

❖ 04.07(06) -h → -ṭ 혹은 드물게 -h → -k가 된다.

vajravāh → vajravāṭ; madhulih → madhuliṭ; kāmaduh → kāmadhuk

❖ 04.07(07) -r/-s → -ḥ가 된다.

punar → punaḥ; cakṣus → cakṣuḥ; chandas → chandaḥ

❖ 04.07(08) 말뿌리가 g, d, b로 시작되고 울림거센소리(gh, dh, bh)나 -h로 끝나는 경우에 시작의 자음이 거센소리가 되고 끝의 자음이 안울림 안거센소리가 된다.

arthabudh → arthabhut (√budh 경우); goduh → godhuk (√duh 경우)

❖ 04.08 이상의 내용을 체계적으로 이해하는 데에 도움이 될 수 있는 방법이라 생

각하고, 아래 표04.02를 바탕으로 해서 위의 싼디 규칙들이 설명하고자 하는 내용을 이해하도록 시도해 보기 바란다.

표04.02 싼디의 이해를 위한 음운의 나열

입열은소리	ḥ				h	ṃ		a	ā		
무른곳소리		k	kh	g	gh	ṅ					
굳은곳소리	ś	c	ch	j	jh	ñ	y	i	ī	e	ai
혀말은소리	ṣ	ṭ	ṭh	ḍ	ḍh	ṇ	r	ṛ	ṝ		
이빨소리	s	t	th	d	dh	n	l	ḷ			
입술소리		p	ph	b	bh	m	v	u	ū	o	au

굵은 테두리 안의 소리가 진짜말끝에 나타날 수 있는 소리이다.

✣04.09 이상의 진짜말끝에 대한 원칙에 따라 외부싼디가 적용되는 경우의 자음 변화를 고려한다면, 진짜말끝에 나타날 수 있는 자음의 형태만 싼디의 적용을 받을 수 있는 셈이 된다. 외부싼디에 해당하자면 우선 다된말이 되어서 말의 형태가 완성된 이후, 진짜말끝에 나타날 수 있는 형태로 가다듬어진 후에 실제로 사용될 것이기 때문이다. 따라서 어원상의 본래말끝이 (예로, deva-s [m.] N.sg.) 아니라 진짜말끝의 형태(예로, devaḥ)를 기준으로 가능한 경우들을 구분하고 싼디를 학습하는 것이 일반적인 방식이다. 따라서 학습자가 배우는 싼디의 규정들은 바로 진짜말끝의 형태를 고려한 규정으로 주어진다. 예를 들어 vāc라는 여성명사는 어원 상의 형태가 vāc이기는 하지만 이 단어에 적용되는 싼디 규정은 -k로 끝나는 말에 대한 싼디의 규정으로 주어진다.

✣04.10 여기에서 예외가 되는 유일한 경우가 -s와 -r의 경우이다. 이 자음들의 경우 진짜말끝은 -ḥ이지만 본래말끝의 형태인 -s와 -r를 구분하지 않은 채 -ḥ로 간주해서 싼디 현상이 설명될 수가 없다. 어원 상의 말끝이 -s이었는지

아니면 -r이었는지에 따라서 싼디가 다르게 나타나기 때문이다. 결국 본래 말끝이 -s나 -r인 경우를 제외하고 모든 경우들은, 어원상의 본래말끝이 진짜말끝에서 나타날 수 있는 형태로 우선 변형이 되고 나서, 이 변형된 형태에서 시작해서 싼디가 일어나는 것으로 간주하고 설명한다. 이러한 사정 때문에 앞서 배운 (☞✣03.25와 ✣03.26) -aḥ 싼디의 경우에는 그 싼디 규칙을 -as에 대한 규칙과 -ar에 대한 규칙으로 나누어 배운 것이다.

끝자음 -n의 싼디

✣04.11 -n은 뒤따르는 소리에 맞추어 변형이 많은 경우이다. -n으로 끝나는 다된말에 적용되는 싼디는 다음과 같다.

✣04.11(01) -n + j-/jh- → -ñ + j-/jh-

devān-jayāmi → devāñ jayāmi; mitrān-jhaṭiti → mitrāñ jhaṭiti

✣04.11(02) -n + ḍ-/ḍh- → -ṇ + ḍ-/ḍh-

tān-ḍambaraḥ → tāṇ ḍambaraḥ

✣04.11(03) -n + ś- → -ñ + ch-

tān-śiṣyān → tāñ chiṣyān;
bhagavān-śāstrān-śiṣyān-vadati → bhagavāñ chāstrāñ chiṣyān vadati

✣04.11(04) -n + l- → -ṃl + l-

śāstrān-likhāmi → śāstrāṃl likhāmi; āhārān-labhate → āhārāṃl labhate

이 싼디는 표기상으로는 -ṃ + l / -ṃl + l / -m̐ + l / -m̐l + l 모두가 가능하다. 하지만 싼디의 발음이나 내용이 달라지는 것은 아니다.

✣04.11(05) -n + c-/ch- → ṃś + c-/ch-

vānarān-cāpalāni → vānarāṃś cāpalāni;
bhagavān-carati → bhagavāṃś carati

✣04.11(06) -n + ṭ-/ṭh- → ṃṣ + ṭ-/ṭh-

puruṣān-ṭīkā → puruṣāṃṣ ṭīkā; tān-ṭhinṭhāyām → tāṃṣ ṭhinṭhāyām

✣04.11(07) -n + t-/th- → -ṃs + t-/th-

devān-tān-tu → devāṃs tāṃs tu

✣04.12 앞선 싼디 규칙들 중에서 마지막에 제시된 세 규칙, ✣04.11(05); (06); (07)들은 고전쌍쓰끄리땀의 싼디 규칙으로 정착되었지만 실제로는 발음의 편의를 위한 변형 때문에 생긴 규칙들이 아니다. 따라서 정확하게 따지자면 싼디 규칙이 아니라 역사적인 언어 변천의 결과라고 보아야 한다. 쌍쓰끄리땀에서 -n이 단어의 끝에 나타나는 것은 대부분 역사적으로 -ns인 경우들이다. 따라서 진짜말끝에서 사라졌던 -s가 뒤따라 오는 소리들을 만나서 사라지지 않고 표면으로 다시 드러나 생겨나는 소리의 변형인데, -s가 뒤따라 오는 소리에 맞추어진 형태로 나타나야 한다. 역사적으로 모든 끝소리 -n이 -ns에서 유래한 것이 아님에도 불구하고 예외 없이 이러한 갈이소리의 삽입이 이루어지는 것은 역사적인 -ns의 경우에 따라 다른 경우들까지 일괄적으로 유사한 경우로 간주해서 싼디를 적용시키기 때문이다. 따라서 학습자들은 갈이소리의 삽입현상을 일반규칙으로 암기해야 한다.

✣04.13 -n + ṣ-/s- → -n(t) + ṣ-/s-

이 규정이 뜻하는 바는 자음 -t-가 삽입될 수도 있다는 것이다. 따라서 -t-를 삽입하지 않으면 -n은 불변으로 남는다. tān ṣaṭ도 가능하지만 tānt ṣaṭ도 가능하다. mahān san이나 mahānt san이나 모두 가능하다. 하지만 우리가 일상적으로 만나게 되는 싼디는 -t-를 삽입하지 않는 쪽이다. 따라서 초보자들은 이 규칙을 무시해도 좋다.

말끝 콧소리의 중복

✣04.14 콧소리인 -ṅ, -ṇ, -n이 단모음의 뒤에서 말끝에 나타나고 뒤따르는 말의 첫소리가 모음일 때 콧소리는 중복된다.

pratyaṅ-āsīnaḥ → pratyaṅṅ āsīnaḥ; sugaṇ-iti → sugaṇṇ iti;
āsan-atra → āsann atra

✣04.14(01) 콧소리 중에서 ṅ과 ṇ은 이 중복규칙 이외의 싼디 규칙이 적용되는 경우가 없다. 따라서 콧소리와 연관된 싼디는 결국 -n과 -m의 경우만을 익히면 되는 셈이다.

수단격(instrumental, I.)의 의미

✣04.15 수단격은 도구나 수단 혹은 방법을 나타내는 의미로 사용된다.

indro vajreṇa vṛtram amitraṃ mārayati.
인드라는 바즈라(금강)로 적 브리뜨라를 죽인다.

yajñaiś ca brāhmaṇāḥ svargaṃ gacchanti.
그리고 제사들을 통해서 사제들은 하늘나라에 간다.

✣04.16 수단격은 원인이나 이유를 나타낸다.

devā upahārān icchanti. brāhmaṇās tu dānena hasanti.
신들은 공물들을 원한다. 하지만 사제들은 헌금(사례금) 때문에 웃는다.

apaṇḍito nṛpaḥ kāmena ca mohena cādharmaṃ karoti.
현자가 아닌 왕은 욕구와 어리석음 때문에 부당함을 행한다.

✣04.17 수단격은 수동의 의미를 갖는 표현에서 동작주체(kartṛ, agent)를 나타내

는 데에 사용된다.

vṛtro hata indreṇety upadiṣṭāḥ śiṣyā vaidikaiḥ.

"브리뜨라는 인드라가 죽였다."고 학생들은 베다 전문가들에게서 배운다.

vānarāś cāpalena mriyante.

원숭이들은 경솔함 때문에 죽는다.

vikāro na daivam ity upadiṣṭaṃ paṇḍitenaiva.

"병은 운명이 아니다."라고 현자(eva)에 의해서는 가르쳐진다.

✤04.17(01) 마지막 문장에서는 iti에 포함되어 있는 문장의 내용을 중성으로 간주해서 upadiṣṭam으로 중성 임자격을 사용하였다.

✤04.18 수단격은 비교를 통해 비슷하거나 같다는 것을 나타내는 표현, 그리고 동반이나 제외를 나타내는 표현과 함께 사용된다. saha "~과 함께"; sārdham "~과 함께"; samam "~과 같게"; vinā "~ 없이" 등이 해당된다.

nalaḥ sevakābhyāṃ saha gṛham āgacchati.

날라는 두 하인들과 함께 집으로 돌아온다.

vajreṇa vinendro nāsti.

금강 없이 인드라는(vinā-indraḥ) 없다.

yuddhena vinā paṇḍito dānaṃ jayate.

현자는 싸우지 않고 선물을 얻는다.

vīraiḥ samaṃ nṛpo yuddhāñ jayati.

용사들과 똑같이 왕은 전투들을 이긴다(/전투들을 얻어낸다).

✤04.19 수단격은 시간이 지나는 것을 나타내는 표현으로 사용된다.

śiṣyau saṃvatsareṇa saṃskṛtaṃ vākyaṃ na bhāṣete.

두 학생은 한 해를 지내는 동안 쌍쓰끄리땀을 말하지 않는다.

✤04.19(01) 시간을 나타내는 표현 중에서 대상격은 정해진 시점을 표현하는 경우가 많지만 수단격은 시간의 단위가 경과되는 전체 과정을 표현한다. 따라서 saṃvatsareṇa 표현은 "일 년을 지내면서"의 의미이고 따라서 "일 년 내내"를 의미한다. māsena는 "한 달에 걸쳐"를 의미하기 때문에 "한 달의 기간 동안 내내"의 의미를 지닌다.

✤04.20 수단격은 가격이나 교환가치를 나타낼 때 사용된다.

sevako 'śvaṃ mūlyena dadāti. 하인은 말을 대가(가격)로 준다.

tilānāṃ droṇena krīṇāti. 참깨(tila) 한 드로나(droṇa)를 주고 산다.

✤04.21 수단격은 특정한 표현들에서 관용적으로 사용된다.

kiṃ vistareṇa (bahunā) vacanena! 장황한 (많은) 말을 해서 무엇하리!

alam ativistareṇa! 너무 장황한 것은 됐다!

vistara "펼쳐진, 장황한"의 수단격은 vistareṇa이다. 혀말은소리 ṇ이 나타나는 형태임에 주목하라. 이렇게 n이 ṇ으로 바뀌는 것에 대해서는 나중에 (☞ ✤05.09) 배우게 된다. 앞선 ✤04.19의 예문에서 나타난 saṃvatsareṇa도 마찬가지의 경우이다. 현재로서는 vistareṇa라는 수단격이 별도의 단어로 부사로 사용된다고 익히기 바란다. bahunā도 bahu "많은"의 수단격 형태이다. 부사 vistareṇa에 ati "지나친, 경계를 넘는"이라는 불변화사가 앞토로 첨가되어 ati-vistareṇa가 되면 "지나치게 장황한"을 뜻하게 된다.

kṛtaṃ saṃśayena!
의심을 거두어라!

kṛtam은 saha와 함께 쓰이기도 하고 수단격과 함께 쓰이기도 하는데 "하지 말라, 버려라, 그만 하라, 충분하다, 그쳐라"는 의미로 쓰인다. alam "충분한"도 이렇게 쓰이는 맥락에서는 의미가 같다.

위함격(dative, D.)의 의미

✤04.22 위함격은 동사의 간접목적어를 나타낸다.

vānaro mitrāya phalaṃ diśati.

원숭이가 친구에게 열매를 보여준다.

✤04.23 위함격은 지향하는 목적을 나타낸다.

vīre mitre yuddhe satyāya mriyete.

용맹한 두 친구는 전투에서 참됨을 위해 (약속을 지키기 위해) 죽는다.

puruṣo janaiḥ saha carati svargāya narakāya vā.

인간은 사람들과 함께 활동하는데, 하늘나라를 향하거나 지옥을 향하거나 [하기 위해서]이다.

✤04.24 namaḥ "경배하노니!", svasti "행운이 있을지니!", svāhā "축복이 있을지니!" 등과 함께 사용되어 경배나 축복의 대상을 나타낸다.

oṃ gaṇeśāya namaḥ!

가네샤에게 경배를 올리노니!

oṃ namo buddhāya.

붇다에게 경배를 올립니다!

✤04.25 위함격은 운동의 방향을 나타낸다.

nalo nagarāya gacchati. (= nalo nagaraṃ gacchati.)

날라는 도시로 갔다.

nṛpaḥ puruṣaiḥ saha narakāyeva nagarāyāgacchati.

왕은 부하들과 함께 지옥과 같은 도시로 온다.

✤04.26 위함격 형태를 목적어로 취하는 동사(좋아하다, 싫어하다)와 함께 사용된다.

vānarāya phalaṃ rocate.

원숭이는 과일을 좋아한다. (← 과일은 원숭이의 마음에 든다.)

nṛpābhyāṃ ratho rocate.

두 왕들은 전차를 좋아한다. (← 전차가 두 왕들의 마음에 든다.)

형용사의 곡용과 일치

04.27 쌍쓰끄리땀에서 형용사는 형용사가 꾸며주는 말의 성구분과 격과 수를 따라 곡용을 하게 된다. 그렇게 해서 각 형용사가 어떤 말을 꾸미는지가 분명하게 드러난다. 만약 apaṇḍita라는 말을 형용사로 사용한다면, apaṇḍita는 -a로 끝나는 말이기 때문에 이 말이 꾸며주는 명사가 남성이라면 apaṇḍita는 -a 끝모음 남성명사로 (표03.01, deva-곡용) 곡용된다. 그런데 apaṇḍita가 꾸며주는 명사가 중성명사라면 apaṇḍita는 -a 끝모음 중성명사로 (표04.01, phala-곡용) 곡용된다.

apaṇḍito nṛpo 'paṇḍitena cāpalenāpaṇḍitair janaiḥ samam apaṇḍitāni vacanāni vadati.

현명하지 못한 왕이(apaṇḍitaḥ-nṛpaḥ) 현명하지 못한 경솔함 때문에 (apaṇḍitena-cāpalena) 현명하지 못한 사람들과(apaṇḍitaiḥ-janaiḥ) 마찬가지로 현명하지 못한 말들을(apaṇḍitāni-vacanāni) 한다.

04.28 아래 문장에서 형용사로 쓰인 sumukha-와 upadiṣṭa-는 각 단어의 뒷토가 격과 수와 성구분을 보여주기 때문에 어떤 말을 수식하는지가 분명하게 드러난다.

sumukho nala upadiṣṭaṃ dharmaṃ jānāti karoti ca.

잘생긴 날라는 가르쳐진 다르마를 알고 행한다.

형용사는 그 말이 꾸며주는 말의 바로 앞에 놓이는 것이 일반적이지만, 그 형태가 이미 관계를 맺는 명사와 일치하기 때문에, 어순이 고정적이지는 않다. 예로 어순이 아래와 같은 경우라고 해도 문장의 의미를 이해하는 데에 어려움이 없다.

sumukha upadiṣṭaṃ dharmaṃ nalo jānāti karoti ca.

보통의 경우 문장을 이해하는 데에 방해가 되는 어순을 피하는 것이 당연하다. 그러나 특별한 단어를 강조하고자 한다거나, 말장난을 만들어 낸다거나 하는 문학적인 효과를 위해 어색할 수도 있는 어순을 사용하는 경우는 있다.

✤04.28(01) 그런데 구체적인 음절의 수는 물론 각 음절의 운율상의 강약을 구분하여 음절 배치가 형식 면에서 고정되어 있는 운문의 경우에는 사정이 크게 다르다. 운율을 맞추기 위해 보통의 어순을 벗어나는 어순이 사용되거나, 혹은 굳이 의미상 필요하지 않은 불변화사 ca, tu, eva 등을 음절 수를 맞추기 위해 삽입하는 일이 흔하다.

✤04.29 sumukho vīro nala upadiṣṭaṃ dharmaṃ jānāti karoti ca.

이 문장에서는 sumukha가 수식하는 명사가 vīra일 수도 있고 nala일 수도 있다. 또 vīra가 형용사일 수도 있고 명사일 수도 있다. vīra는 남성명사로 영웅을 의미하기도 하지만 형용사로 "용감하다"는 뜻을 가지고 있기도 하기 때문이다. 따라서 문장의 큰 의미는 불변이겠지만 구체적인 해석의 차이가 발생할 수 있다. "잘생긴 영웅인 날라" "잘생긴 날라는 영웅인데" 등등의 해석이 가능하다. 또 형용사와 명사의 활용형이 일치하는 것은 물론 형용사와 명사 사이의 형태상 그리고 구문상의 구분이 모호하기도 하기 때문에 쌍쓰끄리땀에서는 실제로 형용사와 명사의 구분 자체가 큰 의미를 갖지 못하는 경우가 많다.

sumukho vākyaṃ vadati. vīraṃ vākyaṃ vadati.

잘생긴 자가 말을 한다. 그 사람은 용감한 말을 한다.

이 예에서는 sumukha가 "잘생긴 사람"이라는 명사로 사용된 것으로 이해되어야 한다. 일반적으로 모든 형용사들이 이렇게 명사로 사용될 수 있으며, 이렇게 사용되는 일은 흔하다.

04.30 형용사와 명사의 구분선이 모호해지면 구체적인 해석에서 여러 가능성을 고려해야 하는 경우들이 생긴다. 예로 문장 "upadiṣṭaṃ satyam."은 "참된 것이 가르쳐졌다."라고 번역될 수도 있지만 다르게 upadiṣṭa를 중성명사로 간주하여 upadiṣṭam을 임자격 단수 형태로 읽어서 "가르침은 참된 것이다."라고 번역할 수도 있다. upadiṣṭa처럼 사전에서 이미 중성명사로서의 사용이 명확하게 표기된 경우들이 많이 있지만, 그렇지 않은 경우에도 이처럼 명사로 사용이 가능한 형용사에 해당하는 단어들이 많다. 게다가 지금 형용사라고 설명되고 있는 단어들 가운데에는 동사에서 파생된 분사들도 있다. upadiṣṭa는 upa-√diś의 과거분사이다. 동사에서 만들어지는 분사들까지도 명사곡용과 같은 형태로 곡용되어 다된말이 된다.

연습문제

▷ 04.01　다음 각 구절에 싼디를 적용하시오.

▷ 04.01(01)　paṇḍitaḥ-bhagavān-tatra-arthān-śāstrān-likhati-iti

▷ 04.01(02)　paṇḍitān-śiṣyān-cāpalān-śobhanān-janān-ca-eva-iti

▷ 04.01(03)　bhagavān-ṭiṭṭibhān-ḍuṇḍurān-labhate-āgacchati-eva-iha-ca-iti

▷ 04.01(04)　ṛṣiḥ-rathaiḥ-aśvaiḥ-ratnāni-āhārān-śāstrāni-upahārān-tān-ca

▷ 04.01(05)　nṛpau-aśvān-tau-uṣṭrān-śaśān-chattrān-ca-tasmai-īśvarāya-iha-manyete

▷ 04.01(06)　daṇḍān-tigmān-tu-eva-uṣṭrān-gṛhān-ca-bhagavan-asti-eva

D 04.02 다음 이야기를 한국어로 옮기시오. (cāpala-vānara-kathā 2/2)

D 04.02(01) tatra stambhaḥ kāṣṭhena sthāpitaḥ. atha vānaras tu vadati, aho iha kāṣṭham astīti. vānaraś ca manyate kiṃ kāṣṭheneheti. vānaro mitrebhyo vacanaṃ vadati, he kāṣṭhena krīḍāmīti. vānaraś ca hastābhyāṃ kāṣṭham uddharati. stambhās tatra nipatanti. atraiva cāpalena vānareṇa saha vānarā mriyante. atha cāpalo mitro 'mitro bhavatīti manyāmahe.

D 04.03 아래의 문장들을 한국어로 옮기시오.

D 04.03(01) kiṃ dhanena dānena ca?

D 04.03(02) vīrau brāhmaṇābhyāṃ saha nagarāya gacchataḥ.

D 04.03(03) daivena vṛtro mriyata ity ācāryair upadiṣṭam.

D 04.03(04) yajñāyāśvā brāhmaṇair hatā iti vaṇijako mitre bhāṣate.

D 04.03(05) paṇḍitebhyo puruṣebhyo nalo rocate.

D 04.03(06) upahārair vinā devā amitraṃ na jayanti.

▷ 04.03(07) vaidika ācāryaḥ śiṣyebhyo dharmam upadiśati.

▷ 04.03(08) apaṇḍitau dhanāya yajete, yajñena tu brāhmaṇa eva dānaṃ jayate.

▷ 04.03(09) oṃ indrāya nama iti vīro nṛpo vadati brāhmaṇaiś ca sārdhaṃ svargāya yajñaṃ karoti.

▷ 04.03(10) vīre iha mitre sumukhān sevakāṃl labhete.

낱말 목록

ati [ind.] 넘어서는, 지나친, 경계를 넘는

adharma [m.] 부당함, 부정의, 부조리, 악

anṛta [n.] 거짓
[a.] 거짓된, 속이는, 진실(ṛta)이 아닌

amitra [m.] 적, 상대방
[a.] 친구가 아닌, 적대적인

alam [ind.] 충분한, 적절한, 딱 맞는, 능력이 있는, 자격이 있는

āhāra [m.] 음식, 먹거리

indra [m.] 인드라 (신)

ud-√dhṛ 1P.Ā. [uddharati, uddharate] 꺼내다, 끄집어 내다, 위로 올리다

upa-√diś 6P. [upadiśati] 가르치다, 지도하다, 특정해서 지적하다

upadiṣṭa [a.] 가르쳐진, 지도받은, 특정해서 지적된

oṃ [ind.] (종교의식에 사용하는 감탄사나 조사) 옴! (우빠니샤 이후로는 이것 자체가 명상의 수단이자 대상)

kāma [m.] 욕망, 욕구, ~(G. D. L.)에 대한 추구, 사랑, (관능적) 사랑, 즐거움

kāṣṭha [n.] 나뭇조각, 목재, 장작

kṛta [a.] 행해진, 만들어진, 성취된, 준비된

kṛtam [adv.] ~(I.)는 그만, ~는 충분하다

√krī 9P.Ā. [krīṇāti, krīṇīte] 사다, 구입하다, 구매하다

gaṇeśa [m.] 가네샤, 지혜와 장애물을 관장하는 코끼리 머리를 가진 신. 배가 튀어나온 뚱보의 몸을 지니고 쥐에 올라타고 있는 모습으로 등장하는 Śiva와 Pārvatī의 아들로 전해지는 신

cāpala [n.] 경솔함, 함부로 움직임, 변덕
[a.] 경솔한, 경거망동하는, 변덕스러운

√jñā 9P.Ā. [jānāti, jānīte] 알다, 알아차리다. ~을 ~라고 생각하다, ~(A.)를 알게 되다

tila [m.] 참깨

√dā 3P. [dadāti] 주다, 제공하다

dāna [n.] 주는 것, 선물, 성금, 기부, 기증, 베풂

daiva [n.] 신에 속하는 것, 운명
[a.] 신과 연관되는, 신적인, 운명에 따른

droṇa [m.][n.] 드로나 (곡물 등의 부피를 재는 단위)

dhana [n.] 재화, 재산, 돈, 경쟁에서 이기면 얻는 보상

nagara [n.] 도시

namas [n.] 경배, 인사, 경의 (경배의 대상은 D.)

naraka [m.][n.] 지옥, 지하세계

ni-√pat 1P. [nipatati] 아래로 떨어지다, ~(L.)로 내려앉다, 덮치다, 공격하다, 자리잡다

puruṣa [m.] 사람, 남자, 부하, 일하는 사람

phala [m.] 열매, 과일, 결실, 결과

buddha [m.] 각성한 자, 깨달은 자, (불교의 창시자) 붇다
[a.] 각성한, 깨달은, 깨어난, 현명한, 학식이 있는

mārayati (caus.) √mṛ 죽게 하다, 죽이다

mitra [m.][n.] 친구, 지지자, 신뢰관계에 있는 사람 ([n.]이 더 자주 나타난다)

mūlya [n.] 원래의 가치, 가격, 지불금, 임금, 소득, 자본

√mṛ 6Ā. [mriyate] 죽다

moha [m.] 착각, 어리석음

yajña [m.] 제사, 제사 의식

yuddha [n.] 전투, 싸움, 전쟁
[a.] 전투가 행해진, 물리쳐진, 정복된

ratha [m.] 전차, 마차

√ruc 1Ā. [rocate] ~(D.)의 마음에 들다. ~(D.)을 갈구하다

vacana [n.] 말, 발언, 언급, 표현

vajra [m.] (인드라가 사용하는 무기로 가장 단단한 것이며 던질 수 있는 뭉툭한 곤봉 형태의 무기) 바즈라, 금강, 번개

vākya [n.] 말, 문장, 언어, 발언, 언급, 선언

vikāra [m.] 병, 질병, 변형, 변경

vinā [adp.] ~ (A.I.) 없이, ~ (A.I.)은 빼고

vistara [a.] 펼쳐진, 긴, 장황한, 자세한

vistareṇa [adv.] 길게, 모두 다, 장황하게, 자세하게

vṛtra [m.] 숨기는 자, (베다에 등장하는 뱀 모양의) 악마 브리뜨라

vaidika [m.] 베다(veda) 전문가, 베다에 연관된 사람

saṃśaya [m.] 의심, 불확실함

saṃskṛta [a.] 함께 놓여진, 구성된, 준비된, 완벽하게 만들어진, 정화된, 다듬어진, 정교한
[n.] 준비, 제사 의식, 쌍쓰끄리땀 언어, 제사의 효과, 잠재적인 경향성

sama [a.] 같은, 동일한, 비슷한, 보통의

samam [adv.] ~(I.)과 똑같이, ~(I.)과 동일하게, ~(I.)과 비슷하게, ~에 맞추어서

saha [ind.] ~(I.)과 함께, ~(I.)을 동반하여, ~(I.)을 따라

sārdham [adv.] ~(I.)과 함께, ~(I.)과 동반해서

sumukha [a.] 훌륭한 얼굴을 지닌, 잘생긴

sthāpita [a.] 확립된, 고정된

svasti [f.][n.] 행운, 성공, 복 (행운이 깃들기를 원하는 상대는 D.)

svāhā [ind.] (베다의 만뜨라 끝에 사용되는 반복 어구) 이렇게 공물을 바치노니, ~(D.)에게 축복이 있으리

hata [a.] 맞은, 죽여진, 때려진, 파괴된

hasta [m.] 손, (아래쪽) 팔

제5과
संस्कृतवाक्योपक्रिया

자음싼디 3/3

끝자음 -k, -ṭ, -p의 싼디

05.01 끝자음 -k, -ṭ, -p는 안울림소리 앞에서는 변화하지 않는다.

dhik tvāṃ; tāṭ khagaḥ; anuṣṭup chandaḥ

하지만 싼디가 일어나는 경우에는 아래와 같은 규칙이 적용된다.

05.01(01) -k / -ṭ / -p + 울림소리 → -g / -ḍ / -b

dhik-gaccha → dhig gaccha; viṭ-anyaḥ → viḍ anyaḥ;
anuṣṭup-gāthā → anuṣṭub gāthā

05.01(02) -k / -ṭ / -p + n- / m- → -ṅ / -ṇ / -ṃ (혹은 -g / -ḍ/ -b) + n- / m-

vāk-me → vāg me / vāṅ me; ṣaṭ-māsaḥ → ṣaḍ māsaḥ / ṣaṇ māsaḥ;
anuṣṭup-nanu → anuṣṭub nanu / anuṣṭum nanu

이 경우는 두 단계의 동화 가능성이 있는 경우이다. 즉 끝소리로 나오는 안울림소리가 뒤에 따라오는 콧소리에 동화되는 것을 한 단계만 실행시킬 것인지 두 단계 모두 실행시킬 것인지의 열린 가능성이다. 콧소리(n)가 울림소리이니까 각 안울림소리(k)의 같은 무리에 해당하는 울림소리(g)로 바꾸는 정도의 첫 단계의 동화를 실행할 수도 있고, 이미 울림소리가 된 것(g)을 뒤따르는 콧소리(n)에 동화시켜서 앞선 울림소리(g)를 같은 무리의 콧소리(ṅ)로 바꾸는 정도까지 동화시킬 수도 있다.

05.01(03) 하지만 필사본들은 대부분의 경우 콧소리로 변화된 표기를 택하고 있다. 따라서 필자는 초보자들의 경우라면 콧소리로 변하는 싼디를 배우고 익히라고 권하겠다. 이렇게만 생각한다면 우리가 익혀야 할 싼디의 규칙은 이렇게 단순화될 수 있겠다. 터짐소리의 진짜말끝에 오는 소리 뒤에 콧소리가 나타나면 해당 터짐소리는 같은 무리에 속하는 콧소리로 바뀐다.

끝자음 -t의 싼디

✤05.02 -t는 뒤따르는 소리와 같은 소리로 동화되는 빈도가 아주 높은 소리이다. 구체적인 싼디 규칙들은 다음과 같다.

✤05.02(01) -t + 터짐소리 중 굳은곳소리(c, ch, j, jh)와 혀말은소리(ṭ, ṭh, ḍ, ḍh)와 l → -t가 뒤따르는 소리와 같게 된다.

tat-ca → tac ca; etat-chattram → etac chattram;

tat-jalam → taj jalam; tat-ṭaṅkam → taṭ ṭaṅkam;

ḍamat-ḍamara → ḍamaḍ ḍamara; tat-likhati → tal likhati.

✤05.02(02) -t + ś- → -c + ch-

paṇḍitāt-śāstrāt → paṇḍitāc chāstrāt

✤05.02(03) 이외의 경우에는 앞선 끝자음 -k, -ṭ, -p의 싼디 경우처럼 울림소리로 바뀐다.

āsīt-rājā → āsīd rājā; tat-na → tan na (혹은 tad na);

tat-manyate → tan manyate (혹은 tad manyate)

✤05.02(04) 이 때에도 두 울림소리로만 바뀌는지 아니면 같은 무리의 콧소리로 바뀌는지 두 가지 가능성이 열려있다. 앞선 ✤05.01(03)과 마찬가지로 콧소리로 변하는 싼디가 주로 사용된다.

✤05.03 앞서 4과에서 배운 싼디를 포함한 내용을 표로 정리하자면 다음과 같다.

표05.01

<table>
<tr><th rowspan="2">앞소리</th><th colspan="10">뒷소리</th></tr>
<tr><th>모음</th><th>g/gh-</th><th>j/jh-</th><th>ḍ/ḍh-</th><th>d/dh-</th><th>b/bh-</th><th>n/m-</th><th>y/v/r-</th><th>l-</th><th>h-</th></tr>
<tr><td>-k</td><td>-g</td><td>-g</td><td>-g</td><td>-g</td><td colspan="2">-g</td><td>-ṅ (/-g)</td><td>-g</td><td>-g</td><td>-g dh-</td></tr>
<tr><td>-ṭ</td><td>-ḍ</td><td>-ḍ</td><td>-ḍ</td><td>-ḍ</td><td colspan="2">-ḍ</td><td>-ṇ (/-ḍ)</td><td>-ḍ</td><td>-ḍ</td><td>-ḍ ḍh-</td></tr>
<tr><td>-p</td><td>-b</td><td>-b</td><td>-b</td><td>-b</td><td colspan="2">-b</td><td>-m (/-b)</td><td>-b</td><td>-b</td><td>-b bh-</td></tr>
<tr><td>-t</td><td>-d</td><td>-d</td><td>-j</td><td>-ḍ</td><td colspan="2">-d</td><td>-n</td><td>-d</td><td>-l</td><td>-d dh-</td></tr>
<tr><td>-n</td><td>-n/-nn</td><td>-n</td><td>-ñ</td><td>-ṇ</td><td colspan="4">-n</td><td>-ṃl</td><td>-n</td></tr>
<tr><td>-m</td><td>-m</td><td colspan="9">-ṃ</td></tr>
</table>

<table>
<tr><th rowspan="2">앞소리</th><th colspan="7">뒷소리</th></tr>
<tr><th>k/kh-</th><th>c/ch-</th><th>ṭ/ṭh-</th><th>t/th-</th><th>p/ph-</th><th>ś-</th><th>ṣ/s-</th></tr>
<tr><td>-k</td><td>-k</td><td>-k</td><td>-k</td><td colspan="2">-k</td><td>-k</td><td>-k</td></tr>
<tr><td>-ṭ</td><td>-ṭ</td><td>-ṭ</td><td>-ṭ</td><td colspan="2">-ṭ</td><td>-ṭ</td><td>-ṭ</td></tr>
<tr><td>-p</td><td>-p</td><td>-p</td><td>-p</td><td colspan="2">-p</td><td>-p</td><td>-p</td></tr>
<tr><td>-t</td><td>-t</td><td>-c</td><td>-ṭ</td><td colspan="2">-t</td><td>-c ch-</td><td>-t</td></tr>
<tr><td>-n</td><td>-n</td><td>-ṃś</td><td>-ṃṣ</td><td>-ṃs</td><td>-n</td><td>-ñ ch-</td><td>-n</td></tr>
<tr><td>-m</td><td colspan="7">-ṃ</td></tr>
</table>

말의 첫소리에 적용되는 싼디

h-의 싼디

✤05.04 뒤에 오는 다된말이 h-로 시작하고, 터짐소리 자음으로 끝나는 다된말이 앞서 있을 때에는 앞서가는 터짐소리가 해당되는 울림소리로 바뀌면서 뒤따르는 h-는 앞선 울림소리에 해당되는 거센소리가 된다.

-k+h- → -g gh- ; -ṭ+h- → -ḍ ḍh- ; -t+h- → -d dh- ; -p+h- → -b bh-

saṭ-hasati → saḍ ḍhasati; tat-hatam → tad dhatam;

viṣṭap-himālaya → viṣṭab bhimālaya

✣05.04(01) 이 싼디를 이해하는 데에서 핵심적인 점은 바로 h가 ḥ에 상응하는 방식으로 발음되는 소리이지만 울림소리라는 사실이다. 우리는 이 h를 울림소리로 발음하지 못하기 때문에 주어진 예들을 읽으면서 우리 자신의 발성기관으로 이 싼디가 일어나야 하는 필요를 공감할 수가 없다. 이 점에서 이 싼디는 우리가 익히기에 어려운 면이 있다. 결국 h는 울림소리임을 마음 속으로 상기하면서 이해하고 익숙해지는 수밖에 없다.

✣05.05 ch-는 짧은 모음, 전치사 ā, 부정사 mā 뒤에서 cch-가 된다.

asti-chāyā → asti cchāyā; ā-chāyām → ā cchāyām;

mā-chidat → mā cchidat

✣05.05(01) 앞서는 모음이 긴 모음인 경우에는 cch-로 쓸 수도 있고 ch-로 쓸 수도 있다. 즉 sā chinatti도 가능하지만 sā cchinatti도 가능하다.

✣05.06 -n + ś- → -ñ + ch- (☞✣04.11(03))

tān-śiṣyān → tāñ chiṣyān;

bhagavān-śāstrān-śiṣyān-vadati → bhagavāñ chāstrāñ chiṣyān vadati.

✣05.07 이상의 자음싼디 규칙들을 익히면서 익숙해진 내용을 토대로 자음싼디의 일반적인 속성에 대해서 이해할 수 있을 것이다. 싼디란 결국 성격이 너무 다른 소리들이 이어지는 상황에서 발음이 어렵게 되는 일을 피하기 위해 일어나는 동화현상이라고 할 수 있다. 언어에서 동화현상이 일어나는 방향은 앞의 소리에 영향을 받아 뒤의 소리가 변화하는 경우, 즉 순행동화와 뒤따르는 소리의 영향을 받아 앞선 소리가 변하는 경우, 즉 역행동화가 있는데 쌍쓰끄리땀의 자음싼디는 주로 역행동화 현상이다. 또한 자음싼디의 일반적인

형태는 안울림소리가 울림소리의 영향을 받아 울림소리로 변하는 것이다. 이러한 현상을 개괄적으로 이해하기 위한 방법은 앞서 보았던 표04.02를 통해 자음들 간의 관계에 대해 이해하는 것이다.

내부싼디의 두 가지 규칙

05.08 초보자들이 쌍쓰끄리땀을 배우는 데에서 내부싼디를 익히는 것은 구체적으로 도움이 되지 않는다. 따라서 여기에서는 쌍쓰끄리땀을 배우는 일에서 구체적으로 필요한 두 가지 내부싼디의 규칙만을 설명하고자 한다. 이 두 가지 모두는 혀말은소리가 되는 현상이다. 즉 n이 ṇ이 되는 경우와 s가 ṣ가 되는 경우만을 설명하고자 한다. 이것을 설명하는 이유는 동사나 명사의 형태를 표기할 때 정확하게 표기하는 일에 필요하기 때문이다. 예를 들어 mitra [n.] "친구"의 단수 수단격은 mitrena가 아니고 mitreṇa이며 복수 임자격은 mitrāni가 아니고 mitrāṇi이다. 앞선 곡용형태들에서 복수 곳때격에서 deveṣu, phaleṣu와 같이 혀말은소리가 나타나는 것도 같은 현상이다. 따라서 n / ṇ 그리고 s / ṣ를 명확하게 구분해서 사용할 줄 아는 일반 법칙을 배우는 것은 유용하다. 처음부터 이 내용에 익숙해져 있다면 시간이 지나면서 익히게 되는 단어의 형태들을 보다 정확하게 익힐 수 있는 장점이 있다.

05.09 n이 ṇ이 되는 경우는 아래의 경우에서이다.

ṛ / ṝ / r / ṣ + 작용을 차단하지 않는 소리 (모음 / ka-varga / pa-varga / y / v / h / ṃ) + **n** + 모음 / n / m / y / v

즉 n의 앞으로 ṛ / ṝ / r / ṣ 중 하나의 소리가 나타나고 n과 이 소리 사이에 n의 변형을 막지 않는 소리(들)만 나타나며 n의 뒤에 모음 / n / m / y / v 중 하나의 소리가 따라오는 경우에 n은 ṇ이 된다. 이 때 n의 변형을 막지 않는 소리(들)이 위에 제시된 모음 / ka-varga / pa-varga / y / v / h / ṃ 이다. 이 소리들은 그 수가 몇 개가 되던 간에 앞선 ṛ / ṝ / r / ṣ가 뒤의 n을 혀말은소리로 바꾸는 것을 막지 않는다. 모음 / ka-varga / pa-varga / y / v / h / ṃ 이외의 소리가 ṛ / ṝ / r / ṣ와 n의 사이에 끼어들면 이 끼어든 소리가 ṛ / ṝ / r / ṣ의 작용을 차단하기 때문에 n은 변형되지 않는다.

kar + ana → karaṇa-; brahman + ya → brahmaṇya- ;
gṛh + nāti → gṛhṇāti

✤05.10 s가 ṣ가 되는 경우는 아래의 경우에서이다.

a와 ā 이외의 모음 / k / r / (l) + 작용을 차단하지 않는 소리 (ṃ / ḥ) + **s** + ṛ 이외의 모음 / t / th / n / m / y / v

dhanus + aḥ → dhanuṣaḥ; dhanūṃs + i → dhanūṃṣi;
vac + syati → vakṣyati; agni + su → agniṣu

✤05.11 학습자들은 우선 n과 s가 어떤 소리들의 뒤에서 혀말은소리가 되는지 주목해서 살펴보아 익히기 시작하는 것이 좋겠다. 그리고 그 소리들과 뒤따르는 n과 s의 사이에 끼어들어 ṇ과 ṣ로 변하는 것을 막는 소리들이 무엇인지도 눈여겨 보기 바란다. 이러한 파악을 위해 앞선 표04.02를 활용해 보기 바란다.

인칭대명사 1인칭과 2인칭

✤05.12 "나"를 표현하는 1인칭 인칭대명사의 곡용을 살펴보자.

표05.02 1인칭 인칭대명사 곡용

격	약칭	단수	양수	복수
임자격	N.	aham	āvām	vayam
대상격	A.	mām (mā)	āvām (nau)	asmān (naḥ)
수단격	I.	mayā	āvābhyām	asmābhiḥ
위함격	D.	mahyam (me)	āvābhyām (nau)	asmabhyam (naḥ)
유래격	Ab.	mat	āvābhyām	asmat
가짐격	G.	mama (me)	āvayoḥ (nau)	asmākam (naḥ)
곳때격	L.	mayi	āvayoḥ	asmāsu

✣05.13 "너, 당신"을 표현하는 2인칭 인칭대명사의 곡용을 살펴보자.

표05.03 2인칭 인칭대명사 곡용

격	약칭	단수	양수	복수
임자격	N.	tvam	yuvām	yūyam
대상격	A.	tvām (tvā)	yuvām (vām)	yuṣmān (vaḥ)
수단격	I.	tvayā	yuvābhyām	yuṣmābhiḥ
위함격	D.	tubhyam (te)	yuvābhyām (vām)	yuṣmabhyam (vaḥ)
유래격	Ab.	tvat	yuvābhyām	yuṣmat
가짐격	G.	tava (te)	yuvayoḥ (vām)	yuṣmākam (vaḥ)
곳때격	L.	tvayi	yuvayoḥ	yuṣmāsu

✣05.14 표05.02와 표05.03을 보면 곡용 형태가 앞서 deva [m.]나 phala [n.]와는 다른 점이 눈에 들어온다. 그것은 바로 격뒷토가 격에 따라 바뀌는 것만이 아니라 격뒷토 앞에 있는 말줄기(stem) 자체가 바뀌고 있다는 사실이다.

그렇다면 결국 이 인칭대명사들은 서로 다른 말들이 섞여서 만들어져 있는 것 아닌가 하는 의구심을 갖게 된다. 그리고 이것은 사실이다. 따라서 역사적으로 1인칭과 2인칭 대명사의 말줄기가 정확하게 무엇인지를 따지기도 어려운 상황인데, 문법적으로 말줄기 형태가 사용되어야 하는 경우가 있다. 반드시 말줄기의 형태가 필요하다면 인칭대명사의 경우에는 유래격 형태를 말줄기의 형태로 간주하고 사용한다. 즉 1인칭의 경우 단수는 mat, 복수는 asmat이 사용된다. 그리고 2인칭의 경우 단수는 tvat, 복수는 yuṣmat이 사용된다. 따라서 말줄기가 사용되어야 하는 겹낱말(☞✤19.15(03))에서는 이 형태가 사용된다.

✤05.15 위의 표05.02와 표05.03에서 괄호 안에 제시된 간략형들(mā, tvā, me, te, nau, vām, naḥ, vaḥ)은 문장의 시작이나 운문의 시작에 나타나지 못하는 형태들이다.

mama mitraṃ paṇḍito vīraḥ.

mitraṃ me paṇḍito vīraḥ.

내 친구(mitra [n.])는 학식이 있는 용사이다.

✤05.16 또한 간략형은 강조를 받는 위치에 놓이지 못한다. 따라서 불변화사 ca, vā, ha, aha, eva 등의 앞에서는 이러한 간략형이 사용되지 못한다. 예로 "신이 너를 그리고 나를 본다."라고 할 때 tvāṃ māṃ ca paśyati devaḥ라고 해야 하며 이 때에 māṃ 대신 간략형 mā를 사용하지 못한다.

유래격(ablative, Ab.)의 의미

✤05.17 인도 전통문법에서 "제5격"이라고 불리는 유래격은 출발점, 유래, 원인, 이유를 나타낸다.

vedair yajñā utpadyanta iti vākyaṃ vedebhyo yajñā utpadyanta ity arthaḥ.
베다들을 통해서 제사들이 생겨났다는 말은 베다들에서 제사들이 유래했다는 뜻이다.

āhārāj jāyate vikāraḥ. 음식 때문에 병이 생긴다.

nṛpāś cāpalebhyo vānarebhyaḥ krudhyanti.
왕들은 경솔한 원숭이들에 화가 난다.

vaṇijakas tu yajñaphalam upahārād icchati.
하지만 상인은 제물에서 비롯되는 제사의 효과를 원한다.

dvijatvād dharmaṃ jānāsi. mohād vā kāmād vāpi tvam adharmaṃ karoṣi[1] apaṇḍitena samaḥ.
당신은 두번 태어난 사람이기 때문에 다르마를 안다. 착각 때문이던 혹은 욕망 때문이던 못 배운 사람처럼 당신은 잘못을 행한다.

aho, tatas tvaṃ dhūrtena sārdhaṃ carasi.
오호, 그래서 (☞✤08.10) 당신은 사기꾼과 함께하고 있구려!

✤05.18 유래격은 구별되는 기준점을 나타낼 때 쓰인다: anya "다른, 또 하나의", itara "다른, 나머지", para "다른, 반대되는", apara "나중의, 별도의" 등과 함께 쓰인다.

nalād anyo vīro 'śvam api na jānāti.
날라가 아닌 다른 영웅은 말에 대해서조차 알지 못한다.

dinebhyaḥ paraṃ yajñaṃ karomīti vaidiko brāhmaṇaḥ svargakāmād vadati.

---

1 동사 √kṛ "하다, 실행 하다"의 현재 3인칭 P. 단수는 karoti인데 2인칭 단수가 karoṣi "네가 실행한다"이고 1인칭 단수가 karomi "내가 실행한다"이다. 이 내용은 앞으로 (☞✤11.28) 배우게 될 것이다.

"며칠 뒤에 제사를 지내겠다."라고 베다 전문가인 사제가 하늘나라에 가고 싶은 욕구(svarga-kāma [m.]) 때문에 말한다.

✤05.19 유래격은 두려움이나 혐오를 나타내는 표현에서 그 대상을 나타낸다.

kāko vānarād bibheti, vānaras tu kākān na bibheti.
까마귀는 원숭이를 두려워하지만 원숭이는 까마귀를 두려워하지 않는다.

mohāt kumāraś candrād bibheti.
남자아이는 착각 때문에 달을 두려워한다.

✤05.20 유래격은 방향, 거리를 나타내고 시간의 경과를 나타낸다.

kutra paṇḍito dūraṃ nagarāc carati?
현자는 도시에서 멀리 떨어져 어디에서 다니는가?

atha dinebhyaḥ paraṃ tūpadiṣṭau paṇḍitena śiṣyau saṃskṛtaṃ vākyaṃ bhāṣete.
그런데 며칠이 지나고 나니 현자에게 배운 두 학생은 쌍쓰끄리땀을 구사했다.

vaṇijakā māsād gṛhaṃ labhante.
상인들은 한 달 후에 집에 도착한다.

시간의 경과를 나타내는 수단격과 유래격은 차이가 있다. "~라는 시간이 걸려서" 혹은 "~라는 시간을 통해서"가 수단격의 의미라면 유래격은 "~라는 시간이 지난 후에 보았을 때"를 의미한다.

과거를 나타내는 불변화사, sma

✤05.21 동사 현재형의 뒤에 나타나는 sma는 앞선 동사가 서술하는 내용을 과거형으로 바꾸어 준다.

nalo vadati. 날라가 말한다.

nalo vadati sma. 날라가 말했다.

✤05.21(01) 종종 단순한 과거의 서술을 나타낼 때에 사용되는 표현 방식이다. 나중에 배우게 될 여러 과거형의 형태들과 의미상의 차이를 염두에 두고 사용하는 경우에는, sma를 사용한 과거형은 규칙적이나 반복적으로 행위를 했다는 맥락을 표현할 수 있다. 즉 배웠다거나, 매일 제사를 지냈다거나, 자주 술을 마셨다거나 하는 등의 행위 말이다.

vaidiko vedaṃ paṭhaty upadiśati sma.
베다 전문가는 [일상적으로] 베다를 암송하고 가르치고 했다.

가짐격(genitive, G.)의 의미

✤05.22 가짐격은 소유관계 혹은 소속관계의 기본적인 의미에서 출발하여 내용면에서는 아주 다양한 관계를 가리키는 데 사용된다.

예문05.01 devasya vacanena vaidikaḥ svargasya mārgaṃ jānāti.
신의 말 때문에 베다 전문가는 하늘나라의 길을 안다.

예문05.02 devasyāhāreṇa vaidikaḥ svarga-mārgam[2] icchati.

---

2 이 경우 우리는 겹낱말을 보게 된다. "목"과 "걸이"를 합쳐서 "목걸이"이라는 한 단어를 만들어 사용하는 경우가 겹낱말이다. 겹낱말 자체는 우리에게 낯설지 않다. 이미 익힌 단어들 가운데에도 겹낱말들이 꽤나 포함되어 있지만, 19과에서 쌍쓰끄리땀의 겹낱말에 대해 체계적으로 배우기 전까지는 겹낱말 표현을 되도록이면 피하도록 하겠다. 독자들이 이해하는 데에 문제가 없는 경우에 한해서 사용되는 경우라도, 이 교재에서는 겹낱말을 개별 단어로 따로 배우는 경우가 아니라면 이해를 돕기 위해 당분간 붙임표(-)를 사용해서 겹낱말에 결합된 단어들을 끊어서 표기하도록 하겠다. 따라서 학습자들의 이해를 돕기 위해 첨가된 붙임표가 없이 표기된 형태가 정확한 표기이다. 즉 svarga-mārga의 정확한 표기는 svargamārga이다.

신의 음식을 가지고 베다 전문가는 하늘나라로 가는 길을 구한다.

예문05.03 sumukhasya devasya darśanaṃ naḥ sukham.
잘생긴 신을 보는 것은 우리의 즐거움이다.

✣05.22(01) 이 세 예문들에서 가짐격으로 나타나는 deva는 첫 문장의 경우 말(vacana)을 하는 발언의 주체를 표현하고, 둘째 문장의 경우에는 음식(āhāra)을 먹을 향유자를 표현하며, 셋째 문장의 경우에는 보는 행위(darśana)의 대상이 되는 것을 표현하고 있다. 이 외에도 다종다양한 명사들 간의 의미상의 관계가 가짐격을 통해 표현될 수 있다. 이렇게 가짐격이 다양하게 사용되다 보니 예문05.01처럼 svargasya mārga라는 표현이 "하늘나라로 가는 길"을 의미하는지 "하늘나라에 있는 길"을 의미하는지는 분명하지 않은 상황이 벌어진다. 예로 svargaṃ prati mārgaṃ "하늘나라로 향해 있는 길을"이라거나 svarge mārgaṃ "하늘나라에서 길을"과 같은 다양한 표현들이 필요에 따라 동원될 수 있지만 그래도 청자나 독자가 알아 들을 수 있는 맥락이라면 가짐격의 사용만큼 간결한 표현을 구현하기는 어려울 것이다.

예문05.04 tavāhāraṃ karomi smāham. 나는 너의 음식을 만들었다.

예문05.05 vayaṃ mama vikārān asmākaṃ lobhānāṃ phalāni paśyāmaḥ.
우리는 내 병(들)이 우리의 탐욕(들)의 결과(들)이라고 본다.

✣05.22(02) 예문05.04에서 āhāra가 대상격이 되어 karomi의 직접 목적어가 되어 있다. āhāra와 연결되는 가짐격 tava는 āhāra와 성구분이나 수 혹은 격을 일치시킬 필요가 없다. 마찬가지로 예문05.05에서 mama가 관계를 맺는 vikāra의 성구분과 수는 mama의 형태에 영향을 미치지 않는다. asmākam과 lobhānām의 관계도 마찬가지이다.

nalasya sevako 'pi mamācāryāya namati.
날라의 하인도 나의 스승에게 경의를 표한다.

puruṣā vaṇijakasyeha nṛpāṇāṃ rathān rakṣanti.

상인의 부하들이 여기에서 왕들의 마차들을 지킨다.

dūtaḥ svargād vānarāṇām araṇyaṃ prati nipatati sma.

전령은 하늘나라로부터 원숭이들의 숲 쪽으로 떨어졌다.

✣05.22(03) 가짐격은 관계 맺는 명사의 뒤에 자리 잡을 수도 있고, 어순은 원칙적으로는 자유롭다. 하지만 문장의 용이한 파악을 위해 가짐격은 관계맺는 명사와 맞붙어 있고 또 그 앞에 자리 잡는 것이 일반적이다.

indrasya vajreṇa hato vṛtro 'mitraṃ puruṣāṇām.

인드라의 금강으로 죽임을 당한 브리뜨라는 사람들의 적이다.

✣05.23 쌍쓰끄리땀에는 영어의 "have" 동사에 해당하는 소유를 나타내는 동사가 따로 있지 않다. 따라서 소유나 가지고 있다는 상황을 나타낼 때에는 가짐격이 사용된다. nṛpasya putraḥ는 "왕의 아들"을 의미하지만 nṛpasya putro nāsti는 "왕의 아들은 없다." 혹은 "왕에게 아들이 없다." 혹은 "왕은 아들을 갖고 있지 않다."로 해석될 수 있다. dhanaṃ mama nāsti는 "내게 재산이 없다."로 해석된다. 이에 따라 nṛpasya putraḥ는 동사 asti/bhavati가 생략된 문장으로 이해될 경우 "왕에게 아들이 있다."라고 번역될 수 있다. nṛpasya putrasya mitrasya ratho 'sti는 "왕의 아들의 친구가 마차를 가지고 있다."라고 번역될 수 있다.

mama ratho 'sti. = mama ratho bhavati. = mama rathaḥ.

나는 전차를 갖고 있다. / (이것이) 나의 전차이다.

✣05.24 최상급을 나타내는 표현에서는 기준이 되는 집단을 가짐격으로 나타낸다.

indro devānāṃ śreṣṭho nalaś ca puruṣāṇāṃ śreṣṭhaḥ.

인드라는 신들 중에서 최상이고 또 날라는 인간들 중에서 최고다.

✣05.25 위함격과 유사한 의미로 "~에게, ~을 위하여"라는 의미로 사용된다. 예문 05.04에서 tava는 "너를 위해"로 해석되거나 이해될 수도 있다.

puruṣāṇāṃ sūrya ulūkānām andhatvam.
사람들에게 태양은 부엉이들에게는 눈이 먼다는 것이다. (사람들의 태양은 부엉이들의 눈 멀음이다.)

mama tulyāv ubhau dharmau.
두 올바른 것 모두가 내게는 동일하다.

예문05.06 āhāraṃ te karomi smāham. 너의/너를 위한 음식을 내가 만들었다.

예문05.06에서는 te가 위함격일 수도 있고 가짐격일 수도 있다. sma가 쓰인 과거이므로 과거에 규칙적으로 끼니 때마다 음식을 해 주었다는 함축을 가진 문장으로 이해할 수도 있다.

✤05.26 가짐격과 함께 쓰이는 동사에 동반되어 사용된다. 여기에 해당되는 동사들은 기억, 모방, 만족을 나타내는 동사들이 주를 이룬다.

adya mūrkhasya śiṣyasya mohād ācāryasya cchāgau mriyete ācāryaś ca śiṣyasya krudhyati sma.
오늘 멍청한 제자의 착각 때문에 스승의 두 염소가 죽었고 그리고 스승은 제자에게 화가 났다.

✤05.27 관용적으로 가짐격과 함께 사용되는 표현들, abhijña "정통한", kuśala "숙달된", tulya "같은", sadṛśa "유사한", arha "적합한", priya "사랑스러운"과 함께 사용된다.

dvijasya dharmāṇām abhijñaḥ paṇḍito hatāt kukkurād api bibheti.
두 번 태어난 자(사제 계급)의 규범들에 정통한 학식 있는 사람은 죽은 개조차 두려워한다.

sukhaṃ ca duḥkhaṃ ca hi tulyam adya me. tvam api na priyo me.
오늘날 내게 즐거움과 괴로움은 다 같다. 당신 또한 내게 소중하지 않다.

tava tulyaḥ puruṣas tatra na vidyate.
너와 견줄 만한 사람은 그곳에 없다.

형태상으로는 3인칭 단수 수동형이기는 하지만 vidyate는 관용적인 표현으로 "~이 있다, ~이 존재한다"라는 의미로 사용된다.(↳✣10.39) 따라서 별도의 표현으로 익혀 두면 되겠다.

✣05.27(01) "목적, 대상"을 나타내는 명사 artha는 가짐격과 함께 사용되어 "~을 위하여, ~을 목적으로"라는 뜻으로 쓰이는데, 자주 artham, arthena, arthāya, arthe의 형태로 사용된다.

sumukhaṃ mitraṃ te dhanasyārtham upahāraṃ prati devāya namati sma.

너의 잘생긴 친구는 재산을 [얻기] 위해 제물 쪽을 향해서 신에게 경의를 표했다.

yuddhasyārthe mama mitro vīro 'mitrasya grāmaṃ gacchati sma. tatkālam ahaṃ devasya darśanasyārtham iha devālayam āgacchāmi sma.

싸우기 위해 내 친구인 전사는 적의 마을로 갔다. 그때 나는 신을 보기 위해 이곳 사원으로 왔다.

연습문제

D 05.01 다음 각 구절에 싼디를 적용하시오.

D 05.01(01) atra-eva-mohāt-cāpalāt-lobhāt-haṃsāt-chattrāt-janāt-ṭiṭṭibhāt-śāstrāt-ca-iva

D 05.01(02) san-śobhanāt-śiṣyāt-vākyāt-yuddhāt-mitrāt-āyatanāt-daivāt-ḍambarāt-ca-eva

D 05.01(03) aham-mama-eva-ācāryān-śiṣyau-uṣṭrāt-lobhāt-ṭiṭṭibhāt-śobhanāt-haṃsāt-jalāt-śastrāt-loke-arakṣat

D 05.01(04) samyak-bhavān-tvat-ca-mat-ca-eva-atrasat-śobhanāt-iti-uṣṭrāya-tasmai-iha-avadat-cāpalaiḥ-ca-taiḥ-rāmaḥ-ajānāt-ca

D 05.01(05) tat-hi-loke-eva-chāgān-ṣaṭ-haṃsān-ca-tat-śobhanaḥ-diggajaḥ-asurāt-mārāt-cāpalāt-janāt-ca-iha-arakṣat

ᐅ 05.02 아래의 문장들을 한국어로 옮기시오.

ᐅ 05.02(01) devālayād dūraṃ vaṇijako daṇḍena vānarau tudati sma.

ᐅ 05.02(02) sumukhau vīrau ca janau narakāt svargaṃ gacchataḥ.

ᐅ 05.02(03) brāhmaṇebhyo 'parāḥ puruṣā devān api na paśyanti.

ᐅ 05.02(04) cāpalāt tu vākyād mitrāṇy evāmitrāṇi bhavanti sma.

ᐅ 05.02(05) ācāryasya vacanena mama vīraṃ mitraṃ yuddhena vinā sumukhair dūtaiḥ saha nṛpasya mārgeṇa nagarasya dvāraṃ gacchati sma.

ᐅ 05.02(06) nalasya tulyo nāstīha nagare.

ᐅ 05.02(07) yuṣman naḥ sukhaṃ nāsti.

ᐅ 05.02(08) adya mayā vinā mama priyā gṛhaṃ gacchanti.

ᐅ 05.02(09) nṛpasya mūrkhaṃ mitraṃ devebhyo 'pi na bibheti.

ᐅ 05.02(10) brāhmaṇāḥ puruṣāṇāṃ śreṣṭhā iti vayaṃ bhāṣāmahe.

ᐅ 05.02(11) dhūrtānāṃ vacanena mūrkho vaṇijako nagarād araṇyāya gacchati sma.

ᐅ 05.02(12) yuvābhyāṃ sahāvāṃ dhanāya yajāvaḥ. dhanaṃ tu na labhāvahe.

ᐅ 05.03 다음 이야기를 한국어로 옮기시오. (brāhmaṇa-dhūrta-kathā)

ᐅ 05.03(01) mūrkho brāhmaṇo nṛpasyāraṇye 'sti. atha brāhmaṇaś ca yajñasyārthaṃ grāmasya vaṇijakāc chāgaṃ labhate sma. ahaṃ grāmāc chāgaṃ skandhe nayāmi nṛpasyāraṇyāya cāgacchāmīti manyate sma.

ᐅ 05.03(02) atha tri-dhūrtā[3] brāhmaṇaṃ paśyanti sma. ahaṃ chāgam icchāmīti dhūrto 'nyau dhūrtau lobhād vadati. āvām api cchāgam icchāva ity ubhau bhāṣete. upāyena vayaṃ chāgaṃ brāhmaṇāl labhante, atha tu kim asmākam upāya iti manyante sma. tatkālaṃ dhūrto vadati he mitre 'dyopāyam eva labhe chāgasyārthaṃ ca śreṣṭham upāyam upadiśāmīti. dhūrto mitrābhyāṃ dhūrtābhyām upāyaṃ prati saṃvadati sma.

3 붙임표(-)를 사용해서 겹낱말에 결합된 단어들을 끊어서 표기한 경우이다.

05.03(03) tataḥ prathamo dhūrto brāhmaṇaṃ vadati. aho brāhmaṇa, kim iti tvaṃ kukkuraṃ skandhe nayasy āgacchasi ceti. kiṃ tvaṃ vadasi. tan na kukkuro 'sti. yajñasyārthaṃ chāgaḥ. kukkurāṃs tu naiva spṛśāmī-ti brāhmaṇo vadati.

05.03(04) paścād anyau dhūrtāv api brāhmaṇaṃ vadataḥ. he, kim iti kukkuraṃ tava skandhe nayasi. tvaṃ naiva brāhmaṇo bhavasīti. tato dhūrtasya vākyād brāhmaṇasya saṃśayo bhavati. āvayor grāme brāhmaṇaḥ kukkuraṃ na spṛśati kukkurād bibheti ca. kim iti tvaṃ kukkuraṃ na paśyasi skandhe 'pi nayasīti pṛcchataḥ punar dhūrtau. tato dhūrtasya vacanād mūrkhasya brāhmaṇasya moho bhavati sma.

▷ 05.03(05) mūrkhaś ca brāhmaṇaś cāpalena cchāgaṃ kṣipati manyate ca. kathaṃ mamendriyāṇi mohena hatāni. katham ahaṃ kukkuraṃ chāgaṃ paśyāmi. kukkurāṃś ca brāhmaṇā eva na spṛśanti. adya mamāndhatvāt kukkuraṃ spṛśāmi sma. tataḥ snānam icchāmi. snānasyārthaṃ gṛhāya gacchāmīti. dhūrtā upāyena mūrkhād brāhmaṇāc chāgaṃ labhante.

낱말 목록

adya [ind.] 오늘, 오늘날, 이제, 지금

andhatva [n.] 눈이 멀음, 맹목

anya [a.] 다른, 또 하나의, 별개의, ~(Ab.)와는 다른

apara [a.] 나중의, 뒤의, 더 못한, 다른, 별도의, ~(Ab.)와는 다른

api [ind.] (강조) ~조차, ~도, (양보) ~이지만, ~일지라도, (추가) ~도, ~ 또한

abhijña [a.] 잘 아는, 파악하고 있는, 숙달된, 전문가인

araṇya [n.] 숲, 개간되지 않은 땅

artha [m.] 대상, 목적, 재산, 성공, 의미, 뜻, (artham, arthena, arthāya, arthe의 형태로 G.와 쓰이거나 겹낱말 끝에서) ~을 위하여

arha [a.] ~할 만한, 자격이 있는, 가치가 있는, ~(G.)에 적합한

itara [a.] 다른, 나머지, ~(Ab.)와 다른

indriya [n.] 감각기관

ut-√pad 4Ā. [utpadyate] 생겨나다, 발생하다, 드러나다

upāya [m.] 수단, 요령, 방법, 가까이 감

ubha [a.] 둘, 양

ulūka [m.] 부엉이

katham [adv.] 어떻게, 무슨 방법으로

kāka [m.] 까마귀

kim [ind.] 무엇?, 무슨?, 누구?, 왜?

kim iti [ind.] 왜?, 무슨, 이유로?

kukkura [m.] 개

kumāra [m.] 아이, 남자 아이, 소년, 왕자

kuśala [a.] 전문가적인, 잘 하는, 적당한, 맞는, 좋은

√krudh 4P. [krudhyati] 화가 나다, ~(D.G.)에게 화가 나다

grāma [m.] 마을

chāga [m.] 염소

√jan 4Ā. [jāyate] 발생하다. 만들어지다, 태어나다, 생겨나다

tat [prn.] 그 (것), 그 사람
[adv.] 그래서, 그 경우에, 그때에, 그리하여, 그렇게 해서, 그런 이유로

tataḥ [ind.] (대명사 tad의 유래격으로 사용) 거기에서부터, 그래서, 그리하여, 따라서, 그리고 나서, 그때부터

tulya [a.] ~(I.G.)와 같은, 맞먹는, 같은 종류인, 같은 가치인, 비교할 만한

tri [a.] 3, 셋

darśana [n.] 보기, 시각을 통한 지각, 시각적 접

촉, 검사, 살펴보기, 만나기, 관점. 이론, 철학 체계
[a.] 보여주는, 가르쳐 주는, 보는, 바라보는

duḥkha [n.] 불편함, 괴로움, 어려움

dūta [m.] 전령, 사절, 사신, 특사

dūra [a.] 먼, 멀리 떨어진, 긴 거리

dūram [adv.] 멀리, ~(Ab.G.)에서 멀리 떨어진

dvāra [n.] 문, 출입구, 열린 곳, 틈, 구멍

dvija [m.] 두 번 태어난 자, 네 바르나 중 상위 세 바르나에 속하는 자, 사제 계급에 속하는 자, 알에서 태어나는 동물

dvijatva [n.] 두 번 태어났다는 사실 (생리적 출생과 성인식을 통한 종교적 출생), (알이 태어나고 또 알에서 태어나는) 새라는 사실

dhūrta [m.] 사기꾼, 악당

√nī 1P.Ā. [nayati, nayate] 이끌다, 통치하다, 데리고 가다, 끌고 가다

√paṭh 1P. [paṭhati] 소리 내어 읽다, 외우다, 낭송하다, 반복해서 읊조리다

para [a.] 먼, 떨어진, 별도의, 반대되는, (시간상) 앞서는

param [adv.] 나중에, ~이 지나고 나서, ~(Ab.)을 지나는, ~(Ab.)을 넘어서는

√paś 4P.Ā.[paśyati, paśyate] 보다, 관찰하다, 지각하다, 알아차리다, 경험하다, 고려하다, 간주하다, (사람을 만나서) 보다

paścāt [ind.] 이후에, 나중에, ~(Ab.G.)이 지난 후에

putra [m.] 아들, 자식 (f.: -ī)

prathama [a.] 첫 번째(의)

priya [n.] 사랑, 총애, 즐거움
[a.] ~(G.L.D.)에게 사랑스러운, ~에게 소중한, 사랑받는

√bhī 3P. [bibheti] ~(Ab.G.)을 두려워하다

mūrkha [a.] 어리석은, 멍청한, 바보같은

√rakṣ 1P. [rakṣati] 보호하다, 지키다, 돌보다, 구하다, ~(Ab.)로부터 보존하다

lobha [m.] 탐욕

√vid 6P.Ā. [vindati, vindate] 찾다, 발견하다, 얻다; (수동형의 관용적 사용) vidyate ~이 있다; na vidyate ~이 없다

veda [m.] 베다 텍스트, 지식, 앎

śreṣṭha [a.] 제일의, 최상의

sadṛśa [a.] 유사한, 닮은, 비슷한

sukha [n.] 즐거움, 쾌락

skandha [m.] 어깨

snāna [n.] 목욕, 씻기, 세정식

√spṛś 6P. [spṛśati] 만지다, 손으로 접촉하다, 피부로 접촉하다

sma [ind.] (현재 표현의 뒤에 붙어서 과거의 의미를 표현) ~했다, 항상 ~하곤 했다, (강조의 의미로) 실제로, 정말

hi [ind.] 왜냐하면, 그러니까, 정말로, 사실

제6과
संस्कृतवाक्योपक्रिया

-ā 끝모음명사 여성곡용

06.01 끝모음명사 중에서 성구분이 여성명사이고 -ā로 끝나는 형태의 여성명사는 그 곡용형태가 아래와 같다. 여성명사 곡용의 기본이 되는 형태이므로 잘 익혀야 한다. 암기하는 방법은 앞선 곡용의 경우들과 같다.

표06.01 -ā 끝모음명사 여성곡용 kanyā [f.] "소녀"

격	약칭	단수	양수	복수
임자격	N.	kanyā	kanye	kanyāḥ
대상격	A.	kanyām	kanye	kanyāḥ
수단격	I.	kanyayā	kanyābhyām	kanyābhiḥ
위함격	D.	kanyāyai	kanyābhyām	kanyābhyaḥ
유래격	Ab.	kanyāyāḥ	kanyābhyām	kanyābhyaḥ
가짐격	G.	kanyāyāḥ	kanyayoḥ	kanyānām
곳때격	L.	kanyāyām	kanyayoḥ	kanyāsu
부름격	V.	kanye	kanye	kanyāḥ

apaṇḍitatvāt sukhena vidyāṃ kaṣṭena kanyāṃ labhata iti manyante mūrkhāḥ.

학식이 부족해서 바보들은 편하게 지식을 얻고 거칠게 해서 여자를 얻는다고 생각한다.

06.02 kathā [f.] "이야기"를 위 표06.01에 맞추어 곡용시키시오.

06.03 아래는 인도의 양대 서사시 중의 하나인 『마하바라따』에 있는 운문이다.

ahiṃsā paramo dharmas tathāhiṃsā paro damaḥ |
ahiṃsā paramaṃ dānam ahiṃsā paramaṃ tapaḥ || 1 ||
ahiṃsā paramo yajñas tathāhiṃsā paraṃ balam |

ahiṃsā paramaṃ mitram ahiṃsā paramaṃ sukham |
ahiṃsā paramaṃ satyam ahiṃsā paramaṃ śrutam || 2 ||

불살생이 최고의 다르마이고 또한 불살생은 탁월한 자기통제이고

불살생은 최고의 베푸는 일이고 불살생은 최고의 고행이다.

불살생은 탁월한 제사이며 또한 불살생은 탁월한 힘이며

불살생은 최고의 친구이며 불살생은 최고의 즐거움이고

불살생은 최고의 진실이며 불살생은 최고의 전승이다.

이 문장은 8—8 | 8—8 || 음절로 나뉘는 운문의 전형적인 형식을 보여주고 있다. 익숙해 지도록 반복해서 읽어 보기 바란다. 긴 모음과 짧은 모음의 구분을 정확하게 하고 자음이 겹치는 경우에도 분명하게 발음을 해서 운율이 이루어지는 느낌을 얻을 수 있도록 반복해서 읽어보기 바란다. 외울 수 있다면 외우는 것도 도움이 될 것이다.

06.04 위의 예문에서 독자들은 쌍쓰끄리땀의 문장이 끝나는 자리에 쓰이는 수직으로 그어진 선(|)을 보게 되었는데, 이것을 "daṇḍa"(막대부호)라고 부른다. 우리가 일상적으로 마침표를 찍어서 문장을 끝내는 것처럼 쌍쓰끄리땀 표기에서 문장의 끝에 막대부호를 쓰는 것은 자주 있는 일이다. 운문에서는 흔히 중간에 홑막대부호(|)를 쓰고 맨 마지막에는 겹막대부호(||)를 쓴다. 그리고 겹막대부호 사이에 운문의 번호를 붙이는 일은 대부분의 출간물에서 사용되고 있는 형식이다. 하지만 실제 필사본들에 사용되는 막대부호의 형태들은 매우 다양하고 그 사용 방식은 우리가 마침표를 사용하는 것과는 사뭇 다르다. 또한 사용 방식이 필사본에 따라 편차가 크다. 필사본마다 다른 형태들이 있는 것도 보통이어서, 줄을 위에서 아래로 절반 길이만큼만 그어서 사용하는 반막대부호(ˈ)도 있고 반막대부호와 홑막대부호의 결합형(ˈ|)도 있다. 하지만 편집이 완료된 대부분의 출판물에서는 막

대부호의 사용이 텍스트의 이해를 어렵게 만드는 일은 없다.

끝자음명사 한말줄기명사 남성곡용

✣06.05 지금까지 배웠던 명사의 곡용은 모두 끝모음명사들이었다. 이제 처음으로 끝자음명사의 곡용을 배우도록 하겠다. 처음으로 배울 것은 한말줄기명사 남성곡용이다.

표06.02 끝자음명사 한말줄기명사 남성곡용 marut [m.] "바람"

격	약칭	단수	양수	복수
임자격	N.	marut	marutau	marutaḥ
대상격	A.	marutam	marutau	marutaḥ
수단격	I.	marutā	marudbhyām	marudbhiḥ
위함격	D.	marute	marudbhyām	marudbhyaḥ
유래격	Ab.	marutaḥ	marudbhyām	marudbhyaḥ
가짐격	G.	marutaḥ	marutoḥ	marutām
곳때격	L.	maruti	marutoḥ	marutsu
부름격	V.	marut	marutau	marutaḥ

✣06.06 bṛhat [a.] "높은, 고귀한, 위대한"을 남성형으로 위의 표06.02에 맞추어 곡용시켜 보시오.

✣06.07 "끝자음명사"라는 것은 자음으로 끝나는 말줄기를 가진 명사라는 뜻이다. "한말줄기"라고 이름이 붙는 이유는 "marut-"이라는 말줄기(stem)가 하나의 형태로 변화하지 않은 채 모든 격과 수에서 나타나기 때문이다. 예로 deva-(☞표03.01)나 phala-(☞표04.01)나 kanyā-(☞표06.01)를 보면 각 격

과 수에 따라 명사격뒷토가 바뀌어 붙기는 하지만 그 앞에 자리 잡은 말줄기 자체는 변형되지 않고 유지된다. 따라서 deva, phala, kanyā 모두 한말줄기명사에 해당된다. 하지만 끝자음명사들에서는 말줄기 자체가 격과 수의 변화에 따라 변하는 경우들이 있어서, 끝자음명사들에서는 한말줄기명사라는 사실을 따로 구분해야 할 필요가 있어서 이렇게 "한말줄기"라고 표시해 준 것이다.

끝자음명사 한말줄기명사 여성곡용

✤06.08 끝자음명사 중에서 한말줄기명사 여성의 곡용은 아래와 같다.

표06.03 끝자음명사 한말줄기명사 여성곡용 vāk [f.] "말, 언어"

격	약칭	단수	양수	복수
임자격	N.	vāk	vācau	vācaḥ
대상격	A.	vācam	vācau	vācaḥ
수단격	I.	vācā	vāgbhyām	vāgbhiḥ
위함격	D.	vāce	vāgbhyām	vāgbhyaḥ
유래격	Ab.	vācaḥ	vāgbhyām	vāgbhyaḥ
가짐격	G.	vācaḥ	vācoḥ	vācām
곳때격	L.	vāci	vācoḥ	vākṣu
부름격	V.	vāk	vācau	vācaḥ

paṇḍitasyācāryasya vācā bālāḥ śiṣyā indriyajito bhavanti sma.

현명한 스승의 말에 의해 어리석은 제자들은 감관을 정복하게 되었다.

✣06.09 bṛhat [a.] "높은, 고귀한, 위대한"을 여성형으로 위의 표06.03에 맞추어 곡용시켜 보시오.

✣06.10 bṛhat [a.] "높은, 고귀한, 위대한"을 여성형으로 곡용시켜 보면, 분명하게 드러나는 것은 bṛhat을 여성으로 곡용시키거나 남성으로 곡용시키거나 차이가 없다는 사실이다. 즉 자음으로 끝나는 명사곡용의 형태는 marut [m.]과 vāk [f.]의 곡용형태가 일치한다. 따로 외워야 할 필요가 없는 셈이다.

✣06.11 끝자음명사들의 곡용을 배웠으니 이제 쌍쓰끄리땀 명사곡용의 기본 형태를 이루는 명사격뒷토들을 살펴볼 차례이다. 쌍쓰끄리땀에서의 명사격뒷토의 기본형은 아래와 같다.

표06.04 명사격뒷토 기본형

격	약칭	단수	양수	복수
임자격	N.	-s	-au (중성: ī)	-as (중성: i)
대상격	A.	-am	-au (중성: ī)	-as (중성: i)
수단격	I.	-ā	-bhyām	-bhis
위함격	D.	-e	-bhyām	-bhyas
유래격	Ab.	-as	-bhyām	-bhyas
가짐격	G.	-as	-os	-ām
곳때격	L.	-i	-os	-u

다된말이 되었을 때에 -s는 -ḥ가 되어야 하므로 왜 deva의 단수 임자격이 devaḥ인지 우리는 위의 표에서 쉽게 이해할 수 있다. deva의 양수 임자격과 대상격이 devau인 사정도 마찬가지이다. 그런데 deva의 복수형은 위의 표06.04와 맞지 않다. kanyā의 경우에도 표06.04와 잘 맞아 떨어지지 않는다. 이점을 명확하게 이해할 필요가 있다. 끝모음명사의 곡용은 사실 명사의 표준 곡용형태에 온전하게 맞지는 않는 곡용이다. 하지만 끝모음명사의 수가

절대적으로 많아서 사용되는 빈도를 따지자면 가장 중요하게 배워야 하는 곡용의 형태이므로 우선 배웠다고 생각하면 된다.

✤06.12 아주 상황이 다른 것은 바로 끝자음명사의 곡용이다. 표06.02(marut [m.])와 표06.03(vāk [f.])을 표06.04와 대조시켜 보면 정확하게 일치하고 있다는 것을 이해할 수 있다. vāk [f.]의 원래 말줄기 형태는 vāc이다. 그런데 진짜말끝에 나타나는 형태로 제시되어야 해서 vāk가 된 것이다. 그리고 단수 임자격 뒷토 -s가 첨가되어 vāk-s가 되는데, 진짜말끝에 복수의 자음이 나타날 수 없으므로 뒤의 자음들부터 탈락된다. 결국 임자격 단수는 vāk가 된다. 따라서 이 경우도 싼디 규칙을 고려하면 정확하게 표06.04에 일치하는 형태이다. 다르게 vāc의 뒤에 모음으로 시작되는 격뒷토가 따라올 때에는 vāc의 -c가 그대로 유지된다. 단수 대상격, 수단격, 위함격 등등을 보라. 단수 유래격, 가짐격과 복수 임자격, 대상격의 격뒷토가 일치한다는 사실도 눈여겨 볼 일이다. 격뒷토는 진짜말끝에 오는 위치이기 때문에 뒷토 -as는 -aḥ로 나타나야 한다. 우리가 외부 싼디를 배울 때 익숙해진 역행동화와 울림소리로 변하는 현상이 양수의 수단격, 위함격, 유래격은 물론 복수의 수단격, 위함격, 유래격에서 나타난다. 따라서 -k가 뒤따르는 울림소리 bh-의 영향을 받아 -g가 된다. 물론 vāc의 곳때격 복수 형태는 -su가 붙어야 하는데, 내부 싼디에 따라 -k 뒤에서 -su가 -ṣu로 바뀌게 된 것이다. (☞✤05.10)

✤06.13 우리는 표06.04에 제시된 격뒷토들을 알고 있어야 하지만, 따로 암기할 필요는 없다. 이미 표06.02에서 암기한 내용이 표준 격뒷토들을 포함하고 있기 때문이다. 다만 격뒷토의 원래 형태가 무엇이었는지에 대해 표06.04에서 알아 둔다면, 앞으로 다른 곡용의 형태를 배울 때에도 이미 배운 싼디 규칙에 따라 곡용형태들을 이해할 수 있다.

끝자음명사 한말줄기명사 중성곡용

06.14 끝자음명사 중에서 한말줄기명사, 그 중에서도 성구분이 중성인 명사의 곡용은 아래와 같다. 중성의 경우에는 표06.04에 제시된 양수와 복수의 임자격과 대상격의 뒷토가 남성이나 여성의 경우와 다르다는 점을 염두에 두고 익혀야 한다. 또한 -a 끝모음명사의 중성곡용에서만 임자격과 대상격 단수에 격뒷토 -m이 첨가될 뿐, 모든 중성곡용에서 임자격과 대상격 단수의 격뒷토는 없다.

표06.05 끝자음명사 한말줄기명사 중성곡용 jagat [n.] "세상"

격	약칭	단수	양수	복수
임자격	N.	jagat	jagatī	jaganti
대상격	A.	jagat	jagatī	jaganti
수단격	I.	jagatā	jagadbhyām	jagadbhiḥ
위함격	D.	jagate	jagadbhyām	jagadbhyaḥ
유래격	Ab.	jagataḥ	jagadbhyām	jagadbhyaḥ
가짐격	G.	jagataḥ	jagatoḥ	jagatām
곳때격	L.	jagati	jagatoḥ	jagatsu
부름격	V.	jagat	jagatī	jaganti

deveṣv indraḥ śreṣṭho jagati cendrasya tulyo nāsti.

인드라는 신들 중에서 최고이고, 세상에서 그와 대등한 자는 없다.

06.15 중성 곡용에서 복수의 임자격, 대상격, 부름격에서 말줄기의 마지막 자음이 콧소리가 아닌 경우에는 마지막 자음의 무리에 속하는 콧소리를 삽입하고, 만약 마지막 자음이 갈이소리이거나 h라면 그 앞에 anusvāra를 삽입한다. 말줄기가 -s로 끝나는 경우에는 그 앞에 나타나는 모음을 긴 모음으로 바꾼다. 이에 따른 곡용형태는 나중에 다시 보게 될 것이다.

✣06.16 bṛhat [a.] "높은, 고귀한, 위대한"을 중성형으로 위의 표06.05에 맞추어 곡용시켜 보시오.

명령형

✣06.17 동사의 활용 형태가 나타내는 바는 여러 내용을 포함하는데, 그 중의 하나는 동사가 나타내는 내용이 주어 혹은 행위주체와 어떻게 연관되는지에 대한 구분이다. 이 구분을 문법 용어로 "말태도"(mood, 법/서법)라고 부르는데, 쌍쓰끄리땀에서는 우리가 지금까지 배운 서술말태도(indicative mood, 서술법)와 구분되는 명령말태도(imperative mood, 명령법) 그리고 가상말태도(optative mood, 가상법) 등을 구분할 수 있다. 이러한 구분에 대해서는 크게 신경을 쓰지 않아도 된다. 명령말태도를 표현하는 명령형을 익히고 그 의미를 알기만 하면 된다. 명령형은 말 그대로 대상에게 그 행위를 하도록 시키는 명령을 나타내는데, 현재형의 명령형들 중에서 제1, 4, 6, 10갈래 동사의 명령형은 아래 표06.06에 따라 만들어진다.[1]

✣06.18 현재명령형, 줄여서 명령형 활용은 아래와 같은 형태로 이루어진다. 이 표와 같이 명령형 활용이 적용되는 동사들은 제1, 4, 6, 10갈래에 속하는 동사들이다.[2]

---

1 본 교재에서는 배우는 데에 필요한 한도 이상의 문법 개념을 끌어들이지 않으려고 하기 때문에, 앞으로 "말태도"와 같은 용어는 사용하지 않을 것이다. 활용이 특정한 형태로 이루어진다는 사실을 배우는 것이 중요하고, 그 활용 형태의 의미를 이해하면 된다. 따라서 형태상의 활용을 배우는 것에 초점을 맞추어 설명할 것이며, 그것을 이해하고 익히는 데에 필요한 이상의 문법 개념들은 사용하지 않을 것이다.

2 앞서 ✣02.30에서 언급한 내용이 여기에도 적용된다. 제1, 4, 6, 10갈래 이외의 갈래에 속하는 동사들은 별도의 활용 형태를 배워야 하기 때문에 명령형에 대해서도 추가로 배워야 할 내용이 따로 있다.

표06.06 √bhū [bhavati, bhavate] "~이다, 있다, 되다"의 명령형 활용

	parasmaipada			ātmanepada		
3.	bhavatu	bhavatām	bhavantu	bhavatām	bhavetām	bhavantām
2.	bhava	bhavatam	bhavata	bhavasva	bhavethām	bhavadhvam
1.	bhavāni	bhavāva	bhavāma	bhavai	bhavāvahai	bhavāmahai

이 표에서 말줄기 bhav(a)-는 항상 유지되고 있다. 따라서 명령형은 별도의 표식을 따로 말뿌리에 붙이지 않고 현재말줄기 뒤에 명령형 뒷토를 붙여서 만들어진다는 것을 알 수 있다. 표06.06을 익히면 기본적인 명령형 뒷토를 익히게 되는 셈이 된다.[3]

he nala, gaṅgāṃ gaccha! 오 날라! 강가강으로 가라!

✤06.19 √gam 1P. [gacchati] "가다, 움직이다, ~한 상태가 되다"와 √vad 1P.Ā. [vadati, vadate] "말하다"를 표06.06에 맞추어 명령형으로 활용시키시오.

✤06.20 명령형은 주로 대화의 상대방에게 명령을 하는 것이 일반적인지라 2인칭이 자주 사용된다. 따라서 2인칭 형태를 잘 익힐 필요가 있다. 표06.06에서 보이듯 2인칭 단수 명령형 P.의 활용 뒷토가 ø라는 것을 눈여겨 보기 바란다(ø에 대해서는 ☞✤02.08). 문법적으로 명령형이라고 해서 항상 그 의미가 단순한 명령인 것은 아니다.

putraṃ labhasva! 그대가 아들을 얻을지니!

문법상으로는 "너는 아들을 얻어라!"이지만 내용은 아들을 얻으라는 축복을 나타내는 표현이다. 따라서 우리가 일반적으로 "명령"이라고 부르는 것과는 거리가 멀다.

✤06.21 그런데 2인칭이 아닌 명령형은 한국의 학습자들에게 익숙하지 않을 수

---

3 명령형 인칭뒷토 자체에 대해서는 앞으로 표10.02에서 배우게 될 것이다.

있다. gacchatu를 영어로 Let him go!와 같은 경우의 명령형이라고 생각하면 이해가 쉬울 수 있다. 맥락에 따라 "그 사람을 보내라!" "그 사람이 가게 허락하라!" 등등의 해석이 가능할 것이다. gacchāni 혹은 ahaṃ gacchāni라고 하면 Let me go! "나를 보내 달라!" "가게 해 주십시오!"로 이해할 수 있을 것이다.

he deva, nalo gaṅgāṃ gacchatu!
오 신이여, 날라를 강가강으로 보내세요! (← 날라가 강가강으로 가게 하세요!)

✣06.22 √as와 √bhū의 3인칭 단수 명령형 astu, bhavatu는 "그렇게 되게 하라!"(Let it be!)의 의미가 있으므로 명령을 받은 사람이 "예!"하고 대답하거나, 상대방의 제안이나 명령에 대답하는 사람이 동의하는 의사를 나타낼 때 "알겠습니다!" "그렇게 하지요!"의 의미로 사용하는 말이 된다.

astu tathāvapaśyāma. 그래, 그렇게 감시를 하자! (← 내려다보자!)
evam astv iti prativadati sevakaḥ. 시종은 "그렇게 하겠습니다!"라고 대답한다.

✣06.23 문법상으로는 3인칭 명령이지만 상대방에 대한 칭송을 나타내는 호칭이 문법적인 주어로 나타나고 있을 때에는 내용상 2인칭에 대한 칭송이나 높임말의 의미를 나타낸다.

jayatv āryaḥ! 폐하, 승리하소서! (← 고귀한 자가 승리할지니!)
vadatu devaḥ! 왕께서 말씀하십시오! (← 신이 말할지니!)

왕에 대해서 사용하는 일반적인 호칭이 deva이다.(↳✣14.27(02))

✣06.24 명령형 동사의 부정형, 즉 "~하지 말라"는 의미로 명령형을 사용할 때에는 부정사 mā를 사용해야 한다.

nagaraṃ mā gaccha! 도시로 가지 말라!
iha mā kranda! 여기에서 울지 말아라!
tathā mā manyasvāpi tathā mā vada ca!
그렇게 생각하지도 말고, 그렇게 말하지 말아라!

곳때격(locative, L.)의 의미

✤06.25 곳때격은 장소와 시간을 나타내는 표현에 쓰인다.

vane vasati nalaḥ. 날라는 숲에 산다.

niśāyām ulūko 'smān vṛkṣād avapaśyati.
밤에는 부엉이가 나무에서 우리를 내려다본다.

✤06.26 dine dine śiṣyaḥ pustakāni paṭhati sma.
날이면 날마다 학생은 책(들)을 읽었다.

때나 장소를 나타내는 표현이 반복되는 경우에는 의미가 강조되어 "모든 장소마다", "모든 때마다", "모든 경우마다"를 뜻하게 된다.

paṇḍito vīro mayā sārdhaṃ kāle kāle nṛpam āgacchatu!
학식이 있는 용사가 나와 함께 종종 왕에게 (찾아)오도록 (허락)해달라!

✤06.27 곳때격이 고정적인 어구가 되어 부사로 쓰이기도 한다.

ādau	처음으로, 처음에
agre	맨 앞에, ~ 앞에
sthāne	적절하게 (← 제 자리에), ~ 대신에 (← ~의 자리에)
dine	낮에는

dine nidrāṃ karoty ulūkaḥ. 낮에 부엉이는 잔다.

✤06.28 곳때격은 "~에 있어서, ~에 대하여, ~에 관해서"의 의미로 사용된다.

yuddhānāṃ mārge vīrā nṛpeṇa saha vivadanti smādau.
전투들의 방식에 대해 처음에는 전사들이 왕과 (함께) 다투었다.

samudra iva vidyāyām upadiśaty ācāryaḥ.
바다와(samudre) 같은 앎에 대해 스승은 가르쳐 주었다.

sambodhane ca.
부름의 경우에도 마찬가지이다.

Aṣṭādhyāyī 2.3.47 (→ 즉, 임자격 격뒷토가 부름격의 경우에도 명사말줄기의 뒤에 쓰인다.)

06.29 곳때격은 이동을 표현할 때에 도착점을 가리킨다. 대상격이 이동의 방향을 나타내는 것과 대조된다.

nalo vanaṃ gacchati sma. adya nalo nagara āgacchati.

날라는 숲으로 갔다. 오늘 그는 도시로(nagare) 돌아온다.

nalo vanaṃ gacchati sma. adya nagaraṃ punar āgacchati.

날라는 숲으로 갔다. 오늘 다시 도시를 향해 돌아온다.

06.30 곳때격은 최상급의 표현에서 최상급이 적용되는 범위를 나타낸다.

puruṣeṣu dvijaḥ śreṣṭhaḥ.

사람들 가운데 사제 계급(두번 태어난 자)이 최고이다.

sarvavitsu śreṣṭho brāhmaṇaḥ sampadaṃ labhate vane bhāryayā saha vasati sma.

모든 것을 아는 자 중 최고인 사제는 행운을 얻었고 숲에서 부인과 함께 살았다.

06.31 곳때격은 곳때격과 함께 쓰이는 동사들과 함께 사용된다. √pat [patati] "~에 떨어지다", √kṣip [kṣipati] "~에 던지다", ni-√dhā [nidadhāti, nidhatte] "~에 두다", √snih [snihyati] "~을 사랑하다, ~에 집착하다"(예문은 ↳07.09) 등이 여기에 해당한다.

indro dvipadasyārtham amitre vajraṃ kṣipati.

인드라는 인간을 위해 적에게 바즈라를 던진다.

karṣako devasya pādayoḥ patati sma.

농부는 신의 발밑에 엎드렸다.

nṛpā vānareṣu sevakasya vākyāt krudhyanti sma.

왕들은 하인의 말 때문에 원숭이들에 대해 화가 났다.

06.32 곳때격은 곳때격과 함께 쓰이는 부치사들과 결합되어 사용된다. 예로 antaḥ (← antar) "~사이에, ~ 가운데"; upa "~위에, 보태어" 등을 꼽을 수 있다.

antar jale caranti matsyāḥ.
물고기들은 물속에서 움직인다.

upa khāre droṇaṃ karṣako labhate.
농부는 1카라에 1드로나를 보태어 받았다.

부름격(vocative, V.)의 의미

06.33 부름격은 부르는 데에 사용되고 감탄사를 수반하기도 한다.

he, nala! 오 날라여!

bho nāgarika! 여보시오, 도회지 사람!

부름격은 인도 문법전통에서 "sambodhana"(알림, 깨움, 부름)라 부르고 별도의 격으로 상정되지 않는다. (☞06.28 마지막 예문)

의문문과 불변화사

06.34 kim은 원래 의문대명사 중성의 임자격, 대상격 단수의 형태이다. 하지만 이 단어 자체가 일반적인 의문을 나타내는 불변화사로 쓰인다. kim이 사용되면 평서문이 의문문으로 바뀐다고 이해하면 된다.

kim icchasi? kiṃ tvaṃ jalam icchasi?
무엇을 원하시나요? 당신은 물을 원하시나요?

kiṃ nalo vane carati? 날라는 숲에서 활동하는가?

의문문을 표시하는 kim의 의미는 "무엇, 어떻게, 언제, 어디" 등등의 다양한 단어로 해석될 수 있다. 맥락에 따라 이해하면 된다. 그런데 이렇게 의문 조사를 사용하지 않고 의문문을 만드는 방법이 더 있다.

✣ 06.35 평서문을 발음할 때 끝부분의 소리를 높여서 발음하면 의문문이 된다. 한국어로 "지금 학교 가?" 라고 물으면 "응, 지금 학교 가!"라고 대답하는 상황을 떠올리면 된다.

nalo vane carati? (말끝을 올려서 발음!)
날라는 숲에서 활동하는가?

✣ 06.36 또 다르게 의문문을 만드는 방법은 불변화사 api를 문장의 맨 앞에 두는 것이다. 이렇게 질문을 하면 긍정이나 부정, 둘 중의 한 가지로 대답을 하게 된다.

api nalo vane carati? 날라는 숲에서 활동하는가?

api sarvaṃ kuśalam?
다 괜찮은가? (→ 잘 지내지요?; 여기에서 sarva가 중성 임자격으로 사용되었다.)

의문문의 구체적인 예들을 살펴보자.

he kiṃ skandhe nayasi?
이봐, 어깨에 무엇을 지고 가나?

he kiṃ skandhe chāgaṃ nayasīti pṛcchati dhūrtaḥ.
"이봐 어깨에 염소를 지고 가나?"라고 사기꾼이 물었다.

kiṃ vivadanti?
그들은 다투는가?

kṣetre kiṃ vivadante karṣakāḥ?
농부들은 땅을 놓고 싸우는가? (혹은, 농부들은 들판에서 싸우는가?)

kim upāyena cchāgaṃ labhāmaha iti cintayanti sma dhūrtāḥ.

"어떤 방법으로 우리가 염소를 얻을 것인가?"라고 사기꾼들이 생각했다.

06.37 이렇게 다양한 의미로 kim이 쓰이기 때문에 내용을 분명하게 하기 위해 다른 불변화사와 결합하여 사용되는 고정된 표현들이 있다.

kiṃ punar	더 이상 무엇?	atha kim	그래서?, 확실히
kim api	약간, 상당히	kim iti	왜?

dhūrtāḥ kṣetre kiṃ vivadante?

사기꾼들은 땅을 두고 (혹은, 들판에서) 다투는가?

dhūrtāḥ kṣetre kim iti vivadante?

사기꾼들은 땅을 두고 (혹은, 들판에서) 왜 다투는가?

06.38 api는 "또한, 게다가, 바로" 등의 의미로 강조를 나타낼 때 쓰이지만 종종 양보의 의미로 쓰인다.

kim adyāpi nalo vane carati?

날라는 아직도 숲에서 활동하는가?

atha kim? bālo 'pi nalo vīraḥ.

그래서? 어린 아이이지만 날라는 용맹하다.

불변화사에 대하여

06.39 단어 자체가 불변화사인 경우가 아니더라도, 곡용된 다된말의 형태 중에는 대상격 형태가 부사로 사용되는 경우가 가장 많다. sukham은 "행복하게", duḥkham은 "불행하게"라는 의미의 부사로 사용된다. 예로 nāma의 경우도 원래는 nāman의 대상격이지만 불변화사가 되어 "이름하여 ~, ~라는

이름을 가진"의 의미로 쓰인다.

āryo bhṛśo nṛpo nalo nāmāsti niṣadheṣu. nalo sukhaṃ vasati.
아리안이며 강한 왕, 이름하여 "날라"가 니사다(Niṣadha) 땅에 있다. 날라는 행복하게 산다.

✤06.39(01) 이 문장에서처럼 종족이나 사람들의 단위를 나타내는 이름을 복수로 사용해서 그 사람들이 있는 곳, 혹은 그 사람들이 자리 잡은 지역이나 영토를 나타내는 말로 사용한다.

atha dīrghasya kālasyāraṇyavāso nāma vai dvijo nagaram āgacchati sma.

그런데 오랜 시간이 지난 후에 "아라냐바싸"(araṇya-vāsa, 숲에 사는 자)라는 이름의 브라흐만이 도시로 돌아왔다.

✤06.39(02) 위 문장에서 우리는 가짐격이 시간을 나타내는 부사로 사용된 드문 용례를 볼 수 있다.

연습문제

▷ 06.01 아래의 문장들을 한국어로 옮기시오.

▷ 06.01(01) tatkālam asti nṛpo nalo nāma nagare.

▷ 06.01(02) niśāyām eva puruṣā vane na caranti.

▷ 06.01(03) nalo nṛpo 'pi vedāñ jānāti.

▷ 06.01(04) kim iti yūyaṃ daṇḍenāsmāṃs tudatha?

▷ 06.01(05) he bāla nama tavācāryāyeti vācaṃ śiṣyo dūrād bālaṃ bhāṣate.

▷ 06.01(06) vanaṃ mā gaccheti paṇḍitasya vacanaṃ prati vīro bhavatv iti prativadati sma.

▷ 06.01(07) apīndro vṛtraṃ hantīti marut sarvavidaṃ pṛcchati sma.

▷ 06.01(08) mama putra tava putro gṛhe vedān paṭhatu yajñe devebhyo namatu ca.

▷ 06.01(09) bhṛśena marutā stambhau kṣetre nipatataḥ.

▷ 06.01(10) yuddhe vīraḥ kṣatriyo 'mitrāṇi hanti.

▷ 06.01(11) vaṇijako mūrkhe sevake krudhyati sma.

▷ 06.02 다음 이야기를 한국어로 옮기시오. (mūṣikā-kanyā-kathā 1/2)

▷ 06.02(01) asti[4] śreṣṭho mahāsiddho dvijo 'raṇye vasati sma. gaṅgāyāṃ ca dine dine snānasyārtham eva gacchati sma. tatra bālā mūṣikā kākasya pādābhyāṃ mahāsiddhasya dvijasya hastayor nipatati. mahāsiddho mūṣikāṃ hastayor vṛkṣasya mūle harati punaś ca snānaṃ karoti sma.

▷ 06.02(02) mahāsiddhaś ca gṛhaṃ gacchati kiṃ tu punaś cintayati. kathaṃ bālāṃ mūṣikāṃ tyajāmi gṛhaṃ cāgacchāmi sma. cāpala eva bhavāmi. mūṣikā

4 "asti"라는 표현이 이야기 시작의 맨 앞에 사용되어 "옛날 옛적에"와 같은 관용적인 표현으로 사용된다.

tatra jagadbhyo bibheti. mamaivāndhatvāc cāpalo 'stīti. mamācāryo dine dina upadiśyati smāhiṃsā paramaṃ dānam ahiṃsā paramaṃ tapa iti. kim adya manāndhatvam iti manyate mahāsiddho dvijaḥ.

D 06.02(03) mahāsiddhaś ca mūṣikāyai punar āgacchati sma. he bāle mūṣike, mā vaseha, mā mriyasva. adya tvāṃ rakṣāmīti vadati sma. mūṣikāṃ ca gṛhaṃ harati. paścād mama bhāryā kanyayā vinā bhavati sma. adyaiva ca śreṣṭhāṃ kanyām icchatīti manyate mahāsiddhaḥ.[5] tatkālaṃ tapaso[6] balena mūṣikāṃ kanyāṃ karoti sma. kanyāṃ bhāryāyai dadāti ca vadati ca. āvāṃ kanyāṃ rakṣāvahai priyeṇeti.

5 단 하나의 iti가 앞서 나타나는 여러 문장으로 이루어진 아주 긴 인용이나 혹은 생각의 내용을 모두 함께 포괄하는 경우는 아주 많다. 따라서 iti가 나타내는 내용의 시작은 앞선 문장들 사이에 있을 수도 있다.

6 tapas는 -as로 끝나는 중성 끝자음명사이지만 현재는 표06.04에 따라 가짐격 단수의 격뒷토가 적용되어 tapas-as → tapasaḥ가 되었다고 이해하면 된다.

▷ 06.02(04) atha saṃvatsarebhyaḥ paraṃ tu bhāryā kanyāyā vivāhaṃ cintayati sma. tato mahāsiddhasya bhāryā caiva bhāṣate. asmabhyaṃ kanyāyāḥ śreṣṭhaṃ naraṃ labhasveti. mahāsiddhaḥ kanyāyai gṛhaṃ tyajati sma. prathamaṃ mahāsiddhaḥ sūryāya gacchati vadati ca. tava śreṣṭho balo 'sti, sūrya. svargasya nṛpo mama kanyāyā naro bhavatv iti. kiṃ tu sūryo mahāsiddhaṃ avapaśyati vadati ca. meghā mad[7] balavattarāḥ. yūyaṃ tu meghair māṃ na paśyatheti.

7 비교급과 함께 나타나는 비교되는 대상은 유래격을 취한다.

낱말 목록

agra [n.] 첫 부분, 가장 윗부분, 정상, 끝, 시작

antaḥ [ind.] 안에, 사이에, 한 중간에
[adp.] ~(L.) 사이에, ~ 속에

apaṇḍitatva [n.] 학식이 없음, 배운 것이 없음, 어리석음

ava-√paś 4P. [avapaśyati] 내려다보다

ahiṃsā [f.] 해치지 않음, 불살생

ādi [m.] 시작, 처음, 첫 번째의 것

ārya [m.] 아리안에 속하는 사람, 고귀한 자, 존중할 만한 자, 영예로운 자
[a.] 고귀한, 영예로운, 아리안에 속하는

indriyajit [m.] 감각기관을 이긴 자, 외부에 대한 지각에 흔들리지 않는 자
[a.] 감각기관을 이긴, 외부에 대한 지각에 흔들리지 않는

upa [ind.] ~위에, ~때에, ~안으로, 보태어

evam [ind.] 그렇게, 그런 식으로, 그런

kathā [f.] 이야기, 줄거리, 말, 대화

kanyā [f.] 소녀, 처녀, 딸, 미혼인 여자

karṣaka [a.] 쟁기질하는
[m.] 농부

kaṣṭa [a.] 어려운, 고생스러운, 나쁜, 잘못된, 위험한, 매정한, 욕심 많은

kaṣṭam [ind.] 거의 ~하지 않다, 전혀 ~하지 않다

kiṃ tu [ind.] 그러나, 그럼에도 불구하고, 하지만

√krand 1P.Ā. [krandati, krandate] 울다, 소리내다, 울부짖다

kṣatriya [m.] 통치 계급에 속하는 자

kṣetra [n.] 땅, 들판, 토지, 장소, 지역, 성지

khāra [m.] (곡물 등의 부피를 재는 단위) 카라 (= 18 droṇa)

gaṅgā [f.] 강가(갠지스 Ganges) 강

√cint 10P. [cintayati] 생각하다, 마음에 두고 있다

jagat [n.] 세상, 이 세상, 살아 움직이는 것, 동물들, 사람들

jala [n.] 물, 액체

tathā [ind.] 그렇게, 그에 상응하게 (yathā와 짝을 이루어 쓰인다), 또한, 예!

tapas [n.] 열기, 고행, 수행 (중성명사이며 말줄기 자체가 tapas)

√tyaj 1P.Ā. [tyajati, tyajate] 버리다, 떠나다, 포기하다, 그대로 두다

dama [m.] 자제력, 길들이기, 집, 가정

dīrgha [a.] (시간, 공간) 긴, 길게 뻗은

dvipada [m.] 발이 둘인 자, 인간
[a.] 발이 둘인, 두 빠다로 이루어진

nara [m.] 남자, 사람, 인간, 남편, 영웅

nāgarika [m.] 도시 거주민, 경찰관
[a.] 약삭빠른

nāma [ind.] 이름하여, 말하자면, 실로, 말 그대로, 그러니까

nidrā [f.] 잠

ni-√dhā 3P.Ā. [nidadhāti, nidhatte] 놓다, 올려두다, 내려놓다

niśā [f.] 밤 (낮의 반대)

niṣadha [m.] 니사다 지역, 니사다 땅, 니사다의 사람들 (pl.)

parama [a.] 최상의, 최선의, 극단의

pāda [m.] 발, 맨 아랫부분, 4분의 1

pustaka [m.][n.] 책, 필사본

prati-√vad 1P. [prativadati] 대답하다

bala [n.] 힘, 에너지, 생기

balavattara [a.] (비교급) 더 힘이 강한(balavat)

bāla [a.] 어린, 유아의, 덜 자란, 어리석은, 사리분별이 없는
[m.] 어린 아이, 소년

bṛhat [a.] 높은, 우뚝한, 고귀한, 키가 큰, 위대한, 큰, 광대한, 강한

bhāryā [f.] 부인, 처, 부양되어야 하는 여자

bhṛśa [a.] 강한

bhoḥ [ind.] (다른 사람을 부르는 말) 여보시오! 당신! (독립되어 사용될 때 bhoḥ 형태가 사용되고, bho는 모음과 울림소리 앞에 그 외의 경우 bhos가 쓰인다.)

matsya [m.] 물고기

marut [m.] 바람, 숨결, 바람의 신

mahāsiddha [m.] 완벽한 경지에 오른 성자, 완벽해진 수행자

mā [ind.] ~ 하지 말라 (명령형에서의 부정)

mūla [n.] 뿌리, 토대, 하부, 근본

mūṣikā [f.] 쥐

megha [m.] 구름

yathā [ind.] 그렇게, 그에 상응하게, 그 방식으로

vana [n.] 숲, 수목 혹은 수풀이 우거진 곳, 거주지가 아닌 곳, 개간되지 않은 땅

√vas 1P. [vasati] 거주하다, 살다, 머무르다, ~한 상태로 있다

vāk [f.] 말, 목소리, 언어, 소리

vāsa [m.] 거주처, 사는 곳

vidyā [f.] 지식, 지혜, 앎

vi-√vad 1P.Ā. [vivadati, vivadate] 다투다, 따지다, 반대하다, 언쟁하다, 싸우다

vivāha [m.] 결혼

vṛkṣa [m.] 나무

vai [ind.] (앞선 단어를 강조하여) 실로, 정말, 확실히, 바로

śruta [n.] 들어서 전해진 내용, (베다와 같은 창작자가 없다고 간주되는) 전통 (기억된 것 smṛti와 대조), 전승 내용
[a.] 들은 것, 말해진 것, 가르쳐진 것

samudra [m.] 바다, 대양

sampad [f.] 일치, 성공, 성취, 행운

sambodhana [a.] 깨우는, 각성시키는, 부르는 (부름격을 지칭하는 표현)

sarva [n.] 모든 것, 전부
[a.] (대명사형 곡용) 전부 다, 모두, 전체의

sarvavit [a.] 모든 것을 아는

sthāne [adv.] 적절한 경우에, 적절하게, ~ 대신에

√snih 4P. [snihyati] 마음이 ~(L.)에 꽂히다, ~(L.)를 사랑하다

√han 2P. [hanti] 죽이다, 때리다

√hṛ 1P.Ā. [harati, harate] 가져가다, 지니다, 들어 옮기다, 가지고 오다, 가지고 가다

제7과
संस्कृतवाक्योपक्रिया

-i 끝모음명사 남성곡용

✤07.01 끝모음 남성명사 중에서 -i로 끝나는 남성명사의 곡용형태는 아래와 같다.

표07.01 -i 끝모음명사 남성곡용 kavi [m.] "시인, 통찰력 있는 사람"

격	약칭	단수	양수	복수
임자격	N.	kaviḥ	kavī	kavayaḥ
대상격	A.	kavim	kavī	kavīn
수단격	I.	kavinā	kavibhyām	kavibhiḥ
위함격	D.	kavaye	kavibhyām	kavibhyaḥ
유래격	Ab.	kaveḥ	kavibhyām	kavibhyaḥ
가짐격	G.	kaveḥ	kavyoḥ	kavīnām
곳때격	L.	kavau	kavyoḥ	kaviṣu
부름격	V.	kave	kavī	kavayaḥ

✤07.02 ṛṣi [m.] "(영감에 차서 베다를 읊어 낸) 성인, 현인, 성자"를 표07.01에 맞추어 곡용시켜 보라.

✤07.03 남성명사 pati는 "남편"의 의미로 쓰일 때에는 불규칙 곡용을 보여서, 단수 수단격 patyā, 위함격 patye, 유래격과 가짐격 patyuḥ, 곳때격 patyau 형태로 곡용된다. 하지만 pati가 "주인, 지배자"의 의미로 쓰일 때와 겹낱말 끝자리에 쓰일 때에는 표07.01에 따라 규칙적으로 곡용된다.

andho 'pi mahāsiddhaḥ prayatnena paśupateḥ śarīraṃ paśyate.
경지에 오른 자는 눈이 멀었지만 노력을 통해 가축의 신(쉬바)의 모습을 본다.

kanye patyuḥ priyaṃ bhavatu putraṃ ca labhasveti bhāṣante brāhmaṇāḥ.
"소녀여! 남편의 사랑이 있을 것이고 아들을 얻을 지니!"하고 사제들이 말한다.

vṛddhaḥ paṇḍitaḥ kavinā saha dine dine saṃvadati sma. kavaye paṇḍito 'tyantaṃ rocate.

늙은 학자는 시인과 함께 매일 토론을 했다. 시인은 그 학자를 무척 좋아한다. (rocate ✤04.26)

-u 끝모음명사 남성곡용

✤07.04 끝모음 남성명사 중에서 -u로 끝나는 남성명사의 곡용형태는 아래와 같다.

표07.02 -u 끝모음명사 남성곡용 paśu [m.] "가축"

격	약칭	단수	양수	복수
임자격	N.	paśuḥ	paśū	paśavaḥ
대상격	A.	paśum	paśū	paśūn
수단격	I.	paśunā	paśubhyām	paśubhiḥ
위함격	D.	paśave	paśubhyām	paśubhyaḥ
유래격	Ab.	paśoḥ	paśubhyām	paśubhyaḥ
가짐격	G.	paśoḥ	paśvoḥ	paśūnām
곳때격	L.	paśau	paśvoḥ	paśuṣu
부름격	V.	paśo	paśū	paśavaḥ

✤07.05 śatru [m.] "적"을 표07.02에 맞추어 곡용시켜 보시오.

✤07.06 표07.01과 표07.02를 비교해 보면, 남성명사 -i와 남성명사 -u의 곡용형태는 정확하게 일치하고 있다는 것을 쉽게 이해할 수 있을 것이다. 이 둘을 같은 곡용형태로 간주해도 무방하다.

śatroḥ putra upavītaṃ labhata upanayane. śatrūṇāṃ sukhaṃ bhavati.
적의 아들이 성인의식에서 성스러운 실을 부여받았다. 적들의 즐거움이 생겨난다.

다음절 -ī 끝모음명사 여성곡용

07.07 끝모음 여성명사로 음절이 여럿이면서 -ī로 끝나는 명사의 곡용형태는 다음과 같다.

표07.03 다음절 -ī 끝모음명사 여성곡용 nadī [f.] "강"

격	약칭	단수	양수	복수
임자격	N.	nadī	nadyau	nadyaḥ
대상격	A.	nadīm	nadyau	nadīḥ
수단격	I.	nadyā	nadībhyām	nadībhiḥ
위함격	D.	nadyai	nadībhyām	nadībhyaḥ
유래격	Ab.	nadyāḥ	nadībhyām	nadībhyaḥ
가짐격	G.	nadyāḥ	nadyoḥ	nadīnām
곳때격	L.	nadyām	nadyoḥ	nadīṣu
부름격	V.	nadi	nadyau	nadyaḥ

07.08 nārī [f.] "여자, 부인"을 표07.03에 맞추어 곡용시켜 보시오.

07.09 아래 문장에서 damayantī는 여성형 명사이다. 따라서 이 명사를 수식하는 형용사는 여성형이 되어야 하는데, 형용사 sundara의 여성형은 *sundarā가 아니고 sundarī이다. 각각의 형용사에서 여성형을 어떤 형태로 만들게 되는지를 판단할 일반적인 규칙은 없다. -a로 끝나는 형용사의 경우

여성형이 -ā인 경우가 가장 많다. 하지만 항상 그러한 것은 아니어서 사전들에는 여성형의 형태를 따로 표기해 주는 경우가 많다.

sundarī damayantī sumukhe nale snihyati.

아름다운 다마얀띠는 잘생긴 날라를 사랑한다. (☞ ✤06.31)

patir hi devo nārīṇāṃ patyā samā gatir nāsti.

남편은 여자들에게 신이고 남편과 꼭같은 [순종의] 길은 없다.

이 문장에서 samā가 수식하는 명사 gati가 여성이어서 형용사 sama의 여성형 samā가 사용되었다.

gṛhakārakeṣu me śreṣṭhaṃ sumukhaṃ rūpaṃ bhavatu nāryo mayy eva snihyantv itīcchati gṛhakārakaḥ.

"목수들 중에서 내가 제일 잘생긴 외모를 지니게 해주소서! 여인들이 바로 나를 좋아하게 하소서!" 라고 목수는 희망한다.

지시대명사

✤07.10 앞서 배운 1, 2인칭대명사에 이어 배울 3인칭대명사에 상응하는 대명사들이 있는데, 이 대명사들은 성구분을 갖는 형태로 나타난다. 따라서 남성, 여성, 중성이 별개의 대명사로 나타나며 또한 자주 지시대명사로 사용된다. 따라서 3인칭대명사가 아니라 지시대명사로 구분하여 배우도록 하겠다. 지시대명사의 곡용형태는 다음과 같다.

✤07.11 남성 지시대명사(saḥ)의 곡용형은 다음과 같다. 특기할 점은 부름격이 없다는 사실이다. 지시대명사의 곡용에서는 남성, 여성, 중성 모두 부름격이 없다.

표07.04 지시대명사 남성곡용 saḥ

격	약칭	단수	양수	복수
임자격	N.	saḥ	tau	te
대상격	A.	tam	tau	tān
수단격	I.	tena	tābhyām	taiḥ
위함격	D.	tasmai	tābhyām	tebhyaḥ
유래격	Ab.	tasmāt	tābhyām	tebhyaḥ
가짐격	G.	tasya	tayoḥ	teṣām
곳때격	L.	tasmin	tayoḥ	teṣu

예문07.01 so 'kuśalam iti śrutaṃ cāpi devī tasmin viśvāsaṃ karoti.

그 사람은 능숙하지 않다고 들었지만 왕비는 그를 믿는다.

✣07.12 중성 지시대명사(tat)의 곡용형은 다음과 같다. 표07.04와는 임자격과 대상격에서만 차이가 난다.

표07.05 지시대명사 중성곡용 tat

격	약칭	단수	양수	복수
임자격	N.	tat	te	tāni
대상격	A.	tat	te	tāni
수단격	I.	tena	tābhyām	taiḥ
위함격	D.	tasmai	tābhyām	tebhyaḥ
유래격	Ab.	tasmāt	tābhyām	tebhyaḥ
가짐격	G.	tasya	tayoḥ	teṣām
곳때격	L.	tasmin	tayoḥ	teṣu

예문07.02 tasmāt kāraṇād eva mā gaccha tena saheti vadati sma paṇḍitaḥ pitāmahaḥ.

"바로 그 이유 때문에 너는 그와 함께 가지 말아라!"라고 현명한 할아버지는 말했다.

kāraṇa [n.] "원인, 이유"가 중성이어서 이것을 가리키는 지시대명사는 중성을 사용하고 격과 수를 일치시켜야 한다. 따라서 해석은 "그 원인"이라고 해야 한다.

✣07.13 여성 지시대명사(sā)의 곡용형은 다음과 같다. 앞선 표06.01과 비교해 보기 바란다.

표07.06 지시대명사 여성곡용 sā

격	약칭	단수	양수	복수
임자격	N.	sā	te	tāḥ
대상격	A.	tām	te	tāḥ
수단격	I.	tayā	tābhyām	tābhiḥ
위함격	D.	tasyai	tābhyām	tābhyaḥ
유래격	Ab.	tasyāḥ	tābhyām	tābhyaḥ
가짐격	G.	tasyāḥ	tayoḥ	tāsām
곳때격	L.	tasyām	tayoḥ	tāsu

예문07.03 sa vṛddhaḥ pitāmahas tasya putraṃ pautrāṃś ca tāṃ kathāṃ vistareṇa śrāvayati.

그 늙은 할아버지는 그의 아들과 손자들에게 그 이야기를 자세하게 해 준다.

mama bhāryāyās tayā vācā vigataḥ saṃśayo me.

내 부인의 그 말 때문에 나의 의심은 사라졌다.

예문07.04 sa kaviḥ kāmāt tābhyāṃ sundarībhyāṃ nārībhyāṃ nadyāḥ samīpe priyāṃs tān kāvyāñ chrāvayati.

그 시인은 사랑 때문에 강 근처에서 그 아름다운 두 여인에게 그 사랑스러운 시들을 들려주었다.

(kāvyān-śrāvayati ☞ ✣04.11(03))

✣07.14 이 지시대명사들은 "그 (것), 그 (사람)"의 의미로 쓰이며 종종 구체적인 것을 가리킬 때가 있어서 한국어로 "이 (것), 이 (사람), 저 (것), 저 (사람)"으로 번역해야 하는 경우가 많다. 중요한 점은 듣는 사람에게 "그 것, 그 사람"이라고 했을 때 듣는 사람이 알아 들을 수 있는 맥락 안에 이미 제시되어 있는 대상 혹은 사람을 가리킨다는 사실이다. 따라서 이 지시대명사들은 자주 다른 명사나 대명사 앞에 나타나서 이미 알려진 대상이나 사람에 대해 말하고 있음을 가리키는 용법으로 사용된다. 즉 영어의 정관사(the)에 해당하는 용법으로 사용된다. 예로 예문07.01에서 tasmin은 특정한 사람을 의미하지만, 누구인지 구체적으로 언급되어 있지 않다. 하지만 예문07.02에서 tasmāt kāraṇāt에서 tasmāt은 언급되고 있는 원인이 이미 알려져 있는 것이라는 사실을 나타내고 있다. 유사한 용례들이 예문07.03에서 sa vṛddhaḥ pitāmahaḥ; tāṃ kathāṃ에서 보이고 예문07.04에서는 sa kaviḥ; tābhyāṃ sundarībhyāṃ nārībhyāṃ; tān kāvyān에서 보인다.

patyā ca putreṇa ca tyaktāyā nāryā atyantaṃ duḥkhaṃ sa nṛpo na jānāti.

남편과 아들로부터 버림받은 여자의 엄청난 고통을 그 왕은 알지 못한다.

tasyā nadyās tu samīpe vai devāḥ samāgatāḥ.

한편 그 강의 바로 근처에 신들이 모였다.

✣07.15 이러한 용례에 기초해서 인칭대명사와 함께 쓰이기도 하는데, 예로 so 'ham이 "여기 바로 내가"의 의미로 사용된다. 여기에서 aham은 1인칭이지만 saḥ가 3인칭을 나타내는 의미로 쓰인 것이 아니고 구체적으로 누구나 파악할 수 있는 눈 앞에 있는 사람으로서의 "나"를 지시하기 때문에 함께 사용될 수 있다.

so 'ham upāyena tāṃ śreṣṭhāṃ kanyāṃ labhe sma.

바로 내가 요령을 통해 가장 훌륭한 그 여자를 얻었다.

mama kanyā tasmiṃs tvayi snihyatīti sa vṛddho nāgariko vadati.

"내 딸이 여기 너에게 마음이 꽂혀 있다."라고 그 늙은 경찰관은 말한다.

✤07.16 세 가지 성구분이 이루어지는 대명사의 곡용에서 양수의 형태는 우리가 끝모음명사 -a, -ā의 활용에서 익숙하게 보았던 형태들과 정확하게 일치한다. 주목할 만한 것은 복수형에서는 남성 임자격으로 tās가 올 것으로 기대되는 자리에 te가 나타나고 또 남성 복수형 가짐격의 경우 -nām이 아니라 -sām으로 n대신 s가 삽입되어 있는 점이다.

모음말줄기 명사 중에서 -a, -ā로 끝나는 명사들의 단수 수단격, 가짐격 그리고 남성과 중성명사의 복수 수단격이 정확하게 지시대명사의 곡용과 일치한다. 표03.01과 표07.04; 표04.01과 표07.12; 표06.01과 표07.06을 비교해 보면 잘 드러난다. 역사적으로는 모음말줄기 명사들의 곡용이 대명사 곡용의 형태를 따르다 보니 생겨난 현상이다. 끝모음명사 곡용들은 명사곡용의 표준형(☞표06.04)을 따르는 것이 아니라 대명사 곡용을 따른 형태임에도 불구하고 이것들을 맨 처음으로 배웠던 이유는 쌍쓰끄리땀의 아주 많은 어휘들이 끝모음명사들이어서 그렇다.

✤07.17 이 지시대명사 셋을 아울러서 대표하는 말줄기로 전통 문법은 중성 tat을 선택한다. 따라서 말줄기를 사용해서 만들어 내는 단어들에서는 tat을 대표형태로 사용한다. tat-tva(그러함, 그것임), tad-vat(그것처럼, 그것을 가진), tan-maya(그것으로 이루어진) 등을 예로 들 수 있다. 이미 배운 tat-kālam(그때에)도 마찬가지이다. 하지만 위의 곡용형태에 제시된 실제 곡용을 보면 말줄기를 tat-이 아니라 ta-로 상정한 곡용이 이루어지고 있다는 것을 알 수 있다.

✤07.18 일반적인 활용의 모양새로 볼 때 지시대명사 남성과 여성의 임자격 단수가 tas와 tā가 아니라 sas와 sā라는 사실은 반드시 주목해 두어야 한다. 또

한 남성 단수 임자격 saḥ (← sas)가 싼디에서 특별한 양상을 보인다는 것은 다시 환기해야 한다. (☞✤03.26(04)) saḥ는 뒤에 따라오는 말이 자음으로 시작될 경우에는 무조건 sa가 된다. 뒤에 모음이 따라올 때에는 -aḥ에 적용되는 싼디가 적용된다. (☞✤03.26) 간단하게 말해서 뒤에 a-가 따라올 때에는 -o '- 형태가 되지만 그 외의 모음이 따라올 때에는 -a가 된다는 뜻이다.

sa vadati. 그가 말한다.

sa icchati. 그가 원한다.

so 'rthaḥ svargaḥ. 그 목적은 하늘나라이다.

✤07.19 추가로 배워야 하는 대명사말줄기는 etat인데 모든 형태에서 tat의 곡용에 따른다. 다시 말해서 단수 임자격이 남성은 eṣaḥ, 여성은 eṣā, 중성은 etat이 된다. 나머지 곡용의 형태는 표07.04, 표07.05, 표07.06을 따른다. 결국 앞에서 배운 지시대명사의 앞에 e-가 첨가된 형태이다. 이 때 saḥ가 보이는 특별한 싼디의 양상은(☞✤03.26(04)) 정확하게 eṣaḥ에도 적용된다.

✤07.20 지시대명사 etat의 의미는 tat보다 좀 더 강하게 손가락으로 가리키는 듯한 느낌으로 구체적으로 지시하는 "바로 그것" 혹은 "바로 이것"의 의미가 강하다고 이해하면 된다. 따라서 가깝고 구체적인 것을 가리킬 때에는 tat보다는 etat을 사용한다.

eṣa brāhmaṇo mamācāryo 'tyantaṃ paṇḍita eva.
저기 저 사제가 내 스승이고 무척 학식이 높다.

sa eva satyaṃ jānāty etebhyaḥ śatrubhyo bibheti na.
진실을 아는 바로 그 사람은 이 적들을 두려워하지 않는다.

etad dhi brāhmaṇasya vākyaṃ hṛdi me parivartate.
그런데(hi ☞✤05.04) 사제의 그 말이 내 마음 속에 자리 잡고 있다.

✤07.21 지시대명사의 단수 수단격 tena, 단수 유래격 tasmāt은 "따라서, 그러므로, 그러한 까닭에"라는 이유나 원인을 나타내는 부사 표현으로 독립적인 단

어에 가깝게 자주 쓰인다.

sā kanyaitasya muner vākyam avagacchati. tena tatheti prativadati sā. tasmāt sā nagaram āgacchati sma.

그 소녀는 저 성자의 말을 알아듣는다. 그래서 "예"라고 대답한다. 그리하여 그 소녀는 도시로 돌아왔다.

evam asti na vety eteṣāṃ puruṣāṇāṃ saṃśayaḥ.

그러한지 혹은 아닌지(vā-iti) 하는 것이 이 사람들의 의심이다.

samāgame kṣatriyo mohād vadati satyam etan na saṃśaya iti.

회합에서 끄사뜨리야는 착각 때문에 말했다. "이것은 사실이고 의심[할 것이] 없다."라고.

etan na kāryaṃ me tatkālaṃ tasmāc cānyaḥ sevakas tāni karoti smeti mūrkho nṛpaṃ prativadati.

"그것은 그때에는 제가 할 일이 아니었기 때문에 다른 하인이 그것들을 했습니다."라고 어리석은 자가 왕에게 대답한다.

✣07.22 지시대명사와 연관시켜 배워야 하는 대명사가 하나 더 있는데, 이 대명사는 결여대명사 enat이다. 앞서 배운 지시대명사의 말줄기를 중성 tat으로 상정하듯이 enat을 이 결여대명사의 말줄기로 상정하지만, 실제 곡용은 ena-를 말줄기로 삼아 이루어진다. 이것을 "결여(defective)대명사"라고 하는 이유는 곡용시켜 사용할 수 있는 형태가 온전하게 모두 갖추어져 있는 것이 아니고 특정한 형태들만 사용될 수 있어서 결여되는 곡용 형태들이 있기 때문이다. 나중에 결여동사들을 배울 때에도 곡용이 아닌 활용의 맥락에서 "결여"라는 말은 같은 의미로 사용하게 될 것이다. 단수 대상격 남성 enam, 중성 enat, 여성 enām; 단수 수단격 남성과 중성 enena, 여성 enayā; 양수 대상격 남성 enau, 중성 ene, 여성 ene; 양수 가짐격과 곳때격 남성, 여성, 중성 enayos; 복수 대상격 남성 enān, 중성 enāni, 여성 enās 형태만이 사용된다. 줄여서 말하자면, 이 결여대명사는 모든 대상격과 단수 수단격 그리고 양수 가짐격과 곳때격에서만 사용된다.

enat은 지시대명사로서 "그것, 그 사람"을 가리키는 말로 쓰이지만, 문장의 첫자리에 나타나지 못하고 일반적으로 다른 명사와 결합되어 사용되지 않는다. 쓰임새의 가장 큰 특징은 강조의 의미로 사용하는 지시대명사로는 쓰이지 않는다는 것이다.

tasmād enān ahaṃ na tyajāmīti manyate hṛdi sa vīraḥ.
그 용사는 마음속으로 "그러니 이 사람들을 나는 떠나지 않겠다."고 생각한다.

pitāmaho me paramayā lekhane vidyayaināni likhati sma.
내 친할아버지는 기록하는 일에 대한 최고의 지식을 가지고 그것들을(vidyayā-enāni) 기록했다.

동사 √as 불규칙활용

✣07.23 √as "~이다, 있다"의 현재활용 형태는 다음과 같다. 이 동사는 불규칙활용을 보여주는 동사인지라 따로 배워야만 한다. 중요한 동사이기 때문에 표07.07의 내용을 잘 익히기 바란다.

표07.07 동사 √as [asti] "~이다, 있다"의 불규칙활용 현재형

수 / 인칭	단수	양수	복수
3인칭	asti	staḥ	santi
2인칭	asi	sthaḥ	stha
1인칭	asmi	svaḥ	smaḥ

tat tvam asi. 그것이 너이다.

✣07.24 √as "~이다, 있다"의 현재명령형 활용은 아래와 같다.

표07.08 동사 √as [asti] "~이다, 있다"의 명령형 활용

수 / 인칭	단수	양수	복수
3인칭	astu	stām	santu
2인칭	edhi	stam	sta
1인칭	asāni	asāva	asāma

앞(☞ 표06.06)에서 배운 명령형의 활용을 염두에 두고 암기하기 바란다. √as의 경우에는 2인칭 단수 명령형에서 -dhi가 뒷토로 붙어 있다는 점에 주목하라.

sundari nāry edhi mama putrasya bhāryā.

아름다운 여인이여! 내 아들의 부인이 되어라!

예문07.05 vanaṃ gacchatv ārya iti tasyā vācaṃ praty evam astv iti sa prativadati sma.

"그대는 숲으로 가소서!"라는 그녀의 말에 대꾸해서 그는 "그렇게 하겠다"고 대답했다.

✣07.24(01) 이 예문의 명령문장은 주어가 3인칭이고 명령형 동사도 3인칭이다. 하지만 여기에서 āryaḥ "존귀한 자가"라는 말은 상대방을 향한 존중의 의미를 담은 표현이다. 상대방, 따라서 2인칭이 내용상으로는 "존귀한 자"라고 표현되고 있는데, 문법상으로는 3인칭이 사용되고 있다. 2인칭에 대한 직접적인 명령보다 훨씬 더 정중하게 명령을 표현하는 방식이다.

ete bahavo munayo rakṣitāḥ santu.

저 많은 성자들이 보호받게 하라!

svasti te 'stv iti prativadati sma vaṇijakasya mitraṃ tasmin kāle.

그때 "그대에게 행운이 있을지니!"라고 상인의 친구가 대꾸했다.

etasya nṛpasya putro 'stv iti tasya bhāryāṃ bhāṣe sma.

"이 왕이 아들을 갖게 하라!"고 나는 그의 부인에게 말했다.

연습문제

07.01 아래의 문장들을 한국어로 옮기시오.

07.01(01) so 'haṃ tava patiḥ.

07.01(02) kiṃ bahunā vacanena?

07.01(03) tava hṛdi sukham astu!

07.01(04) sa vṛddhaḥ kavir gāyati. tasmāt sa puruṣebhyo rocate ca.

07.01(05) so 'śvaḥ paśur api puruṣāṇāṃ bhāṣām avagacchati. tasmān munayo 'pi tasmai namanti.

07.01(06) etasmin kāle nadyās samīpe sa nṛpo bahūñ chatrūn paśyati sma.

▷ 07.01(07) mama bhāryāstv ārya iti vadāmi ca sā nārī tatheti prativadati ca.

▷ 07.01(08) sā tasya priyaṃ labhate sma. tasmāt sā tena saha tasyā grāme sukhaṃ vasati.

▷ 07.01(09) śastrair vīrau kaṣṭāñ chatrūñ jayataḥ sma. tayos tu nṛpaś ca tasya devī ca tau tyajataḥ.

▷ 07.01(10) tasmāt kāraṇād damayantī nāma sundarī nārī tasyāḥ patyā saha tad araṇyaṃ na praviśati sma.

▷ 07.01(11) saṃśayād eta ṛṣaya ete atyantaṃ sundaryau kanye teṣām araṇyaṃ prati na nayanti.

▷ 07.01(12) tasya putrikā tasyāḥ patyā tyaktā. tasmāc ca so 'tyantaṃ tasmai krudhyati.

▷ 07.01(13) jagataḥ pate mamācāryo 'stv ity eṣa kumāras taṃ muniṃ vadati. tathāstu kumāra mama śiṣya edhīti sa prativadati.

D 07.02 다음 이야기를 한국어로 옮기시오. (mūṣikā-kanyā-kathā 2/2)

D 07.02(01) tatheti sa ṛṣir mahāsiddho bhāṣate sma. sa sūryād meghasya vāse gacchati sma. tava śreṣṭho balo 'sti, megha. megho mama kanyāṃ vivahatv iti taṃ meghaṃ sa ṛṣir vadati. he ṛṣe, kim iti tvaṃ me tad vadasi. apy āryo mama balaṃ naiva jānāti. maruto nāma mad api balavattarāḥ. yatkāraṇaṃ maruta eva māṃ harantīti prativadati sma sa meghaḥ.

D 07.02(02) asty evam ity ṛṣir bhāṣate maruto vāsaṃ ca gacchati. tava śreṣṭho balo 'sti, marut. astu mama kanyā tava bhāryeti taṃ marutam api vadati. he mahāsiddha, mac ca parvatā eva balavattarāḥ. yatkāraṇam asmākaṃ prayatnenāpi parvatānāṃ gatir[1] nāstīti tasya maruto vacanam.

1 gati는 여성명사이지만 임자격에서 남성 kavi와 곡용형태가 같다.

ᐅ 07.02(03) evam evety ṛṣir bhāṣate. parvatānāṃ vāse ca sa gacchati sma. kiṃ tvaṃ mama putrikāyā vivāhāya uttamo 'sīti sa punas taṃ parvataṃ pṛcchati sma. sa parvataḥ prativadati sma. mad apy adhikā mūṣikāḥ. te mūṣikā balavattarāḥ. yatkāraṇam eko mūṣiko 'py asmākaṃ śarīre chidrāṇi karoti. te mūṣikā asmākaṃ śarīraṃ ca balena sarvato bhedayanti.

ᐅ 07.02(04) evam astīti sa ṛṣir bhāṣate taṃ parvatam. punar mūṣikāṇāṃ vāsaṃ prati sa mahāsiddho gacchati. tava śreṣṭho balo 'sti, mūṣika. ihaiṣā mama putrikā. mūṣikāṇāṃ patis tāṃ pariṇayatv iti pravadati sa ṛṣiḥ. tato mūṣikāṇāṃ patiḥ prativadati. evaṃ bhavatu. kiṃ tu tava putrikā kathaṃ mama vivaraṃ praviśatīti. satyam evaitad iti bhāṣata ṛṣiḥ. tatkālaṃ tapaso[2] balena ca sa tasya putrikāṃ sundarīṃ mūṣikāṃ karoti sma.

2 아직 배우지 않은 곡용이다. 표06.04에 보이는 가짐격 단수의 격뒷토가 적용되어 tapas-as → tapasaḥ가 되었다고 이해하면 된다.

07.02(05) tataḥ satyam evaitac chrutaṃ vacanam. sūryaś ca meghaś ca maruc ca parvataś ca daivena putrikāyāḥ patir na bhavati. ṛṣir api mūsikam eva putrikāyāḥ patiṃ karoti sma. mūṣikā prāpnoti sva-jātiṃ[3]. daivam eva mūṣikāṃ sva-jātiṃ nayati. sva-jātiṃ tu prayatnenāpi kaṣṭaṃ[4] tyajatīti.

---

3 jāti는 여성명사이지만 임자격에서 남성 kavi와 곡용형태가 같다.

4 kaṣṭam은 형용사 kaṣṭa의 대상격이 부사로 사용되어, "~하는 것은 매우 어려운 혹은 거의 없는 일"이라는 의미에서 "거의 ~하지 않다" 혹은 "전혀 ~하지 않다"를 뜻하는 부정의 의미로 사용된 것이다.

낱말 목록

akuśala [a.] 전문가적이지 못한, 잘 하지 못하는, 좋지 않은

atyanta [a.] 대단한, 과도한, 지나친, 완벽한

adhika [a.] 보태어진, 추가된, 더 나은, 넘어서는

andha [a.] 눈이 먼, 보지 못하는
[n.] 어둠

ava-√gam 1P. [avagacchati] 이해하다, 알아차리다, 알다, 배우다, 내려가다, 접근하다

uttama [a.] 가장 높은, 최상의, 최선의

upanayana [n.] 이끌기, 가까이로 가져가기, 입문, 성인의식

upavīta [n.] 성스러운 줄 (상위 세 바르나, 특히 사제 계급의 상징으로 왼쪽 어깨에서 오른쪽 옆구리에 둘러매는 실)

ṛṣi [m.] (영감에 차서 베다를 읊어 낸) 성인, 현인, 성자

eka [a.] 하나의

kavi [m.] 시인, 통찰력을 가진 자

kāraṇa [n.] 원인, 이유

kārya [n.] 과제, 과업, 업무, 의무, 행위, 결과, 효과
[a.] 행해져야 하는 것, 할당된 것, 할 만한 것

kāvya [m.] 시, 영감과 지혜가 어린 것 (itihāsa와 대조)

gati [f.] 가기, 움직이기, 길, 방식

√gai 1P. [gāyati] 노래하다

chidra [n.] 구멍, 틈새

jāti [f.] 출생, 탄생, 출생에 따른 신분이나 지위, 카스트, (태어나서 속하는) 종

tattva [n.] 실상, 실제 사태, 실제 상황, 진실, 진리

tyakta [a.] 버려진, 떠나고 남겨진

damayantī [f.] 다마얀띠 (고유명사)

devī [f.] 여신, 왕비, 여인

nadī [f.] 강

nārī [f.] 여자, 부인

pati [m.] 남편, 배우자 (☞✤07.03 단수 수단격 patyā, 위함격 patye, 유래격과 가짐격 patyuḥ, 곳때격 patyau) / 주인, 지배자 (☞표07.01 곡용)

pari-√nī 1P.Ā. [pariṇayati, pariṇayate] (결혼식의 불 주위로 돌게 이끌다 →) 결혼하다, 부인으로 삼다

pari-√vṛt 1Ā. [parivartate] 돌다, 움직이다, 발전하다, 변형되다, 머물다

parvata [m.] 산, 산맥

paśu [m.] 가축, 가축의 무리, 제사용 동물, 암소

paśupati [m.] 가축의 신, 동물의 신 (주로 Śiva

의 별명)

pitāmaha [m.] (부계의) 할아버지, 조상

putrikā [f.] 딸

pautra [m.] 손자
[a.] 아들에 속하는

pra-√āp 5P. [prāpnoti] 도달하다, 얻다

prayatna [m.] 노력, 행위, 애쓰기, 의도적인 노력

pra-√vad. 1P.Ā. [pravadati, pravadate] 선언하다, 외치다

pra-√viś 6P.Ā. [praviśati, praviśate] ~로 들어가다, ~로 뛰어들다(agnim, agnau ~불로 뛰어들다), ~을 얻다

bahu [a.] 많은, 풍부한, 다수의, 자주

bhāṣā [f.] 말, 언어

bhedayati (caus.) √bhid 갈라지게 하다. 깨뜨리다, 파괴하다

muni [m.] 성자, 수행자, 고행자

mūṣika [m.] 쥐

yatkāraṇam [adv.] 왜냐하면

rakṣita [a.] 보호되는, 지켜진, 보존된, 구출된

rūpa [n.] 색깔, 모양, 외모, 드러난 현상

lekhana [n.] 적기, 기록하기

vigata [a.] 흩어진, 사라진, 죽은

vivara [m.] 구멍, 틈

vi-√vah 1P. [vivahati] 멀리 가져가다, 멀리 이끌다, 여자를 부인으로 맞아 데려가다, (여자와) 결혼하다, (신부를 아버지의 집에서) 데려오다, 결혼하다

vivāhayate (caus.) vi-√vah 부인을 삼아 집으로 데려오다, 부인으로 삼다

viśvāsa [m.] ~(L.G.I.)에 대한 신뢰, 믿음

vṛddha [a.] 늙은, 발전된, 전개된

śatru [m.] 적

śarīra [n.] 몸, 육체

śastra [m.][n.] 칼, 검, 무기

śrāvayati (caus.) √śru 듣게 하다, 말해 주다

samāgata [a.] 모인, 만난

samāgama [m.] 모임, 함께 모임, 회합, 단체

samīpa [n.] 가까운 곳
[a.] 가까이

sarvatas [adv.] 모든 방향에서, 모든 방면에서

sundara [a.] 잘생긴, 아름다운, 매력적인 ([f.]: -ī)

sva [a.] 자기 자신의

hṛd [n.] 마음, 영혼, 생각, 가슴, 내면

제8과

संस्कृतवाक्योपक्रिया

의문대명사

08.01 의문문을 만들 때 사용되는 의문대명사는 쌍쓰끄리땀에서 일반적으로 k-로 시작한다. 전통문법에서는 의문대명사의 대표격으로 의문대명사의 중성 임자격 단수형인 kim을 드는데, 실제로는 ka-를 말줄기로 삼아 곡용이 이루어진다. 이것은 지시대명사의 말줄기를 tat으로 상정하지만 실제 곡용은 다른 말줄기를 사용해서 이루어지는 것과 마찬가지이다. 예로 시간을 의미하는 뒷토 -dā를 붙여서 부사를 만들 때, tat과 이 뒷토를 결합시키면 실제 말줄기가 되는 ta-에 붙어서 tadā "그때, 그 경우"가 만들어지듯이 의문대명사와 결합될 때에는 ka-를 말줄기로 삼아 만들어지기 때문에 kadā "언제?"가 만들어진다. 그리고 그 곡용의 형태는 지시대명사의 곡용형태(☞표07.04, 표07.05, 표07.06)와 일반적으로 일치한다.

08.02 의문대명사의 곡용에서 그 형태가 지시대명사와 다른 예외적인 경우는 중성 임자격과 대상격의 형태인 kim 뿐이다. 따라서 남성의 단수 임자격은 kaḥ (← kas), 단수 대상격은 kam이 되고 여성의 단수 임자격은 kā 단수 대상격은 kām이 된다.

kas tvam? kiṃ vākyaṃ vadasi?
너는 누구냐? 너는 무슨 말을 하는가?

kasyāṃ snihyasi?
어느 여자에게 너의 마음이 꽂혔는가?

08.03 의문대명사의 형태가 세 성구분에 걸쳐서 각각의 격이 명확하게 정해지기 때문에 문장을 구성할 때에는 의문대명사가 사용되는 맥락 안에 정확하게 맞는 성구분과 수와 격을 반영하는 형태로 사용해야 한다. 아래의 예문들을 보고 이 내용을 파악해 보자.

mamācāryaḥ paṇḍitena saha svadharmaṃ prati saṃvadati

samāgame.
내 스승은 학자와 함께 각자의 의무에 대해 회합의 자리에서 토론한다.

이 문장을 여러 가지 의문문으로 변형할 수 있다. 아래의 의문문들에 사용된 의문대명사의 형태와 의미를 따져보라.

kaḥ paṇḍitena saha svadharmaṃ prati saṃvadati samāgame?
누가 학자와 함께 각자의 의무에 대해 회합의 자리에서 토론하는가?

kena saha mamācāryaḥ svadharmaṃ prati saṃvadati samāgame?
내 스승은 누구와 함께 각자의 의무에 대해 회합의 자리에서 토론하는가?

kiṃ prati mamācāryaḥ paṇḍitena saha saṃvadati samāgame?
내 스승은 학자와 함께 무엇에 대해 회합의 자리에서 토론하는가?

kutra mamācāryaḥ paṇḍitena saha svadharmaṃ prati saṃvadati?
내 스승은 학자와 함께 각자의 의무에 대해 어디에서 토론하는가?

kasyācāryaḥ paṇḍitena saha svadharmaṃ prati saṃvadati samāgame?
누구의 스승이 학자와 함께 각자의 의무에 대해 회합의 자리에서 토론하는가?

물론 마지막 문장을 여성형 의문대명사를 사용해서 의문문으로 만들 수 있고, 그렇게 된다면 의미가 바뀌게 된다.

kasyāḥ patiḥ paṇḍitena saha svadharmaṃ prati saṃvadati samāgame?
어떤 여자의 남편이 학자와 함께 각자의 의무에 대해 회합의 자리에서 토론하는가?

kābhiḥ saha mamācāryaḥ svadharmaṃ prati saṃvadati?
내 스승은 어떤 여자들과 함께 각자의 의무에 대해 토론하는가?

✤08.04 의문대명사의 성구분과 수 그리고 격까지 분명하게 밝히는 방식으로 의문문을 만드는 방식은 중성 의문대명사 대상격 kim을 부사적으로 사용하여 아무런 성구분이나 수와 격의 구분 없이 의문문을 만드는 방식(☞✤06.34)과는 다르다는 것을 이제 이해할 수 있다.

✤08.05 의문대명사 남성, 여성, 중성의 곡용을 앞선 대명사 곡용표(☞ 표07.04, 표07.05, 표07.06)에 따라 만들어 보라!

관계대명사

✤08.06 앞선 지시대명사 곡용표들에 따라 온전하게 곡용되는 대명사에는 관계대명사도 있다. 이 관계대명사는 ya-를 기본적인 말줄기로 삼아 곡용된다. 형태상으로는 대명사 곡용의 형태를 벗어나지 않는다. 따라서 남성 임자격의 경우 yaḥ-yau-ye (단수-양수-복수)가 되고 중성 대상격은 yat-ye-yāni (단수-양수-복수)가 된다.[1] 마찬가지로 여성 수단격은 yayā-yābhyām-yābhiḥ (단수-양수-복수)가 된다. 따라서 곡용을 이해하고 암기하는 일에는 큰 어려움이 없다.

✤08.07 이 관계대명사의 사용과 의미를 이해하는 일이 한국인 학습자들에게는 익숙하지 않은 일이다. 한국어가 관계사 문장을 사용하지 않기 때문이다. 다시 앞서의 예문으로 돌아가서 관계대명사를 구체적인 명사 자리에 대체해서 사용해 보자.

yaḥ paṇḍitena saha svadharmaṃ prati saṃvadati...
(그 어떤 사람인데) 그 사람이 학자와 함께 각자의 의무에 대해 토론하고 있는 사람...

위의 긴 표현은 문장이 되지 못한다. 관계대명사 yaḥ로 지시되는 인물이 하고 있는 행위를 나타내는 온전한 주어와 동사의 구조를 갖춘 표현이기는 하지만 문법적으로 완결된 문장을 만들고 있지 못한 것이다. 이렇게 완결된 문장을 만들지는 못하지만 주어와 동사를 모두 갖춘 관계대명사 어절은

---

1 남성 임자격 단수의 형태 yaḥ는 saḥ (그리고 eṣaḥ)와 일치하지만 saḥ에만 적용되는 예외적인 싼디(☞ ✤07.18)는 yaḥ에 적용되지 않는다.

다른 어떤 문장의 일부가 되어서 종속 어절로 사용될 수 있다. 주인이 되는 어절과의 결합을 통해 완결된 문장을 이루게 된다. 따라서 위의 어절을 "sa mama pitāmahaḥ."(그 사람은 나의 친할아버지이다.)라는 문장과 결합시키면 온전한 문장이 될 수 있다.

yaḥ paṇḍitena saha svadharmaṃ prati saṃvadati sa mama pitāmahaḥ.
학자와 함께 각자의 의무에 대해 토론하고 있는 그 사람이 나의 친할아버지이다.

✤08.08 이 문장에서 중요한 것은 yaḥ가 가리키고 있는 대상을 지시대명사 saḥ가 받아서 서술하고 있다는 사실이다. 이와 같이 관계문장을 이해하는 데에는 관계대명사와 그 관계대명사를 받아 서술하는 주된 문장의 지시대명사의 짝짓기를 바로 알아차리는 일이 핵심이다. 아래의 예들을 보고 정확하게 이해하도록 노력해 보라.

예문08.01 mamācāryo yena saha svadharmaṃ prati saṃvadati sa mama pitāmahaḥ.
내 스승이 함께 각자의 의무에 대해 토론하고 있는 그 사람이 나의 친할아버지이다.

yasyācāryaḥ paṇḍitena saha svadharmaṃ prati saṃvadati sa mama pitāmahaḥ.
어떤 사람의 스승이 학자와 함께 각자의 의무에 대해 토론하고 있는데, 그 사람이 바로 나의 친할아버지이다. (나의 친할아버지의 스승이 지금 토론을 하고 있다!)

✤08.09 쌍쓰끄리땀에서는 관계대명사와 지시대명사의 짝이 이루어지면서 둘 혹은 여러 문장이 결합되는데, 이 관계대명사와 지시대명사의 격과 수와 성구분은 그 관계대명사와 지시대명사가 원래부터 속하는 각자의 문장 안에서 결정된다. 즉 예문08.01에서 관계대명사가 수단격 단수 형태를 취한 이유는 원래 이 관계대명사가 속했던 종속 관계어절 안에 "~ saha saṃvadati"라는 구문이 자리 잡고 있기 때문이다. 따라서 수단격 형태를 취해야 하는데, 내용상 남성이고 단수이니까 yena가 된 것이다. 이 yena가 염두에 두고 있는 인물이 남성이면

서 단수라는 것은 바로 주된 어절의 sa mama pitāmahaḥ에서 분명하게 드러난다.

따라서 관계대명사가 나타나는 어절에서 만약 yena가 아닌 yayā가 쓰였다면 주된 어절에는 남성 sa가 아닌 여성 sā가 나타나야 한다. 이러한 일치는 곡용을 통해 드러나는 문법상의 형태 때문에 드러나는 일치이지만, 내용이나 맥락을 고려하면 의미상 당연히 요구되는 일치라고 말할 수 있다. 즉 예문08.01에서 yayā와 sā가 사용되어 관계문장을 만든다면 당연히 sa mama pitāmahaḥ 대신에 sā mama pitāmahī가 사용되는 것이 상식에 맞을 것이다.

mamācāryo yayā saha svadharmaṃ prati saṃvadati sā mama pitāmahī.

내 스승이 함께 각자의 의무에 대해 토론하고 있는 그 사람이 나의 친할머니이다.

설명된 관계대명사와 지시대명사의 일치를 생각하면서 아래 예문들의 내용을 파악해 보라.

ye paṇḍitasya vacanenendriyajito bhavanti te nāgarikasya putrāḥ.

스승의 말에 의해(vacanena) 감관을 정복한 사람들은 경찰관의 아들들이었다.

so 'kuśalam iti śrutaṃ devyāpi yasmin viśvāsaṃ karoti sma sa śreṣṭho gṛhakārakaḥ.

그 사람은 능숙하지 않다고 왕비가(devyā) 들었지만 [왕비가] 신뢰했던 사람은 최고의 목수였다.

sa paśupatir yasya śarīraṃ paśyate mahāsiddhas tapasāndho 'pi.

위대한 수행자가 눈이 멀었음(andhaḥ)에도 고행을 통해(tapasā)[2] 그 육신을 본 것은 가축의 신(쉬바)이었다.

---

2 아직 배우지 않은 곡용이지만 표06.04에 보이는 수단격 단수의 격뒷토가 적용되어 tapas-ā → tapasā가 되었다고 이해하라.

tasmāt kāraṇād eva mā gaccha yaiḥ saheti vadati sma paṇḍitaḥ pitāmahas te dhūrtā eva.

"그러니(←그 이유에서) 너는 그들과 함께 가지 말아라!"라고 현명한 할아버지가 말한 그 사람들은 바로 사기꾼들이었다.

sundarī damayantī yasmin snihyati tasmin sumukhe nale kanyāḥ snihyanti.

아름다운 다마얀띠가 사랑하는 그 남자, 잘생긴 날라를 소녀들이 사랑한다.

yaḥ puruṣaḥ sa parjanyaḥ, yo 'śvaḥ so 'gniḥ. *Mahābhārata*

인간[을 이루는 것] 그것이 비이고, 말[이 되는 것] 그것이 불이다.

불변화사의 k-y-t 짝이룸

✣08.10 특정한 의미를 갖는 뒷토들이 붙어서 불변화사가 만들어지는 경우들이 있다. 그 불변화사를 만드는 뒷토들의 앞에 붙는 요소들이 앞서 배운 의문대명사 k-, 관계대명사 y-, 지시대명사 t-에 상응하는 의미와 형태를 갖는 경우에 대해 배우자. 예로 뒷토 -tas는 유래격의 의미를 나타내는 뒷토로 "~로부터, ~때문에"를 의미한다. 따라서 kutas, yatas, tatas가 만들어지면 그 각각의 의미는 의문대명사, 관계대명사, 지시대명사의 의미에 상응하게 된다. 따라서 kutas는 "어디로부터?"나 "무엇 때문에?"를 뜻하고 yatas는 "그 어떤 것으로부터"나 "그 어떤 것 때문에"의 의미를 가지며 tatas는 "그것으로부터"나 "그것 때문에"를 뜻하게 된다. 마찬가지로 방식을 나타내는 뒷토 -tham 혹은 -thā는 수단격의 의미를 갖는다고 할 수 있는데 아래와 같은 불변화사를 만들어 낸다.

katham "어떻게?" yathā "그 어떤 방식으로, 그렇게"

tathā "그 방식으로 그렇게"

kathaṃ yajñasya phalaṃ jānāsi?
어떻게 당신은 제사 의례의 결실을 아는가?

yathā tvaṃ prayatnasya phalaṃ jānāsi tathāhaṃ yajñasya phalaṃ jānāmi.
당신이 노력의 결과를 아는 그 방식으로 그렇게 나는 제사 의례의 결실을 안다.

✤08.11 의문대명사, 관계대명사, 지시대명사에 대해 전통 문법에서는 말줄기가 중성 단수 임자격이라고 간주되지만, 실제로 이루어지는 곡용은 ka, ya, ta를 말줄기로 삼아 이루어지기 때문에 이 말줄기 형태들을 근거로 파생부사들을 만들 수 있다. 이렇게 k-y-t 짝을 이루는 불변화사들 몇 가지의 목록을 제시하자면 아래와 같다.

✤08.11(01)	-tas : 유래격에 해당	kutas "왜?, 언제부터?" yatas "바로 그때부터" tatas "그때부터, 그 이유로"
✤08.11(02)	-tham /-thā : 수단격에 해당	katham "어떻게?" yathā "바로 그 방식으로" tathā "그 방식으로, 그렇게"
✤08.11(03)	-dā : 곳때격에 해당(시간과 경우)	kadā "언제?, 어떤 경우에?" yadā "~할 때, ~의 경우에" tadā "바로 그때, 바로 그 경우에"
✤08.11(04)	-tra : 곳때격에 해당	kutra "어디에?" yatra "그 어떤 곳에" tatra "그곳에"

kuta utpadyate mohaḥ?
무엇으로부터 착각이 생겨나는가?

yato rāgo dveṣaś cotpadyete tata utpadyate mohaḥ.
좋아함과 싫어함이 생기는 그것에서부터 착각이 생겨난다.

kas tvaṃ kutaś cāsi kasya putraś ceti pṛcchati sa muniḥ.
"너는 누구이며 어디에서 왔고 누구의 아들인가?"라고 그 성자는 물었다.

kadā brāhmaṇo vanaṃ gacchati?
언제 사제는 숲으로 가는가?

yadā brāhmaṇo jñānaṃ tyajati paramaṃ satyam icchati tadā sa pautrāṃs tyajati vanaṃ ca gacchati.
사제가 지식을 버리고 최상의 진리를 원할 때 그때 그는 손자들을 떠나 숲으로 간다.

✤08.12 마지막 예문의 yadā ... tadā ... "~할 때, 그때 ~한다" 라는 예처럼 여기에 제시된 불변화사들은 관계문장을 구성할 수 있다. 그리고 yadā ... tadā ...는 아주 자주 "만약 ~한다면, 그러면 ~한다"는 조건문장을 만들 때 사용된다.

✤08.13 앞에 제시된 예처럼 짝을 이루어서 쓰이는 불변화사 표현들로 다음을 들 수 있다.

✤08.13(01) yadi ... tarhi ... "만약 ~ 한다면, 그렇다면 ~한다"

yadi jalaṃ śuddhaṃ tarhi sa dvijas tat pibati.
만약 물이 깨끗하다면 그 사제는 그것을 마신다.

yathākāmaṃ, yadi tvaṃ necchasi tadā tyajatv āryaḥ.
원하는시는 대로! 만약 원하지 않으신다면, 고귀한 자여 그냥 두십시오!

tarhi도 지시대명사(tad)에서 파생되어 만들어진 부사이며 "그때에"의 의미로 이해하면 된다. yadi의 짝이 되어 자주 쓰인다. tarhi처럼 지시대명사에서 파생되어 "그때에"의 의미로 사용되는 말로는 tadānīm도 있다. 따라서 tarhi나 tadānīm 모두 yadi, yadā 등과 짝을 이루어 사용된다.

✤08.13(02) yāvat ... tāvat ... "~하는 한, 그러한 한 ~한다"

kiṃ tu yāvat tad jalaṃ dattaṃ nīcakulajātena tāvat sa śuddho dvijas tan na spṛśaty eva.

하지만 그 물이 낮은 씨족에서 태어난 자가 준 것인 한 그 청정한 사제 계급에 속하는 자는 그것을 만지지도 않는다.

yadā sevako 'śvasya pādau badhnāti tadā sa nāgacchati.

만약 하인이 말의 두 발을 묶는다면 그러면 그 [말]은 오지 않는다.

✣08.14 앞서(☞ ✣06.26) 배운 것처럼 장소나 시간을 나타내는 불변화사는 반복되면 "~마다, 매 ~"의 의미로 강조된 뜻을 나타내게 된다.

yatra yatrāryo 'hiṃsām upadiśati tatra tatra paramo dharmaḥ sthāpitaḥ.

고귀한 자가 불살생을 가르치는 곳마다 그곳마다 최상의 다르마가 확립되었다.

yadā yadā paṇḍitasyopadeśas tadā tadā janānāṃ jñānam.

현자의 가르침이 있을 때마다 그때마다 사람들의 앎이 있었다.

대명사형 곡용 명사

✣08.15 몇몇 형용사들은 부분적으로 혹은 온전하게 대명사의 곡용에 따라 곡용되는데 이렇게 대명사 곡용을 따르는 형용사들과 대명사들을 모두 합쳐서 "대명사형 곡용 명사"(sarvanāma)라고 부른다. 해당되는 형용사들은 의미상 대명사와 가까운 것들이다. 이들 중 일부는 대명사 말뿌리에서 도출된 것들도 있어서 역사적으로 대명사와 연관된 것들이 있다. 구체적으로는 다음의 단어들을 들 수 있다.

anya "다른 것"	itara "다른 것"
katara "둘 중의 어떤 것?"	katama "여럿 중의 어떤 것?"

이들은 앞서 제시된(☞ 표07.04, 표07.05, 표07.06) 지시대명사의 곡용

을 따른다. 따라서 anya의 남성 단수 임자격은 anyaḥ, 여성 단수 임자격은 anyā, 중성 단수 임자격은 anyat이 된다. 하지만 지시대명사들과 달리 대명사형 곡용 명사에는 부름격이 있다.(☞ ✣07.11)

✣08.16 위의 곡용형 ✣08.15와 같지만 오직 중성 단수 임자격과 대상격에서만 -t가 아니라 -m의 형태를 취하는 경우들이 있다. 여기에 해당하는 형용사들은 다음과 같다.

eka "하나의, 한" ekatara "둘 중의 하나"
ubhaya "양, 둘의 viśva "모든, 전체"
sarva "모든, 다, 각각"

✣08.16(01) ubhaya는 여성형이 될 때에 ubhayī가 된다.

✣08.16(02) eka의 복수인 eke는 "어떤, 몇몇"의 의미로 사용된다.

ekasmin kāle gaṅgāyām eke vānarā jalaṃ pibanti sma.
한 때 강가강에서 몇몇 원숭이들이 물을 마시고 있었다.

sarvāsāṃ kanyānāṃ damayantī śreṣṭhā.
모든 소녀들 중에서 다마얀띠가 가장 훌륭하다.

✣08.17 위의 곡용형 ✣08.16과 같지만 남성과 중성의 단수 유래격과 곳때격에서 그리고 남성 복수 임자격에서는 보통의 명사곡용을 따를 수도 있는 (따르지 않을 수도 있고!) 형용사들이 있는데 아래와 같다.

adhara "아래의" antara "안쪽의"
apara "다른, 나중의, 다음의" avara "뒤의, 서쪽의"
uttara "왼쪽의, 북쪽의, 뒤따르는, 더 높은"
dakṣiṇa "오른쪽의, 남쪽의"
para "나중의, 다음의, 다른, 더 높은" pūrva "이전의, 동쪽의, 앞선"
sva "자기 자신의"

tasmin kāla eko nṛpaḥ sarvavid niṣadheṣu vasati sma yasya vidyā puruṣāṇām jñānāt parā.

그때에 니사다에 모든 것을 아는 한 왕이 살고 있었는데 그의 지혜는 인간들의 지식을 넘어서는 것이었다.

예문08.02 sukham eva paramo dharma ity eka upadiśanty ahiṃsāyāḥ śīlaṃ ca nānutiṣṭhanti.

즐거움이야말로 최상의 다르마라고 어떤 이들은(eke) 가르치고 또 불살생의 규율을 따르지 않는다.

sa vaṇijakaḥ sarvāṇy akṣarāṇy ekaikam anvīkṣate.

그 상인은 모든 글자들을 하나하나 검토해 보았다.

대명사형 곡용 명사 연관 불변화사

✣08.18 대명사형 곡용 명사로 제시된 단어들은 앞서 ✣08.11에 제시된 부사 뒷토들을 붙여서 불변화사를 만들어 사용한다.

✣08.18(01) -thā : 방식

anyathā "다르게, 다른 방식으로"
sarvathā "모든 방식으로, 어떠한 경우라도"
ubhayathā "두 가지 방식으로, 두 경우 모두"
viśvathā "모든 방식으로, 어떤 경우에도"

✣08.18(02) -tas : ~로부터

anyataḥ "다른 것으로부터, 다른 편에서는"
ekataḥ "한 편으로는, 같은 면에서"
parataḥ "~를 넘어, ~를 지나서, 나중에, 더 떨어져"
pūrvataḥ "~의 앞에, 우선은"
sarvataḥ "모든 면에서"

✣08.18(03) -dā : ~때에

anyadā "다른 때에, 다른 경우에"
ekadā "한 때"

sarvadā "항상, 언제나"

✤08.18(04) -tra : 장소, 경우 anyatra "다른 곳에, 다른 경우에"
ubhayatra "두 장소에, 두 측면에서"
ekatra "한 곳에"
paratra "다른 곳에, 다른 경우에"
sarvatra "모든 곳에"
viśvatra "어느 곳이건, 모든 곳에, 모든 경우에"

ekadā kṛṣṇo gopālo bāla-kṛṣṇo nāma.
한 때 끄리스나는 소치는 목동이었고 "소년끄리스나"라 불렸다.

✤08.19 yathā가 겹낱말 앞자리에 사용되어 "~에 따라"를 의미하는 부사를 만든다.

yathāvidhi "규정(vidhi)에 따라"
yathāvyavahāram "관행에 따라"
yathāśakti "능력에 따라, 힘을 최대한으로 해서"

tad-anantaraṃ yathāvyavahāraṃ dhanaṃ dadāti.
그리고 나서 곧바로 그는 일반적인 관행에 따라 돈을 준다.

etasmin yajñe sarvāṇi kāryāṇi yathāvidhiṃ sidhyanti.
이 제사에서는 모든 일이 규정에 따라 이루어진다.

✤08.20 의문대명사의 뒤에 불변화사 api나 cana 혹은 cit가 뒤따라오면 구체적으로 특정되지 않은 그 어떤 것을 의미할 때 사용된다.[3]

śatruḥ kiṃ cid vadati.
적이 그 무엇인가를 말한다.

---

3 cit이나 cana를 독립된 단어로 간주하지 않는 경우도 많다. 특히 데바나가리 표기에서는 띄어서 쓰지 않는 경우가 많아서 본 교재에서도 로마자 표기에서만 띄어쓰기가 적용될 것이다.

kasmiṃś cid vane vānaro vasati sma. ekasmin dine sa cāpalena mriyate.

어떤 숲에 원숭이가 살았다. 어느 날 그는 경솔함 때문에 죽었다.

yathāśakty api na kaś canendraṃ jayati.

힘을 다 한다고 해도 누구도(kaś cana) 인드라를 이길 수 없다.

yasyārthās tasya mitrāṇi yasyārthās sa ca paṇḍitaḥ |[4]

재산이 있는 사람에게는 친구들이 있고 재산이 있는 사람은 학식이 있다.

✤08.21 따라서 "그 누구라도"의 의미로 쓰일 수 있는 말은 kaś cana, kaś cit, ko 'pi의 세 가지가 되겠다. 같은 방식으로 kva cana, kva cit, kvāpi는 모두 "그 어떤 곳"을 의미하는 같은 말이 된다.

kaś cana śāstrasyārtham avagacchati sa yathāśakti tam artham upadiśati.

전문분야의 내용을 이해하는 누구라도 능력껏 그 내용을 설명한다.

✤08.22 불특정한 것을 대명사를 동원해서 나타낼 때에는 의문대명사, 관계대명사, 지시대명사에서 도출된 형태의 표현들을 연이어 사용하는 경우가 있다.

yathā tathā	"이렇게도 저렇게도, 어떤 방식으로이든"
yatra kutra	"그 어느 곳이던"

이러한 의미를 강조하기 위해 뒤에 api가 첨가되는 경우가 많다.

te dhūrtā vadanti sma tasya brāhmaṇasya cchāgaṃ yena kenāpy upāyenecchanti vayam.

---

4 운문이라는 사실을 보여주기 위해 막대부호(daṇḍa)를 사용했다. *Tantrākhyāyika*에 나오는 문장을 줄인 것이다. 운문은 각 빠다 단위로 끊어서 읽도록 하고 내용을 이해할 때에도 빠다 단위로 의미전달이 이루어진다는 것을 염두에 두고 해석하는 것이 좋다. (☞ ✤09.03) 이 경우에는 8음절이 한 빠다를 이룬다.

그 사기꾼들은 "우리는 저 사제의 염소를 그 어떤 수단과 방법을 통해서라도 갖고자 한다."고 말했다.

08.23 앞서 제시된 불특정함을 나타내는 표현들이 부정 문장에 사용될 경우에는 아주 강한 부정을 의미하게 된다.

kaś cana svadharmaṃ nānutiṣṭhaty etasmin kaṣṭe loka iti pravadati muniḥ sarvadā.

"그 누구도 이 험한 세상에서(loke) 자신의 의무를 행하지 않는다."라고 성자는 항상 외친다.

yaḥ svargaṃ praviśati sa vīro kasmiṃś cid vane na vidyate.

하늘나라에 들어간 그 영웅은 그 어느 숲에도 없었다.

yo 'śvaṃ jānāti sa kadā cid aśvaṃ na tudati.

말을 아는 사람은 절대로 말을 때리지 않는다.

na kaś cit kāvyaṃ paṭhati sa kaviḥ.

시를 암송한다고 해서 누구나 시인인 것은 아니다.

etasmād nyūnena mūlyenānyatra kutrāpy etan na labhasa iti vadati sa vaṇijakaḥ.

"이것보다 적은 가격에 다른 어디에서도 당신이 이것을 얻을(labhase) 수 없다."라고 그 상인이 말한다.

대명사 idam과 adas

08.24 대명사 idam과 adas는 앞서 배운 tat과 의미상으로 구분된다. idam은 "이것"의 의미이고 adas는 "저것"을 의미한다. 여기에서 "이것"과 "저것"은 물리적인 거리의 차이에 따라 구별되기도 하지만 실제로는 지시가능한 대상들 중에서 대화나 문맥상의 심리적인 거리를 기준으로 구별되는 경우가 많다.

구체적인 다양한 의미는 맥락에 따라 판단할 일이다. idam도 전통 문법에서 대명사의 곡용 전체를 관통하는 말줄기인 것처럼 다루어지지만, 실제 곡용은 앞선 지시대명사들처럼 남성, 여성, 중성 형태가 따로 곡용되어진다.

✣08.25 지시대명사 idam "이것"의 곡용형태는 다음과 같다.

표08.01 지시대명사 idam "이것"의 남성곡용

격	약칭	단수	양수	복수
임자격	N.	ayam	imau	ime
대상격	A.	imam	imau	imān
수단격	I.	anena	ābhyām	ebhiḥ
위함격	D.	asmai	ābhyām	ebhyaḥ
유래격	Ab.	asmāt	ābhyām	ebhyaḥ
가짐격	G.	asya	anayoḥ	eṣām
곳때격	L.	asmin	anayoḥ	eṣu

표08.02 지시대명사 idam "이것"의 중성곡용

격	약칭	단수	양수	복수
임자격	N.	idam	ime	imāni
대상격	A.	idam	ime	imāni

중성 곡용은 임자격과 대상격의 형태만 구분되고 나머지 경우에는 남성 곡용과 일치한다.

표08.03 지시대명사 idam "이것"의 여성곡용

격	약칭	단수	양수	복수
임자격	N.	iyam	ime	imāḥ
대상격	A.	imām	ime	imāḥ
수단격	I.	anayā	ābhyām	ābhiḥ
위함격	D.	asyai	ābhyām	ābhyaḥ
유래격	Ab.	asyāḥ	ābhyām	ābhyaḥ
가짐격	G.	asyāḥ	anayoḥ	āsām
곳때격	L.	asyām	anayoḥ	āsu

nedaṃ sthānaṃ vidyate.

이런 경우는 없다.

yajñena cāhiṃsayā ca sa munir idaṃ balaṃ labhate.

제사와 불살생을 통해 그 성자는 이 힘을 얻었다.

anayor mitrayoḥ putrau mama śiṣyau.

이 두 친구들의 두 아들은 내 두 학생들이다.

✤08.26 굳이 idam과 tat의 의미를 구분하라고 한다면 이렇게 쓰임의 차이를 말할 수 있다. 직전에 언급한 명사나 말한 내용을 언급하고 할 때에는 종종 tat이나 etat이 사용된다. 그리고 앞으로 말할 내용이나 뒤따라 나오는 것을 가리킬 때에는 idam을 사용한다. 앞서 살펴본 관계문장들에서 관계대명사가 사용된 종속절 뒤에 자리 잡은 주절에서 앞서는 관계대명사를 가리키는 대명사로 사용된 표현이 대부분 tat(남성 임자격 saḥ)이라는 사실도 이러한 지시대명사의 사용과 연관된다. 만약 관계대명사를 포함하는 종속절이 주절 뒤에 나타난다면 주절에서는 tat이 아니라 idam 혹은 etat을 사용할 수도 있다.(↳ ✤23.01(01); 예문21.09; 예문25.01)

✣ 08.27 앞서 지시대명사 tad으로부터 만들어지는 부사들이 있듯이 지시대명사 idam으로부터 만들어지는 부사들도 있다.

idānīm "지금" ittham "이렇게"

atra "여기에서, 저기에서" ataḥ (= asmāt) "여기로부터, 그러므로"

itaḥ (idam의 유래격에 상응) "여기로부터, 여기서"

✣ 08.28 지시대명사 adas "저것"의 곡용형태는 다음과 같다.

표08.04 지시대명사 adas "저것"의 남성곡용

격	약칭	단수	양수	복수
임자격	N.	asau	amū	amī
대상격	A.	amum	amū	amūn
수단격	I.	amunā	amūbhyām	amībhiḥ
위함격	D.	amuṣmai	amūbhyām	amībhyaḥ
유래격	Ab.	amuṣmāt	amūbhyām	amībhyaḥ
가짐격	G.	amuṣya	amuyoḥ	amīṣām
곳때격	L.	amuṣmin	amuyoḥ	amīṣu

표08.05 지시대명사 adas "저것"의 중성곡용

격	약칭	단수	양수	복수
임자격	N.	adaḥ	amū	amūni
대상격	A.	adaḥ	amū	amūni

중성 곡용은 단수와 복수의 임자격과 대상격에서만 남성과 차이가 난다.

표08.06 지시대명사 adas “저것”의 여성곡용

격	약칭	단수	양수	복수
임자격	N.	asau	amū	amūḥ
대상격	A.	amūm	amū	amūḥ
수단격	I.	amuyā	amūbhyām	amūbhiḥ
위함격	D.	amuṣyai	amūbhyām	amūbhyaḥ
유래격	Ab.	amuṣyāḥ	amūbhyām	amūbhyaḥ
가짐격	G.	amuṣyāḥ	amuyoḥ	amūṣām
곳때격	L.	amuṣyām	amuyoḥ	amūṣu

amūni cchidrāṇi mūṣikāṇāṃ kāryāṇi.

저 구멍들은 쥐들이 한 일이다.

amuṣmin kṣetre bālāḥ krīḍanty amuṣminn araṇya ṛṣayo yajanti.

저 들판에서 소년들이 놀고 있고 저 숲에서는(araṇye) 성자들이 제사를 지낸다.

❖08.29 지시대명사 adas로부터 만들어지는 부사들도 있다.

amutaḥ (amuṣmāt) “저기로부터, 저곳에, 다른 세상으로부터”

amutra “다른 곳에, 다른 세상에, 저 위에”

연습문제

08.01 다음의 문장 혹은 어절들 중 제시된 a-항목의 것(들)과 b-항목의 것을 연결시켜 요구하는 관계문장을 만드시오. 필요한 경우 각 곡용과 활용 형태를 변형시키고 필요한 단어를 첨가하시오.

a1.	pustakāni paṭhati.	b1.	nṛpo nalo nāma.
a2.	devālaye tiṣṭhati.	b2.	śiṣyaḥ satyaṃ vadati.
a3.	tasya gṛhe rathas tiṣṭhati.	b3.	sa kavaye rocate.
a4.	sā tasmin gṛhakārake snihyati.	b4.	nṛpābhyāṃ ratho rocate.
a5.	sa yuddhasyārtham āgacchati.	b5.	kayā cid saha na saṃvadati.
a6.	sa eva satyaṃ jānāti.	b6.	tasmin viśvāsaṃ karomi.
a7.	tasya vākyaṃ hṛdi me parivartate.	b7.	sa śatrubhyo na bibheti.
a8.	sa mitras tasmin kāle.	b8.	sa nagaraṃ gacchatu.
a9.	kṣatriyo 'śvaṃ mitraṃ ca paśyati.		

08.01(01) 책을 낭송하는 그 학생들은 진실을 말한다. (a1, b2)

08.01(02) 날라라는 이름을 가진 왕이 신전에 서 있었다. (a2, b1)

ᐅ 08.01(03) 그 책들을 낭송하는 사람은 시인의 마음에 든다. (a1, b3)

ᐅ 08.01(04) 신전에 서 있는 그는 그 어떤 여자와도 토론을 하지 않는다. (a2, b5)

ᐅ 08.01(05) 베다 전문가는 그 목수를 사랑하는 여자와 함께 토론을 하지 않는다. (a4, b5)

ᐅ 08.01(06) 내 친할머니와 토론하고 있는 그 여자의 집에는 마차가 서 있다. (a3, b5)

ᐅ 08.01(07) 전투를 위해 온 그 전차가 두 왕의 마음에 든다. (a5, b4)

ᐅ 08.01(08) 날라라는 이름을 가진 왕이 전투하기 위해 왔다. (a5, b1)

ᐅ 08.01(09) 그 어떤 때에도 친구였던 적이 없는 그 사람을 왕은 신뢰하지 않는다. (a8, b6)

ᐅ 08.01(10) 그 전투를 위해 왔고 집에 전차를 세워 둔 사람은 그 어떤 여자와도 토론을 하지 않는다. (a3, a5, b5)

ᐅ 08.01(11) 그 신전에 머무르면서 책들을 읽는 사람을 학생은 신뢰한다. (a1, a2, b6)

ᐅ 08.01(12) 그 사람의 집에 전차가 서 있는 사람은 적들을 두려워하지 않는다. (a3, b7)

ᐅ 08.01(13) 진리를 알고 그의 말이 내 마음 속에 자리 잡고 있는 바로 그 사람을 내 할아버지는 신뢰한다. (a6, a7, b6)

ᐅ 08.01(14) 그 목수를 사랑하는, 신전에 서 있는 그 여자와 함께 학생은 대화를 나눈다. (a2, a4, b5)

ᐅ 08.01(15) 신전에 머물면서 진실을 아는 바로 그 사람을 도시로 보내라! (a2, a6, b8)

ᐅ 08.01(16) 그 끄사뜨리야는 왕들이 좋아하는 말과 적들을 두려워하지 않는 친구를 본다. (a9, b4, b7)

ᐅ 08.01(17) 그 사람이 진실을 아는 한 시인들이 그를 좋아한다. (a6, b3)

ᐅ 08.01(18) 그가 싸우기 위해 왔다면 그렇다면 그는 적들을 두려워하지 않는다. (a5, b7)

ᐅ 08.02 아래의 문장들을 한국어로 옮기시오.

ᐅ 08.02(01) yatra yatra gacchasi tatra tatra gacchāmi.

ᐅ 08.02(02) yasyāṃ nalaḥ snihyati sa tāṃ pariṇayati.

ᐅ 08.02(03) vinā paśupatinā yathāvidhim api kaś cana yajñasya phalaṃ na labhate.

08.02(04) etasya vṛddhasya muneḥ putraḥ śreṣṭhaḥ sarvataḥ.

08.02(05) yathāśakti sa vīraḥ parān vīrāñ jayati.

08.02(06) kasmāt tvaṃ bibheṣi? mūṣikād ahaṃ bibhemi.

08.02(07) kadā loko naśyati? yadā paśupatir atīva krudhyati tadā sarvāṇi jaganti naśyanti.

08.02(08) katham indriyaṃ jayasi? yathā pūrvam indriyaṃ jayasy eva tathendriyaṃ jayāmi.

08.02(09) yena saha devālaye muner itaro brāhmaṇaḥ saṃvadati sa dhūrtaḥ.

08.02(10) yena kena upāyenāśuddho janaḥ pūjāyāṃ kiṃ cin na prāpnoti.

08.02(11) yāvat tasya bhāryā nagare tiṣṭhati tāvat sa tan na tyajati.

08.02(12) yadi kṣatriyā asmin yuddhe śatrubhir hatās tarhi te svargaṃ gacchantīti vaidikasya darśanam.

08.02(13) amūni pustakāni likhety ekaḥ śiṣyo 'nyaṃ śiṣyaṃ vadati sma.

ᐅ 08.02(14) yadāmuṣminn araṇye 'smākaṃ pitāmaho vasati sma tadā sa tatra pūjayā viśvasya patiṃ paśyati sma.

ᐅ 08.02(15) sarva-dāna-phalaṃ vāpi naitat tulyam ahiṃsayā. *Mahābhārata*

ᐅ 08.03 다음 이야기를 한국어로 옮기시오. (caura-rākṣasa-kathā)

ᐅ 08.03(01) asti kaś cid brāhmaṇaḥ. yo daridro brāhmaṇas tasmai gṛhasya jano[5] dānam ekaṃ paśuṃ dadāti sma. yaṃ brāhmaṇaḥ prayatnena dine dine saṃvardhayati taṃ paśuṃ cauraḥ kadā cit paśyati sma. cauro rāgāc caivaṃ cintayati smādyaivāsau mama bhavatv iti.

ᐅ 08.03(02) yadā niśāyāṃ cauras tasya brāhmaṇasya gṛhāya gacchati tadā kaś cic caurasya skandhaṃ spṛśati. yaś cauras tasmād eva bibheti sa vadati kas tvaṃ tava rūpaṃ ca darśayeti. tataḥ kaś cic cauraṃ prativadati. yas tvayā saha tiṣṭhati sa niśāyāṃ caraty eva rākṣaso 'ham iti bhāṣate sma. yadā rākṣaso 'pi kas tvam iti pṛcchati tadāhaṃ caura iti sa prativadati

5 jana [m.]는 단수이지만 집합명사로 "사람들, 백성"을 의미한다.

sma.

▷ 08.03(03) rākṣasaḥ punar imaṃ cauraṃ pṛcchatīdānīṃ kutra tvaṃ gacchasīti. cauro vadati sma kasyacid brāhmaṇasya paśuṃ praty ahaṃ gacchāmīti. sa cāpi rākṣasaṃ pṛcchati kutra gacchasīti. yatra tvaṃ gacchasi tatraiva gacchāmi. tasya brāhmaṇasya grahaṇam evecchāmi. brāhmaṇānāṃ śarīrāṇi mamānnānīti sa rākṣasaḥ sukhena vadati sma.

▷ 08.03(04) athaitāv ubhau tatra gacchataś ca tasya brāhmaṇasya gṛhasya samīpe tiṣṭhataś ca sma. yady asāv eva brāhmaṇo nidrāṃ karoti tarhy āvāṃ praviśāva kathaṃ cid imaṃ gṛham iti sa rākṣasaś caurāya vadati. evaṃ tatheti cauro bhāṣate.

▷ 08.03(05) paścād yadāsau brāhmaṇo nidrāṃ karoti tadāyaṃ rākṣasaś cauraṃ vadaty ahaṃ prathamaṃ brāhmaṇasya grahaṇāya gṛhaṃ praviśāmīti. kiṃ tu sa cauro vadaty eṣa nopāya iti. ahaṃ prathamam amuṣya brāhmaṇasya paśuṃ corayāmi. paścād eva tava hato brāhmaṇaḥ. tadānīm amuṃ brāhmaṇaṃ bhakṣayetīmaṃ rākṣasaṃ vadati sma sa cauraḥ.

▷ 08.03(06) rākṣasaś ca punas taṃ vadati. ayam apy anupāyaḥ. yato 'sau paśuḥ śabdaṃ karoti tatas tvaṃ brāhmaṇam unnidrayasi. tato me 'nartham idam āgamanam. kiṃ bahuneti.

▷ 08.03(07) kiṃ tu cauras taṃ bhāṣate sma. yadi tvayā gṛhīto 'yaṃ brāhmaṇo 'pi bahūñ chabdān karoti tarhi tvaṃ sarvān narān unnidrayasi. tato 'pi me 'nartham ihāgamanam. ahaṃ prathamaṃ paśuṃ corayāmi tvaṃ ca paścād eva brāhmaṇaṃ bhakṣaya. kiṃ vistareṇeti.

▷ 08.03(08) yata evaṃ tayor ubhayoḥ parasparaṃ yuddhaṃ jāyate tataḥ sa brāhmaṇo bodhati sma. cauraś caivemaṃ brāhmaṇaṃ gacchati ca vadati ca. brāhmaṇa, asau rākṣasas tava grahaṇam icchatīti. rākṣasaś cāpīmaṃ brāhmaṇaṃ bhāṣate. ayaṃ cauras tava paśum icchatīti.

▷ 08.03(09) tasmin samaye brāhmaṇo mantreṇa svaṃ śarīraṃ rākṣasād rakṣati sma daṇḍena ca caurāt tasya paśuṃ rakṣati sma. tatas tāv ubhāv anena brāhmaṇena ca tasya paśunā ca vinā tat sthānaṃ tyajataḥ sma.

▷ 08.03(10) yathā tayoḥ śatrvoḥ parasparaṃ yuddhaṃ mama hitaṃ karoti, tathā cauro brāhmaṇasya jīvaṃ rakṣati. rākṣaso 'sya paśuṃ ca rakṣati.

낱말 목록

akṣara [n.] 글자, 음절

agni [m.] 불, 불의 신

atas [ind.] 그러므로, 이것으로부터

adas [prn.] 저것, 저기 저것

adhara [a.] (대명사형 곡용) 아래의, 낮은

anartha [a.] 의미 없는, 가치 없는

anantara [a.] 사이에 낀 것이 없이, (시간상) 곧바로, 직접, 즉시, 즉각, 끊기지 않고

anu-√īkṣ (→ anv-√īkṣ) 1Ā. [anvīkṣate] 검사하다, 검토하다, 살펴보다

anupāya [m.] 요령이 아닌 것, 제대로 된 방법이 아닌 것

anu-√sthā 1P. [anutiṣṭhati] 따르다, 행하다, 수행하다

antara [a.] 사이에 있는, 내부에 있는, 중간에 있는, 다른(ifc.)
[n.] 내부, 내용, 틈, 사이 공간, 차이

anna [n.] 음식, 먹을 것

amutas [ind.] 저기로부터, 저곳에, 다른 세상으로부터

amutra [ind.] 다른 곳에, 다른 세상에, 저 위에

avara [a.] (대명사형 곡용) 뒤의, 열등한

aśuddha [a.] 깨끗하지 않은, 청정하지 않은

āgamana [n.] 오기, 도착하기

itaḥ [ind.] 여기로부터, 여기서

ittham [ind.] 이렇게

idam [prn.] 이것, 여기 이것

idānīm [adv.] 지금, 현재

uttara [a.] 위의, 더 높은, 북쪽의, 뒤따르는, 나중의, 미래의
[n.] 위쪽 부분, 덮개, 북쪽 방향, 뒤에 오는 부분, 대답, 응대, 반격

unnidrayati (den.) (← ud-nidrā) 잠에서 깨우다

upadeśa [m.] 가르침, 언급, 충고, 지적

ubhaya [a.] (대명사형 곡용) 둘, 두 가지, 양쪽 모두

ekatara [a.] (대명사형 곡용) 둘 중의 하나

ekaika [a.] 하나씩 하나씩, 개별적으로, 낱낱이

katama [a.] (대명사형 곡용) 여럿 중의 어떤?

katara [a.] (대명사형 곡용) 둘 중의 어떤?

kutaḥ [ind.] 무엇으로부터?, 누구로부터?, 어디로부터? 왜?

kṛṣṇa [m.] 끄리스나, (비스누의 화신들 중 하나로서의) 끄리스나
[a.] 검푸른, 검은, 진한 색의, 어두운

gṛhīta [a.] 붙잡힌, 움켜잡힌, 장악된

gopāla [m.] 소치기 목동

grahaṇa [n.] 잡는 것, 쥐는 것

cana [ind.] ~라고 해도, ~조차도, ~마저

도 (주로 부정어와 함께)

cid [ind.] ~라고 해도, ~조차도, ~마저도 (주로 부정어와 함께)

√cur 10P. [corayati] 훔치다, 강탈하다

caura [m.] 도둑, 강도

jīva [m.] 생명

jñāna [n.] 앎, 지식, 인식

tadānīm [ind.] 그때에, 그 경우에

tarhi [ind.] 그때에, 그 경우에

dakṣiṇa [a.] (대명사형 곡용) 오른쪽의, 남쪽의

datta [a.] 주어진, 허락된, 선물로 주어진
[n.] 주어진 것, 선물, 성금

daridra [a.] 가난한

darśayati (caus.) √dṛś 보게하다, 보여 주다

dveṣa [m.] 싫어함

√naś 4P. [naśyati] 없어지다, 사라지다, 멸망하다, 망하다

nīcakulajāta [a.] 낮은 씨족에서 태어난

nyūna [a.] 적은, 부족한, 덜한, 빠진

paraspara [a.] 서로, 상호간의
[adv.] 서로서로, 교대로, 상호간에 (남성 단수의 A. I. Ab. G. 형태가 주로 쓰인다)

parjanya [m.] 비, 비의 신

pitāmahī [f.] 할머니

pūjā [f.] 신에 대한 경배, 신에 대한 경배 의식

pūrva [a.] 앞선, 이전의

√bandh 9P. [badhnāti] 묶다, 고정시키다, 속박하다 (pass.) (나쁘게) 속박되다, 나쁜 일을 겪다

√budh 1P.Ā. [bodhati, bodhate] 깨어나다, 의식하다, 알아차리다, 인지하다, 인식하다

√bhakṣ 10P. [bhakṣayati] 먹다, 마시다

mantra [m.] 주문, 찬가, 베다 의식의 낭송 문구, 제례음송문

yathākāma [a.] 원하는 대로의, 내키는 대로의

rākṣasa [m.] (주로 사람이나 사제를 잡아먹는 힘있는) 괴물, 락사싸

rāga [m.] 좋아함, 애착, 애정, 욕구

loka [m.] 세상, 세상 사람, 열린 공간

vidhi [m.] 규정, 규칙, 규율, 명령, ~을 하라는 요구를 담은 규정
(↔ niyama 금지규정)

viśva [a.] (대명사형 곡용) 모든, 전체
[n.] (모든 것을 포괄하는) 온 세상, 우주

vyavahāra [m.] 일, 수행, 실행, 관행, 관습, 직무, 사업

śakti [f.] 힘, 능력, 기운

śabda [m.] 소리, 소음, 말소리, 목소리, 말, 언어, 표현

śāstra [n.] (전통적인) 전문 지식 체계

śīla [n.] 본성, 품성, 뿌리 깊은 성향, 습관, 행동 방식

śuddha [a.] 정화된, 깨끗한, 순수한, 하얀, 밝은, (종교적인 의미에서) 청정한

saṃvardhayati (caus.) saṃ-√vṛdh 기르다, 양육하다, 강화시키다

samaya [m.] 함께 모임, 만나기, 합의 계약, 관행, 규정, 정해진 시간, 적절한 상황, 시간, 경우

sarvadā [ind.] 항상, 언제나

√sidh 4P. [sidhyati] 이루어지다, 수행되어지다, 성취되다

sthāna [n.] 서 있음, 머무름, 고정, 상태, 장소, 위치, 경우

svadharma [m.] 자신의 다르마, 각자의 의무와 바른 것, 각자의 특성

hita [n.] 이익
[a.] (√dhā의 과거분사) 두어진, 놓여진, 세워진, 고정된, 준비된, 이익이 되는

제9과
संस्कृतवाक्योपक्रिया

-u 끝모음명사 여성곡용

✤09.01 끝모음명사들 중에서 -u로 끝나는 여성명사의 곡용은 다음과 같다.

표09.01 -u 끝모음명사 여성곡용 dhenu [f.] "소"

격	약칭	단수	양수	복수
임자격	N.	dhenuḥ	dhenū	dhenavaḥ
대상격	A.	dhenum	dhenū	dhenūḥ
수단격	I.	dhenvā	dhenubhyām	dhenubhiḥ
위함격	D.	dhenvai / dhenave	dhenubhyām	dhenubhyaḥ
유래격	Ab.	dhenvāḥ / dhenoḥ	dhenubhyām	dhenubhyaḥ
가짐격	G.	dhenvāḥ / dhenoḥ	dhenvoḥ	dhenūnām
곳때격	L.	dhenvām / dhenau	dhenvoḥ	dhenuṣu
부름격	V.	dheno	dhenū	dhenavaḥ

✤09.02 tanu [f.] "사람, 몸, 자신"을 표09.01에 맞추어 곡용시켜 보시오.

yo dhenuṃ hanti sa iṣuṇā tasyāḥ patim api hanti.
소를 죽인 그 사람은 화살로 그 소의 주인도 죽인다.

bhṛśena vāyunā vānaro vṛkṣād dhenvāṃ nipatati.
강한 바람에 의해 원숭이가 나무에서 소 위로 떨어졌다.

✤09.03 아래는 『마하바라따』에 나오는 운문이다. 빠다 단위로 끊어 운을 살리면서 읽되 각 빠다 단위가 동시에 의미상의 단위들이 된다는 사실도 유념해서 살펴보라.

nālaṃ sukhāya suhṛdo nālaṃ duḥkhāya śatravaḥ |
na ca prajñālam arthānāṃ na sukhānām alaṃ dhanam || *Mahābhārata*

행복을 위해서는 친구로 충분하지 않고 고통을 위해서는 적들로 충분하지 않고

또한 성공들을 위해서는 지혜만으로 충분하지 않고 행복(들)을 위해서는 돈만으로 충분하지 않다.

운문은 음절의 수가 정해진 네 부분으로 이루어진 경우가 많은데, 각 4분의 1을 "빠다"(pāda [m.] "발, 다리, 사분의 일, 네 부분 중 하나")라고 부른다. 각 빠다의 어절이 문법적으로 한 단위를 이루는 것은 물론 내용상으로도 한 덩어리를 이루도록 운문을 구성하는 것이 보통이다. 따라서 운문을 이해하고자 하는 독자들은 각 빠다들을 끊어서 이해하도록 시도해 보는 것이 좋다. 위의 예에서는 관계문장이 정확하게 빠다 단위로 끊겨서 이해될 수 있도록 구성되어 있다.

-u 끝모음명사 중성곡용

✤09.04 끝모음명사들 중에서 -u로 끝나는 중성명사의 곡용은 다음과 같다.

표09.02 -u 끝모음명사 중성곡용 madhu [n.] "꿀"

격	약칭	단수	양수	복수
임자격	N.	madhu	madhunī	madhūni
대상격	A.	madhu	madhunī	madhūni
수단격	I.	madhunā	madhubhyām	madhubhiḥ
위함격	D.	madhune	madhubhyām	madhubhyaḥ
유래격	Ab.	madhunaḥ	madhubhyām	madhubhyaḥ
가짐격	G.	madhunaḥ	madhunoḥ	madhūnām
곳때격	L.	madhuni	madhunoḥ	madhuṣu
부름격	V.	madhu / madho	madhunī	madhūni

✣09.05 mṛdu [n.] "부드러움, 연함"을 표09.02에 따라 곡용시켜 보시오.

brāhmaṇo yajñe madhu viṣṇave juhoti.
제사에서 사제가 비스누에게 꿀을 바쳤다.

yaḥ śastreṇa ceṣubhiś ca śatrūn hanti sa bahu dhanaṃ labhate.
칼과 화살들로 적들을 죽인 그는 많은 재산을 얻었다.

-ṛ로 끝나는 행위자명사의 곡용

✣09.06 동사의 말뿌리에 뒷토 -tṛ를 붙이면 그 동사가 가리키는 동작을 행하는 행위주체를 의미하게 된다. 영어의 "teach"에서 "teacher"를 만드는 -er과 같다고 생각하면 된다. √dā "주다"에서 dātṛ가 만들어지면 "주는 사람"이라는 뜻이 된다. -ṛ로 끝나는 행위자를 나타내는 명사의 남성과 중성 곡용은 다음과 같다.

표09.03 -ṛ 끝모음 행위자명사 남성곡용 dātṛ [m.] "주는 이"

격	약칭	단수	양수	복수
임자격	N.	dātā	dātārau	dātāraḥ
대상격	A.	dātāram	dātārau	dātṝn
수단격	I.	dātrā	dātṛbhyām	dātṛbhiḥ
위함격	D.	dātre	dātṛbhyām	dātṛbhyaḥ
유래격	Ab.	dātuḥ	dātṛbhyām	dātṛbhyaḥ
가짐격	G.	dātuḥ	dātroḥ	dātṝṇām
곳때격	L.	dātari	dātroḥ	dātṛṣu
부름격	V.	dātaḥ (←dātar)	dātārau	dātāraḥ

표09.04 -ṛ 끝모음 행위자명사 중성곡용 dātṛ [n.] "주는 이"

격	약칭	단수	양수	복수
임자격	N.	dātṛ	dātṛṇī	dātṝṇi
대상격	A.	dātṛ	dātṛṇī	dātṝṇi
수단격	I.	dātṛṇā	dātṛbhyām	dātṛbhiḥ
위함격	D.	dātṛṇe	dātṛbhyām	dātṛbhyaḥ
유래격	Ab.	dātṛṇaḥ	dātṛbhyām	dātṛbhyaḥ
가짐격	G.	dātṛṇaḥ	dātṛṇoḥ	dātṝṇām
곳때격	L.	dātṛṇi	dātṛṇoḥ	dātṛṣu
부름격	V.	dātṛ/dātaḥ (←dātar)	dātṛṇī	dātṝṇi

✣09.07 dātṛ의 여성형은 dātrī이고 따라서 앞서 배운 여성명사 -ī (nadī ☞표 07.03) 곡용형에 따라 곡용된다. dātṛ의 중성형이나 여성형이 왜 필요한지 의문이 든다면, 이 "주는 사람"이라는 명사가 다른 명사를 꾸미는 형용사로 사용되는 경우가 있다는 것을 생각하면 된다. 다시 말해서 "주는 이가 되는" 이라는 형용사로 혹은 동격으로 나타나는 명사로 뒤따라 나타나는 명사를 수식하는 경우라면 뒤따르는 명사의 성과 수에 일치시켜 사용해야 하는 필요가 있다.

-ṛ로 끝나는 친족명사의 곡용

✣09.08 -tṛ 혹은 -ṛ로 끝나는 친족을 가리키는 명사들은 앞선 dātṛ와는 다른 곡용을 따르는데 대표적으로 남성곡용형인 pitṛ [m.] "아버지"의 곡용형태는 다음과 같다.

표09.05 -ṛ 끝모음 친족명사 남성곡용 pitṛ [m.] "아버지"

격	약칭	단수	양수	복수
임자격	N.	pitā	pitarau	pitaraḥ
대상격	A.	pitaram	pitarau	pitṝn
수단격	I.	pitrā	pitṛbhyām	pitṛbhiḥ
위함격	D.	pitre	pitṛbhyām	pitṛbhyaḥ
유래격	Ab.	pituḥ	pitṛbhyām	pitṛbhyaḥ
가짐격	G.	pituḥ	pitroḥ	pitṝṇām
곳때격	L.	pitari	pitroḥ	pitṛṣu
부름격	V.	pitaḥ (←pitar)	pitarau	pitaraḥ

✣09.08(01) pitṛ가 복수형으로 쓰일 때에는 "조상"의 의미로 사용된다.

te munayaḥ pitṝṇāṃ mārgeṇa svargaṃ praviśanti.
그 성자들은 조상들의 길을 통해 하늘나라에 들어간다.

✣09.08(02) bhrātṛ [m.] "형제"; jāmātṛ [m.] "사위, 처남, 매부"; devṛ [m.] "시동생"도 이 곡용형태를 따른다.

✣09.09 -ṛ로 끝나는 친족명사에는 여성형이 있다. 대표적인 것이 mātṛ [f.] "어머니"인데 이 명사는 복수의 대상격이 mātṝḥ인 것을 제외하고는 곡용이 앞선 pitṛ와 일치한다.

표09.06 -ṛ 끝모음 친족명사 여성곡용 mātṛ [f.] "어머니"

격	약칭	단수	양수	복수
임자격	N.	mātā	mātarau	mātaraḥ
대상격	A.	mātaram	mātarau	mātṝḥ

✤09.09(01) duhitṛ [f.] "딸"; nanandṛ [f.] "시누이"도 mātṛ의 곡용에 따른다.

✤09.10 친족의 명칭이기는 하지만 naptṛ [m.] "손자"; bhartṛ [m.] "남편"; svasṛ [f.] "자매, 여자 형제"는 앞선 남성 dātṛ의 곡용(표)을 따른다. 단 svasṛ의 복수 대상격은 svasṝḥ가 된다.

따라서 단수 임자격은 naptā, svasā가 되고 단수 대상격은 naptāram, svasāram이 된다. 양수 임자격 대상격은 naptārau, svasārau가 되고 복수 임자격은 naptāraḥ, svasāraḥ이며 복수 대상격은 naptṝn, svasṝḥ가 된다.

bhartā vai hi nārīṇām īśvara iti nārīṇām upadiṣṭaḥ svadharmaḥ.
"남편이란 실로 여자들의 신이다."라고 하는 것이 가르쳐지는 여자들의 특별한 다르마이다.

tava pitur mātur naptā tava bhrātā.
너의 아버지의 어머니의 손자는 너의 형제이다.

mama duhitṝṇāṃ bhartā candro jāmātṝṇām uttama iti dakṣo vadati.
"내 딸들의 남편인 달은 사위 중에서 최고이다"라고 닥사가 말한다.

일부 『뿌라나』들에 따르면 닥사의 딸들 중에서 27명이 달과 결혼했다고 하고 이 27명의 이름은 달의 궤도에 자리 잡은 27개의 별무리를 가리킨다. 이들 각각이 음력에서 한 달을 구성하는 하루에 할당된다.

yadā tasyā bhartā mriyate tadā sā bhāryā śocati.
그녀의 남편이 죽었을 때 그 부인은 슬퍼했다.

bhartuḥ svasā nanandā duhitur bhartā jāmātā ca.
남편의 여자 형제는 시누이이고 딸의 남편은 사위이다.

✤09.11 예외적인 곡용형태를 보이는 nṛ [m.] "사람, 남자, 영웅"은 pitṛ [m.] 곡용에 따르는데 복수 가짐격에서 nṝṇām / nṛṇām 두 형태가 모두 가능하다. 그리고 단수 형태로는 임자격 nā만이 사용될 뿐, 그 외의 경우에는 nara의 곡용형태들이 대신 사용된다.

nṛpa-śabdasyārtha iha nṛṇāṃ patiḥ.

여기에서 "nṛpa"라는 말은 사람들의 지배자라는 뜻이다.

sa nṛpaḥ putrair duhitṛbhir naptṛbhiś ca saha rājagṛhe sukhaṃ jīvati.

그 왕은 아들들, 딸들, 손자들과 함께 왕궁에서 행복하게 산다.

거듭의 일반 규칙

✤ 09.12 동사의 말뿌리를 반복시키는 것을 통해 필요한 동사 말줄기를 만들어 내는 경우들이 있다. 이 현상을 "abhyāsa"(거듭)라고 부르고 영어로는 "reduplication"이라고 한다. 이 "거듭"이 만들어질 때에는 말뿌리의 변형된 형태가 말뿌리의 앞으로 붙게 되면서 동사앞토처럼 작용하게 되는데, 이것을 우리는 "거듭소리"라고 부른다. 예를 들어 동사 √dā의 경우에는 dā를 반복해서 dā-√dā가 되고 이 때 앞에 붙는 거듭소리는 dā가 아니고 da이기 때문에 결국 da-dā가 만들어져서 이 동사의 현재말줄기가 된다. 따라서 √dā의 현재형 3인칭 단수 P.는 dadāti가 된다. 이 거듭이 만들어질 때에 적용되는 일반적인 규칙은 다음과 같다.

✤ 09.12(01) 거센소리는 해당되는 안거센소리를 사용해서 거듭소리가 만들어진다.

√chid "자르다" → ci-chid (완료형 말줄기)
√dhā "두다" → da-dhā (현재형 말줄기)
√bhī "무서워하다" → bibhī (현재형 말줄기)

✤ 09.12(02) 무른곳소리는 해당되는 굳은곳소리로 대체된다.

√kṛ "하다" → ca-kṛ (완료형 말줄기)
√gam "가다" → ja-gam (완료형 말줄기)

√khan "파내다" → ca-khan (앞선 ✤09.12(01)에 따라 거센소리 탈락)

특히 염두에 두어야 하는 것은 h가 j로 대체된다는 사실이다. 따라서
√hu "제물을 바치다" → ju-hu (현재형 말줄기)

✤09.12(03) 여러 자음들이 말뿌리에 나타날 경우 그 첫째 자음이나 혹은 첫째 자음을 대체하는 형태가 거듭소리로 사용된다.

√tvar "빨리 움직이다" → ta-tvar (완료형 말줄기)
√kram "발걸음하다" → ca-kram (완료형 말줄기)
√hrī "창피해하다" → jihrī (현재형 말줄기)

✤09.12(04) 앞선 09.12(03) 규정에 예외가 있다. 만약 말뿌리의 첫 번째 자음이 갈이소리이고 두 번째 자음이 안울림소리이면 두 번째 자음이나 혹은 두 번째 자음을 대신하는 소리가 거듭소리로 사용된다.

√spṛś "만지다" → pa-spṛś (완료형 말줄기)
√sthā "서 있다" → ti-ṣṭha (현재형 말줄기)
√skand "튀어나가다" → ca-skand (완료형 말줄기). 하지만 √smṛ "기억하다"의 경우에는 sa-smṛ (완료형 말줄기)

데바나가리 1/4 (ka-, ca-varga)

✤09.13 이제 인도문자들 중의 하나인 데바나가리(Devanāgarī)를 배우도록 하자. 아쇼까(Aśoka)가 기원전 3세기에 조성한 비석문 기록들에 나타나는 브라흐미(Brāhmī)문자는 후에 다양한 변형과 발전의 형태들을 만들어 냈다. 초기부터 생겨난 지역적 편차가 점점 커졌고 이 편차들이 나중에 크게는 북인도계열 문자들과 남인도계열 문자들로 구분될 수 있으며 현재 남인도와 많은 서남아시아 문자들은 남인도계열 브라흐미에서 비롯된다. 기원후 3세기

경부터 사용되고 있었고, 7세기 경에는 이미 북인도에서 널리 사용되는 보편적인 문자의 지위에 오른 굽따(Gupta)문자가 북인도계열 브라흐미문자의 대표격이라 할 수 있는데, 여기에서 파생된 문자들 가운데 하나가 데바나가리이다. 데바나가리는 7세기 이후로 사용이 늘다가 기원후 1000년을 전후로 현재와 같은 완성된 체계를 갖추게 된다. 역사적으로 사용된 바 있는 그리고 현재에도 사용되고 있는 수많은 쌍쓰끄리땀 문자들이 있지만 우리는 데바나가리를 선택하여 배우겠다. 데바나가리는 역사적으로도 쌍쓰끄리땀 표기에 널리 사용되었고 현재는 힌디(Hindī), 마라티(Marāṭhī), 네빨리(Nepālī) 등의 언어를 기록하는 표준 문자로 사용되고 있어서 그 활용도가 매우 높다. 그리고 데바나가리를 배우고 나면 브라흐미계열의 문자들을 익히는 것은 아주 쉬운 일이 되는 장점이 있다. 현대에 쌍쓰끄리땀 텍스트를 인쇄하는 문자로 가장 널리 사용되고 있는 것도 데바나가리이다. 이것이 데바나가리를 택해서 배우는 이유이다.

따라서 데바나가리는 브라흐미계열 문자들이 공유하는 특징을 함께 갖는다. 왼쪽에서 오른쪽으로 적어 나간다. 그리고 데바나가리는 각 문자가 딸린 모음표기체계(abugida, alphasyllabary)이다. 즉 모음은 자음과 결합되어 표기되기 때문에 자음들은 별도의 문자로 표기하지만 모음은 이 자음에 추가하는 표식으로 표기가 첨가되는 문자이다. 그리고 대문자와 소문자의 구별은 없다.

✤09.14 ka-varga와 ca-varga에 포함되는 문자들은 아래와 같다. 아래의 문자들이 표기되면 모두 자동으로 짧은 모음 a를 포함하는 것으로 간주된다.

क ka; ख kha; ग ga; घ gha; ङ ṅa; च ca; छ cha; ज ja; झ jha; ञ ña

✤09.15 이제 각 문자들을 적는 방법을 익혀보자.

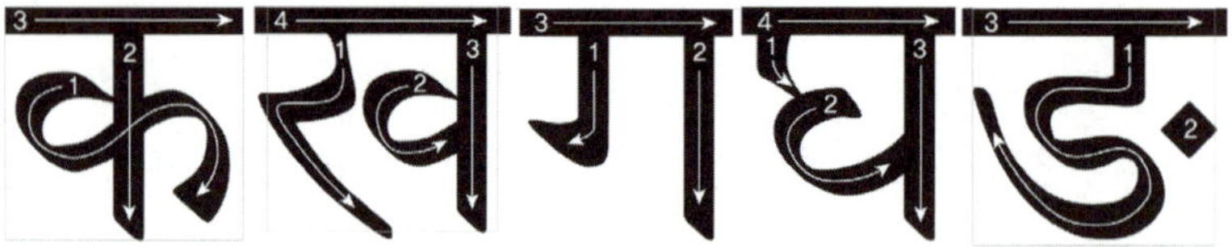

그림09.01 데바나가리의 ka, kha, ga, gha, ṅa 적는 방법

kha의 2, 3획과 gha의 1, 2, 3획은 한 번에 이어서 적는다.

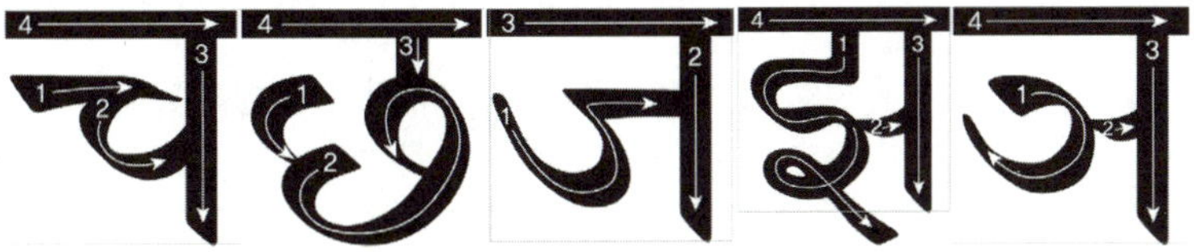

그림09.02 데바나가리의 ca, cha, ja, jha, ña 적는 방법

ca의 1, 2, 3획과 cha의 1, 2획과 jha의 2, 3획과 ña의 2, 3획은 한 번에 이어서 적는다.

✤09.16 위의 문자 쓰기를 익히면 눈에 들어오는 것은 모든 글자들이 수평선 부분을 가지고 있으며 이 수평선이 적는 순서에서 맨 뒤에 온다는 것이다. 많은 글자들이 수직선도 갖추고 있는데, 이 경우 수직선은 적는 순서가 수평선 바로 앞이다. 따라서 글자들의 구분이 가능하게 만들어 주는 특징적인 부분은 모두 이 수평선과 수직선이 아닌 부분들에서 찾을 수 있다.

자음과 결합된 모음

✤09.17 앞서 말한 것처럼 그림09.01에 있는 글자를 적으면 이는 모두 자동으로 짧은 모음 -a가 해당 자음의 뒤에 첨가되어 있는 것으로 읽힌다. 따라서 -a 모음이 아닌 다른 모음을 글자와 결합시키는 방법에 대해 익혀야 한다. 자음과 결합된 형태의 모음을 익히기 위해 k와 결합된 모음의 형태들을 나타내자면 아래와 같다.

क ka ; का kā ; कि ki ; की kī ; कु ku ; कू kū ; के ke ; कै kai ;
को ko ; कौ kau ; कृ kṛ ; कॄ kṝ ; कॢ kḷ

마지막의 예에서 보이는 모음 ḷ는 아주 드물게 나타나는데 모음 부분을 왼쪽 아래에서 시작해서 한 번에 적어 나간다. ✤11.36에 있는 자음 la를 적는 방식과 유사한데 끝에 꼬리 부분이 첨가된 형태이다.

✤09.17(01) kā를 적는 방법은 우선 क를 적는다. 그리고 나서 추가되는 부분의 수직선을 위에서 아래로 긋고 그 다음에 추가되는 수평선을 긋는다. 이 표기에 익숙해지고 나면 수평선을 한꺼번에 그어서 쓸 수도 있다.

✤09.17(02) ki의 경우에는 우선 क를 적는다. 그리고 나서 그 왼쪽에 있는 수직선을 긋는다. 수직선 위에 추가로 그어야 하는 수평선을 긋고 마지막으로 추가해서 적어야 하는 선을 왼쪽 아래에서 오른쪽 위의 방향으로 긋다가 다시 오른쪽 아래 쪽으로 삐치도록 그어서 마친다. 표기에 익숙해지고 나면 क를 적을 때 수평선 부분을 빼고 적는 방식으로 먼저 왼쪽의 수직선을 긋고 그리고 나서 क의 아랫부분을 적고 이후에 긴 수평선을 한 번에 그을 수도 있다. 그리고 나서 마지막으로 수평선 위의 추가획을 적는다. kī의 경우에는 क를 적고 나서 그 오른쪽에 수직선을 추가하고 그리고 나서 추가되는 수평선을 긋는다. 그 다음에는 윗쪽 추가획을 왼쪽아래에서 오른쪽 위 방향으로 긋다가 다시 오른쪽 아래방향으로 굽혀 끝낸다. 이 경우에도 익숙해지고 나서는 수평선 부분을 한 번에 처리할 수도 있다. 사람에 따라서는 ki와 kī에서 수평선 위의 추가획까지 모두 마친 다음에 수평선을 긋는 사람도 있다.

✤09.17(03) ku와 kū는 क를 적고 나서 그 아래에 추가획을 긋는데, 모두 시계방향으로 돌려서 시작한다. 특히 kū는 끝내기 전에 오른쪽 아래로 길게 뻗도록 적어야 한다.

✤09.17(04) क를 적고 나서 그 위 왼쪽 위에서 시작해서 오른쪽 아래로 뻗쳐 내려오는 추가획을 적으면 ke가 된다. 이 추가획을 왼쪽의 것을 먼저 적고 오른쪽 위의 것을 하나 더 적으면 kai가 된다.

✤09.17(05) kā를 적을 때와 마찬가지로 적은 후에 위쪽 추가획을 क의 위가 아니라 오른쪽

에 붙은 추가 수직선과 끝이 만나도록 적어 주면 ko가 된다. 위쪽 추가획은 ke에서의 추가획과 같다. 위쪽 추가획을 두 개를 그리면 kau가 된다.

✣09.17(06) क를 적고 나서 ka의 수직선이 끝나는 부분의 아래로 약간을 띄어서 아주 짧게 수직선을 그리다가 시계방향으로 돌려 적으면 kṛ가 된다. 12시 방향에서 시작한 원이 3/4 바퀴를 돌아 3시 방향에서 그쳐야 한다. 같은 방식으로 적되 원을 두 번 위 아래로 겹쳐서 적으면 kṝ가 된다.

✣09.18 지금까지 배운 표기법에서 주의해야 할 대목은 바로 kī와 ko의 구분이다. 위쪽 추가획의 모양이 아예 다르다는 것에 주목해야 한다. ko나 ke에서 사용하는 추가획은 구부러지지 않고 아래로 삐쳐 내려오는 획이다. kī의 위쪽 추가획은 반원의 형태에 가깝게 구부러져 있다.

아누쓰바라, 비싸르가, 비라마 표기

✣09.19 이제 아누쓰바라와 비싸르가를 표기하는 방법을 배우자. 아누쓰바라는 해당되는 글자의 위에 점을 찍는다. 그리고 비싸르가는 해당되는 글자의 뒤에 두 점을 위 아래로 나누어 찍는다. 아래의 예들을 보라.

कं kaṃ ; कां kāṃ ; किं kiṃ ; कीं kīṃ ; कुं kuṃ ; कूं kūṃ ;
कें keṃ ; कैं kaiṃ ; कों koṃ ; कौं kauṃ ; कृं kṛṃ ; कॄं kṝṃ ;
कः kaḥ ; काः kāḥ ; किः kiḥ ; कीः kīḥ ; कुः kuḥ ; कूः kūḥ ;
केः keḥ ; कैः kaiḥ ; कोः koḥ ; कौ kauḥ ; कृः kṛḥ ; कॄः kṝḥ

✣09.20 데바나가리는 딸린모음표기체계의 문자이기 때문에 문자표기를 하면 보통의 경우 항상 모음이 같이 표기된다. 이것을 피하고 싶을 때, 다시 말해서 자음만 떼어 내서 표기하고 싶을 때에는 자음 아래로 짧은 선을 비스듬하게 그려준다. 이 선을 비라마(virāma [m.] "끝, 마감, 끝냄")라고 부른다. 아래

의 예들을 보라.

क् k ; ख् kh ; ग् g ; घ् gh ; ङ् ṅ ; च् c ; छ् ch ; ज् j ; ञ् ñ

데바나가리 표기에서는 문장의 끝이 아니라면 비라마를 쓰지 않는 것이 원칙이다. 따라서 문장 중간에서 비라마가 필요해 보이는 경우라면 뒤따르는 단어의 시작에 오는 모음이나 자음을 앞 단어의 끝에 붙여 써서 비라마 표기를 피하게 된다. 결과적으로 우리가 지금까지 해 오던 로마자 표기의 띄어쓰기는 불가능해진다. (↳✣12.28)

연습문제

09.01 아래의 문장들을 한국어로 옮기시오.

09.01(01) megho mṛdunā vāyunā dūram utpatati.

09.01(02) yo yuddhe śatrūn hanti sa vīro bahu dhanaṃ labhate.

09.01(03) ayaṃ brāhmaṇasya putras tasya guror duhitaraṃ vivahati sma.

09.01(04) yasmin sā nārī snihyati sma sa bhartā daivāt tāṃ tyajati.

09.01(05) yady aham amuṣmin yuddhe mriye tarhi svarge mama pitaraṃ pitāmahaṃ ca paśyāmi.

09.01(06) yasya pitā sarvā dhenūr devāya juhoti sma sa paścād yajñasya phalena nṛpo bhavati.

09.01(07) yato yuṣmākaṃ svasari snihyaty asmākaṃ bhrātā tataḥ sa tāṃ pariṇayati.

09.01(08) yaḥ sarvaṃ jagat sṛjati sa īśvaraḥ.

09.01(09) sa gṛhapatis tasya dhenor dugdhaṃ ca madhu ca tasya bhrātre dadāti.

09.01(10) yaṃ bālaṃ daṇḍena tudāmi sa brāhmaṇasya putraḥ. tasmāt tasya pitā māṃ śapati sma.

09.01(11) evaṃ mā vada. tathā mā vada. anāryaṃ mā bhāṣasva.

09.02 다음을 데바나가리로 표기하시오

09.02(01) ci ghauḥ jhiṃ che keṃ

09.02(02) ṅi khṛ ṅo gṛḥ chau

09.02(03) ñe ghṝṃ ṅau gauḥ j

09.02(04) jhe ghiṃ jh ñauḥ ñiṃ

09.02(05) khiṃ chau ceḥ cīṃ gṛṃ

09.02(06) gau gīṃ jho koḥ chṛ

09.02(07) ṅe gheḥ cau kṝḥ caiḥ

D 09.03 다음을 로마자로 표기하시오

D 09.03(01) चिं घौः झि छे चृः

D 09.03(02) गोः गौः के ङ् खी

D 09.03(03) घो छौ छैः गृं जौ

D 09.03(04) ञे घेः ञ् खिं चिं

D 09.03(05) कोः ङो गृः जौ झे

D 09.03(06) घि झौ ञेः ञि ख्

D 09.03(07) जां चौ चेः चि खे

D 09.03(08) गां छें छृं गा झो

D 09.03(09) को चे ङे च् ङः

D 09.03(10) घेः घोः घृ ञो खैः

D 09.03(11) चौ कौः चै कृं क्

D 09.04 다음 이야기를 한국어로 옮기시오. (samudra-khaga-kathā)

D 09.04(01) asti samudrasya samīpe bhartā khagas tasya bhāryayā saha vasati sma. atha kadā cid bhāryā bhartāraṃ vadati. prajāyai kiṃ cit sthānam icchāmīti. kutrāvayoḥ śiśūnāṃ śreṣṭhaṃ sthānam iti punaḥ pṛcchati sā. sa bhartā vadati. yatra hy āvāṃ vasatas tatraiva sthānaṃ sampadaḥ. atraiva janayatu priyeti. sā prativadati. etat sthānaṃ kaṣṭam. yatkāraṇaṃ samudrasya velayā mama śiśavo vigatā bhavanti. sa punaḥ prativadati. bhārye, samudro 'py asmāsu kadā cin na nipatati. sā ca tasmai vadati. samudras tvad[1] balavattaraḥ. kathaṃ tvam etad vadasīti.

D 09.04(02) paścāt śiśavo jāyante sma. tataḥ sā mātā khago bhavati sa ca pitā khago bhavati. yat pūrvaṃ vacanaṃ pituḥ khagasya tat samudras tu smarati sma. tasmāt samudraḥ pitre khagāya krudhyati. tataḥ sa samudraḥ pitur mātuś ca śiśūn apaharati. tasmin samaye mātā tasyāḥ śiśūṃs tasmin sthāne na paśyati tato bhayāt pitaraṃ khagaṃ bhāṣate. tvayā mamaiva śiśavo vigatāḥ. kiṃ pitrā etena. mama svastis tu naśyatīti. pitā khagas tu hasati vadati ca. ahaṃ bhāryāyai samudrāt sarvathā śiśūñ jaya iti.

1 비교급과 함께 나타나는 비교되는 대상은 유래격을 취한다.

▷ 09.04(03) atha tena pitrā khagānāṃ samāgamo bhavati sma. yas tasya pituḥ paramaṃ duḥkhaṃ jānāti sa ekaikaḥ khagaḥ samudrāyātyantaṃ krudhyati. tatraikaḥ khago vadati sma. asmākaṃ balaṃ naiva samaṃ tena samudrasya. kaś cit khagaḥ samudreṇa saha yuddhaṃ vai na karoti. kiṃ tūpāyenānenāsmākam arthaḥ sidhyati. yadi sarve khagāḥ krandante tarhi sa ākrando garuḍam udvejayati. asmākaṃ ca duḥkhaṃ tena garuḍena naśyatīti.

▷ 09.04(04) tenopāyena sa garuḍas teṣāṃ dukhaṃ jānāti sma samudrāya ca krudhyati sma. yo viṣṇur garuḍaṃ vahaty anyaiś ca devaiḥ saha yuddhaṃ karoti sa sarvavit sarvaṃ sarvataḥ paśyati. paścād viṣṇur garuḍasya krodhaṃ paśyati sma. viṣṇave ca garuḍo vadati. viṣṇo, mama duḥkhasya nāśayitā bhavatu devaḥ. evam etad iti viṣṇur vadati sma. samudraṃ ca punar viṣṇur vadati. yadi tvam idānīṃ śiśūṃs teṣāṃ mātre na dadāsi tadāgninā tvaṃ naśyasīti. tasmāt samudro bibheti cintayati ca. amuṣmāt pituḥ khagād ahaṃ naśyāmīti. samudraś ca śiśūn mātre dadāti sma.

낱말 목록

apa-√hṛ 1P.Ā. [apaharati apaharate] 빼앗다, 가져가다

ākranda [m.] 울음

iṣu [m.][f.] 화살

īśvara [m.] 신, 유일신, 창조신, 남편, 주인

udvejayati (caus.) ud-√vij 불안하게 하다, 당혹스럽게 하다, 두렵게 하다

ut-√pat 1P. [utpatati] 날아오르다, 떠오르다, 생겨나다, 떠오르다
(caus.) utpātayati 위로 오르게 하다, 뽑아 올리다, 날려 올리다

krodha [m.] 화, 분노

khaga [m.] 허공에서 가는 자, 새

garuḍa [m.] 가루다 (비스누를 태우고 다니는 새의 모습을 한 신)

guru [a.] 무거운, 중요한
[m.] 존경해야 할 중요한 사람, 스승, 아버지, 어머니 등

gṛhapati [m.] 가장, 가정을 꾸리는 사람

janayati (caus.) √jan 낳다. 만들어 내다

jāmātṛ [m.] 사위, 처남, 매부

√jīv 1P. [jīvati] 살다, 살아 있다

dakṣa [m.] 능력, 자질, 정열, (신화 속의 인물) 닥사

dātṛ [m.] 주는 사람

dugdha [a.] 우유로 짜내어진, 짜내어진
[n.] 우유

duhitṛ [f.] 딸

devṛ [m.] 시동생

dhenu [f.] 암소, 젖소
[a.] 우유를 주는

nanandṛ [f.] 시누이

naptṛ [m.] 손자

nāśayitṛ [a.] 없애는, 제거하는
[m.] 없애는 자

nṛ [m.] 사람, 남자, 영웅

pitṛ [m.] 아버지

prajā [f.] 출산, 번식, 자손, 백성

prajñā [f.] 지혜, 지식, 분별력, 판단력, 통찰

bhaya [n.] 무서움, 두려움, 공포, 위험

bhartṛ [m.] 남편

bhrātṛ [m.] 형제

madhu [n.] 꿀, 단 것, 꿀로 만든 술
[a.] 단, 맛있는, 마음에 드는, 좋은

mātṛ [f.] 어머니

mṛdu [n.] 부드러움, 연함
[a.] 부드러운, 연한

rājagṛha [n.] 왕의 집, 왕궁

vāyu [m.] 바람

viṣṇu [m.] 비스누

velā [f.] 경계선, 해안선, 조류, 밀물

√śap 1P.Ā.; 4P.Ā. [śapati, śapate / śapyati, śapyate] 저주하다, 욕하다, 탓하다

śiśu [m.] 아이, 유아, 동물의 어린 새끼

√śuc 1P. [śocati] 슬퍼하다, 고통스러워하다, 애통해하다

suhṛd [a.] 마음이 좋은, 착한
[m.] 친구, 협력자, 동맹자

√sṛj 6P. [sṛjati] 흘려 내보내다, 만들어 내다, 뿜어내다, 풀어 놓다

√smṛ 1P. [smarati] 기억하다

svasṛ [f.] 자매, 여자 형제

√hu 3P. [juhoti] 제물을 바치다

제10과

संस्कृतवाक्योपक्रिया

동사의 10갈래 구분

❖10.01 쌍쓰끄리땀 동사의 활용형을 이해하기 위해서는 현재형을 만드는 방법이 각 동사마다 어떻게 다른지를 알아야 할 필요가 있다. 동사의 활용 형태를 일반화된 틀에 맞추어 구분하고 학습하기 위해 널리 사용되는 방법이 동사의 현재말줄기가 만들어지는 방식을 기준으로 동사들을 구분해서 정리하는 방식이다. 쌍쓰끄리땀의 동사들을 구분하는 표준적인 방법이 바로 동사를 10개 갈래(gaṇa)로 나누는 것이다. 아래 √vad 동사의 예와 같이 현재말줄기를 활용한 활용 형태를 우리는 이미 배웠다.

√vad (말뿌리)

→ vad + a → vada (현재말줄기) + ti (현재형 P. 3인칭 단수 인칭뒷토)

→ vadati

√vad (말뿌리)

→ vad + a → vada (현재말줄기) + se (현재형 Ā. 2인칭 단수 인칭뒷토)

→ vadase

√vad (말뿌리)

→ vad + a → vada (현재말줄기) + tu (명령형 P. 3인칭 단수 인칭뒷토)

→ vadatu

이제 이미 배운 활용형들을 보다 확장시켜 1, 4, 6, 10 갈래가 아닌 갈래에 속하는 동사들까지를 배우게 되고, 또 1, 4, 6, 10 갈래가 갖는 특징이 무엇인지도 이해할 수 있게 될 것이다.

❖10.02 인도 문법전통에서는 현재말줄기를 만드는 방식에 따라 10가지 갈래로 동사들을 구분한다. 이렇게 구분하면 각 동사가 가진 활용의 형태상 특징을 체계적으로 파악할 수 있어서 동사를 익히고 사용하는 일에 효율적이기 때문에 10개 갈래로 동사를 나누는 일은, 동사들을 배우는 맥락에서뿐 아니라 쌍쓰끄리땀 사전에서 동사에 대한 정보를 제공할 때에도 일반적으로 사

용된다. 쌍쓰끄리땀 사전들은 일반적으로 동사말뿌리를 제시할 때 각 말뿌리 뒤에 말뿌리가 속하는 동사의 갈래 번호를 표기해 준다. 동사말뿌리의 형태만 보고 각각의 말뿌리가 10개 갈래 중에 어떤 갈래에 속할지를 알 수 있는 방법은 없다. 따라서 사전에서 동사말뿌리 뒤에 해당 동사가 어떤 갈래에 속하는 것인지를 명기해 주면 도움이 된다. 고전쌍쓰끄리땀의 문법을 완성한 빠니니의 작품 *Aṣṭādhyāyī*가 완성될 때 빠니니에게는 이미 주어진 동사말뿌리목록이 있었다. 빠니니의 문법이란 주어진 말뿌리들을 원재료로 삼아 다양한 도출과정을 거쳐 가능한 모든 형태를 만들어 내는 문법적 조작을 체계적으로 서술한 것이라고 할 수 있다. 그런데 빠니니에게 주어진 말뿌리의 목록이 이미 10개의 무리로 동사말뿌리들을 나누고 있었다. 따라서 우리가 번호를 1부터 10까지 붙일 때 사용하는 체계는 이 동사말뿌리목록의 나열 순서에 따라서 생겨난 번호매김이다.

✣ 10.03 인도 문법전통은 이 10개의 갈래들 안에서 각 목록에서 맨 처음으로 제시되는 말뿌리를 각 갈래의 이름으로 삼아 부른다. 즉 "제1갈래"라고 부르지 않고 "√bhū 등등"(bhūvādayaḥ)이라고 불렀다. 제1갈래에 속하는 말뿌리들의 목록에서 첫자리에 나타나는 동사말뿌리가 √bhū였기 때문이다. 하지만 현대의 학습자와 학자들은 이 갈래들에 일련번호를 붙여서 제1갈래, 제2갈래, 제3갈래…로 번호를 붙여서 부른다. 현대의 사전들도 이 관행을 따른다.

✣ 10.04 10개의 동사 갈래들과 그 대표가 되는 동사들을 나열하자면 다음과 같다.

제1갈래	√bhū [bhavati] "이다, 있다, 되다"
제2갈래	√ad [atti] "먹다"
제3갈래	√hu [juhoti] "제물을 바치다"
제4갈래	√div [dīvyati] "놀음하다, 놀다"
제5갈래	√su [sunoti] "짜내다"
제6갈래	√tud [tudati] "때리다, 밀다"
제7갈래	√rudh [ruṇaddhi] "막다, 차단하다, 못하게 하다"

제8갈래　√tan [tanoti] "펼치다"

제9갈래　√krī [krīṇāti] "사다, 구입하다"

제10갈래　√cur [corayati] "훔치다"

✤10.05 학습자들은 1갈래부터 10갈래까지 각 갈래의 번호와 내용을 암기해야 할지가 궁금하겠지만, 각 갈래의 번호를 외우는 일보다는 각 갈래의 대표적인 말뿌리를 중심으로 해서 각 갈래에 속하는 말뿌리들이 갖는 현재활용의 특징을 분명하게 이해하고 익히는 것이 훨씬 더 중요하다. 명사의 임자격 단수 형태를 암기해서 그 명사의 성을 구분할 수 있듯이 동사말뿌리와 함께 현재 3인칭 단수 형태를 암기해서 그 말뿌리가 어느 갈래에 속하는지를 알 수 있도록 해야 한다. 이렇게 하자면 각 갈래들의 특징이 무엇이고 그 갈래가 왜 따로 구분되어야 하는지를 명확하게 이해할 필요가 있다.

고정형 갈래들과 비고정형 갈래들

✤10.06 지금까지 배운 동사들은 많은 경우 -a로 끝나는 현재말줄기를 가진 동사들이었다. 즉 bhavati (← √bhū), tudati (← √tud), corayati (← √cur) 등의 동사들이 여기에 해당되는데, 활용되는 현재형은 앞서 표02.04와 표03.02에서 이미 P.와 Ā.를 나누어서 배웠다.

✤10.07 이렇게 현재활용형이 만들어지는 과정에서 말뿌리 √vad의 뒤에 다른 요소들이 붙어서 때매김과 수와 말태도 등등을 나타내 준다. 이미 알고 있는 위의 표02.04와 표03.02에 나타나는 활용형에 기초해서 현재활용의 기본이 되는 현재 인칭뒷토를 살펴 보면 아래와 같다.

표10.01 동사의 제일인칭뒷토

	Parasmaipada			Ātmanepada		
	단수	양수	복수	단수	양수	복수
3.	-ti	-tas	-anti / -nti	-te	-āte	-ante / -ate
2.	-si	-thas	-tha	-se	-āthe	-dhve
1.	-mi	-vas	-mas	-e	-vahe	-mahe

✤10.08 이 표10.01에 제시된 인칭뒷토는 동사의 현재서술형 인칭뒷토로만 쓰이는 것이 아니다. 이 인칭뒷토는 미래 인칭뒷토로도 사용된다. 따라서 우리는 표10.01에 제시된 인칭뒷토를 "제일인칭뒷토"라고 부른다. 이 "제일인칭뒷토"라는 말은 앞으로 배우게 될 "제이인칭뒷토"(↳표12.01)와 대조시키는 의미에서 사용하는 용어이다. 이 인칭뒷토를 부르는 이름은 "제일인칭뒷토"라고 알아 두기 바란다. 물론 앞으로 배워야 하는 인칭뒷토에는 명령형 인칭뒷토(↶표06.06; ↳표10.02)와 완료형 인칭뒷토(↳표25.01)도 있다.

✤10.09 위의 표10.01에 제시된 것이 현재활용의 기본이 되는 인칭뒷토들이다. 따라서 √vad의 현재 3인칭 단수형을 분석해 보면 vad-a-ti가 되고 복수형을 분석해 보면 vad-a-nti가 되는 것을 알 수 있다. 다시 말해서 √vad의 말뿌리 뒤에 모음 -a-가 끼어들어서 √vad의 현재말줄기가 만들어지고 이 말줄기의 뒤에 다시 현재뒷토(제일인칭뒷토)가 붙는 방식으로 현재활용이 이루어지는 것이다. 현재 인칭뒷토가 어떤 것인지와는 무관하게 √vad가 현재형으로 만들어지자면 항상 -a-가 삽입되어 현재말줄기가 이루어진 후에 활용이 이루어진다. 이렇게 √vad의 경우에서처럼 동사의 말뿌리 뒤에 붙어서 현재말줄기를 만드는 고정된(thematic) 모음이 있는데 이것을 "고정형 모음"(thematic vowel)이라고 부른다. 이 고정형 모음이 사용되면서 활용되는 동사를 "고정형 (활용) 동사"라고 부른다. 따라서 √ji [jayati], √tud [tudati], √man [manyate], √cint [cintayati] 모두 고정형 동사들이다. "고정형"과

"비고정형"을 영어로는 각각 "thematic"과 "athematic"이라고 부르는데, 이 구분은 고정해서 반복적으로 등장하는 모음의 유무에 따라 이루어진다. 물론 √krudh [krudhyati]처럼 말뿌리 뒤에 -a가 아니라 -ya가 붙어서 현재말줄기가 만들어지거나 √cint [cintayati]처럼 -aya로 끝나는 현재말줄기가 만들어지는 경우들도 있지만, 이것들도 결국은 -a로 끝나는 현재말줄기를 만드는 것은 물론이고 고정형 활용의 공통적인 특징을 보이기 때문에 고정형 활용에 포함시키는 것이 타당하다.[1]

✤10.10 이와는 다르게 현재활용에 사용되는 고정형 모음 -a-가 사용되지 않고 활용되는 동사들은 비고정활용(athematic conjugation)을 하는 동사들이라서 "비고정형 동사"라고 한다. 예를 들자면 다음과 같다.

√krī	[krīṇāti, krīṇīte]	"사다. 구입하다"
√jñā	[jānāti, jānīte]	"알다, 알아차리다, ~을 ~라고 생각하다"
√dā	[dadāti]	"주다, 제공하다"
√han	[hanti]	"죽이다, 때리다"
√as	[asti]	"이다, 있다"
pra-√āp	[prāpnoti]	"도달하다, 얻다"

✤10.11 예를 들어 "죽이다, 때리다"는 의미의 √han은 비고정형 동사이기 때문에 -a-가 삽입되지 않는다. 따라서 hanti라는 활용형은 √han + ti의 결과이므로 3인칭 현재 단수형이다. 이것을 h-a-nti로 오해해서 말뿌리 h의 현재 3인칭 복수형이라고 생각해서는 안 된다.

asmin yuddhe vīrās teṣāṃ śatrūn paśyanti. teṣu kruddhaḥ kṛṣṇaś ca tān hanti.

이 전투에서 전사들은 그들의 적들을 보았다. 그들에게 분노한 끄리스나는 그들을 죽인다.

---

1 여기서 말하는 가장 중요한 공통의 특징은 바로 현재 체계 안에서 말줄기의 강·약형 구분이 없이 사용된다는 것이다.(☞✤10.18)

10.12 동사들을 10개의 갈래로 구분하고 순서대로 번호를 붙이면 1, 4, 6, 10 갈래가 고정활용 동사에 해당된다. 나머지 갈래들은 모두 비고정활용 갈래들이다. 고정활용 동사들이 그 사용빈도로 따지면 훨씬 많지만 비고정형 동사들 가운데에도 자주 사용되는 중요한 동사들이 많아 반드시 내용을 숙지해야 할 필요가 있다. 2, 3, 5, 7, 8, 9 갈래 동사들은 각각 현재말줄기를 만드는 방법이 모두 다르다. 하지만 크게 어렵게 생각할 내용은 아니다. 비고정형 활용 갈래들은 각 갈래마다 정해진 방식으로 현재말줄기를 만들 뿐 아니라, 그 뒤에 붙게 되는 현재 인칭뒷토는 표준 인칭뒷토에서 크게 벗어나지 않기 때문이다. 따라서 중요한 것은 각 갈래마다 현재말줄기를 만드는 정해진 방법을 숙지하는 것이다.

제일인칭뒷토 사용을 위한 추가 규칙

10.13 말뿌리에서 말줄기가 도출되는 과정은 물론이고 인칭뒷토가 말줄기에 붙을 때 나타나는 소리의 변화도 있다. 이것은 내부싼디에 속하는 것이어서 모든 것을 배워야 하는 것은 아니고, 제일인칭뒷토(표10.01)가 현재말줄기에 붙게 될 때 일어나는 싼디에 대해 일반적으로 알아 두어야 하는 규칙들만 배우도록 하자. 이 내용은 이미 알고 있는 동사의 현재활용을 근거로 이해할 수 있는 내용들이다. 따라서 표02.04, 표03.02, 표10.01을 비교해 가면서 이미 배운 동사활용들을 근거로 따져보고 이해하기 바란다.

10.13(01) 동사의 인칭뒷토가 m-이나 v-로 시작될 때 그 앞에 -a-모음이 있다면 이 모음은 긴 모음이 된다.

vadāmi "나는 말한다." diśāvaḥ "우리 둘이 보여준다."

10.13(02) 동사의 3인칭 복수형 P.Ā. 인칭뒷토 앞에서, 그리고 1인칭 단수 Ā. 인칭뒷토 앞에서 -a-모음은 생략된다.

piba + anti → pibø + anti → pibanti "그들은 마신다."

manya + ante → manyø + ante → manyante "그들은 생각한다."

jaya + e → jayø + e → jaye "내가 이긴다."

✤ 10.13(03) -a- 뒤에서 2인칭과 3인칭 양수 Ā.의 인칭뒷토의 처음에 나오는 ā-는 e-가 되고 앞선 -a-는 탈락된다.

bhāṣa + āte → bhāṣø + ete → bhāṣete "그 둘이 말한다."

✤ 10.13(04) 3인칭 복수 Ā.의 인칭뒷토에 있는 콧소리 -n-은 그 인칭뒷토의 앞에 -a가 오는 경우가 아니라면 탈락된다.

√dviṣ + ante → dviṣ + aøte → dviṣate "그들이 싫어한다."

이 동사의 P. 3인칭 복수형은 dviṣanti이다.

√jñā 9P.Ā. [jānāti, jānīte] "알다, 알아차리다, ~을 ~라고 생각하다"의 3인칭복수 Ā.형은 jānate이다.

이 규정은 다시 말하자면 3인칭 복수 Ā.의 경우 비고정활용에서는 인칭뒷토가 -ante 대신 -ate가 쓰인다는 뜻이다.

현재 체계(present system)

✤ 10.14 쌍쓰끄리땀에서는 현재말줄기가 만들어지면 이것을 근거로 해서 많은 동사활용 형태들이 만들어진다. 때매김뿐 아니라 다른 말태도(mood)를 표현하는 형태들 그리고 분사들까지 현재말줄기를 출발점으로 삼아 만들어진다. 따라서 현재서술형에 한정시켜 배운 현재말줄기는 동사의 현재활용형만을 익히기 위해서 배우는 것이 결코 아니다. 또한 현재말줄기를 근거로 해서 활용 형태가 만들어지는 모든 동사활용 형태를 총괄해서 부르고자 할 때 "현재 체계"라고 부른다. 지금 독자들이 10개의 갈래로 동사들을 나누고 그에

따라 현재말줄기를 만드는 방법을 배우는 것은 바로 이 현재 체계를 배우기 위한 것이다. 현재서술형에 사용된다는 이유로 이렇게 갈래를 나누어 놓았다면, 이 갈래들의 구분은 큰 의미를 갖지는 못했을 것이다. 현재 체계에는 현재서술형(present indicative), 과거형(imperfect), 명령형(imperative), 가상형(optative), 현재분사(present participle) 모두가 포함된다. 현재 체계 안에서 한 동사가 활용되는 출발점은 동사말뿌리가 아니라 동사의 현재말줄기이기 때문에 동사의 현재말줄기의 형태가 어떠한지를 아는 것이 아주 중요해진다. 그리고 현재 체계의 사용 빈도가 쌍쓰끄리땀 안에서는 월등하게 높다. 따라서 현재말줄기를 만드는 형태를 구분해서 개별 동사가 갖는 활용 형태의 특징을 알아 차리는 것이 중요하게 된다.

명령형 인칭뒷토

✣ 10.15 이미 배운 명령형의 2인칭 단수 vada "말하라!"라거나 3인칭 단수 vadatu "그가 말하게 하라!"를 고려해 보자. 이 명령형의 형태들은 √vad에 고정형 모음 -a가 붙어서 현재말줄기가 만들어진 상태인 vada-의 뒤에 -ø 혹은 -tu 뒷토를 붙여서 만들어진 것이다. 2인칭 단수 명령형 인칭뒷토 -ø 혹은 3인칭 단수 명령형 인칭뒷토 -tu가 사용되어 명령형이 되는 것이다. 만약 이 자리에 -si나 -ti가 사용되었다면 인칭뒷토의 형태에 따라 현재서술형 2인칭 단수와 현재서술형 3인칭 단수가 되었을 것이다.

✣ 10.16 아래에 제시된 명령형(imperative)인칭뒷토를 살펴 보고 이미 배운 명령형(☞표06.06)과 대조시켜 이해해 보라.

표10.02 동사의 명령형 인칭뒷토

	Parasmaipada			Ātmanepada		
	단수	양수	복수	단수	양수	복수
3.	-tu	-tām	-ntu /-antu	-tām	-etām / ātām	-ntām / -atām
2.	ø/-dhi / -hi	-tam	-ta	-sva	-ethām /-āthām	-dhvam
1.	-āni	-āva	-āma	-ai	-āvahai	-āmahai

✣10.17 명령형은 표10.02에 보이는 명령형 인칭뒷토를 사용하기는 하지만, 그 인칭뒷토의 앞에 붙는 말줄기는 현재말줄기를 그대로 가져다 사용한다. 따라서 명령형 활용은 현재 체계에 속한다.

강형 현재말줄기와 약형 현재말줄기

✣10.18 고정형 활용에서는 현재말줄기가 한 가지로 만들어지고 이 한 가지 형태의 말줄기는 현재 체계(현재형, 과거형, 명령형, 가상형 P.Ā.) 모두에서 변형되지 않고 사용된다. 하지만 비고정활용의 경우에는 현재말줄기가 한 가지가 아니라 두 가지로 만들어진다. 즉 강형과 약형이 구분되는 것이다. 다시 말해서 현재 체계 안에서 사용되는 현재말줄기의 형태가 강형과 약형으로 구분되는 활용 형태를 보여주는 동사들이 비고정형 동사들이다. 강형과 약형 말줄기가 만들어지는 방식은 일반적으로 정해진 형태를 벗어나지 않는다. 그리고 활용 형태가 어떤 인칭과 수에 해당하는 경우에 강형 말줄기가 쓰이는지는 명확하게 고정되어 있다.

✣10.19 강형과 약형의 구분이 있어야 하는 이유는 역사적으로 따지자면 높이강세(pitch accent)가 말줄기에서 뒤에 첨가되는 인칭뒷토로 옮겨가야 하는 경우가 있어서 생겨나는 현상이다. 이 내용을 이해하기 위해 앞서 표07.07

에서 배운 √as의 현재활용형을 근거로 삼아 살펴보자.

표07.07 동사 √as [asti] "~이다, 있다"의 불규칙활용 현재형

3인칭	asti	staḥ	santi
2인칭	asi	sthaḥ	stha
1인칭	asmi	svaḥ	smaḥ

표07.07을 보면 어떤 자리에는 √as의 현재말줄기가 as-로 나타나고 어떤 자리에서는 s-로 나타난다. 동사 √as는 불규칙활용을 보이기는 하지만 제2갈래에 속하는 동사이다.(⇨✤11.14) 따라서 √as는 비고정활용을 하는 동사이고 따라서 말줄기에 강형과 약형의 구분이 있는 동사라는 것을 알 수 있다. 따라서 위의 표07.07이 강형과 약형의 현재말줄기 형태가 구분되는 구체적인 예가 된다. as-는 강형 말줄기(강말줄기)이고 øs-가 약형 말줄기(약말줄기)이다. 모음 a가 약형이 될 때 ø가 되는 것은 앞서 표02.02에서 배운 적이 있다. 따라서 우리가 표07.07에서 볼 수 있는 사실은 1, 2, 3인칭 단수의 현재형이 바로 강형 말줄기를 사용하고 있다는 사실이다.

✤10.20 이것은 아래 보여주는 것과 같은 높이강세(pitch accent)의 위치에 따른 변화이다.

표10.03 √as [asti] 의 불규칙활용 현재형의 강세표기

3인칭	ás-ti	s-táḥ	s-ánti
2인칭	ás-i	s-tháḥ	s-thá
1인칭	ás-mi	s-váḥ	s-máḥ

표10.03을 보면서 다시 한 번 위의 표10.01 제일인칭뒷토를 살펴보라. 즉

높이강세가 말줄기에 끝까지 남아 있는 경우에는 강세가 말줄기에 있기 때문에 강형 말줄기가 사용되지만 인칭뒷토로 높이강세가 옮겨가는 경우에는 말줄기에 강세가 없기 때문에 말줄기는 약형이 사용된다. 그런데 고전쌍쓰끄리땀이 확립되는 시기에서는 이미 높이강세(pitch accent)가 사라졌고 또 필사본들에 강세를 기록하는 일도 일반적으로는 없다. 따라서 일반적인 쌍쓰끄리땀을 배우는 과정에서는 강세의 요소를 직접 표기하거나 설명하거나 혹은 고려하지 않는다. 하지만 말줄기의 형태가 여럿 사용되는 경우에는 바로 이 높이강세(pitch accent)의 위치 변화가 말줄기의 형태 변화를 통해 자신의 모습을 드러내고 있다.

✤10.21 그렇다면 왜 고정형 동사들에서는 한 가지 현재말줄기만 사용되는 것일까? 바로 현재말줄기에 붙이는 고정형 모음 -a가 항상 강세를 갖게 되기 때문이다. 따라서 고정활용의 경우에는 인칭뒷토로 강세가 옮겨갈 이유가 없다. 비고정형 동사의 경우에는 어떤 활용, 어떤 인칭, 어떤 수에 강말줄기 혹은 약말줄기가 각각 쓰이는지가 명확하게 정해져 있다. 앞서 배운 바와 같이 사용되는 인칭뒷토의 형태는 이미 정해져 있기 때문이다. 표07.07을 근거로 해서 본다면 현재형 P. 단수들이 모두 강형이라는 것은 알 수 있다. 따라서 현재 체계의 어느 인칭, 어느 수에 해당하는 활용에서 강형 현재말줄기가 사용되는지를 배워야 한다.

현재말줄기 강·약형 구분

✤10.22 비고정형 동사들의 강형과 약형이 말줄기에서 구분되는 것은 현재 체계 안에서 다음과 같다. 이 내용은 반드시 익혀 두어야 한다.

현재형과 과거형 모든 단수들의 P.

명령형의 3인칭단수 P.와 명령형의 모든 1인칭 P.Ā.

✤ 10.22(01) 두 번째 경우들의 의미를 명확하게 하기 위해 우리가 이미 배운 표06.06을 사용해서 강형 현재말줄기가 사용되는 명령형의 인칭과 수를 표기하자면 다음과 같다.

표10.04 √bhū의 명령형 활용 강말줄기 표기

	Parasmaipada			Ātmanepada		
3.	bhavatu	bhavatām	bhavantu	bhavatām	bhavetām	bhavantām
2.	bhava	bhavatam	bhavata	bhavasva	bhavethām	bhavadhvam
1.	bhavāni	bhavāva	bhavāma	bhavai	bhavāvahai	bhavāmahai

하지만 √bhū는 고정형 활용 동사이다. 따라서 이 표에서 말줄기의 변화는 보이지 않는다.

✤ 10.22(02) 비고정형 동사의 명령형으로 우리가 지금까지 배운 예를 찾아 표07.08을 보자. 앞선 표 07.08에서 강형 말줄기가 나타나는 자리들을 진한 색 바탕으로 구분하면 아래와 같다. 단 이 경우에는 P.만 사용되므로 Ā.에서의 말줄기 변화는 보이지 않는다.

표10.05 √as의 명령형 활용 강말줄기 표기

3인칭	astu	stām	santu
2인칭	edhi	stam	sta
1인칭	asāni	asāva	asāma

여기에서 강형 현재말줄기 as-와 약형 현재말줄기 -øs의 구분이 드러나는 것을 눈여겨 보기 바란다. 그리고 이제까지 배운 내용과 연관해서는 현재서

술형 P.의 단수형들이 모두 강말줄기를 보인다는 것에 주목해야 한다.

동사의 갈래 표식

✤10.23 갈래를 10개로 구분하는 구체적인 기준은 크게 모음의 강화 여부와 갈래 표식이라고 할 수 있다.

✤10.24 현재말줄기를 만들 때 말뿌리에 포함되어 있는 모음을 구나형으로 변화시키는지의 여부가 각 갈래의 한 가지 구분기준이 된다. √bhū 1P. "있다, 이다, 되다"의 현재형 bhavati가 구나가 이루어진 경우이고 √tud 6P. "때리다, 찌르다"의 현재형 tudati는 구나가 이루어지지 않은 경우이다.

✤10.25 또 한 가지 갈래의 구분 기준은 각 갈래마다 고유하게 사용되는 갈래 표식이다. 이 갈래 표식은 각 동사말뿌리의 어느 위치에 갈래 표식이 첨가되는지에 따라 앞토, 사잇토, 뒷토의 세 가지로 구분된다.

✤10.25(01) 많은 경우의 갈래 표식들은 말뿌리의 뒤에 첨가되어 뒷토가 된다. 10개 갈래들 중에서 8개가 여기에 해당된다. √cint 10P. "생각하다, 마음에 두고 있다"의 cintayati에서 -aya-가 말뿌리의 뒤에 삽입되어 있다.

✤10.25(02) 갈래 표식이 말뿌리의 앞에 붙어서 갈래가 구분되는 경우에는 거듭(☞✤09.12)이 적용되는 동사들이 해당된다. 제3갈래가 거듭을 사용하는 경우라서 앞토를 사용하는 경우로 간주될 수 있다. √dā 3P. [dadāti] "주다, 제공하다"가 여기에 속한다.

✤10.25(03) 갈래 표식이 말뿌리의 사이에 삽입되어 사잇토가 되는 경우가 있다. 예로 √rudh 7P.Ā. [ruṇaddhi, runddhe]의 경우 P.에서는 -na-가, Ā.에서는 -n-이 말줄기의 가운데에 삽입되어 있는 것을 볼 수 있다.

✤10.26 이제 아래와 같이 10개 갈래로 동사들을 나누고 그에 따라 현재 체계에서

의 활용 형태를 구분한 표를 이해할 수 있을 것이다. 각 갈래들의 활용에 대한 구체적인 내용은 하나씩 따로 구분해서 설명이 주어질 것이다.

표10.06 동사의 10갈래 구분 표

갈래 번호	대표 말뿌리	현재 3인칭 단수	말뿌리 모음강화	갈래 표식	갈래 표식 위치
제1갈래	√bhū 이다, 있다, 되다	bhavati	말뿌리모음 구나	a	뒷토
제2갈래	√ad 먹다	atti	강형에서 말뿌리모음 구나	ø	없음
제3갈래	√hu 제물을 바치다	juhoti	강형에서 말뿌리모음 구나	거듭 (abhyāsa)	앞토
제4갈래	√div 놀음하다	dīvyati	없음	ya	뒷토
제5갈래	√su 눌러 짜다	sunoti	강형에서 갈래 표식 구나	nu	뒷토
제6갈래	√tud 때리다, 밀다	tudati	없음	a	뒷토
제7갈래	√rudh 막다, 차단하다	ruṇaddhi	강형 -na- 약형 -n-	na/n	사잇토
제8갈래	√tan 펼치다	tanoti	강형에서 갈래 표식 구나	u	뒷토
제9갈래	√krī 사다	krīṇāti	강형 -nā- 약형 -nī-	nā/nī	뒷토
제10갈래	√cur 훔치다	corayati	말뿌리모음 구나	aya	뒷토

모음내부싼디 가운데 일부

✣10.27 말뿌리에서 다된말이 만들어지는 과정에 개입되는 모음의 변화에 대해

일부 이해할 필요가 있다. 이 내용은 다된말이 만들어지는 과정에 연관되는 규칙이기 때문에 모음싼디 중에서 내부싼디의 규칙이 된다. 따라서 모든 세세한 내용을 설명하고 익힐 수는 없지만 동사활용을 이해하기 위해 필요한 중요한 내용들 중의 일부를 익히도록 하자. 현재의 맥락에서 동사말뿌리에서 현재말줄기가 만들어지는 과정에 개입되는 모음의 내부싼디 규칙 몇 가지를 살펴 볼 필요가 있다. 이 내용을 이해하기 위해서는 모음강화 체계(☞ 표02.01)를 염두에 두고 외부싼디에서 익숙해진 유사한 현상을 상기하기 바란다.

✣ 10.27(01) 대부분의 말뿌리는 단음절로 이루어진다.

✣ 10.27(02) 모음 i, ī, u, ū는 단음절 말뿌리에 나타나거나 자음중복의 뒤에 올 때, 뒤따라 오는 모음 앞에서 iy, uv가 된다.

i, ī + 모음 → iy + 모음	dhī + i → dhiyi
u, ū + 모음 → uv + 모음	bhū + i → bhuvi

✣ 10.27(03) e, ai, o, au 뒤에 모음이나 y가 따라오면, 이 모음들은 각각 ay, āy, av, āv가 된다.

√gai + a + ti → 1P. gāyati "노래하다"

ne + ana → nayana; go + i → gavi

✣ 10.27(04) 말뿌리에 나타나는 ir, iv, ur는 뒤에 자음이 따라올 때, 일반적으로 각각 īr, īv, ūr가 된다.

div + yati → dīvyati; pur+bhyas → pūrbhyaḥ

✣ 10.27(05) 말뿌리가 ṝ로 끝나고 뒤에 모음이 따라올 때에는, ir + 모음이 된다.

√kṝ + anti → kiranti

✣ 10.27(06) 말뿌리가 ṝ로 끝나고 뒤에 자음이 따라올 때에는, īr + 자음이 된다.

√kṝ + yate → kīryate

✣ 10.27(07) 입술소리(pa-varga) 뒤에 ṝ가 나타나고 여기에 뒷토가 붙을 때에는, 입술소리 + ur 혹은 ūr + 뒷토가 된다.

√pṝ + yate → pūryate

고정형 동사에 대하여

✣ 10.28 이제 구체적으로 각 갈래별로 동사활용의 방식을 살펴보기에 앞서 우선 고정형 동사 전체에 적용되는 일반적인 내용들을 제시하고자 한다. 이 내용도 내부싼디에 관한 내용이라고 이해하면 되겠지만, -a라는 고정형 모음이 항상 자리 잡고 있는 상황을 전제하고 이해되어야 한다는 것을 다시 환기하기 바란다.

✣ 10.28(01) 고정형 동사들은 모두 현재말줄기가 -a로 끝난다.

✣ 10.28(02) 이 -a는 m-이나 v-로 시작되는 인칭뒷토 앞에서 긴 모음이 된다

✣ 10.28(03) 그리고 Ā.의 인칭뒷토 e 앞에서는 고정형 모음 -a가 사라진다.

✣ 10.28(04) 2인칭 단수 명령형 P.는 말줄기 자체와 형태가 일치한다.

✣ 10.28(05) 고정형 동사의 말줄기는 강·약형의 차이와 변화를 보이지 않는다.

고정형 동사: 제1갈래 (bhū-갈래)

✣ 10.29 각 갈래들의 활용에 대해 세세하게 살펴보고자 하는데, 10과에서는 우선 고정형 동사 갈래들만 다룬다. 즉 1, 4, 6, 10 갈래 동사들의 활용을 배운다는 뜻인데, 인칭뒷토와 결합된 구체적인 현재서술형 활용은 앞서 배운 표02.04

와 표03.02를 따르기 때문에 따로 제시하지 않겠다. 다만 -a로 끝나는 현재말줄기를 만드는 방법에 대해서만 각 갈래에 따라 설명하도록 하겠다.

✤10.30 제1갈래는 동사말뿌리의 모음에 구나가 가능한 경우에 (즉, ✤10.31에 해당하지 않는 경우) 구나(☞표02.01)를 적용하고 그 뒤에 고정형 모음 -a를 붙여서 현재말줄기를 만든다. 이 갈래에 속하는 동사들이 많기 때문에 중요한 갈래이다.

√bhū [bhavati] "있다, 이다, 되다"
bhū (구나) → bho (내부싼디) → bhav + a → bhava + ti

√ji [jayate] "이기다"
ji (구나) → je (내부싼디) → jay + a → jaya + te

√vṛt [vartate] "진행되다, 있다, 이다"
vṛt (구나) → vart → vart + a → varta + te

✤10.31 말뿌리에 나타난 모음에 구나가 적용되지 않는 경우는 아래 두 가지가 있다.

✤10.31(01) 뒤에 자음이 따라오는 긴 모음

√krīḍ	[krīḍati]	"놀다"
√bhāṣ	[bhāṣate]	"말하다"
√jīv	[jīvati]	"살다, 지내다"

✤10.31(02) 뒤에 끝자음이 둘 이상 따라오는 모음

√krand	[krandati, krandate]	"울다, 소리 내다, 울부짖다"
√skand	[skandati, skandate]	"뛰어오르다"

✤10.32 제1갈래 동사의 예외 형태들

✤10.32(01) 말뿌리에 있는 콧소리가 사라지고 현재말줄기가 만들어지는 경우가 있

다.

√daṃś 1P. [daśati] "(이빨로) 물다"

ahir nakulaṃ kena cin na daśati.
뱀은 어떻게 해도 몽구스를 물지 않는다.

✣ 10.32(02) √kram "걸음을 내딛다"의 현재말줄기는 P. krāma-이지만 Ā.는 krama-이다.

✣ 10.32(03) 자주 쓰이는 동사들 가운데 √sad 1P. [sīdati] "앉다"는 제1갈래의 불규칙동사에 속한다. 또 아래와 같은 제1갈래 불규칙동사들이 있는데, 이 형태들은 실제로는 거듭(abhyāsa)을 적용한 형태라고 이해할 수 있다.

√sthā 1P.Ā. [tiṣṭhati, tiṣṭhate] "서 있다, 머무르다"
√pā 1P.Ā. [pibati, pibate] "마시다"

yo munis tasya svadharmaṃ na tyajati sa sundarāyā nāryāḥ prayatnena dūraṃ sīdati.
그 자신의 올바름을 포기하지 않는 수행자는 일부러 (← 애써서) 아름다운 여인에게서 멀리 앉았다.

✣ 10.32(04) 제1갈래 동사들 중에서 끝자음 대신에 -cch가 나타나는 경우가 있다.

√gam 1P. [gacchati] "가다, 움직이다, ~한 상태가 되다"
√yam 1P. [yacchati] "들고 있다, 받치다, 건네다"

ācārya ekena pustakena yacchati.
스승은 책 한 권을 건넨다.

고정형 동사: 제4갈래 (div-갈래)

✣ 10.33 제4갈래에 속하는 동사들은 말뿌리의 모음을 강화하지 않고 -ya를 뒷토로 붙여서 현재말줄기를 만든다.

√krudh 4P. [krudhyati] "~(D.G.)에 대해 화가 나다"
√naś 4P. [naśyati] "없어지다, 멸망하다"
√sidh 4P. [sidhyati] "이루어지다, 수행되어지다, 성취되다"
√snih 4P. [snihyati] "마음이 ~(L.)에 꽂히다. ~(L.)를 사랑하다"
√man 4Ā. [manyate] "생각하다"

krodhād moho jāyata iti brāhmaṇo manyate. tasmāt tasya mūrkhāya sevakāya na krudhyati sma.

사제는 분노에서 어리석음이 생겨난다고 생각했기 때문에 어리석은 하인에게 화를 내지 않았다.

✤ 10.34 제4갈래 동사들 중에서 말뿌리의 모음을 긴 모음으로 바꾸고 -ya를 붙이는 경우가 있다.

√bhram 1P.; 4P. [bhramati / bhrāmyati] "돌아다니다, 헤매다"
√śam 4P. [śāmyati] "지치다, 조용해지다, 진정되다, 끝나다"
√śram 4P. [śrāmyati] "힘쓰다, 지치다, 피로하다"

✤ 10.35 제4갈래 동사들 중에는 말뿌리의 콧소리가 사라지고 현재말줄기를 만드는 경우가 있다.

√jan 4Ā. [jāyate] "발생하다, 태어나다, 만들어지다"
√bhraṃś 1Ā.; 4P. [bhraṃśate / bhraśyati] "떨어지다, 기울다, 망하다"

✤ 10.36 제4갈래 동사들 중에서 불규칙적인 현재말줄기를 보이는 동사들로 다음을 꼽을 수 있다.

√vyadh 4P. [vidhyati] "맞추다, 뚫다, 관통하다, ~에 고정되다"
√śo 4P. [śyati] "날카롭게 연마하다, 갈다"
√so 4P. [syati] "끝내다, 파괴하다, 죽이다"

고정형 동사: 제6갈래 (tud-갈래)

10.37 제6갈래 동사는 제1갈래처럼 -a를 말뿌리 뒤에 붙여 현재말줄기를 만들지만 말뿌리 모음이 구나를 취하지 않는다는 차이가 있다.

√diś	6P. [diśati]	"가리키다, 보여주다"
√kṣip	6P.Ā. [kṣipati, kṣipate]	"던지다"
√tud	6P. [tudati]	"때리다, 찌르다"
√likh	6P.Ā. [likhati, likhate]	"긁다, 적다"
√spṛś	6P. [spṛśati]	"만지다, 손으로 접촉하다, 피부로 접촉하다"

10.38 제6갈래 동사들 중 일부는 말뿌리 끝자음과 같은 무리에 속하는 콧소리가 삽입되면서 현재말줄기가 만들어진다.

√muc	6P.Ā. [muñcati, muñcate]	"놓아주다, 풀어주다"
√vid	6P.Ā. [vindati, vindate]	"찾다, 발견하다, 얻다"
√kṛt	6P.Ā. [kṛntati, kṛntate]	"자르다, 잘라내다, 조각내다"

sa matsyaṃ jālād muñcati.
그는 물고기를 그물에서 풀어 준다.

naro hi na dhanena sukhaṃ vindati.
사람은 재산으로(는) 행복을 찾지 못 한다.

10.39 위의 제6갈래 동사 √vid의 수동형이 vidyate이고 그 의미가 "발견된다, 보인다"에서 발전하여 "~이 있다" 혹은 "~이 없다"의 관용적인 표현을 만들 때 사용된다. 역사적으로는 한 동사말뿌리의 분화된 사용이 복잡하게 얽혀 있지만, 고전쌍쓰끄리땀에서 제2갈래 √vid 2P. [vetti] "알다, 이해하다"와는 명확하게 구분해야 한다.

karuṇayā vinā paramo mokṣo na vidyata iti buddhasya śiṣyo manyate.

"동정심 없이 궁극적인 해방은 없다."라고 붇다의 제자가 생각한다.

10.40 제6갈래 동사 중에서도 -ccha로 끝나는 현재말줄기를 만드는 동사들이 있다.

√iṣ 6P.Ā. [icchati, icchate] "원하다, 갈구하다, 추구하다, 기대하다"
√prach 6P.Ā. [pṛcchati, pṛcchate] "묻다, 질문하다, 요청하다"

고정형 동사: 제10갈래 (cur-갈래)

10.41 제10갈래의 동사들은 제1갈래와 마찬가지로 말뿌리의 모음이 구나형태로 강화되고 그 뒤에 갈래 표식 -aya-가 붙어서 현재말줄기를 만든다.

√cint 10P. [cintayati] "생각하다, 마음에 두고 있다"
√pūj 10P. [pūjayati] "숭배하다, 섬기다, 존경하다"

10갈래 동사와 시킴형

10.42 제10갈래의 활용 형태는 역사적으로 시킴형(causative) 활용 형태이다. 어떤 동사에서 시킴형을 만들어 내면 원래 동사에 "시키다"는 의미가 첨가되어 "~하게 시키다"라는 뜻의 새로운 동사가 만들어진다. 따라서 원칙적으로 모든 동사들로부터 파생되어 따로 만들어질 수 있는 시킴형은 바로 이 제10갈래 동사와 같은 활용을 하게 된다. 그러니 모든 시킴형동사는 제10갈래 동사라고 해도 역사적인 면에서는 타당한 말이다. 시킴형은 나중에 따로

배우게 될 것인데(↳✣22.07 이하) 몇 가지 예를 들어 보자. 제1갈래의 √bhū "있다, 되다"를 10갈래 방식으로 활용시켜 bhāvayati가 되면 시킴형으로 "있게 하다, ~이 되게 하다"의 의미를 가진 동사가 된다. √kṛ "하다, 만들다"의 경우에도 kārayati를 만들어 내면 "하게 만들다, 만들게 시키다"의 의미를 갖는다. √budh에서 구나로 강화시키고 -aya-를 붙이면 3인칭 P. 단수형이 bodhayati가 될 것이다. 따라서 그 의미는 "알게 시키다" → "설명하다, 가르치다"가 된다. √rañj (색을 띠다)는 rañjayati가 되면 "염색하다, 색을 칠하다"를 의미한다. 따라서 √bhū에서 파생된 bhāvaya-, √kṛ에서 파생된 kāraya-는 별도의 뜻을 가진 현재말줄기가 되어 현재 체계 안에서 두루 사용될 수 있다. 즉 명령형으로 bodhayatu라고 한다면 그 의미는 "그가 설명하게 해라!"를 뜻하고 bodhaya는 "설명해라!"가 된다. 따라서 kāraya는 2인칭 현재명령형 단수 "시켜라, 만들게 해라"를 뜻한다. bhāvayatv āryaḥ라는 문장은 "고귀한 자가 있게 하도록 하라!" → "그대께서 만들어 내십시오! (← 있게 하십시오)"라고 해석된다. 시킴형은 이렇게 체계적인 방식으로 동사말뿌리에서 도출되기 때문에 사전에서 시킴형들을 별도의 항목으로 표시하지는 않고 해당 말뿌리를 설명할 때 시킴형을 제시해 준다. 우리는 아직 시킴형을 제대로 배우지 않았기 때문에 단어 목록에 시킴형을 따로 제시하고 있었다. 우리는 이미 많은 시킴형을 배웠다. vādayati (←√vad), mārayati (←√mṛ), bhedayati (←√bhid), vivāhayate (←vi-√vah), śrāvayati (←√śru), darśayati (←√dṛś), saṃvardhayati (←saṃ-√vṛdh), udvejayati (←ud-√vij), janayati (←√jan)의 형태가 만들어진 이유를 이제 납득할 수 있을 것이다.

✣10.43 그렇다면 시킴형을 배우면 될 것인데, 왜 굳이 따로 제10갈래라는 형태의 활용이 있다고 배워야 할지 궁금해진다. √cur 10P. [corayati] "훔치다, 강탈하다"는 제10갈래 활용, 즉 시킴형 활용을 따르지만 시킴형의 의미를 갖지 않는다. 또 시킴형이 되기 이전의 원래 활용 형태가 없다. 따라서 이렇게 활

용되는 동사들은 시킴형 활용에 포함시키기에 적절하지 않다.[2] 이 동사들이 바로 제10갈래 동사에 해당되는 동사들이다.

-i 끝모음명사 중성곡용

✣10.44 앞서 배운 끝모음명사의 곡용형태에 보태어 -i로 끝나는 중성명사의 곡용형태를 익히자.

표10.07 -i 끝모음명사 중성곡용 vāri [n.] "물, 비, 액체"

격	약칭	단수	양수	복수
임자격	N.	vāri	vāriṇī	vārīṇi
대상격	A.	vāri	vāriṇī	vārīṇi
수단격	I.	vāriṇā	vāribhyām	vāribhiḥ
위함격	D.	vāriṇe	vāribhyām	vāribhyaḥ
유래격	Ab.	vāriṇaḥ	vāribhyām	vāribhyaḥ
가짐격	G.	vāriṇaḥ	vāriṇoḥ	vārīṇām
곳때격	L.	vāriṇi	vāriṇoḥ	vāriṣu
부름격	V.	vāri / vāre	vāriṇī	vārīṇi

yo vāri pibaty annaṃ bhunakti ca tena saha nagare tiṣṭhāmi.
물을 마시고 음식을 먹는 그 사람과 함께 나는 도시에 머물고 있다.

2 이와 연관된 좀 더 복잡한 내용은 나중에 시킴형을 배울 때 따져 보기로 하자.

-i 끝모음명사 여성곡용

✣ 10.45 보태어 -i로 끝나는 여성명사의 곡용은 아래와 같다.

표10.08 -i 끝모음명사 여성곡용 mati [f.] "생각, 의도, 마음"

격	약칭	단수	양수	복수
임자격	N.	matiḥ	matī	matayaḥ
대상격	A.	matim	matī	matīḥ
수단격	I.	matyā	matibhyām	matibhiḥ
위함격	D.	matyai / mataye	matibhyām	matibhyaḥ
유래격	Ab.	matyāḥ / mateḥ	matibhyām	matibhyaḥ
가짐격	G.	matyāḥ / mateḥ	matyoḥ	matīnām
곳때격	L.	matyām / matau	matyoḥ	matiṣu
부름격	V.	mate	matī	matayaḥ

nṛpā na kadā cit satyaṃ vadantīti mama matiḥ.

왕들은 절대 진실을 말하지 않는다는 것이 내 의견이다.

dharme matir bhavatu!

정의로움에 마음을 두십시오!

데바나가리 2/4 (ṭa-, ta-, pa-varga)

✣ 10.46 데바나가리에서 ṭa-, ta-, pa-varga에 속하는 문자들은 아래와 같다. 각 문자들은 비라마 표시가 없는 한 모음 -a를 포함하는 표기이다.

ट ṭa ; ठ ṭha ; ड ḍa ; ढ ḍha ; ण ṇa ; त ta ; थ tha ; द da ;
ध dha ; न na ; प pa ; फ pha ; ब ba ; भ bha ; म ma

✣10.47 각 문자들을 적는 방법은 아래와 같다.

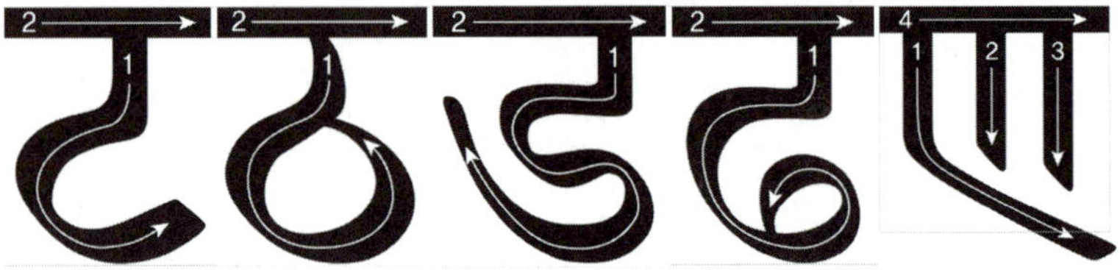

그림10.01 데바나가리의 ṭa, ṭha, ḍa, ḍha, ṇa 적는 방법

✣10.47(01) 여기에서 제시한 ṇa의 표기법이 앞서 ✣10.46에 나타난 문자의 모양과 다르다는 것을 알 수 있다. ṇa를 적는 방법은 이렇게 두 가지가 쓰인다. 하지만 고전쌍쓰끄리땀의 표기방법은 그림10.01에서 제시된 방법이 일반적이라고 해야 한다. 쌍쓰끄리땀 필사본들에는 절대적으로 이 표기가 많기 때문이다. 하지만 ण 모양의 표기는 현대어들의 표기에서 표준형으로 사용된다. 이 두 표기 방식 모두 역사적으로 브라흐미문자의 발전에서 비롯된 서로 다른 형태들일 뿐이지만 쌍쓰끄리땀의 표준 표기법으로는 그림10.01에 제시된 형태를 익히고 사용하는 것을 권한다. 다만 이 형태의 글자를 제공하는 폰트가 없다 보니 본 교재를 집필하는 과정에서는 부득이하게 데바나가리 표기에서 ण를 사용할 수밖에 없었다. 이 점을 염두에 두고 본 교재를 활용하기 바란다. ण를 표기하는 방법은 일반적인 데바나가리 표기의 순서와 같다. 즉, 각 글자의 구분되는 부분을 먼저 적고 (이 경우 영어의 "U"를 적는 것과 같은데) 그 다음에 수직선을 긋고 마지막에 수평선을 긋는다.

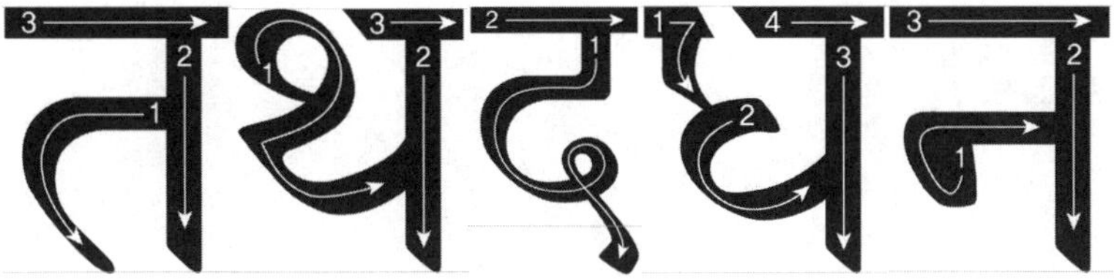

그림10.02 데바나가리의 ta, tha, da, dha, na 적는 방법

tha의 1, 2획과 dha의 1, 2, 3획은 한 번에 이어서 적는다.

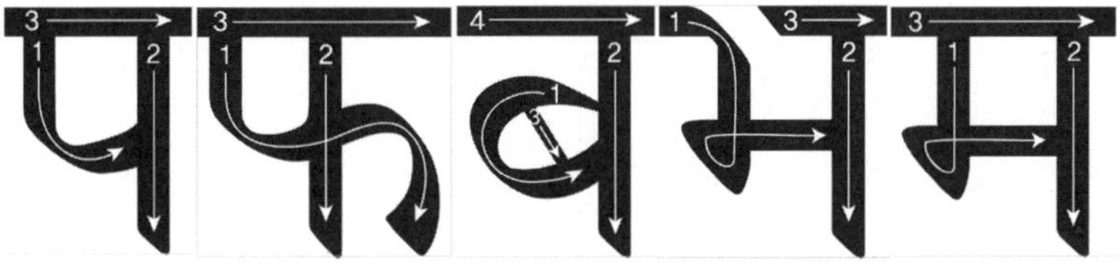

그림10.03 데바나가리의 pa, pha, ba, bha, ma 적는 방법

pa와 ba의 1, 2획은 한 번에 이어서 적는다.

연습문제

▷ 10.01 다음을 데바나가리로 표기하시오.

▷ 10.01(01) phi ba ṭā bhṛ me

▷ 10.01(02) ṭaiḥ bau ṭe ṭo piṃ

▷ 10.01(03) pe ṭṛ ṭhi ṭheḥ ṭhāḥ

▷ 10.01(04) dhi ṇ thīḥ mṛḥ tāṃ

▷ 10.01(05) toḥ dhī pṝḥ ḍauṃ pīḥ

▷ 10.01(06) ḍoḥ māṃ ṭhū phau ḍiḥ

▷ 10.01(07) ph taiḥ bauḥ ṭhāṃ bṛ

▷ 10.01(08) ṭuṃ boḥ ṇau ṇ thṛ

▷ 10.01(09) ṇe mau the mṝ mauḥ

▷ 10.01(10) dhoḥ m thauḥ ṭhīṃ nṛ

10.02 다음을 로마자로 표기하고 한국어로 옮기시오.

10.02(01) किं जानाति नृपः । नृपो न जानाति किं चित् । किं तु दूतो जानाति नाम तां कथां ।

10.02(02) काकः पथं न जानाति भूमौ निपतति च ।

10.02(03) पिता छागं च धेनुं च मे ददाति ।

10.02(04) किमेके जना नृपाय न नमन्ति । किं मुनिर्न बिभेति नृपात् ।

10.02(05) खगो दिने दिने मृतानां जनानां मधुं पिबति ।

10.02(06) जगति दमः कथं चित्कामं न जयते ।

D 10.03 다음을 데바나가리로 표기하고 한국어로 옮기시오.

D 10.03(01) jāmātā mātus taṃ duḥkhaṃ na jānāti.

D 10.03(02) meghena khagaḥ pathe patati tadānīm.

D 10.03(03) dhanaṃ na mama pituḥ kāmaḥ.

D 10.03(04) dhenoḥ patis tathā chāgaṃ tudati.

D 10.03(05) tena janena pūjā kṛtā.

D 10.03(06) kathaṃ mama pitā dhanaṃ jayate. dhanaṃ dadāti muniḥ.

D 10.04 다음을 한국어로 옮기시오.

D 10.04(01) yadi devāya yajāmi tarhi yajñasya phalaṃ labha iti vaidikaś cintayati.

D 10.04(02) yatra devā vasanti taṃ svargaṃ sa muniḥ pitṝṇāṃ gatyā prāpnoti sma.

D 10.04(03) caurā nṛpasya dhenūś corayanty araṇyaṃ gacchanti ca.

D 10.04(04) dhanam icchāmīti bhāryāyā vacanaṃ patiḥ śṛṇoty api na kiṃ cit karoti sma.

D 10.04(05) yān kākān sevako labhate tān patir muñcate.

D 10.05 다음 이야기를 한국어로 옮기시오. (nīca-mūṣika-kathā)

D 10.05(01) asti, kasmiṃś cid vane munir vasati sma. yo mūṣikaḥ kākasya pādābhyāṃ bhūmyāṃ patati tam āśramasya samīpa eko muniḥ paśyati. sa ca muniḥ karuṇāyās taṃ mūṣikaṃ bahubhir āhāraiḥ prayatnena saṃvardhayati sma.

ᐅ 10.05(02) atha yo biḍālo mūṣikaṃ paśyati so 'yam āhāra iti cintayati sa tasya mūṣikasya samīpam āgacchati sma. yadā mūṣikas taṃ biḍālaṃ paśyati tadā sa muneḥ skandham ārohati. tato munir vadati. mūṣika, tvaṃ biḍālo bhaveti. munes tapaso[3] balena sa mūṣiko biḍālo bhavati. so 'nyadā biḍālaḥ kukkuraṃ paśyati kukkurād bibheti sma. tato munir vadati. kukkurād bibheṣi, bhava kukkura eveti. sa ca kukkuro 'pi vyāghrād bibheti sma. tato muniḥ kukkuraṃ punar vyāghraṃ karoti sma.

ᐅ 10.05(03) atha munis taṃ vyāghraṃ mūṣiko 'yam iti paśyati yathāpūrvam. yo yas tau muniṃ ca vyāghraṃ ca paśyati sa so 'yaṃ munir mūṣikaṃ taṃ vyāghraṃ karoti smeti vadati. yadā sa vyāghras tat śṛṇoti tadaivaṃ cintayati. yāvad ayaṃ munir ihāsti tāvad mama rūpe teṣāṃ vacanād mama duḥkham evāsti. imaṃ munim eva mārayāmīti. kiṃ tu sa munis tasya vyāghrasya hṛdi matiṃ jānāti vadati ca. vyāghra, punar bhava mūṣika iti. yathāvacanaṃ sa vyāghraḥ punar mūṣiko bhavati sma.

3 끝자음명사의 가짐격 단수, tapas-as → tapasaḥ이다.

10.05(04) nīco labhate tasyārthaṃ tataḥ svasya pater mṛtam icchati. vyāghro bhūto mūṣiko muner mṛtam icchati yathety upadeśaḥ kathāyā asyāḥ.

낱말 목록

anyadā [adv.] 다른 때에, 어느 날

ahi [m.] 뱀

ā-√ruh 1P. [ārohati] 오르다, 올라타다, 올라가다

āśrama [m.] 수행처

karuṇā [f.] 연민, 동정심

√kṛt 6P.Ā. [kṛntati, kṛntate] 자르다, 잘라내다, 조각내다

√kram 1P.Ā. [krāmati, kramate] 걷다, 가다, ~쪽으로 움직이다, 접근하다, 노력하다, 진행해 가다, 성공하다

kruddha [a.] ~(D.G.L.)에게 화난, 분노한

jāla [n.] 망, 그물

√daṃś 1P. [daśati] (이빨로) 물다

√div 4P. [dīvyati] 놀음하다, 놀다

nakula [m.] 몽구스

nīca [a.] 낮은, 비천한, 하찮은

patha [m.] 길, 과정

√pūj 10P. [pūjayati] 숭배하다, 섬기다, 존경하다

biḍāla [m.] 고양이

√bhuj 7P.Ā. [bhunakti, bhuṅkte] 누리다, 즐기다, 먹다, 음식으로 취하다

bhūta [a.] (p.p. √bhū) ~이 된, 있게 된, 실재하는, 실재로 있는, 사실인, 존재하는
[n.] 존재하는 것, 살아 있는 생명체, 생물, 사람, 세상, 세상을 이루는 다섯 가지 원소, 요소

bhūmi [f.] 땅, 흙, 지역, 지위

√bhram 1P.; 4P. [bhramati / bhrāmyati] 돌아다니다, 헤매다

mati [f.] 생각, 의도, 마음

√muc 6P.Ā. [muñcati, muñcate] 놓아주다, 풀어주다

mṛta [n.] 죽음
[a.] (p.p.) 죽은

mokṣa [m.] 해방, 해탈

√yam 1P. [yacchati] 들고 있다, 받치다, 건네다

yathāpūrvam [adv.] 전처럼, 하나씩 하나씩

yathāvacanaṃ [adv.] 말처럼, 말과 같이

√rañj/√raj 1P.Ā.; 4P.Ā. [rajati, rajate/rajyati, rajyate] 붉어지다, 달아오르다, ~(I.)에 흥분하다, ~(L.)를 사랑하다

vāri [n.] 물, 비, 액체

√vṛt 1Ā. [vartate] 굴러가다, 진행되다, 움직이다, (일이) 일어나다

√vyadh 4P. [vidhyati] 맞추다, 뚫다, 관통하다, ~에 고정되다

vyāghra [m.] 호랑이

√śam 4P. [śāmyati] 노력하다, 애쓰다, 지치다, 그만두다, 조용해지다, 만족되다

√śo 4P. [śyati] 날카롭게 연마하다, 갈다

√śram 4P. [śrāmyati] 힘쓰다, 지치다, 피로하다

√śru 5P. [śṛṇoti] 듣다

√sad 1P. [sīdati] ~(A.L.)에 앉다, 제사에서 (자리 잡아) 앉다, 자리를 잡다

√so 4P. [syati] 끝내다, 파괴하다, 죽이다

√sthā 1P.Ā. [tiṣṭhati, tiṣṭhate] 서 있다, 자리 잡다, 머무르다, 고정되어 있다

제11과
संस्कृतवाक्योपक्रिया

단음절 -ī 끝모음명사 여성곡용

11.01 끝모음명사 중에서 여성명사이고 단음절이면서 -ī로 끝나는 명사의 곡용은 다음과 같다.

표11.01 -ī 끝모음 단음절명사 여성곡용 dhī [f.] "생각"

격	약칭	단수	양수	복수
임자격	N.	dhīḥ	dhiyau	dhiyaḥ
대상격	A.	dhiyam	dhiyau	dhiyaḥ
수단격	I.	dhiyā	dhībhyām	dhībhiḥ
위함격	D.	dhiyai/dhiye	dhībhyām	dhībhyaḥ
유래격	Ab.	dhiyāḥ/dhiyaḥ	dhībhyām	dhībhyaḥ
가짐격	G.	dhiyāḥ/dhiyaḥ	dhiyoḥ	dhīnām/dhiyām
곳때격	L.	dhiyām/dhiyi	dhiyoḥ	dhīṣu
부름격	V.	dhīḥ	dhiyau	dhiyaḥ

paṇḍitaḥ sarvadā dhiyā sarvaṃ karoti deśaṃ ca kālaṃ cānvīkṣate.
현명한 사람은 항상 주의 깊게 모든 것을 행하고 장소와 시간을 살핀다.

nāsau dhiyā paśyati sma kiṃ nāma karomy aham evam.
"내가 도대체 무엇을 이렇게 하지?" 이 사람은 마음의 눈으로 보지 못했다.

단음절 -ū 끝모음명사 여성곡용

11.02 끝모음명사 중에서 여성명사이고 단음절이면서 -ū로 끝나는 명사의 곡용은 다음과 같다.

표11.02 -ū 끝모음 단음절명사 여성곡용 bhū [f.] "땅"

격	약칭	단수	양수	복수
임자격	N.	bhūḥ	bhuvau	bhuvaḥ
대상격	A.	bhuvam	bhuvau	bhuvaḥ
수단격	I.	bhuvā	bhūbhyām	bhūbhiḥ
위함격	D.	bhuvai / bhuve	bhūbhyām	bhūbhyaḥ
유래격	Ab.	bhuvāḥ / bhuvaḥ	bhūbhyām	bhūbhyaḥ
가짐격	G.	bhuvāḥ / bhuvaḥ	bhuvoḥ	bhūnām / bhuvām
곳때격	L.	bhuvām / bhuvi	bhuvoḥ	bhūṣu
부름격	V.	bhūḥ	bhuvau	bhuvaḥ

sā devī bhuvi baddhāpi muktidātrī.

그 여신은 땅에 묶여 있음에도 불구하고 해방시켜주는 자이다.

비고정형 갈래의 활용

✣11.03 비고정형 동사들은 강형과 약형 말줄기가 구분되어 사용된다.(☞10.22) 이와 맞물려서—높이강세(☞✣10.20)의 위치 변화 때문에—몇몇 인칭뒷토에서는 비고정형 갈래에서만 보이는 인칭뒷토의 형태들이 나타나게 된다. 제일인칭뒷토의 2인칭 양수 Ā.에 -ethe 대신 -āthe; 3인칭 양수 Ā.에 -ete 대신 -āte; 3인칭 복수 P.에 -nti 대신 -anti가 쓰이고 3인칭 복수 Ā.에 -nte 대신 -ate가 쓰인다. 이렇게 비고정형 갈래에 쓰이는 인칭뒷토들은 앞서 표 10.01에서 두 번째 가능성으로 제시되어 있는 형태들이다.

✣11.04 명령형 2인칭 단수 P.에서 비고정형 동사들은 자음으로 끝나는 말줄기의 경우에는 -dhi를, 모음으로 끝나는 말줄기의 경우에는 -hi를 인칭어미로 갖

게 된다.(☞표10.02) 이것은 같은 경우에서 고정형 동사들이 말줄기 자체를 명령형으로 사용하는 것과 대조된다.

✣11.05 이제 명령형 인칭뒷토를 고정형 동사들뿐 아니라 비고정형 동사에 적용되는 형태들까지 익혀야 한다. 따라서 다시 표10.02를 명확하게 살펴보고 이해할 필요가 있다. 이 때 비고정형 동사들의 경우 명령형의 3인칭단수 P.와 명령형의 모든 1인칭 P.Ā.에서 강형 말줄기를 사용해야 한다는 것을 다시 상기하기 바란다. 표10.02에 강말줄기의 위치를 추가로 표시한 아래의 표에서 " / " 표시의 뒤에 제시되는 형태들이 비고정형 갈래 동사들에 적용되는 형태들이다.

표11.03 명령형 인칭뒷토 (강말줄기 진한 바탕 표시)

	Parasmaipada			Ātmanepada		
	단수	양수	복수	단수	양수	복수
3.	-tu	-tām	-ntu / -antu	-tām	-etām / -ātām	-ntām / -atām
2.	ø / -dhi / -hi	-tam	-ta	-sva	-ethām / -āthām	-dhvam
1.	-āni	-āva	-āma	-ai	-āvahai	-āmahai

비고정형 동사: 제3갈래 (hu-갈래)

✣11.06 제3갈래에 속하는 동사들은 거듭을 통해서 현재말줄기가 만들어진다. 거듭소리가 마치 동사말뿌리에 붙는 앞토처럼 작용하게 되니 동사말뿌리의 앞에 동사마다 다른 앞토가 붙어서 현재형 말줄기를 만드는 셈이 된다.

제3갈래 거듭 규칙

✤11.07 앞서 배운 거듭의 일반 규칙에 보태어 제3갈래 동사의 현재말줄기를 만드는 데에 연관되는 추가 규칙들은 다음과 같다.

✤11.07(01) 거듭소리에는 말뿌리에 나타나는 긴 모음에 해당하는 짧은 모음의 형태가 사용된다.

√dā "주다" da-dā → dadā + ti → dadāti "그가 준다"

✤11.07(02) 말뿌리에 나타나는 모음 ṛ는 거듭소리가 될 때 모음 i로 바뀐다.

√bhṛ "들고 있다" bhi-bhṛ (✤09.12(01)) → bibhṛ + ti (강형)
→ bibharti "그가 들고 있다"

✤11.07(03) 강말줄기가 쓰일 경우에는 말뿌리 모음의 구나형이 사용된다. 약말줄기가 쓰일 경우에는 말뿌리 모음의 형태가 그대로 사용된다.
√hu "제물을 바치다"의 강말줄기는 juho-이고 약말줄기는 juhu-가 된다.

3인칭 단수 현재	juhoti	"그가 제물을 바친다"
3인칭 복수 현재	juhvati	"그들이 제물을 바친다"

√bhṛ "안고 있다" bhi-bhṛ (✤09.12(01)) → bibhṛ- (약형 말줄기), bibhar- (강형 말줄기)

3인칭 단수 현재	bibharti	"그가 들고 있다"
3인칭 복수 현재	bibhrati	"그들이 들고 있다"

√bhī "무서워하다"의 강말줄기는 bibhe-이고 약말줄기는 bibhī-이다.

✤11.08 제3갈래 활용에서 특히나 주의해야 할 점은 바로 3인칭 복수형 P.의 현재형과 명령형에서 인칭뒷토에 -n-이 나타나지 않는다는 사실이다. 물론 Ā.의 경우에는 비고정형 갈래들 모두에서 3인칭 복수형에 -n-이 나타나지 않는다. 이미 위에서 살펴 본 3인칭 복수 P.를 보면 확인된다.

juhvati "그들이 제물을 바친다"
bibhrati "그들이 들고 있다"
juhvatu "그들이 제물을 바치게 하라!"
bibhratu "그들이 들고 있게 하라!"

✣11.09 이상의 내용을 익히기에 보다 효과적인 방법은 아마도 대표적인 동사의 활용형을 익히는 것이 될 것이다. 아래 표들에서 강말줄기의 위치는 진한 바탕으로 표시되어 있다.

표11.04 3갈래 동사 현재활용 √hu "제물을 바치다"

	Parasmaipada			Ātmanepada		
	단수	양수	복수	단수	양수	복수
3.	juhoti	juhutaḥ	juhvati	juhute	juhvāte	juhvate
2.	juhoṣi	juhuthaḥ	juhutha	juhuṣe	juhvāthe	juhudhve
1.	juhomi	juhuvaḥ	juhumaḥ	juhve	juhuvahe	juhumahe

표11.05 3갈래 동사 명령형 활용 √hu "제물을 바치다"

	Parasmaipada			Ātmanepada		
	단수	양수	복수	단수	양수	복수
3.	juhotu	juhutām	juhvatu	juhutām	juhvātām	juhvatām
2.	juhudhi	juhutam	juhuta	juhuṣva	juhvāthām	juhudhvam
1.	juhavāni	juhavāva	juhavāma	juhavai	juhavāvahai	juhavāmahai

✣11.09(01) 약말줄기 juhu-가 사용되는 명령형 2인칭 단수는 말줄기가 모음으로 끝나지만 인칭뒷토가 -hi가 아닌 -dhi가 사용되고 있어서 일반적인 규칙(☞✣11.04)에 대한 예외이다.

제3갈래의 예외 형태 동사들

✤ 11.10 아주 자주 나타나는 동사 둘, √dā "주다"; √dhā "놓다"는 모든 약형 말줄기가 쓰이는 곳에서 말뿌리의 모음이 완전히 사라진다. 따라서 약형 말줄기는 각각 dad-와 dadh-가 된다고 생각하면 된다.

✤ 11.10(01) 이 때 약형 말줄기 dadh의 dh-가 인칭뒷토의 t-, th-, s- 앞에 올 때에는 t-로 바뀌는데 이렇게 해서 dh가 t로 바뀌면서 dh에서 상실된 거센소리(aspiration)가 거듭음으로 옮겨가서 나타나게 된다.

dhattaḥ "그들 둘이 놓는다"

✤ 11.10(02) √dhā의 3인칭 현재 단수 P. dadhāti (강말줄기); 3인칭 현재 복수 P.는 dadhati (약말줄기)가 되는데 1인칭 현재 양수와 복수 P.는 각각 dadhvaḥ, dadhmaḥ가 된다

표11.06 √dhā 3P.Ā. [dadhāti, dhatte] "두다, 놓다"의 현재활용

	Parasmaipada			Ātmanepada		
	단수	양수	복수	단수	양수	복수
3.	dadhāti	dhattaḥ	dadhati	dhatte	dadhāte	dadhate
2.	dadhāsi	dhatthaḥ	dhattha	dhatse	dadhāthe	dhaddhve
1.	dadhāmi	dadhvaḥ	dadhmaḥ	dadhe	dadhvahe	dadhmahe

brāhmaṇā yajñe madhu viṣṇave juhvati.

제사에서 사제들이 비스누에게 꿀을 바쳤다.

yad āvāṃ dadhvas(/dadvas) tat phalaṃ bibhṛhi.

우리 둘이 두는(/주는) 열매를 가지고 있어라.

비고정형 동사: 제2갈래 (ad-갈래)

✣11.11 제2갈래에 속하는 동사들의 경우에는 말뿌리 자체를 현재형 말줄기로 사용한다. 따라서 이 갈래를 종종 "말뿌리갈래"(root class)라고 부르기도 한다. 따라서 별도의 갈래 표식을 가지고 있지 않다. 이 동사들은 강형 말줄기가 쓰이는 경우에는 말뿌리의 모음이 구나형을 취한다. 하지만 제2갈래 동사들은 말줄기와 현재뒷토가 결합되는 과정에서 내부싼디의 다양한 변화를 보여주게 된다. 때문에 배우기에는 까다로운 갈래인 셈이다.

제2갈래 동사들의 내부싼디 규칙

✣11.12 제2갈래 동사들의 활용을 익히기 위해서는 이 맥락에서 필요한 내부싼디의 규칙들을 살펴보아야 한다. 그 대강의 내용은 다음과 같다.

✣11.12(01) 만약 말뿌리가 자음으로 끝난다면 제2갈래에서는 현재말줄기가 자음으로 끝나는 상황이 되며, 이 경우에는 곧바로 자음으로 시작되는 인칭뒷토와 결합될 때에 자음의 충돌이 있게 된다.

✣11.12(02) 울림소리이고 거센소리가 아닌 경우의 터짐소리 자음이 안울림소리 자음 앞에 올 때에는 해당하는 안울림소리 터짐소리로 대체된다. (진짜말끝의 규정과 상통한다. ✣04.07)

√vid 2P. [vetti] "알다": √vid (구나) → ved → ved + ti (내부싼디)

→ vet + ti

✣11.12(03) 이빨소리의 터짐소리 혹은 이빨소리의 콧소리가 혀말은소리 혹은 갈이소리 중의 혀말은소리 뒤에 나타나게 되는 경우에는 각각에 해당하는 혀말은소리로 바뀌게 된다.

√dviṣ 2P.Ā. [dveṣṭi, dviṣṭe] "싫어하다": √dviṣ (구나) → dveṣ → dveṣ + ti (내부싼디) → dveṣ + ṭi

✤11.12(04) 갈이소리 -ṣ는 s-앞에 나타나게 되면 일반적으로 -k로 바뀌는데 이 경우에 뒤따르는 s-는 ṣ-로 바뀌게 된다. (☞✤04.07(05))

√dviṣ [2] P. Ā. [dveṣṭi, dviṣṭe] "싫어하다": √dviṣ (구나) → dveṣ (내부싼디)→ dvek + si (☞✤05.10) → dvek + ṣi "네가 싫어한다"

✤11.12(05) 콧소리가 s- 앞에 나타나면 아누쓰바라로 바뀐다.

√han 2P. [hanti] "죽이다, 때리다": √han → han + si → haṃ + si "네가 죽인다"

✤11.12(06) 말뿌리의 끝이 -c인 경우 뒤에 콧소리나 반모음 v-가 아닌 자음이 따라올 경우에는 이 -c가 -k인 것처럼 다루어진다.

√vac 2P. [vakti] "말하다": √vac → vac + ti → vak + ti "그가 말한다"; √vac → vac + si → vak + si (☞05.10) → vak + ṣi "네가 말한다"

✤11.12(07) 말뿌리가 -u 혹은 -ū 모음으로 끝나는 경우 약말줄기가 사용될 때 뒤따르는 인칭뒷토가 모음으로 시작되면 -uv로 바뀐다. 똑같은 경우에 -ṛ는 -r로 바뀐다.

√brū 2P.Ā. [bravīti, brūte] "말하다": bruvanti "그들이 말한다" (P.); bruve "내가 말한다" (Ā.); bruvate "우리들이 말한다" (Ā.)

✤11.13 제2갈래 동사들의 활용에서는 특히나 강형과 약형의 말줄기 차이를 염두에 두고 활용해야 한다.

✤11.13(01) √i 2P. [eti] "가다"의 경우 차이가 확연하게 보인다.

표11.07 √i 2P. [eti] "가다"의 현재활용

	Parasmaipada		
	단수	양수	복수
3.	eti	itaḥ	yanti
2.	eṣi	ithaḥ	itha
1.	emi	ivaḥ	imaḥ

표11.08 √i 2P. [eti] "가다"의 명령형 활용

	Parasmaipada		
	단수	양수	복수
3.	etu	itām	yantu
2.	ihi	itam	ita
1.	ayāni	ayāva	ayāma

✣11.13(02) 예로 √dviṣ "싫어하다"의 현재활용을 보자면 다음과 같다.

표11.09 √dviṣ 2P.Ā. [dveṣṭi, dviṣṭe] "싫어하다, 미워하다"의 현재활용

	Parasmaipada			Ātmanepada		
	단수	양수	복수	단수	양수	복수
3.	dveṣṭi	dviṣṭaḥ	dviṣanti	dviṣṭe	dviṣāte	dviṣate
2.	dvekṣi	dviṣṭhaḥ	dviṣṭha	dvikṣe	dviṣāthe	dviḍḍhve
1.	dveṣmi	dviṣvaḥ	dviṣmaḥ	dviṣe	dviṣvahe	dviṣmahe

yā taṃ dveṣṭi sā tasmai na namati.

그를 싫어하는 그녀는 그에게 인사를 하지 않는다.

yaḥ satyaṃ na vetti sa mokṣaṃ nāpnotīti smṛtiḥ.

진리를 모르는 자는 해탈을 얻지 못한다는 것이 전통이 전하는 바이다.

표11.10 √dviṣ 2P.Ā. [dveṣṭi, dviṣṭe] "싫어하다, 미워하다"의 명령형 활용

	Parasmaipada			Ātmanepada		
	단수	양수	복수	단수	양수	복수
3.	dveṣṭu	dviṣṭām	dviṣantu	dviṣṭām	dviṣātām	dviṣatām
2.	dviḍḍhi	dviṣṭam	dviṣṭa	dvikṣva	dviṣāthām	dviḍḍhvam
1.	dveṣāni	dveṣāva	dveṣāma	dveṣai	dveṣāvahai	dveṣāmahai

deva nṛpaḥ suhṛdaṃ pravādena mā dveṣṭu.

폐하! 왕은 소문 때문에 친구를 미워하지 말아야 합니다.

✤11.13(03) 왕이나 권력자를 부르는 칭호로 deva가 자주 사용된다. ārya는 주로 종교인이나 사회적으로 존경받는 사람을 부르는 호칭으로 사용된다.

✤11.13(04) 제2갈래의 대표 동사 √ad의 활용은 다음과 같다.

표11.11 √ad 2P. [atti] "먹다"의 현재활용

	Parasmaipada		
	단수	양수	복수
3.	atti	attaḥ	adanti
2.	atsi	atthaḥ	attha
1.	admi	advaḥ	admaḥ

te pibanti cādanti ca. 그들은 마시고 먹는다.

제2갈래 동사의 예외 활용

✤11.14 제2갈래에 속하는 동사들 중에서 가장 자주 나타나는 동사는 √as인데 불

규칙활용을 하는 동사이다. 이 내용은 이미 표07.07에서 배운 내용이다. √as는 과거형(imperfect)이 아닌 모든 현재 체계의 약형 말줄기에서 모음 a가 탈락되며 2인칭 단수 P.의 인칭어미 s- 앞에서 말뿌리의 -s가 탈락된다.

✤11.15 자주 쓰이는 동사 √brū "말하다"의 경우에는 강말줄기와 자음으로 시작하는 인칭뒷토 사이에 추가적으로 모음 -ī-가 삽입된다. 그리고 이 동사는 현재 체계 이외에서는 사용되지 않는다.

표11.12 √brū 2P.Ā. [bravīti, brūte] "말하다"의 현재활용

	Parasmaipada			Ātmanepada		
	단수	양수	복수	단수	양수	복수
3.	bravīti	brūtaḥ	bruvanti	brūte	bruvāte	bruvate
2.	bravīṣi	brūthaḥ	brūtha	brūṣe	bruvāthe	brūdhve
1.	bravīmi	brūvaḥ	brūmaḥ	bruve	brūvahe	brūmahe

표11.13 √brū 2P.Ā. [bravīti, brūte] "말하다"의 명령형 활용

	Parasmaipada			Ātmanepada		
	단수	양수	복수	단수	양수	복수
3.	bravītu	brūtām	bruvantu	brūtām	bruvātām	bruvatām
2.	brūhi	brūtam	brūta	brūṣva	bruvāthām	brūdhvam
1.	bravāṇi	bravāva	bravāma	bravai	bravāvahai	bravāmahai

tasmāt karuṇayā vinā vai tasmin yuddhe sarvāñ chatrūn hanti smety eva satyam etad bravīmi te.

그래서 동정심도 없이 그 전쟁에서 그가 모든 적들을 죽였다고 내가 네게 말하는 것은 맹세컨데 진실이다.

✤11.16 동사말뿌리 √rud 2P. [roditi] "울다"; √svap 2P. [svapiti] "자다"; √an

2P. [aniti] "숨쉬다"; √jakṣ 2P. [jakṣiti] "먹다"; √śvas 2P. [śvasiti] "내쉬다"의 경우에는 자음으로 시작되는 인칭뒷토의 앞에 -i-가 삽입된다.

kuto rodiṣi? yato mama patir mriyate tato rodimi.
너는 왜 우는가? 내 남편이 죽었기 때문에 나는 운다.

✣11.17 자주 쓰이는 동사 √han은 m-과 v-로 시작하는 경우를 제외한 자음으로 시작되는 인칭뒷토의 앞에서 약말줄기의 -n이 탈락되며, 모음으로 시작되는 인칭뒷토 앞에서 약말줄기는 모음 -a-가 탈락된다. 그리고 이렇게 말줄기의 모음 -a-가 탈락되면 말줄기의 첫 자음 h-가 gh-로 바뀐다. 따라서 아래의 활용 형태가 나타나게 된다. 3인칭 복수형에 주목하기 바란다.

표11.14 √han 2P. [hanti] "죽이다, 때리다"의 현재활용

	Parasmaipada		
	단수	양수	복수
3.	hanti	hataḥ	ghnanti
2.	haṃsi	hathaḥ	hatha
1.	hanmi	hanvaḥ	hanmaḥ

✣11.18 모음 -u로 끝나는 말뿌리는 강말줄기로 쓰이고 뒤에 자음으로 시작되는 인칭뒷토가 따라올 때에 브릳디형태를 갖는다.

√stu 2P.A. [stauti, stute] "찬양하다"의 P. 단수는 3인칭 stauti, 2인칭 stauṣi, 1인칭 staumi가 된다. P. 명령형 3인칭 단수 stautu, 명령형 2인칭 단수 stuhi, 명령형 1인칭 단수 stavāni가 된다.

√yu 2P. [yauti] "묶다"는 현재활용 P. 단수에서 3인칭 yauti, 2인칭 yauṣi, 1인칭 yaumi가 된다.

✣11.19 √śās 2P. "통제하다, 가르치다"는 약형에서 2인칭 단수 명령형을 제외하고는 자음으로 시작되는 인칭뒷토 앞에서 말줄기가 śiṣ가 된다. 현재활용 P.

3인칭 단수 śāsti, 2인칭 단수 śāssi, 1인칭 단수 śāsmi가 되고, 현재활용 P. 3인칭 복수 śāsati, 2인칭 복수 śiṣṭha, 1인칭 복수 śiṣmaḥ가 된다. P. 명령형 활용 3인칭 단수 śāstu, 2인칭 단수 śādhi, 1인칭 단수 śāsāmi가 되고, 명령형 활용 P. 3인칭 복수 śāsatu, 2인칭 복수 śiṣṭa, 1인칭 복수 śāsāma가 된다.

비고정형 동사: 제5갈래 (su-갈래)

✣11.20 제5갈래의 동사들은 말뿌리에 변화를 주지 않고 말뿌리의 뒤에 강형의 경우 -no-가, 약형의 경우 -nu-가 첨가된다. √su 5P.Ā. [sunoti, sunute] "짜내다, 추출하다"를 예로 들자면 강말줄기는 suno-, 약말줄기는 sunu-가 된다. √āp 5P. [āpnoti] "얻다"는 강말줄기 āpno-, 약말줄기 āpnu-가 된다.

✣11.21 모음으로 끝나는 말줄기는 모음으로 시작되는 인칭뒷토 앞에서 nu-가 nv-로 바뀐다. "내가 짜내다" Ā.는 sunve가 되고, "그들이 짜낸다" P.는 sunvanti가 된다.

✣11.22 v-와 m-으로 시작되는 인칭뒷토 앞에서는 nu-의 모음이 없어져서 n-이 되는 경우도 있다.

"우리 둘이 짜낸다" P.는 sunuvaḥ와 sunvaḥ 모두 가능하다.

✣11.23 제5갈래 동사활용의 구체적인 예를 보자.

표11.15 √su 5P.Ā. [sunoti, sunute] "짜내다"의 현재활용

	Parasmaipada			Ātmanepada		
	단수	양수	복수	단수	양수	복수
3.	sunoti	sunutaḥ	sunvanti	sunute	sunvāte	sunvate
2.	sunoṣi	sunuthaḥ	sunutha	sunuṣe	sunvāthe	sunudhve
1.	sunomi	sunuvaḥ / sunvaḥ	sunumaḥ / sunmaḥ	sunve	sunuvahe / sunvahe	sunumahe / sunmahe

sa tilaṃ sunoti tailaṃ karoti ca. 그는 참깨를 짜내서 참기름을 만든다.

표11.16 √su 5P.Ā. [sunoti, sunute] "짜내다"의 명령형 활용

	Parasmaipada			Ātmanepada		
	단수	양수	복수	단수	양수	복수
3.	sunotu	sunutām	sunvantu	sunutām	sunvātām	sunvatām
2.	sunu	sunutam	sunuta	sunuṣva	sunvāthām	sunudhvam
1.	sunavāni	sunavāva	sunavāma	sunavai	sunavāvahai	sunavāmahai

✣11.24 모음으로 끝나는 말뿌리는 2인칭 단수 명령형 P.에서 인칭뒷토가 없다. 자음으로 끝나는 말뿌리는 2인칭 단수 명령형 P.에서 인칭뒷토 -hi를 갖게 된다. 따라서 āpnuhi "얻어라!, 성취해라!"가 된다.

✣11.25 제5갈래 활용의 동사인칭뒷토는 표준형을 따르는데, 예외는 3인칭 복수 Ā에서 -n-이 탈락한다는 점이다. 즉 현재형에서는 -ante가 아니라 -ate이고 명령형에서는 -antām 대신 -atām이 된다.

✣11.26 이 갈래에 속하는 중요한 동사들로는 √śru 5P. [śṛṇoti] "듣다"와 √āp 5P. [āpnoti] "얻다"를 들 수 있다.

✣11.26(01) √śru "듣다"는 갈래 표식이 붙기에 앞서 말뿌리 형태가 √śṛ로 바뀐다. 따라서 활용의 형태는 3인칭 P.가 단수, 양수, 복수에서 śṛṇoti, śṛṇutaḥ, śṛṇvanti가 된다.

비고정형 동사: 제8갈래 (tan-갈래)

❖11.27 제8갈래의 동사들은 말뿌리에 변화를 주지 않고 말뿌리의 뒤에 강형의 경우 -o-가, 약형의 경우 -u-가 첨가된다. 하지만 실제로 대부분의 제8갈래 동사들은 말뿌리가 -n으로 끝나기 때문에 결론적으로는 제5갈래의 활용과 구분하기 어려운 활용 형태를 나타낸다. 따라서 √tan의 활용은 √su 5P.Ā. [sunoti, sunute] "짜내다"의 활용과 일치한다. 그리고 활용에 적용되는 규칙들도 마찬가지로 적용된다.

❖11.28 제8갈래에서 가장 중요한 동사이자 이 갈래에서 유일하게 -n으로 끝나지 않는 말뿌리를 가진 동사가 바로 √kṛ이다. 그리고 제8갈래의 예외적인 활용을 하는 동사이기도 하다. 중요한 동사인 만큼 그 형태를 숙지해야 한다.

❖11.28(01) 강형에서는 말뿌리의 모음 ṛ도 구나형이 된다. 따라서 강말줄기는 karo-이다.

❖11.28(02) 약형에서는 말뿌리가 kur로 바뀐다. 따라서 약말줄기는 kuru-가 된다.

❖11.28(03) 앞선 규정 ❖11.22에 상응하게 약말줄기 kuru-는 v-와 m-으로 시작되는 인칭뒷토 앞에서는 항상 모음 u를 잃게 된다.

표11.17 √kṛ 8P.Ā. [karoti, kurute] "하다, 만들다"의 현재활용

	Parasmaipada			Ātmanepada		
	단수	양수	복수	단수	양수	복수
3.	karoti	kurutaḥ	kurvanti	kurute	kurvāte	kurvate
2.	karoṣi	kuruthaḥ	kurutha	kuruṣe	kurvāthe	kurudhve
1.	karomi	kurvaḥ	kurmaḥ	kurve	kurvahe	kurmahe

표11.18 √kṛ 8P.Ā. [karoti, kurute] "하다, 만들다"의 명령형 활용

	Parasmaipada			Ātmanepada		
	단수	양수	복수	단수	양수	복수
3.	karotu	kurutām	kurvantu	kurutām	kurvātām	kurvatām
2.	kuru	kurutam	kuruta	kuruṣva	kurvāthām	kurudhvam
1.	karavāṇi	karavāva	karavāma	karavai	karavāvahai	karavāmahai

비고정형 동사: 제7갈래 (rudh-갈래)

✣11.29 제7갈래에 속하는 동사들은 수가 많지 않고 말뿌리가 모두 자음으로 끝난다. 그리고 다음과 같이 현재말줄기가 만들어진다.

✣11.29(01) 말줄기가 약형일 때의 갈래 표식은 말뿌리의 끝자음 앞에 삽입되는 말뿌리의 끝자음과 같은 무리에 속하는 콧소리이다.

✣11.29(02) 만약 끝자음이 갈이소리이거나 h인 경우에는 아누쓰바라가 그 앞에 삽입된다.

✣11.29(03) 말줄기가 강형일 때에는 갈래 표식은 음절 -na-(혹은 -ṇa-)가 된다.

예로 √bhid 7P.Ā. [bhinatti, bhintte] "가르다, 쪼개다"의 경우 약말줄기는 bhind-, 강말줄기는 bhinad-이 된다. √rudh 7P.Ā. [ruṇaddhi, runddhe] "막다, 저지하다"의 약말줄기는 rundh-가 되고 강말줄기는 ruṇadh가 된다. √yuj 7P.Ā. [yunakti, yuṅkte] "묶다, 제어하다"의 경우에는 약말줄기는 yuñj-이고 강말줄기는 yunaj-이다. 따라서 yunakti "그가 제어한다", yuñjamaḥ "우리들이 제어한다"가 된다.

제7갈래 동사들의 내부싼디 규칙

✤11.30 제7갈래 활용과 연관되는 내부싼디 규칙들 중 알아둘 만한 것들은 다음과 같다.

✤11.30(01) 제7갈래에 속하는 -j로 끝나는 말뿌리를 가진 동사들은 끝자음이 -c인 경우(☞✤11.12(06))와 똑같이 다루어진다. 따라서 뒤에 콧소리나 반모음 v-가 아닌 자음이 따라올 경우에는 이 -j가 -k인 것처럼 다루어진다.

√yuj: √yuj → yuñj + tas → yuṅk + taḥ "너희 둘이 제어한다"

✤11.30(02) 터짐소리 중의 거센소리는 다른 터짐소리나 갈이소리 바로 앞에 올 때에 그 거셈이 사라진다.

√rudh: √rudh → ruṇadh + si → ruṇat + si → ruṇatsi "네가 막는다"

✤11.30(03) 이 때에 만약 말뿌리의 끝소리가 울림소리이면서 거센소리인 터짐소리이면서[1] 뒤에 붙는 인칭뒷토가 t-, th-로 시작할 때에는 인칭뒷토의 첫 소리인 t-, th-가 울림소리가 되면서 거센소리로 바뀌게 된다.

√rudh: √rudh → ruṇadh + ti → ruṇad + dhi → ruṇaddhi "그가 막는다" (강형)

√rudh: √rudh → rundh + tas → rund + dhas → runddhaḥ "그 둘이 막는다" (약형)

✤11.31 제7갈래 동사의 활용 형태는 다음과 같다.

---

1 앞선 ✤11.10(01)처럼 거듭소리로 거셈이 옮겨가는 경우는 해당되지 않는다.

표11.19 √rudh 7P.Ā. [ruṇaddhi, runddhe] "막다, 저지하다"의 현재활용

	Parasmaipada			Ātmanepada		
	단수	양수	복수	단수	양수	복수
3.	ruṇaddhi	runddhaḥ	rundhanti	runddhe	rundhāte	rundhate
2.	ruṇatsi	runddhaḥ	runddha	runtse	rundhāthe	runddhve
1.	ruṇadhmi	rundhvaḥ	rundhmaḥ	rundhe	rundhvahe	rundhmahe

표11.20 √rudh 7P.Ā. [ruṇaddhi, runddhe] "막다, 저지하다"의 명령형 활용

	Parasmaipada			Ātmanepada		
	단수	양수	복수	단수	양수	복수
3.	ruṇaddhu	runddhām	rundhantu	runddhām	rundhātām	rundhatām
2.	runddhi	runddham	runddha	runtsva	rundhāthām	runddhvam
1.	ruṇadhāni	ruṇadhāva	ruṇadhāma	ruṇadhai	ruṇadhāvahai	ruṇadhāmahai

✣ 11.31(01) 제7갈래 동사들 중에서 중요한 동사인 √yuj의 활용 형태는 다음과 같다.

표11.21 √yuj 7P.Ā. [yunakti, yuṅkte] "묶다, 제어하다"의 현재활용

	Parasmaipada			Ātmanepada		
	단수	양수	복수	단수	양수	복수
3.	yunakti	yuṅktaḥ	yuñjanti	yuṅkte	yuñjāte	yuñjate
2.	yunakṣi	yuṅkthaḥ	yuṅktha	yuṅkṣe	yuñjāthe	yuṅgdhve
1.	yunajmi	yuñjvaḥ	yuñjmaḥ	yuñje	yuñjvahe	yuñjmahe

표11.22 √yuj 7P.Ā. [yunakti, yuṅkte] "묶다, 제어하다"의 명령형 활용

	Parasmaipada			Ātmanepada		
	단수	양수	복수	단수	양수	복수
3.	yunaktu	yuṅktām	yuñjantu	yuṅktām	yuñjātām	yuñjatām
2.	yuṅgdhi	yuṅktam	yuṅkta	yuṅkṣva	yuñjāthām	yuṅgdhvam
1.	yunajāni	yunajāva	yunajāma	yunajai	yunajāvahai	yunajāmahai

비고정형 동사: 제9갈래 (krī-갈래)

✤11.32 제9갈래에 속하는 동사들은 일반적으로 쓰이는 동사들이 많지 않은데 활용 방식은 이렇다.

✤11.32(01) 현재말줄기를 만들 때에 동사말뿌리는 강화되지 않는다. 갈래 표식은 약형일 경우 -nī (혹은 -ṇī)이고 인칭뒷토가 모음으로 시작될 때에는 -n (혹은 -ṇ)이 된다. 긴 모음 ī가 탈락되는 것이다.

✤11.32(02) 강형의 경우 갈래 표식이 -nā (혹은 -ṇā)이다.

√krī 9P.Ā. [krīṇāti, krīṇīte] "사다": krīṇīvaḥ "우리 둘이 산다"; krīṇe "내가 산다" (Ā.); krīṇanti "그들이 산다"

√jñā 9P.Ā. [jānāti, jānīte] "알다": jānāti "그가 안다"; jāne "내가 안다" (Ā.); jānanti "그들이 안다" (-anti)

✤11.33 제9갈래에 속하는 가장 자주 쓰이는 동사는 √jñā "알다"인데 이 동사는 불규칙활용의 모습을 보인다. 이 동사의 현재말줄기에서는 말뿌리에 있는 콧소리 ñ이 갈래 표식 앞에서 사라진다. 다시 말하자면 현재 체계 안에서는 √jñā는 콧소리 ñ가 빠진 채로 쓰인다.

표11.23 √jñā 9P.Ā. [jānāti, jānīte] "알다"의 현재활용

	Parasmaipada			Ātmanepada		
	단수	양수	복수	단수	양수	복수
3.	jānāti	jānītaḥ	jānanti	jānīte	jānāte	jānate
2.	jānāsi	jānīthaḥ	jānītha	jānīṣe	jānāthe	jānīdhve
1.	jānāmi	jānīvaḥ	jānīmaḥ	jāne	jānīvahe	jānīmahe

표11.24 √jñā 9P.Ā. [jānāti, jānīte] "알다"의 명령형 활용

	Parasmaipada			Ātmanepada		
	단수	양수	복수	단수	양수	복수
3.	jānātu	jānītām	jānantu	jānītām	jānātām	jānatām
2.	jānīhi	jānītam	jānīta	jānīṣva	jānāthām	jānīdhvam
1.	jānāni	jānāva	jānāma	jānai	jānāvahai	jānāmahai

11.34 제9갈래 동사들 중에서 자음으로 끝나는 말뿌리를 가진 경우에는 명령형 2인칭 단수 P.에서 갈래 표식 -nī 없이 인칭어미 -āna가 나타난다. √krī "사다"의 2인칭 단수 P. 명령형은 krīṇīhi "사라!"가 되지만, √aś "먹다"에서는 2인칭 단수 P. 명령형 aśāna "먹어라!"가 만들어진다.

표11.25 √aś 9P.Ā. [aśnāti, aśnīte] "먹다"의 현재활용

	Parasmaipada			Ātmanepada		
	단수	양수	복수	단수	양수	복수
3.	aśnāti	aśnītaḥ	aśnanti	aśnīte	aśnāte	aśnate
2.	aśnāsi	aśnīthaḥ	aśnītha	aśnīṣe	aśnāthe	aśnīdhve
1.	aśnāmi	aśnīvaḥ	aśnīmaḥ	aśne	aśnīvahe	aśnīmahe

표11.26 √aś 9P.Ā. [aśnāti, aśnīte] "먹다"의 명령형 활용

	Parasmaipada			Ātmanepada		
	단수	양수	복수	단수	양수	복수
3.	aśnātu	aśnītām	aśnantu	aśnītām	aśnātām	aśnatām
2.	aśāna	aśnītam	aśnīta	aśnīṣva	aśnāthām	aśnīdhvam
1.	aśnāni	aśnāva	aśnāma	aśnai	aśnāvahai	aśnāmahai

데바나가리 3/4(반모음, 갈이소리, 내쉼소리, 독립모음 표기)

✣11.35 데바나가리로 표기하는 반모음은 다음과 같다.

य ya ; र ra ; ल la ; व va

✣11.36 반모음 문자들을 적는 방법은 다음과 같다.

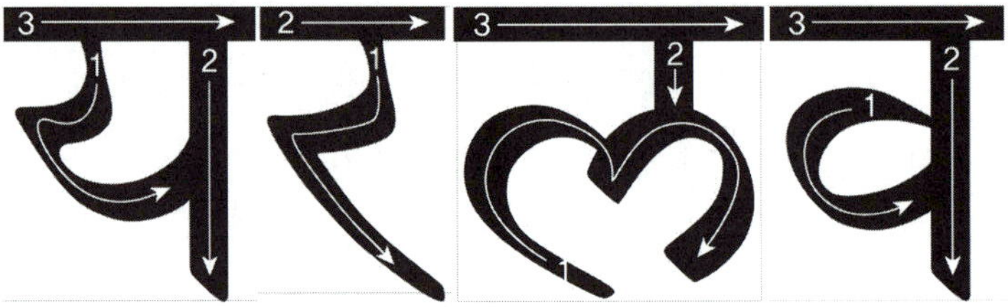

ya와 va의 1, 2획은 한 번에 이어서 적는다.

✣11.37 데바나가리로 표기하는 갈이소리와 내쉼소리 ha는 다음과 같다.

श śa ; ष ṣa ; स sa ; ह ha

✣11.38 갈이소리와 내쉼소리 ha 문자들을 적는 방법은 다음과 같다.

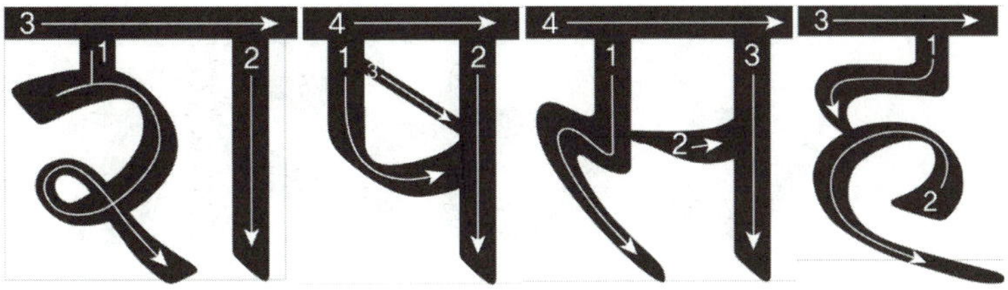

ṣa의 1, 2획과 sa의 2, 3획은 한 번에 이어서 적는다.

✤11.39 반모음에서 r의 경우 ru와 rū를 표기할 때에는 모음을 첨가하는 부분이 문자의 맨 아랫부분이 아니라는 것을 염두에 두어야 한다.

र ra ; रा rā ; रि ri ; री rī ; रु ru ; रू rū ; रे re ; रै rai ; रो ro ; रौ rau

✤11.40 데바나가리는 딸린모음표기체계이기 때문에 자음의 뒤에 나타나는 모음은 자음에 부가되는 표시를 해서 표기한다.(☞✤09.13) 따라서 앞서는 자음이 없는 모음을 표기할 때에는 독립된 위치에 나타나는 모음을 표기하는 문자가 따로 필요하게 된다. 데바나라기로 적는 독립모음표기는 다음과 같다.

अ आ इ ई उ ऊ ऋ ॠ ऌ ए ऐ ओ औ

✤11.41 독립모음을 나타내는 데바나가리 문자들을 적는 방법은 다음과 같다. 사용되는 일이 거의 없는 모음 ḷ은 무시해도 좋다.

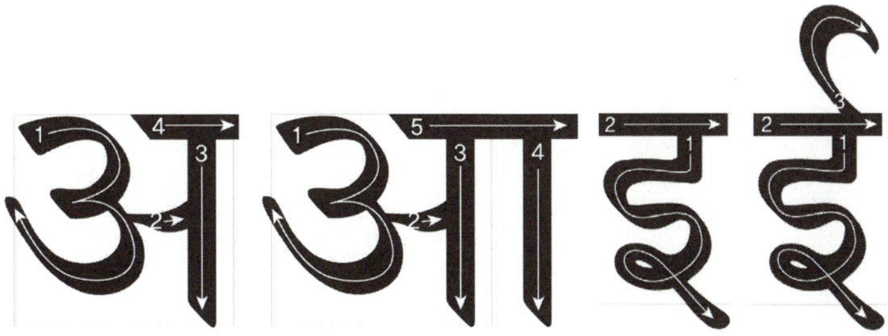

a, ā, o, au의 2, 3획은 한 번에 이어서 적는다.

연습문제

ᗡ 11.01 다음을 데바나가리로 표기하시오.

ᗡ 11.01(01) vi ra ṣā sṛ ṛ

ᗡ 11.01(02) yaiḥ auḥ śe oṃ hiṃ

ᗡ 11.01(03) oḥ vṛ śi eḥ sāḥ

ᗡ 11.01(04) auḥ i rīḥ sṛḥ sāṃ

ᗡ 11.01(05) soḥ ṣī vṝḥ śauṃ yīḥ

ᗡ 11.01(06) aiḥ iśi uśa ṣauḥ riḥ

ᗡ 11.01(07) ṛṣi raiḥ aurā hiṃ ṛta

ᗡ 11.01(08) ṛṣayaḥ śoḥ vai hīṃ sṛṃ

ᗡ 11.01(09) eḥ ṣauṃ o vṝ yauḥ

ᗡ 11.01(10) hoḥ uṣāṃ śauḥ sūṃ ṛva

11.02 다음 문장을 로마자로 바꾸고 한국어로 옮기시오.

11.02(01) स नृपो नलो नाम राजगृहे सुखं जीवति ।

11.02(02) बाल मम रथमिदानीं नय ।

11.02(03) एको नकुलो बिडालेन सह वने चरति ।

11.02(04) सेवकाः पतेः पादयोः पतन्ति दानं च निदधति ।

11.02(05) एकदा स देवः सोमं पिबति भृशमहिं विजयति च ।

D 11.03 다음 문장을 데바나가리로 표기하고 한국어로 옮기시오.

D 11.03(01) tava sakhī muneḥ kathāṃ śṛṇoti.

D 11.03(02) yā nṛpaṃ śapati tāṃ nārīṃ vīrau pathe jānītaḥ.

D 11.03(03) yadi devāya yajate tadā paśuṃ labhata iti yathāvacanaṃ devāyopahāraṃ dine dine juhudhi.

D 11.03(04) ekaḥ puruṣo bhuvi sīdati somam akuśalaṃ sunoti ca. he somam iha devatāyai sunavānīti bhāṣe.

D 11.03(05) yadā yadā devālayam ivas tadā tadā mama mātā dūrād api devālayam eti.

D 11.04 다음 문장을 한국어로 옮기시오.

D 11.04(01) yad yūyaṃ kurvanti tat kāryaṃ brūta.

D 11.04(02) kumāra mā rudihīti mārge sundarī nārī bravīti.

D 11.04(03) yad vacāmi tat sevakāḥ śṛṇvantu.

D 11.04(04) yāvat sarve jantavo bhuvā utpatanti tāvad ahaṃ bhuvaṃ mātaram iva manye.

D 11.04(05) yataḥ paśupatir atīva kupyati tataḥ sa śatroḥ śarīraṃ chinatti sma.

D 11.04(06) yā naryaḥ kiṃ cin na jānanti tāḥ kaś cana na pariṇayati.

D 11.04(07) sā devī bhuvi tiṣṭhaty api bhūs tāṃ na badhnāti.

D 11.05 다음 이야기를 한국어로 옮기시오. (gaṇikā-vānara-kathā)

D 11.05(01) asti kasmiṃś cid deśe brahmapuraṃ nāma nagaram. yo 'muṣya samīpe parvatas tiṣṭhati tasmin ghaṇṭākarṇo nāma rākṣaso vasatīti pravādaḥ. ekadā ye caurā ghaṇṭāṃ corayanti naragāt parvatāya ca yanti tān vyāghro hanty aśnāti ca. paścād vānarās tyaktāṃ ghaṇṭāṃ labhante sarvadā ca vādayanti sma. tato nagarasya janās tāṃś caurān vyāghreṇa hatāñ jānanti sma.

D 11.05(02) yataḥ kiṃ tu ghaṇṭāyāḥ śabdaṃ sarvadā śṛṇvanti tata evaṃ pravādo bhavati sma. ghaṇṭākarṇo nāma rākṣasaḥ kupito janaṃ hanty aśnāti ca tatkālaṃ ghaṇṭāṃ vādayatīti pravādād bahavo janā nagaraṃ tyajanti sma.

D 11.05(03) atha kā cid gaṇikā cintayati. ghaṇṭā śabdam aprāptakālaṃ karotīti. dhiyā ca kāraṇam anvīkṣate sma. tataḥ ke cid vānarā ghaṇṭāṃ vādayantīti sā svayaṃ jānāti. sā ca nṛpasya sthānam eti taṃ bravīti ca. nṛpa, yadi devo me dhanaṃ dadāti tarhy aham etasya ghaṇṭākarṇasya rākṣasasya kaṣṭaṃ kāryaṃ ruṇadhmīti.[2] yo 'yaṃ nṛpo rākṣasaṃ dveṣṭi sa tasyai gaṇikāyai dhanaṃ dadāti sma.

11.05(04) tatra sā gaṇikā hy anṛtād devebhyaḥ paśūñ juhoti yajñaṃ karoti ca. paścāt sā vānarāṇāṃ priyāṇi phalāni parvataṃ harati tatra ca tebhyo vānarebhyas tāni phalāni dadāti sma. tatas te vānarā vṛkṣād bhuvaṃ yanti ghaṇṭāṃ tyajanti ca phalāny aśnanti ca. tato gaṇikā tāṃ ghaṇṭāṃ labhate nagaraṃ ca punar āgacchati. tasmāt sarvair janair paramaṃ gauravaṃ sā gaṇikā labhate.

11.05(05) śabdasya kāraṇam na jānāti śabdād eva na bibhetu.

śabdasya kāraṇasya prajñāyā gaṇikā paramaṃ gauravaṃ labhate.

2 가까운 미래의 일을 나타낼 때에는 문맥이 분명한 경우 현재형이 미래형 대신 쓰인다.

낱말 목록

√ad 2P. [atti] 먹다, 집어삼키다 (caus.) ādayati 먹이다.

√an 2P. [aniti] 숨쉬다

aprāptakāla [m.] 적절하지 않은 때, 제 때가 아닌 때, 제 철이 아닌 때

√aś 9P.Ā. [aśnāti, aśnīte] 먹다

√āp 5P. [āpnoti] 얻다, 취득하다, 성취하다, 겪다, 도달하다, 들어가다

√i 2P. [eti] 가다, 전진하다, 향하다, 지나다

√kup 4P.Ā. [kupyati, kupyate] 흥분상태에 있다, 마음이 불안정한 상태이다, 화나 흥분으로 가득찬 상태이다. ~(D.G.)에게 화가 난 상태이다.

kupita [a.] 화난, 약오른, 모욕을 당한

gaṇikā [f.] 기녀, 기생, 매춘부

gaurava [n.] 무거움 혹은 중요함(guru)에 연관되는, 어려움, 중요함, 존경, 훌륭함

ghaṇṭā [f.] 종, 징

√chid 7P.Ā. [chinatti, chintte] 자르다, 잘라내다

√jakṣ 2P. [jakṣiti] 먹다

jantu [m.] 아이, 자손, 생명체, 피조물, 사람

taila [n.] 참기름, 기름 (← tila)

devatā [f.] 신, 여신, 신상, 신의 모습을 나타내는 것

deśa [m.] 장소, 지점, 지역

√dhā 3P.Ā. [dadhāti, dhatte] 두다, 놓다

dhī [f.] 생각, 숙고, (종교적인) 명상, 이해, 지혜

pravāda [m.] 소문, 풍문, 발음, 언급, 모함

baddha [a.] 묶인, 고정된, 결합된

√brū 2P.Ā. [bravīti, brūte] 말하다, 이야기하다, 전하다

√bhid 7P.Ā. [bhinatti, bhintte] 가르다, 쪼개다, 깨다, 뚫다, 분리하다

bhū [f.] 땅

√bhṛ 3P.Ā. [bibharti, bibhṛte] 가지고 있다, 지니고 있다, 가지고 가다, 가지고 오다

mukti [f.] 놓아 줌, 석방, 해방, 풀어 줌, 포기, 보내기, 던지기

muktidātrī [f.] (mukti-dātṛ의 여성형) 해방을 주는 자

√yu 2P. [yauti] 묶다, 고정하다,

√yuj 7P.Ā. [yunakti, yuṅkte] 묶다, 제어하다, 갖추다, 정비하다, 착수하다, 행하다

√rud 2P. [roditi] 울다, 통곡하다

√rudh 7P.Ā. [ruṇaddhi, runddhe] 막다, 저지하다, 차단하다

√vac 2P. [vakti] 말하다 (단수 형태로 쓰이는 것이 일반적이어서 vacmi, vakṣi, vakti가 사용되고 명령형 vaktu도 쓰임)

√vid 2P. [vetti] 알다, 이해하다, 지각하다, 파악하다

√śās 2P. [śāsti] 가르치다, 통제하다, 억제하다, 선언하다, 알리다

√śvas 2P. [śvasiti] 내쉬다, 숨쉬다

sakhī [f.] 여성 친구, 시녀

√su 5P.Ā. [sunoti, sunute] 짜내다, 추출하다, 준비하다

soma [m.] 쏘마, 쏘마즙

√stu 2P.Ā. [stauti (/stavīti), stute (/stuvīte)] 찬양하다, 칭송하다, 숭배하다, 기리다

smṛti [f.] 기억, 기억되어 전해진 것, 전승, 전통, 전통적인 규범, 주의력, 각성된 상태의 집중

√svap 2P. [svapiti] 자다, 잠들다, 드러눕다

svayaṃ [adv.] 스스로

제12과
संस्कृतवाक्योपक्रिया

과거형(imperfect)

✣12.01 쌍쓰끄리땀의 과거형(imperfect)은 단순한 과거에 대한 서술을 나타내는 활용 형태이다. "imperfect"라는 용어가 암시하듯 과거의 어느 특정한 모매김(aspect)이나 반복적인 동작 혹은 지속되는 상태를 의미하는 것이 아니다. 단지 과거를 나타내는 표현이라고 이해하면 된다.

✣12.02 과거형은 현재말줄기에서 기계적으로 만들어진다. 따라서 과거형은 현재체계에 속하는 활용 형태 중의 하나인데, 그 형태를 만들고 사용하는 일이 현재말줄기를 파악하고 있다면 어렵지 않다. 아래의 두 가지 조작으로 과거형이 만들어진다.

✣12.02(01) 우선 과거보탬말 a-를 현재말줄기의 앞에 붙인다. 이 보탬말은 쌍쓰끄리땀으로 "āgama"라고 하는데 다른 때매김(접때형 aorist, 조건형 conditional)에서도 과거를 나타내는 의미로 나타난다. 그런데 이 과거를 나타내는 보탬말 "a-"는 말뿌리의 첫자리에 오는 모음과 결합될 때 그 첫 모음의 구나형을 만드는 것이 아니라 브릳디형을 만드는 특징이 있다. 따라서 과거보탬말이 싼디 때문에 직접 드러나지 않더라도 그 사용이 형태상 분명하게 드러난다.

✣12.02(02) 과거보탬말 a-를 말뿌리의 앞에 첨가한 현재말줄기의 뒤에 동사의 제이인칭뒷토가 첨부된다.

표12.01 동사의 제이인칭뒷토

	Parasmaipada			Ātmanepada		
	단수	양수	복수	단수	양수	복수
3.	-t	-tām	-an/-us	-ta	-ātām	-anta/-ata/-ran
2.	-s	-tam	-ta	-thās	-āthām	-dhvam
1.	-am	-va	-ma	-i / -a	-vahi	-mahi

제이인칭뒷토는 제일인칭뒷토와 역사적으로 그리고 형태상으로도 연관되어 있다. 하지만 전체적으로 제이인칭뒷토는 제일인칭뒷토보다 단순하고 짧다.

✤12.02(03) 따라서 예로 √gam의 과거형 3인칭 단수는 그 현재말줄기 gaccha의 앞에 a-가 그리고 뒤에 -t가 첨가되어 만들어진다. a-gaccha-t "그가 갔다"가 만들어진다. agacchat의 경우처럼 자음으로 시작되는 현재말줄기가 아닌 경우에는 보탬말 a-가 브릳디형으로 강화형을 만들어 내기 때문에 아래와 같은 형태가 만들어진다.

√as 2P. [asti] "이다, 있다"의 과거형 1인칭 단수: ās-am

√i 2P. [eti] "가다"의 과거형 1인칭 단수: āy-am

√iṣ 6P.Ā. [icchati, icchate] "원하다"의 P. 과거형 3인칭 단수: aicchat (*ecchat이 아니고!)

✤12.03 제이인칭뒷토의 1인칭 Ā. 단수 뒷토 -i는 종종 앞서가는 말줄기의 갈래 표식 -a와 결합되어 -e로 변형되어 나타난다. 제이인칭뒷토를 따로 외우는 것보다는 아래 동사의 과거형 활용을 익히는 것이 더 효과적인 학습방법이 될 것이다.

표12.02 √bhū 1P. [bhavati] "있다, 이다, 되다"의 과거형 활용

	Parasmaipada			Ātmanepada		
	단수	양수	복수	단수	양수	복수
3.	abhavat	abhavatām	abhavan	abhavata	abhavetām	abhavanta
2.	abhavaḥ	abhavatam	abhavata	abhavathāḥ	abhavethām	abhavadhvam
1.	abhavam	abhavāva	abhavāma	abhave	abhavāvahi	abhavāmahi

✤12.04 고정형 동사의 과거활용에 대하여 알아 두어야 할 점들은 다음과 같다.

✤12.04(01) 제1갈래 동사의 예를 표12.02가 보여주고 있지만 일반적으로 고정형말줄기의 과거형 활용은 단순하고 쉽다고 할 수 있다.

√gam → 현재말줄기: gaccha → 과거형 3인칭 단수 P.: a-gaccha-t
√pat → 현재말줄기: pata → 과거형 3인칭 단수 Ā.: a-pata-ta

✤12.04(02) 고정형 말줄기의 경우 3인칭 복수의 P.는 -an, Ā.는 -anta를 인칭뒷토로 취한다.

✤12.04(03) 3인칭 복수의 P. -an; 3인칭 복수 Ā. -anta; 1인칭 단수 P. -am이 인칭뒷토로 쓰일 때 고정형 말줄기의 고정형 모음 -a는 탈락된다.

abhava + am → abhav + am → abhavam

그들이 갔다 P.: agacchan (그들 둘이 갔다 P.: agacchatām과 대조)

그들이 떨어졌다 Ā.: apatanta (그들 둘이 떨어졌다 Ā.: apatetām과 대조)

✤12.04(04) 나머지 경우들에서는 앞서 제시된 제일인칭뒷토 사용을 위한 추가 규칙(☞✤10.13)이 마찬가지로 적용된다.

✤12.05 비고정형 동사들의 경우에도 과거형을 만드는 방법은 표준적인 방법에서 크게 벗어나지 않는다. 그리고 현재형과 과거형 모든 단수들의 P.에서 강형 말줄기가 사용된다는 것도 환기하라.(☞✤10.22) 다만 아래의 추가 내용은 따로 파악하고 있어야 한다.

✤12.05(01) 제3갈래 (hu-갈래) 동사는 3인칭 복수 P.에서 인칭뒷토 -uḥ를 취한다.

√hu → 현재말줄기: juho / juhu → P. 과거 3인칭 단수: a-juho-t
√hu → 현재말줄기: juho / juhu → P. 과거 3인칭 복수: a-juhav-uḥ
√hu → 현재말줄기: juho / juhu → P. 과거 3인칭 양수: a-juhu-tām

✤12.05(02) 제7갈래(rudh-갈래)는 표준형태에 따라 과거형을 만들지만 갈래 표식이 말뿌리의 사이에 첨가되는 -na- / -n-이기 때문에 갈래 표식이 첨가되어도 말뿌리가 자음으로 끝나는 경우에는 현재말줄기도 자음으로 끝나게 된다.

따라서 3인칭과 2인칭 단수 P.에서 강형 갈래 표식 -na-가 말뿌리에 첨가되더라도 말뿌리가 자음으로 끝날 때에는 현재말줄기의 마지막 자음이 제이인칭뒷토의 첫 자리에 오는 자음과 충돌하게 된다. 이 경우 결국 뒤에 오는 자음부터 탈락되는 현상을 겪게되고 따라서 마치 불규칙활용을 하는 듯한 인상을 준다.

√yuj "묶다" yunaj- / yuñj-

현재형: yunakti "그가 묶는다"; yuñjamaḥ "우리들이 묶는다"

P. 과거 3인칭 단수: a-yunaj-t → ayunak

P. 과거 2인칭 단수: a-yunaj-s → a-yunak-ṣ → ayunak

하지만 모음 인칭뒷토가 붙는 경우, P. 과거 1인칭 단수: a-yunaj-am → ayunajam

√bhid "가르다" bhinad- / bhind-

P. 과거 3인칭 단수: a-bhinad-t → abhinat

P. 과거 2인칭 단수: a-bhinad-s → abhinat

하지만 모음 인칭뒷토가 붙는 경우,

P. 과거 1인칭 단수: a-bhinad-am → abhinadam

√rudh "막다" ruṇadh- / rundh-

P. 과거 3인칭 단수: a-ruṇadh-t → aruṇat

P. 과거 2인칭 단수: a-ruṇadh-s → aruṇat

하지만 모음 인칭뒷토가 붙는 경우,

P. 과거 1인칭 단수: a-ruṇadh-am → aruṇadham

√chid "자르다"는 강말줄기 chinad-과 약말줄기는 chind-의 경우에도 같은 상황이 벌어지지만 여기에서는 짧은 모음 a- 뒤에 ch-가 결합되면서 acch-로 싼디가 일어난다. (☞✣05.05에서 외부싼디의 규정으로 배운 바 있

는데 여기에서는 내부싼디에 적용되는 셈) 과거 3인칭 단수 acchinat; 과거 2인칭 단수 acchinat; 과거 3인칭 복수 acchindan이 된다.

✣12.05(03) 제2갈래의 예외 활용을 보이는 동사 √as는 모음 ī를 말줄기와 인칭뒷토 -t, -s 사이에 삽입한다. 따라서 2인칭 과거 단수 āsīḥ; 3인칭 과거 단수 āsīt이 만들어진다.

표12.03 √as 2P. [asti] "~이다, 있다"의 불규칙활용 과거형

	Parasmaipada		
	단수	양수	복수
3.	āsīt	āstām	āsan
2.	āsīḥ	āstam	āsta
1.	āsam	āsva	āsma

동사앞토(upasarga)

✣12.06 동사는 동사의 앞에 하나 혹은 여러 동사앞토가 붙어 사용되는 경우가 많다. 동사앞토의 첨가를 통해 의미가 분화되는 경우도 많아 한정된 동사말뿌리들로부터 훨씬 더 많은 동사활용형들을 만들어 낼 수 있다. 그리고 동사에서 파생되는 명사나 형용사들도 더욱 다양하게 만들어낼 수 있게 된다. 동사앞토의 의미와 활용에 대해서는 나중에 (↳✣27.16) 배우게 되겠지만, 자주 만나게 되는 동사앞토에 대해서 구체적인 어휘들을 통해 차츰 익숙해지도록 하는 것이 좋다. 이미 익숙해진 표현들로 √gam 그리고 √vad에 첨가된 경우들 몇 가지만 돌이켜 살펴보자.

ā-√gam 1P. [āgacchati] "오다, 돌아오다"
āgamana [n.] "오기, 도착하기"

praty-ā-√gam 1P. [pratyāgacchati] "돌아서 오다, 돌아오다"
ava-√gam 1P. [avagacchati] "이해하다, 알아차리다"
sam-ā-gama [m.] "모임, 회합"
sam-√vad 1P.Ā. [saṃvadati, saṃvadate] "~(I.G.)와 토론하다, 의논하다"
prati-√vad 1P. [prativadati] "대답하다, 대꾸하다"
vi-√vad 1P.Ā. [vivadati, vivadate] "다투다, 따지다"
pra-√vad 1P.Ā. [pravadati, pravadate] "선언하다, 외치다"

✤12.07 과거형을 만들기 위해 과거보탬말 a-를 첨가할 때 동사말뿌리 앞에 동사앞토가 있는 경우에는 과거보탬말 a-는 동사앞토와 동사말뿌리 사이에 삽입된다.

sam-√vad [saṃvadati] "토론하다" → sam-a-vad-a-t P. "그가 토론했다"; sam-a-vad-a-ta Ā. "그가 토론했다"

ut-√pad [utpadyate] "생겨나다" → ut-a-pad-ya-ta → udapadyata "그것이 생겨났다"; udapadyetām "그것 둘이 생겨났다"

upa-√diś [upadiśati] "가르치다" → upa-a-diś-a-t → upādiśat "그가 가르쳤다"; upa-a-diś-a-n → upādiśan "그들이 가르쳤다"

praty-ā-√gam [pratyāgacchati] "돌아오다" → praty-ā-a-gacch-a-t → pratyāgacchat "그가 돌아왔다"

abhy-upa-√i [abhyupaiti] "접근하다" → abhy-upa-a-√i-t → abhy-upa-ai(✤12.02(01))-t → abhyupait "그가 접근했다"

✤12.08 형용사의 경우 성구분이 꾸며지는 말에 따라 바뀌어야 하는데 그 수로 보았을 때 -a로 끝나는 형용사가 절대다수이기 때문에 남성과 중성 형용사는 상응하는 곡용의 형태를 따르면 되지만 여성형이 되자면 형태가 바뀌어야 한다. -a 끝모음 여성말줄기가 존재하지 않기 때문이다. 따라서 대부분의 경우에는 -a를 -ā로 바꾸어 여성곡용형을 만드는데, 드물게는 -a를 -ī로 바꾸어

여성곡용형을 만든다. 구체적인 -a 끝모음 형용사가 여성형에서 -ā가 되는지 혹은 -ī가 되는지에 대해서는 규칙이 없다. 각 개별 단어가 사용되는 방식에 따라 익혀야 한다. 따라서 모든 사전들이 대부분의 경우 여성형이 만들어지는 방식을 밝혀주는 것이 일반적이다. 명사의 경우에도 상황은 이와 같다고 생각하면 된다.

paṇḍita	[m.] "지식인"	→	paṇḍitā	"여성 지식인"
kṣatriya	[m.] "통치 계급 남성"	→	kṣatriyā	"통치 계급 여성"
putra	[m.] "아들"	→	putrī	"딸"
kumāra	[m.] "소년"	→	kumārī	"소녀, 딸"

tasyāḥ paṇḍitāyāḥ putry āsīt.
그 학식이 있는 여자에게는 딸(putrī)이 있었다.

본 교재에서도 이제부터는 여성형의 형태를 별도의 항목으로 단어 목록에서 제시하지 않을 것이다.

✣12.09 여성명사가 -ā로 끝나는 경우에 남성이나 중성명사를 만들기 위해서는 끝모음을 -a로 바꾼다.

dharma-vidyā [f.] "다르마에 대한 지식"
→ dharma-vidya [m.] "다르마를 아는 자, 법률전문가"

끝자음 중성명사 -as, -is, -us

✣12.10 중성 끝자음명사에서 -as, -is, -us로 끝나는 명사의 곡용형태는 다음과 같다. 특히 -as로 끝나는 끝자음명사들은 거의 모두 중성이고 또 자주 등장하는 중요한 명사들이 많아서 잘 익혀둘 필요가 있다. 곡용의 형태로만 본다면 끝자음명사의 표준 곡용형태(☞표06.04)를 벗어나지 않기 때문에 익히는 데

에 큰 어려움은 없다.

표12.04 -as 끝자음명사의 중성곡용 manaḥ [n.] "마음"

격	약칭	단수	양수	복수
임자격	N.	manaḥ	manasī	manāṃsi
대상격	A.	manaḥ	manasī	manāṃsi
수단격	I.	manasā	manobhyām	manobhiḥ
위함격	D.	manase	manobhyām	manobhyaḥ
유래격	Ab.	manasaḥ	manobhyām	manobhyaḥ
가짐격	G.	manasaḥ	manasoḥ	manasām
곳때격	L.	manasi	manasoḥ	manaḥsu
부름격	V.	manaḥ	manasī	manāṃsi

표12.05 -is 끝자음명사의 중성곡용 haviḥ [n.] "제물"

격	약칭	단수	양수	복수
임자격	N.	haviḥ	haviṣī	havīṃṣi
대상격	A.	haviḥ	haviṣī	havīṃṣi
수단격	I.	haviṣā	havirbhyām	havirbhiḥ
위함격	D.	haviṣe	havirbhyām	havirbhyaḥ
유래격	Ab.	haviṣaḥ	havirbhyām	havirbhyaḥ
가짐격	G.	haviṣaḥ	haviṣoḥ	haviṣām
곳때격	L.	haviṣi	haviṣoḥ	haviḥṣu
부름격	V.	haviḥ	haviṣī	havīṃṣi

표12.06 -us 끝자음명사의 중성곡용 cakṣuḥ [n.] "눈"

격	약칭	단수	양수	복수
임자격	N.	cakṣuḥ	cakṣuṣī	cakṣūṃṣi
대상격	A.	cakṣuḥ	cakṣuṣī	cakṣūṃṣi
수단격	I.	cakṣuṣā	cakṣurbhyām	cakṣurbhiḥ
위함격	D.	cakṣuṣe	cakṣurbhyām	cakṣurbhyaḥ
유래격	Ab.	cakṣuṣaḥ	cakṣurbhyām	cakṣurbhyaḥ
가짐격	G.	cakṣuṣaḥ	cakṣuṣoḥ	cakṣuṣām
곳때격	L.	cakṣuṣi	cakṣuṣoḥ	cakṣuḥṣu
부름격	V.	cakṣuḥ	cakṣuṣī	cakṣūṃṣi

표12.05의 곡용형태와 표12.06의 곡용형태는 일치한다.

tasmin yajñe nṛpā bahūni havīṃṣy ajuhavuḥ.

그 제사에서 왕들은 많은 공물을 바쳤다.

✣12.11 -as, -is, -us 끝자음 중성명사는 그 말줄기 형태를 암기하면 그 형태가 마치 남성명사의 임자격인 것 같은 인상을 준다. 예로 manaḥ는 그 자체가 말줄기이고 임자격 형태이지만 이것이 마치 "mana"라는 -a로 끝나는 남성명사가 있고 그것에서 곡용된 단수 임자격이 manaḥ인 것 같은 착각을 일으킨다. 똑같은 상황이 -is, -us로 끝나는 중성명사에서도 벌어진다. 예로 남성명사 kavi의 단수 임자격 kaviḥ나 남성명사 paśu의 단수 임자격 paśuḥ와 마찬가지의 방식으로 만들어진 단어가 haviḥ나 cakṣuḥ라고 착각할 위험이 있다는 말이다. 따라서 이 끝자음명사들을 구분해 줄 수 있는 형태의 곡용형을 외워두는 것이 큰 도움이 된다. 권할 만한 것은 단수 수단격을 말줄기형태와 함께 외워두는 것이다. 수단격이 manas에서는 manasā, cakṣus에서는 cakṣuṣā, havis에서는 haviṣā라고 외워두면 이렇게 혼돈하게 될 위험이 없어진다.

✣12.12 중성명사들 중에서 위의 곡용형태를 따르는 중요한 것들을 제시하자면 다음과 같다.

cetas	[n.] "의식, 생각, 마음"
tapas	[n.] "열, 에너지, 고행"
tamas	[n.] "어두움, 사리분별의 어두움"
tejas	[n.] "불꽃, 불빛, 밝음"
dhanus	[n.] "활, 활 모양의 원호, 길이의 단위"
namas	[n.] "경배, 인사, 경의"
yaśas	[n.] "영예, 영광, 명성"
vapus	[n.] "모양, 외형, 본성, 몸"

ye prayatnena tapasam akurvaṃs te kṣatriyā asmin yuddhe vapuṣā ca manasā ca śatrūn vyajayan.

애써 고행을 했던 전사 계급의 남자들은 이 전투에서 몸으로 그리고 마음으로 적들을 물리쳤다.

-as 끝자음명사의 남성과 여성곡용

✣12.13 남성명사들 중에서 -as로 끝나는 명사는 아주 드물다. 그리고 여성명사 중에서는 -as로 끝나는 명사가 거의 없다. 하지만 중성명사가 겹낱말의 끝자리에 사용되면서 형용사로 쓰일 수 있는 가능성이 있기 때문에, -as로 끝나는 형용사가 남성이나 여성 곡용을 해야 하는 상황이 찾아온다.(↳✣19.04) 예로 "극심한 고행을 행하는"이라는 뜻의 형용사나 "극심한 고행을 행하는 자"라는 의미의 남성명사로 사용되는 kaṣṭa-tapaḥ는 남성곡용을 따라야 한다. 따라서 이 곡용형태도 알아 두어야 한다. 단순하게 보면, 남성과 여성 단수 임자격에서는 모음 -a-가 긴 모음으로 바뀐다는 사실에서만 중성과의 차이를 보인다. 이 점이 중요하다. 나머지 격들에서는 중성곡용의 형태와 일치한다.

표12.07 -as 끝자음명사의 남성곡용 sumanaḥ [a.] "마음씨 좋은"

격	약칭	단수	양수	복수
임자격	N.	sumanāḥ	sumanasau	sumanasaḥ
대상격	A.	sumanasam	sumanasau	sumanasaḥ
부름격	V.	sumanaḥ	sumanasau	sumanasaḥ

kaṣṭatapā munir bauddhānām āgamam aśṛṇod api buddhasya darśanaṃ nāvāgacchat.

극심한 고행을 하는 수행자는 불교도들의 전승을 들었지만 붇다의 관점을 이해하지 못했다. (avāgacchat, 과거형)

표12.08 -as 끝자음명사의 여성곡용 apsaraḥ [f.] "천녀, 요정"

격	약칭	단수	양수	복수
임자격	N.	apsarāḥ	apsarasau	apsarasaḥ
대상격	A.	apsarasam	apsarasau	apsarasaḥ
부름격	V.	apsaraḥ	apsarasau	apsarasaḥ

yo vīraḥ sumanāḥ sumukhaś ca sa sundarīm apsarasam abhyupait.

마음씨가 좋고 잘생긴 영웅이 아름다운 요정에게 접근했다.

-is, -us 끝자음명사의 남성과 여성곡용

✤12.14 끝자음명사들 중에서 -is, -us로 끝나는 남성과 여성명사는 단수 대상격; 양수 임자격, 대상격, 부름격; 복수 임자격, 대상격, 부름격에서만 중성곡용(havis, cakṣus)과 차이가 난다. 이렇게 차이가 나는 경우는 곡용에서 강형

말줄기가 나타나야 하는 경우에 해당되는데, 이것이 의미하는 것은 나중에 배우게 된다.(☞13.18) 동사활용에서 강형 말줄기와 약형 말줄기의 차이가 있듯이 명사곡용의 경우에도 말줄기 자체에 강형/(중형)/약형의 차이가 나는 경우가 있다. 지금 학습자들이 주목해서 보아야 할 대목은 바로 단수 임자격의 경우에는 보통의 경우 강형 말줄기가 나타나야 하는 자리임에도 불구하고 그것이 나타나지 않는다는 사실이다. 간단하게 말하자면 -is, -us로 끝나는 명사의 남성과 여성 곡용형태는 -as 끝자음 남성명사의 곡용과 일치하는데, 딱 하나 일치하지 않는 점이 바로 단수 임자격에서 남성명사와 같은 강화형, 예로 표12.07에서 보이는 sumanāḥ에서의 긴 모음이 나타나지 않는다는 사실이다. 따라서 아래의 표에서 보여주는 것과 같은 곡용의 형태가 나타나고, 나머지 격들의 경우에는 중성곡용과 일치한다.

표12.09 -is 끝자음명사의 남성곡용 udarciḥ [m.] "불"

격	약칭	단수	양수	복수
임자격	N.	udarciḥ	udarciṣau	udarciṣaḥ
대상격	A.	udarciṣam	udarciṣau	udarciṣaḥ
부름격	V.	udarciḥ	udarciṣau	udarciṣaḥ

표12.10 -us 끝자음명사의 여성곡용 acakṣuḥ [a.] "눈이 먼 (여자)"

격	약칭	단수	양수	복수
임자격	N.	acakṣuḥ	acakṣuṣau	acakṣuṣaḥ
대상격	A.	acakṣuṣam	acakṣuṣau	acakṣuṣaḥ
부름격	V.	acakṣuḥ	acakṣuṣau	acakṣuṣaḥ

lobhād acakṣur gaṇikā vaṇijakam ahan. paścāt tasya putrās tāṃ gaṇikāṃ tasyāḥ sakhīś ca ekaikam aghnan.

욕심에 눈이 먼 기생이 상인을 죽였다. 나중에 그의 아들들이 그 기생과 그녀의 친구들을 한 명씩 죽였다.

데바나가리 4/4: 문자 결합

✣12.15 데바나가리의 문자들은 공통되는 수평선과 많은 경우에 나타나는 오른쪽 끝에 사용되는 수직선을 제외한 부분이 바로 각 문자의 특징적인 부분이다. 두 자음이 결합될 때에는 앞선 자음의 특징적인 부분만을 뒤따르는 자음에 붙여서 적는다.

✣12.16 첫 자음이 수직선을 가진 형태이면 첫 자음의 수직선을 없애고 남은 부분을 뒷자음의 왼쪽에 붙여서 적는다. 아래의 예들을 보라.

ग्द gda ; च्य cya ; ज्व jva ; न्त nta ; प्स psa ; ब्द bda ; व्य vya ;
श्य śya ; ष्प ṣpa ; ष्ट ṣṭa ; ष्ठ ṣṭha ; स्क ska ; स्थ stha

✣12.17 두 자음이 결합될 때 첫 자음이 수직선을 갖지 않은 형태이면 첫 자음의 아래로 둘째 자음에서 수평선을 없앤 형태를 붙인다.

ङ्क ṅka ; क्क kka ; क्व kva ; ड्व ḍva ; द्ध ddha(그림↳12.01)

✣12.18 na와 la는 두 번째 자음으로 결합될 때 수평선을 없애고 앞선 글자에 붙인다.

त्न tna ; ध्न dhna ; म्न mna ; न्न nna ; स्न sna ; प्ल pla ; ल्ल lla

✣12.19 ma와 ya는 두 번째 자음으로 결합될 때 간략화된 후에 앞선 글자에 결합시킨다.

क्म kma ; ङ्म ṅma ; द्म dma ; ह्म hma ; क्य kya ; च्य cya ;
छ्य chya ; ड्य ḍya ; द्य dya ; ह्य hya

✣12.20 śa는 결합형의 첫 자음으로 쓰이면서 뒤따르는 문자가 그 아래로 첨가될 때에는 별도의 형태가 사용된다.

श्च śca ; श्न śna ; श्व śva

이상의 형태들은 श्म śma; श्य śya의 경우와는 다르다는 것이 보인다.

✣12.21 ka, ta가 결합될 때 별도의 간략한 형태를 보이는 경우가 있다.

क्त kta (☞그림12.01; tka는 त्क) ; क्त्य ktya ; त्त tta ; त्त्य ttya

✣12.22 r-가 다른 자음의 앞에 올 때에는 뒷 글자의 수평선 위에 첨가되는 별도의 표식으로 바뀐다.

र्क rka (☞그림12.01); र्म rma ; र्कौ rkau ; र्मं rmaṃ; र्तु rtu ; र्खे rkhe ;

र्षि rṣi ; र्तृ rtṛ

✣12.23 -r가 다른 글자의 뒤에 결합될 때에는 짧은 첨가선 모양이 되고 오른쪽 위에서 왼쪽 아래로 그어서 쓰게 된다.

क्र kra ; ज्र jra ; द्र dra ; प्र pra ; श्र śra (☞그림12.01)

✣12.23(01) 그런데 cha, ṭa, ḍa, ṭha처럼 뒤따르는 -r-를 붙일 만한 자리가 없는 글자들의 경우에는 r을 나타내는 추가획을 적기 전에 직교하는 방향으로 그은 선을 하나 더 적어서 표기를 한다.

ट्र ṭra ; ड्र ḍra ; ठ्र ṭhra ; छ्र chra

✣12.24 h는 다른 자음을 첨가하거나 모음 ṛ를 첨가해서 hṛ를 쓸 때에 h의 아래로 첨가하지 않고 위쪽 굽은 자리에 붙여서 첨가한다.

ह्र hra ; हृ hṛ ; ह्म hma ; ह्य hya ; ह्व hva ; ह्ण hṇa

✣12.24(01) 또한 필사본들에서는 많은 경우 모음 -u와 -ū를 h와 결합시켜 hu와 hū를 적을 때에도 위와 같은 위치에 결합시켜 적는다.

❖12.25 소개한 자음결합을 적는 방법은 학습자들이 어렵지 않게 파악할 수 있으리라 생각되지만, 도움을 주기 위해 몇 가지 자음결합의 형태들에 대해 적는 방법을 구체적으로 소개하겠다.

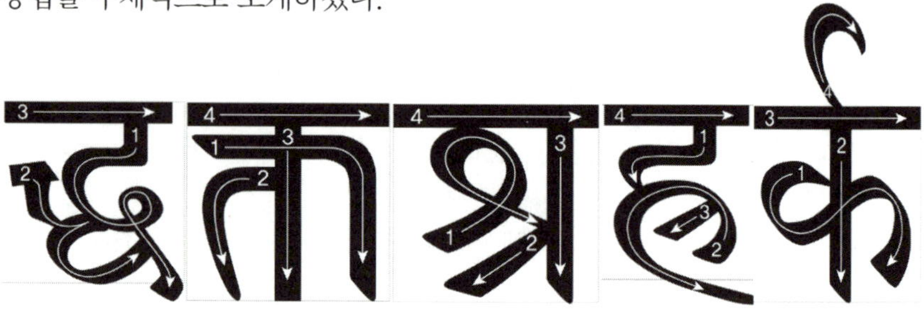

그림12.01 데바나가리의 ddha, kta, śra, hra, rka 적는 방법

특별한 결합문자

❖12.26 결합자음이 별도의 문자를 가진 경우들이 있다. 이 경우들은 해당 자음의 결합이 자주 나타나기 때문에 사용된 측면이 있어서 자주 쓰이게 된다. 따라서 잘 익혀 두어야 한다.

그림12.02 데바나가리의 kṣa, kṣa, jña, tra, ṇṇa 적는 방법

두 번째 kṣa의 1, 2획은 한 번에 이어 적는다.

❖12.26(01) 여기에서 kṣa를 적는 방법이 두 가지가 제시된다. 이 둘 다 쌍쓰끄리땀 표기

에서 사용되는 표기 방식인데 후자가 조금 더 자주 사용된다고 필자는 판단한다. 따라서 후자를 익히기를 권한다. 하지만 컴퓨터 폰트의 제한으로 인해 본 교재에서는 क्ष가 사용될 것이다.

✣12.26(02) 그림12.02에서 마지막으로 나온 ṇṇa를 적는 방법은 그림10.01에서 소개한 ṇa 표기에 기초한 방법이다. 필사본들에서는 자주 사용되는 표기법이다. 컴퓨터 폰트의 제한으로 인해 본 교재에서는 ण्ण 형태를 사용하게 될 것이다.

둘 이상 자음의 결합

✣12.27 둘 이상의 자음이 결합될 때에는 같은 원칙이 반복해서 적용된다.

ग्न्य gnya ; त्स्य tsya ; प्त्य ptya ; क्त्य ktya ; ङ्क्त ṅkta ; त्त्य ttya ;

त्त्व ttva ; द्व्य dvya ; द्द्य ddya ; द्भ्य dbhya; श्च्य ścya ; द्द्र ddra ;

त्त्र ttra ; त्र्य trya ; द्र्य drya ; स्त्र stra ; क्त्व ktva

데바나가리 표기의 관행

✣12.28 데바나가리를 활용할 수 있게 되고 나면 염두에 두어야 할 점이 있다. 데바나가리를 포함한 인도의 문자표기에서 비라마는 불가피한 경우가 아니면 사용되지 않는다는 사실이다. 예를 들어 "sa munis tapasaḥ phalāc cakṣurbhyām īśvaram apaśyat."이라는 문장을 표기할 때 "स मुनिस् तपसः फलाच् चक्षुर्भ्याम् ईश्वरम् अपश्यत् ।"이라고 표기하지 않는다는 것이다. 자연스러운 표기는 "स मुनिस्तपसः

फलाच्चक्षुर्भ्यामीश्वरमपश्यत् ।"(그 성자는 고행의 결과로 두 눈으로 신을 실제로 보았다.)이 된다. 마지막 자리에 나타나는 과거형 동사에서는 비라마의 사용이 불가피하다. 그 외의 경우에는 데바나가리 문자들이 이어서 표기된다. 이 문장을 로마자로 표기할 때에 "sa munistapasaḥ phalāccakṣurbhyāmīśvaramapaśyat."이라고 표기할 필요가 없다. 데바나가리 문자가 딸린모음표기체계인 것과 다르게 모음들이 별도의 알파벳으로 표기되어 띄어쓰기가 가능한 로마자 표기에서 굳이 읽는 데에 방해가 되는 방식으로 표기를 해야 할 이유가 없기 때문이다. 따라서 로마자 표기를 할 때에는 구체적인 어구들의 단위가 혹은 다된말들이 어디에서 끝나는지를 모두 파악하고 독자가 읽기 편하도록 띄어쓰기를 해서 제시하는 것이 일반적인 관행이다.

✣ 12.29 본 교재에서 제시되는 것과 같이 아바그라하가 필요한—보다 정확하게 말하자면 가능한!—모든 경우에 표기되는 일은 출간본들에서는 일반적인 방식이다. 하지만 아바그라하의 사용이 필사본에서는 일반적이지 않다. 따라서 "sa bālo 'py ācāryasyopadeśena paṇḍito 'bhavat."(그는 바보였음에도 불구하고 스승의 가르침에 의해 학식있는 자가 되었다.)이라는 문장을 표기할 때에 "**स बालो ऽप्याचार्यस्योपदेशेन पण्डितो ऽभवत् ।**"이라는 표기형태를 일반적으로 기대하지는 말아야 한다.

"**स बालोप्याचार्यस्योपदेशेन पण्डितो ऽभवत् ।**"처럼 일부 아바그라하를 생략하거나 "**स बालोप्याचार्येण पण्डितो भवत् ।**"처럼 모든 아바그라하를 생략하는 경우도 종종 있다. 만약 부정앞토 a-가 사용된 경우라면, 아바그라하 표기의 존재 여부 그리고 모음 a-와 연관된 싼디의 적용 여부에 따라 문장의 내용이 반대로 해석되는 일이 잦다. 따라서 주의를 기울일 필요가 있다.

✤12.30 아바그라하를 쓰는 방법은 다음과 같다.

그림12.03 데바나가리의 아바그라하 적는 방법

연습문제

12.01 다음에 보이는 인쇄된 책 페이지의 내용을 로마자로 옮기시오. 로마자의 띄어쓰기와 막대부호(daṇḍa)의 뒤에 표기된 숫자들은 무시하라.

मार्कण्डेय उवाच ।

12.01(01)

यदाभिषिक्तो भगवान्सेनापत्येन पावकिः ।
तदा संप्रस्थितः श्रीमान्हृष्टो भद्रवटं हरः ।
रथेनादित्यवर्णेन पार्वत्या सहितः प्रभुः ॥ १
सहस्रं तस्य सिंहानां तस्मिन्युक्तं रथोत्तमे ।
उत्पपात दिवं शुभ्रं कालेनाभिप्रचोदितः ॥ २
ते पिबन्त इवाकाशं त्रासयन्तश्चराचरान् ।
सिंहा नभस्यगच्छन्त नदन्तश्चारुकेसराः ॥ ३
तस्मिन्रथे पशुपतिः स्थितो भात्युमया सह ।
विद्युता सहितः सूर्यः सेन्द्रचापे घने यथा ॥ ४

D 12.01(02)

अग्रतस्तस्य भगवान्धनेशो गुह्यकैः सह ।
आस्थाय रुचिरं याति पुष्पकं नरवाहनः ॥ ५
ऐरावतं समास्थाय शक्रश्चापि सुरैः सह ।
पृष्ठतोऽनुययौ यान्तं वरदं वृषभध्वजम् ॥ ६
जम्भकैर्यक्षरक्षोभिः स्रग्विभिः समलंकृतः ।
यात्यमोघो महायक्षो दक्षिणं पक्षमास्थितः ॥ ७
तस्य दक्षिणतो देवा मरुतश्चित्रयोधिनः ।
गच्छन्ति वसुभिः सार्धं रुद्रैश्च सह संगताः ॥ ८
यमश्च मृत्युना सार्धं सर्वतः परिवारितः ।
घोरैर्व्याधिशतैर्याति घोररूपवपुस्तथा ॥ ९

▷ 12.02 다음 문장을 데바나가리로 표기하고 한국어로 옮기시오.

▷ 12.02(01) āsīd nṛpo nalo nāma. sa sarvataḥ svadharmam akarot satye ca sarvadātiṣṭhat.

▷ 12.02(02) mohena tasya manasi pitre krodha udapadyata.

▷ 12.02(03) kuto gṛhaṃ nāgacchatam? punaḥ kim iha paśuṃ rakṣatho gopasya sthāne?

▷ 12.02(04) sevakāḥ śīghraṃ rathaṃ teṣāṃ pataye 'nayan.

▷ 12.02(05) yasmāt so 'cakṣur abhavat tasmāt tasya bhāryayā vinā guroḥ samīpaṃ nāgacchat.

▷ 12.02(06) ye nṛpā yajñe bahūni havīṃṣy ajuhavus teṣāṃ kāmaḥ śatrūṇāṃ mṛte ca bhuvi cāsīt.

▷ 12.02(07) yo nalaḥ sumanāḥ sumukhaś ca tasmin damayanty asnihyat.

▷ 12.02(08) yad ācārya upādiśat tat sa kumāro nāsmarad nāpaṭhac ca.

▷ 12.02(09) yāvat kṛṣṇas tasmin nagare 'tiṣṭhat tāvaj janā na kasmāc canābibhayuḥ.

▷ 12.02(10) yau tatra dharmaṃ samavadatāṃ tau mama bhrātarāv iti sa māṃ adya vadati.

▷ 12.02(11) yo dharmavidyas tām atyajad araṇyaṃ praty agacchat taṃ sā dvāre 'ruṇat.

12.02(12) te mūrkhā na kiṃ cid ajānann api svān sarvajñān amanyanta.

12.02(13) sūryād ivodarciṣo garbhād viśvaṃ jagad udapadyatety ṛṣayo 'bhāṣanta.

12.02(14) yadā rākṣasād abibhes tadā vīraḥ kṛṣṇo nāma tvāṃ tasmād arakṣat.

12.03 다음 이야기를 한국어로 옮기시오. (siṃha-mūṣika-kathā)

12.03(01) अस्त्येकदेशो पर्वते दुर्दान्तो नाम वीरः सिंहः । यः सिंहः पर्वते निद्रामकरोत्तस्य केशरं कश्चिन्मूषिकः प्रतिदिनमच्छिनत् । यदा केशरस्याग्रं छिन्नमपश्यत्तदा स सिंहो ऽत्यन्तमक्रुध्यत् । किं तु यतो मूषिको विवरस्यान्तरे ऽतिष्ठत्ततः स सिंहस्तं नालभत ।

▷ 12.03(02) ततः सो ऽचिन्तयत् । यदि तस्य मूषिकस्य सदृशं रक्षितारं लभे तर्हि कदाचिन्मूषिको विगतो भवतीति । अथ सिंहो ग्राममगच्छत् । तत्र सिंहो दधिकर्णाय नाम बिडालाय बहूनाहारानददात् । तेन स बिडालस्तस्मिन्सिंहे विश्वासमकरोत् । ततो बिडालः सिंहेन सह पर्वते प्रत्यवसत् ।

▷ 12.03(03) पश्चाद्यो मूषिक एव बिडालादबिभेत्सो ऽपि विवरान्न निरसरत् । तेनासौ सिंहः सुखेन निद्रामलभत । अथ स मूषिक आहारं नालभत दुःखितश्चाभवत् । ततः स क्षुधया विवरान्निरसरत्किं तु बिडालेन गृहीतो हतश्च ।

▷ 12.03(04) पश्चाद्यावत्स सिंहो मूषिकं नापश्यत्तावद्बिडालस्य प्रयोगो नाभवत्। तस्मात्सिंहस्तस्मै बिडालाय न यथापूर्वमाहारमददात्। क्षुधयैव बिडालो दुःखितो ऽभवदचिरं विगतो ऽभवत्।

낱말 목록

acakṣuḥ [a.] 눈이 먼

aciram [adv.] 오래지 않아서, 오래되지 않게

apsaraḥ [f.] (물이나 구름 사이를 가는 여자) 하늘의 요정, 천녀

abhy-upa-√i 2P. [abhyupaiti] 접근하다, 도착하다, 다가가다, 합의하다

āgama [m.] 오는 것, 다가오는 것, 들어오는 것, 소득, 전해진 가르침, 전승

udarcis [m.] 불
[a.] 타오르는, 빛나는

kaṣṭatapaḥ [m.] 극심한 고행을 하는 자

keśara [n.] (말이나 사자의) 갈기

kṣudhā [f.] 배고픔, 굶주림

garbha [m.] 자궁, 내부, 태아, 자손, 알

cetaḥ [n.] 의식, 생각, 마음

chinna [a.] 잘려진, 토막난

tamaḥ [n.] 어두움, 사리분별의 어두움

tejaḥ [n.] 불꽃, 불빛, 밝음

dadhikarṇa [m.] 귀가 우유처럼 하얀 (고양이의 이름)

durdānta [a.] 길들이기 어려운, 통제가 어려운, 길들여지지 않는

duḥkhita [a.] 고통을 받는, 어려움을 겪는

dhanuḥ [n.] 활, 활 모양의 원호, 길이의 단위

dharmavidya [m.] 다르마를 아는 자, 법률전문가

dharmavidyā [f.] 다르마에 대한 지식

niḥ-√sṛ 1P. [niḥsarati] 밖으로 나가다, 출발하다

pratidinam [adv.] 매일, 날마다

prati-√vas 1P. [prativasati] 살다, 거주하다, 자리 잡고 머무르다

praty-ā-√gam 1P. [pratyāgacchati] 돌아서 오다, 돌아오다, 다시 오다

prayoga [m.] 사용, 적용, 실행, 연계

bauddha [a.] 판단력(buddhi)에 연관되는, 정신적인, 붇다와 연관되는, 불교의

manaḥ [n.] 마음, 정신

yaśaḥ [n.] 영예, 영광, 명성

vapuḥ [n.] 모양, 외형, 잘생긴 외형, 아름다운 외모, 본성, 몸
[a.] 아름다운 외형을 지닌

śīghra [a.] 빠른, 신속한, 날랜

sadṛśa [a.] ~(G.I.)와 닮은, 비슷한, 같은

siṃha [m.] 사자

sumanaḥ [a.] 마음씨 좋은, 너그러운, 만족한

haviḥ [n.] 제물, 제사의 공물, 불에 태워서 바치는 유제품이나 쏘마나 곡물

제13과
संस्कृतवाक्योपक्रिया

쌈쁘라싸라나(samprasāraṇa)

✤ 13.01 첫자리나 혹은 중간에 오는 반모음 ya, va, ra가 각각에 해당하는 모음 i, u, ṛ가 되는 경우가 있는데 이러한 현상을 인도 문법전통에서는 "쌈쁘라싸라나"(samprasāraṇa)라고 부른다. 이 용어의 의미는 "확장"이라고 번역될 수 있을 것인데, 반모음이 모음의 영역까지 자신의 역할을 확장시킨다는 의미로 이해된다. 다음의 경우들을 예로 들 수 있다.

√yaj	"제사 지내다"	→	ij
√vyadh	"맞히다"	→	vidh
√vac	"말하다"	→	uc
√svap	"자다"	→	sup
√grah	"쥐다"	→	gṛh

동사활용의 일반체계

✤ 13.02 동사의 현재 체계는 앞서 배웠다. 이제 현재 체계에 포함되지 않는 다른 동사활용에 대해서도 배우게 될 것인데, 현재말줄기를 사용하여 이루어지는 활용이 아닌 다른 활용 형태를 배우는 것이라고 이해하면 된다. 현재 체계가 아닌 활용 체계를 따로 구분하여 부르는 이름은 찾기가 어려우니 관행적으로 학자들은 "일반체계"(general conjugation)라고 부른다. 현재 체계는 다른 모든 일반체계의 활용 형태들이 나타나는 빈도수를 모두 합한 것보다 많게 사용되는 절대적인 중요성과 비중을 가진 활용 체계이기 때문에 우리가 먼저 배운 것이다. 따라서 이름이 "일반체계"라고 해서 더 자주 사용되는 활용 형태라고 오해하지는 말아야 한다.

✤ 13.03 특정한 말뿌리들은 일반체계에서만 사용되거나 혹은 일반체계의 일부에

서만 사용되는 경우가 있다.

✣13.03(01) √dṛś의 현재 체계 활용은 √paś "보다"에서 현재형 말줄기를 만들어 사용하므로 √paś로 대체된다고 할 수 있다. 일반체계에서는 √paś를 대신해서 √dṛś가 사용된다.

✣13.03(02) √han "때리다, 죽이다"와 병행해서 혹은 √han을 대신하는 것으로 √vadh가 일반체계에서 나타난다.

✣13.03(03) √i "가다"는 접때형을 gā에서 만들어 낸다. (접때형은 나중에 배우게 된다, ↳✣26.01)

✣13.03(04) √as는 현재와 완료형만을 만들고 나머지의 경우에는 √bhū가 대신 사용된다.

✣13.03(05) √prach "묻다"는 일부 활용형을 √praś 혹은 √pṛś에서 만들어낸다.

수동형 활용

✣13.04 쌍쓰끄리땀에서 동사의 능동형과 대비되는 수동형을 만드는 일은 아래의 두 가지 조작을 통해서 쉽게 이루어진다.

✣13.04(01) 말뿌리의 뒤에 수동뒷토 -ya가 첨가되어 수동말줄기를 만든다. 말뿌리에 직접 첨가되기 때문에 수동형은 동사의 현재 체계에 포함되지 않는다. 따라서 동사가 어떤 갈래에 속하는지에 대해서 따질 필요가 없다.

✣13.04(02) 수동말줄기가 만들어지고 나면 이 말줄기에 동사인칭뒷토를 첨가하여 활용이 이루어지는데, 반드시 ātmanepada 인칭뒷토를 사용해야 한다.

✣13.05 수동형을 만드는 수동뒷토 -ya는 제4갈래(div-갈래)동사의 현재말줄기를 만들기 위해 사용되는 갈래 표식 -ya와는 다른 뒷토이다. 경우에 따라서 제4

갈래 동사의 Ā. 활용 형태와 수동형이 일치할 수도 있겠지만 분명하게 다른 활용 형태이다. 이제 구체적으로 수동형이 만들어지는 예들을 살펴 보자.

upa-√diś 6P. [upadiśati] "가르치다"

수동3인칭 복수	upadiśyante	"그들이 가르쳐진다"
수동1인칭 단수	upadiśye	"내가 가르쳐진다"

√dviṣ 2P.Ā. [dveṣṭi, dviṣṭe] "싫어하다"

수동3인칭 양수	dviṣyete	"그들 둘이 미움받는다"
수동2인칭 단수	dviṣyase	"네가 미움받는다"

√jñā 9P.Ā. [jānāti, jānīte] "알다, 알아차리다, ~을 ~라고 생각하다"

수동3인칭 양수	jñāyete	"그것 둘이 인식되어진다"
수동2인칭 양수	jñāyethe	"너희 둘이 발각된다"

✤13.06 수동말줄기를 만드는 데에 개입되는 내부연성의 규칙 일부를 알아 두어야 하는데, 중요한 것들은 아래와 같다.

✤13.06(01) 말뿌리 끝의 -i 혹은 -u가 긴 모음이 된다.

√ji 1P.Ā.[jayati, jayate] → 수동3인칭 단수 jīyate "그가 정복당했다"

√hu 3P. [juhoti] → 수동3인칭 단수 hūyate "그것이 제물로 바쳐졌다"

√śru 5P. [śṛṇoti] → 수동3인칭 단수 śrūyate "그것이 들려졌다"

बहवः पशवो यज्ञे हूयन्ते । bahavaḥ paśavo yajñe hūyante.
많은 짐승들이 제사에서 바쳐졌다.

✤13.06(02) 말뿌리의 끝에 오는 -ā와 복합 모음은 대부분의 경우 ī가 된다.

√dā 3P. [dadāti] → 수동3인칭 단수 dīyate "그것이 건네졌다"

√pā 1P.Ā. [pibati, pibate] → 수동3인칭 단수 pīyate "그것이 마셔졌다"

√gai 1P. [gāyati] → 수동3인칭 단수 gīyate "그것이 낭송되었다"

√sthā 1P.Ā. [tiṣṭhati, tiṣṭhate] → 수동3인칭 단수 sthīyate "그것이 세워진다"

√hā 3P. [jahāti] → 수동3인칭 단수 hīyate "그것이 버려진다"

그런데 아래 말뿌리들의 경우에는 모음이 변하지 않는다.

√jñā 9P.Ā. [jānāti, jānīte] → 수동3인칭 단수 jñāyate "그것이 알려졌다"

√pā 2P. [pāti] → 수동3인칭 단수 pāyate "그것이 보호된다"

यदा सोम इन्द्रेण पीयते तदा स न केनचिज्जीयते ।

yadā soma indreṇa pīyate tadā sa na kena cij jīyate.

쏘마가 인드라에 의해 마셔지면 그는 누구에게도 지지 않는다.

✤13.06(03) 말뿌리에 나오는 모음 -ṛ는 -ri가 된다. -ṛ앞에 복자음이 나오는 경우에는 -ar가 된다.

√kṛ 8P.Ā. [karoti, kurute] → 수동3인칭 단수 kriyate "그것이 행해진다"

√smṛ 1P.Ā. [smarati] → 수동3인칭 단수 smaryate "그것이 기억된다"

✤13.06(04) 말뿌리의 모음 -ṝ는 -īr가 되고, -ṝ가 입술소리 뒤에 나올 때에는 -ūr가 된다.

√kṝ 6P. [kirati] → 수동3인칭 단수 kīryate "그것이 흩뿌려진다"

√pṝ 9P. [pṛṇāti] → 수동3인칭 단수 pūryate "그것이 가득 채워진다"

✤13.06(05) 제10갈래 동사와 시킴형(↳✤22.07) 동사에서 수동형이 만들어질 때에는 말줄기 끝의 -ay가 탈락한 이후에 그 자리에 수동형 뒷토 -ya가 첨가되면서 만들어진다.

√cur 10P. [corayati] → coryate "그것이 훔쳐진다"

√kṛ 시킴형 kārayati → kāryate "그가 행하도록 시켜진다"

✣ 13.06(06) 수동태를 만들 때 쌈쁘라싸라나가 적용되는 경우들이 있다. va 혹은 ya로 시작되고 자음으로 끝나는 말뿌리들이 해당된다.

√vad [vadati] → 수동3인칭 단수 udyate "그것이 발언된다"
√vac [vakti] → 수동3인칭 단수 ucyate "그것이 언급된다"
√vas [vasati] → 수동3인칭 단수 uṣyate "그 (장소가) 거주되어진다"
√yaj [yajati, yajate] → 수동3인칭 단수 ijyate "그것이 제사 지내진다"

✣ 13.06(07) 몇몇 동사들은 수동형을 갖고 있지 않다. 예로 √as "~이다, 있다"; √brū "말하다"; √arh "~할 만하다, ~할 수 있다"가 대표적인 예들이다.

✣ 13.06(08) 말뿌리 √paś는 수동형에서뿐 아니라 현재 체계가 아닌 일반체계에서는 √dṛś를 대신 사용한다. (☞✣13.03(01))

√paś → 수동3인칭 단수 dṛśyate "그것이 관찰된다"

सात्यन्तं सुन्दरं मृगं पश्यति । sātyantaṃ sundaraṃ mṛgaṃ paśyati.

"그녀는 매우 아름다운 사슴을 본다."의 수동태 문장은 아래와 같다.

अत्यन्तं सुन्दरो मृगस्तया दृश्यते ।
atyantaṃ sundaro mṛgas tayā dṛśyate.

यदेव योगाः पश्यन्ति तत्सांख्यैरपि दृश्यते ।
एकं सांख्यं च योगं च यः पश्यति स तत्त्ववित् ॥ 『महाभारतम्』

yad eva yogāḥ paśyanti tat sāṅkhyair api dṛśyate.
ekaṃ sāṅkhyam[1] ca yogaṃ ca yaḥ paśyati sa tattvavit. *Mahābhārata*

---

1 sāṅkya가 보다 정확한 표기라고 할 수 있겠지만, sāṃkhya라는 표기가 자주 사용되고 특히나 데바나가리 표기에서 후자가 간편한 면이 있어서 데바나가리에서는 이렇게 표기하였다. 이에 대한 자세한 내용은 별도의 논문 「쌍쓰끄리땀의 아누쓰바라와 콧소리 표기, 그 역사적 맥락과 표기원

실행(을 하는 사람들)이 보는 것, 그것이 이론(체계를 따르는 사람들)에 의해서도 파악되노니
이론과 실행이 하나라고 보는 사람은 진실을 아는 사람이다.

행위자(kartṛ) 개념

✤13.07 동사는 다된말이 되고 나면 이미 주어에 대한 상당한 정도의 정보를 담게 된다. 따라서 동사 다된말이 제시되면 주어가 명시적으로 제시되지 않더라도 온전한 문장이 이루어진다. 하지만 동사의 활용 형태만으로는 행위를 행하는 주체에 대한 정보 혹은 행위가 향하는 대상에 대한 정보를 충분하게 담지는 못한다. 따라서 문장 안에서는 명사의 곡용형태를 사용하여 이와 연관된 내용이 분명하게 제시되는 것이 일반적이다. 쌍쓰끄리땀 문장에서 동사의 말뿌리가 나타내는 행위를 수행하는 주체를 "행위자"(kartṛ, agent)라고 한다.

예문13.01 नलो ग्रामं गच्छति । nalo grāmaṃ gacchati.
날라가 마을로 간다

에서 말뿌리 √gam이 나타내는 행위, 즉 가는 행위를 하는 주체는 날라이고 따라서 이 문장의 행위자는 날라이다.

✤13.07(01) 그런데 행위자가 항상 문장의 주어가 되는 것이 아니다.

예문13.02 इन्द्रो वृत्रं हन्ति । indro vṛtraṃ hanti.

예문13.03 वृत्र इन्द्रेण हन्यते । vṛtra indreṇa hanyate.

예문13.02의 능동문장에서는 말뿌리 √han이 나타내는 죽이는 행위의 행위자가 문장의 주어 indra와 일치한다. 하지만 같은 뜻을 나타내는 문장인

칙」을 참조하라.

예문13.03은 수동문장이고 말뿌리가 나타내는 동작을 행하는 주체는 임자격으로 주어진 주어가 아니라 수단격으로 주어진 indra이다. 따라서 수동문장에서 행위자는 수단격으로 표현된다. 이 점을 보면 "행위자" 개념이 "주어" 개념과 다르다는 것을 알 수 있다.

✣13.08 문장에서 동사의 행위가 대상으로 삼는 직접대상을 표현하는 말이 나타나는 경우가 있고 아닌 경우가 있다. 예로 √han은 그 직접대상이 되는 무엇인가가 필요한 표현이다. 예문13.02에서 "죽이다"는 동사의 직접대상이 되는 "vṛtra"를 "karman"(행위대상)이라고 부른다. 따라서 예문13.03의 수동에서는 이 행위대상(karman)이 주어로 나타나고 있다고 할 수 있다. 이렇게 행위대상을 취하면서 사용되는 동사를 "sa-karmaka-dhātu"(행위대상을 갖는 말뿌리)라 하고 행위대상이 없이 사용되는 동사를 "a-karmaka-dhātu"(행위대상 없이 쓰이는 말뿌리)라 한다. 이 설명을 보면 독자들은 영어와 같은 외국어를 배울 때에 배웠던 "타동사"와 "자동사" 개념을 떠올릴 것이다. 행위의 직접대상을 필요로 하는 동사를 우리는 "타동사"(transitive)라고 하고 그렇지 않은 동사를 "자동사"(intransitive)라고 한다고 우리는 알고 있다. 따라서 우리가 일반적으로 사용하는 이 개념에 비추어 "sakarmakadhātu"는 "타동사"이고 "akarmakadhātu"는 "자동사"라고 생각하게 될 것인데, 이렇게 이해하는 것은 쌍쓰끄리땀을 배우는 데에 좋지 않다. 왜냐하면 바로 예문13.01 **नलो ग्रामं गच्छति ।**에서 대상격으로 나타난 grāmaṃ이 gacchati의 karman이기 때문이다. 영어나 한국어의 "가다"가 타동사일 수는 없다. 그래서 예문13.01에서 gacchati가 sakarmakadhātu라고 한다면 독자들은 의아해 할 수 있다. 하지만 최소한 쌍쓰끄리땀을 배우기 위한 맥락에서, 그리고 인도 전통문법의 체계를 학습하기 위한 맥락에서는 아래 두 예문의 구조를 완전히 동일한 것으로 보아야 한다.

예문13.01 **नलो ग्रामं गच्छति ।**

예문13.02 **इन्द्रो वृत्रं हन्ति ।**

✤ 13.08(01) 왜 "가다"라는 동사인 √gam이 sakarmakadhātu냐고 묻는다면, 인도 전통문법이 주는 답은 바로 √han이 그렇게 하듯이 √gam도 대상격 목적어(이 경우 grāma)를 갖기 때문이라고 대답한다. 이 대목에서 독자는 예문13.01 "nalo grāmaṃ gacchati."에서 "grāmaṃ"이 "gacchati"라는 동사의 방향을 나타내는 대상격의 형태를 가진 부사로 간주되어야 하는 것이 아닌지 반론을 제기하고 싶을 것이다. 이 대목에서 문법 이론의 논쟁은 접어 두고 아래의 예문을 보자.

예문13.04 **ग्रामो नलेन गम्यते ।** grāmo nalena gamyate.

이 수동문장은 앞선 예문13.01의 수동문장이고, 의미상 같은 사태를 서술하고 있다. 독자들이 예상하지 못했겠지만 √gam 동사의 수동형은 쌍쓰끄리땀에서 드물기보다는 자연스러운 사용 방식이다. 이것은 마치 예문13.03이 자연스러운 것과 마찬가지이다. 예문13.04와 같은 문장을 설명하는 일에는 √gam이 sakarmakadhātu라고 설명하는 체계가 훨씬 더 효율적일 수 있기 때문에 sakarmakadhātu와 akarmakadhātu 개념의 쓰임을 받아들이도록 하자. 우리에게 현재 맥락에서 중요한 것은 "kartṛ"와 "karman" 개념을 이해하고 이것을 사용해서 특정한 동사의 활용 방식을 적절하게 이해하는 일이다.

✤ 13.09 예문13.01과 예문13.02에서 grāmam이나 vṛtram이나 모두 전통문법에 따른 분석에서는 행위대상(karman)이고 이 두 동사 모두 sakarmakadhātu이다. 이렇게 설명을 하면 예문13.02로부터 수동문장을 만들 때 행위대상(karman)인 vṛtra가 수동문장에서는 임자격으로, 행위자(kartṛ)인 indra가 수동문장에서는 수단격으로 나타나는 일이 예문13.01에도 적용된다는 사실이 쉽게 표현될 수 있다. 즉 예문13.01: "nalo grāmaṃ gacchati."에서의 kartṛ를 수단격으로 바꾸고 karman을 임자격으로 바꾸면 우리는

예문13.04 ग्रामो नलेन गम्यते । grāmo nalena gamyate.
(= ग्रामं नलेन गम्यते ।) (= grāmaṃ nalena gamyate.)
라는 수동문장을 얻게 된다.

✣13.10 아래의 문장들을 보자

예문13.05 पण्डितः शिष्यमुपदिशति । paṇḍitaḥ śiṣyam upadiśati.
학자가 학생을 가르친다.

예문13.06 पण्डिताः शिष्यानुपदिशन्ति । paṇḍitāḥ śiṣyān upadiśanti.
학자들이 학생들을 가르친다.

예문13.07 शिष्याः पण्डितेनोपदिश्यन्ते । śiṣyāḥ paṇḍitenopadiśyante.
학생들은 학자에 의해 가르쳐진다.

예문13.08 शिष्यः पण्डितेनोपदिश्यते । śiṣyaḥ paṇḍitenopadiśyate.
학생이 학자에 의해 가르쳐진다.

예문13.05와 예문13.06에서 각 동사형태가 단수(upadiśati)와 복수(upadiśanti)로 쓰인 이유는 예문13.05와 예문13.06에서 대상격으로 나타난 행위의 대상(karman)인 목적어가 각각 단수와 복수로 쓰인 사실과는 무관하다. 주어의 자리에 나타난 명사의 형태가 단수(paṇḍitaḥ)와 복수(paṇḍitāḥ)이다보니 여기에 맞추어 동사들이 각각 단수와 복수로 사용된 것이다. 이 두 문장에서 임자격으로 나타나는 행위자(kartṛ)가 단수인지 복수인지에 일치시켜서 동사의 형태가 구분된 것이다. 이렇게 동사가 사용되는 경우를 "행위자에 관련한(kartari) 동사의 사용(prayoga)"이라는 의미에서 "kartari prayoga"라고 부른다. 결국 "kartari prayoga"는 대략 "능동"이라고 번역할 수 있는 표현이 되는 셈이다. 이와는 다르게 예문13.07과 예문13.08에서 동사들이 복수(upadiśyante)와 단수(upadiśyate)로 쓰인 것은 행위대상(karman)이 임자격으로 나타나는 수동문장이 되면서 행위대상(karman)의 복수와 단수에 맞춘 형태가 사용된 때문이다. 이러한 경우를

"행위대상(karman)에 관련한 동사의 사용(prayoga)"이라는 의미로 동사의 "karmaṇi prayoga"라고 부른다. 이 용어는 대략 "수동"이라고 옮길 수 있는 말이 되는 셈이다.

✤13.11 능동문장이 수동문장으로 바뀔 때에는 능동문장에서 임자격인 kartṛ가 수동문장에서 수단격이 되어야 하고, 능동문장에서 대상격인 karman이 수동문장에서는 임자격이 되어야 한다. 그리고 추가로 동사는 수동형으로 바뀌어야 한다. 수동문장을 능동문장으로 바꾸는 과정은 거꾸로이다. 이때 주의해야 할 것은 kartṛ 혹은 karman을 꾸미는 말로 쓰이는 형용사나 동격으로 쓰인 명사는 kartṛ 혹은 karman을 따라 바뀌어야 하지만 그렇지 않은 단어들은 그대로 두어야 한다는 사실이다.

예문13.09 वीर इन्द्रो बलवत्तरं वृत्रं हन्ति । vīra indro balavattaraṃ vṛtraṃ hanti.
영웅 인드라가 더 강한 브리뜨라를 죽인다.

예문13.10 बलवत्तरो वृत्रो वीरेणेन्द्रेण हन्यते ।
balavattaro vṛtro vīreṇendreṇa hanyate.
더 강한 브리뜨라가 영웅 인드라에 의해 죽여진다.

예문13.09의 수동형이 예문13.10으로 만들어지는 과정에서 vṛtra를 수식하는 balavattara와 indra를 수식하는 vīra가 함께 격을 바꾸게 된 것에 주목해야 한다. 그런데 예문13.11을 수동으로 바꾸는 과정에서는 바꾸지 말아야 하는 단어들이 있다.

예문13.11 वीर इन्द्रो ऽमित्रं वृत्रमनन्तरं वज्रेण स्वयं हन्ति ।
vīra indro 'mitraṃ vṛtram anantaraṃ vajreṇa svayaṃ hanti.
영웅 인드라가 적인 브리뜨라를 곧바로 금강을 가지고 직접 죽인다.

예문13.12 अमित्रो वृत्रो वीरेणेन्द्रेणानन्तरं वज्रेण स्वयं हन्यते ।
amitro vṛtro vīreṇendreṇānantaraṃ vajreṇa svayaṃ hanyate.

적인 브리뜨라가 영웅 인드라에 의해 곧바로 금강을 가지고 직접 죽여진다.

예문13.11의 anantaram은 대상격이 부사로 사용된 경우이므로 대상격인 vṛtra와 함께 다루어질 수 없고, vajreṇa는 수단격이지만 예문13.12에서 수단격인 indreṇa와는 별개로 죽이는 행위를 수행한 도구를 나타내는 단어이므로 indra와 함께 취급되어서는 안 된다.

✤13.12 이제 자동사인 동사들도 sakarmaka-dhātu로서 수동으로 쓰이는 것이 일반적이라는 사실은 우리가 이해할 수 있다. 하지만 sakarmaka-dhātu가 아닌 akarmaka-dhātu 동사들도 쌍쓰끄리땀에서는 흔하게 수동으로 사용된다. 이렇게 사용되는 수동을 사태에 관련한(bhāve) 동사의 사용(prayoga)이라는 의미에서 "사태수동"(bhāve prayoga)이라고 한다. 사태수동의 경우에는 능동(kartari prayoga) 문장에서 임자격으로 나타나는 행위자(kartṛ)는 분명하게 있기 때문에 이것이 수동문장에서 수단격으로 표현되면 된다. 하지만 능동문장에서 대상격으로 나타나는 행위대상(karman)이 없기 때문에 수동문장에서 임자격으로 나타나야 하는 것이 있을 수가 없다. 이러한 사정 때문에 사태수동(bhāve prayoga) 문장에서는 비어 있는 임자격의 자리를 불특정한 대상을 나타내는 3인칭 단수 대명사가 채우고 있다고 상정하고, 임자격으로 나타나는 단어가 없을지라도 수동형태의 동사는 3인칭 단수형을 사용한다.

예문13.13 स मुनिस्तस्मिन्वने वसति । sa munis tasmin vane vasati.
그 현자는 그 숲에 산다.

예문13.14 तेन मुनिना तस्मिन्वन उष्यते । tena muninā tasmin vana uṣyate.
그 현자가 그 숲에(vane) 산다. (← 숲에서 사는 일은 그 현자에 의해서 행해진다.)

예문13.13에 나타난 동사 √vas는 akarmaka-dhātu이지만 사태수동으로 수동문장을 만들 수 있으며, 따라서 예문13.14에서 수동형 동사 uṣyate는 3인칭 단수가 쓰이고 있다.

✤ 13.13 √vac [vakti] 동사의 수동3인칭 단수 ucyate "그것이 언급된다"라는 표현은 발언된 문장이나 내용에 대한 수동이 될 수도 있지만, 말을 듣는 사람에 대한 수동으로 사용될 수도 있다.

예문13.15 **यथा दीयते दानं तथा फलमाप्यत इत्युच्यते मुनिना ।**
yathā dīyate dānaṃ tathā phalam āpyata ity ucyate muninā.
"공물을 주는 일을 어떻게 하는지에 따라 그에 상응하게 결과를 얻게 되느니라."라는 것이 현자에 의해 가르쳐진다.

예문13.16 **यथा दीयते दानं तथा फलमाप्यत इति मुनिर्वक्ति ।**
yathā dīyate dānaṃ tathā phalam āpyata iti munir vakti.
"공물을 주는 일을 어떻게 하는지에 따라 그에 상응하게 결과를 얻게 되느니라."하고 현자가 가르친다.

예문13.15에서 ucyate라는 수동형의 주어는 바로 iti가 가리키는 문장이다. 따라서 예문13.15를 능동으로 바꾸면 예문13.16이 된다.

예문13.17 **धिगस्त्वित्युच्यते मुनिना पापो धूर्तः । तथा स मुनिर्धिगकरोत् ।**
dhig astv ity ucyate muninā pāpo dhūrtaḥ. tathā sa munir dhig akarot.
"망할 놈!"이라고 현자가 사악한 사기꾼에게 말한다. 그렇게 그 현자는 욕을 했다. (← "망할 놈!"이라고 현자에 의해 사악한 사기꾼이 말해진다. 그렇게 그 현자는 욕을 했다.)

예문13.18 **धिगस्त्विति मुनिः पापं धूर्तं वक्ति । तथा स मुनिर्धिगकरोत् ।**
dhig astv iti muniḥ pāpaṃ dhūrtaṃ vakti. tathā sa munir dhig akarot.
"망할 놈!"이라고 현자가 사악한 사기꾼에게 말한다. 그렇게 그 현자는 욕을 했다.

예문13.17은 말로 표현된 내용이 아니라 말을 듣게 되는 사람에 대한 수동표현이다. 이렇게 ucyate라는 수동형이 말로 표현된 내용은 물론 말을 듣게 된 사람에 대한 수동표현까지 나타낼 수 있는 이유는, 이 동사가 능동으로 쓰일 때 대상격 둘을 나란히 이중으로 동반하기 때문이다. 예문13.19를 근거로 생각해 보라. 예문13.19를 수동으로 바꿀 때에는 두 가지 형태가 가능한데, 하나는 idaṃ vākyam을 수동에서 임자격으로 사용하는 방법이고 다른 하나는 taṃ dhūrtam을 수동에서 임자격으로 사용하는 방법이다.

예문13.19 मुनिस्तं धूर्तमिदं वाक्यं वक्ति ।

munis taṃ dhūrtam idaṃ vākyaṃ vakti.

현자가 그 사기꾼에게 이 말을 했다.

✣13.14 쌍쓰끄리땀에서 수동형은 빈번하게 사용되고 그 사용범위 또한 아주 넓다. 따라서 수동형이 쓰였다고 해서 반드시 수동의 의미를 나타내거나 강조하기 위해 능동과 구별되는 방식으로 쓰였다고 생각해서는 안 된다. 일상적인 표현의 명확함과 간결함에서 수동형이 낫다면 당연히 수동형을 쓴다. 따라서 번역을 할 때에는 수동문장을 능동으로 옮기는 것이 자연스러운 경우가 많다. 또 수동형이 쓰이는 이유는 능동문장에서 임자격으로 나타나는 대상이 수동에서 굳이 임자격으로 나타나야 할 필요가 없다는 사실에 근거하는 경우가 많다. 능동문장에서와는 다른 주어를 상정해서 간편한 문장을 구현할 수 있는 경우도 있지만, 그렇지 않더라도 서술의 강조점을 바꿀 수 있기 때문이다.

예문13.20 यस्तिलः सूयते स तैलमुत्सृजते ।

yas tilaḥ sūyate sa tailam utsṛjate.

짜내진(√su 5P.Ā. [sunoti, sunute]) 깨는 참기름을 낸다.

위 문장에서 관계문장이 수동으로 되지 않으면 주문장에서 sa가 가리키는 대상이 tilaḥ가 될 수 없다는 사정을 이해하면 이 문장의 구조가 왜 수동형을 요구하는지 이해할 수 있을 것이다.

예문13.21 यो वने शत्रुना हन्यते तस्य वपुः पशवो भुञ्जन्ति ।

yo vane śatrunā hanyate tasya vapuḥ paśavo bhuñjanti.

숲에서 적에 의해 살해된 그의 몸을 짐승들이 먹는다.

예문13.22 यो वने हन्यते तस्य वपुः पशवो भुञ्जन्ति ।

yo vane hanyate tasya vapuḥ paśavo bhuñjanti.

숲에서 살해된 그의 몸을 짐승들이 먹는다.

예문13.21에서 "śatrunā"를 빼면 예문13.22가 된다. 결국 죽이는 행위를 수행한 행위자를 밝히지 않은 채 상황을 서술할 수 있는 것이다. 만약 yo vane śatrunā hanyate라는 어절이 수동 구조를 가지고 있지 않다면 "śatruḥ"를 생략하는 것은 불가능할 것이다. 능동에서는 śatrur vane yaṃ hanti가 되어야 하는데 주어가 없이 이 문장을 만드는 일은 불가능하기 때문이다. 이 예에서 보이듯 수동문장을 사용하는 일이 주로 수동의 뜻을 나타내기 위해서라고 생각하는 것은 착각에 가깝다. 수동문장은 구조적인 특징상 능동문장의 주어가 임자격으로 나타나지 않기 때문에 문장을 사용하는 사람에게 필요한 구조를 만들어 내기에 알맞은 경우가 많다. 또한 행위자보다는 행위의 대상이 되는 것이 임자격으로 나타나기 때문에 문장에서 강조되는 단어를 바꾸는 효과를 얻게 되기도 한다.

수동과거형

✣ 13.15 수동형이란 결국 동사말뿌리에 -ya를 첨가해서 수동말줄기를 만들고 이것을 Ā. 활용시키는 동사의 활용 형태이다. 따라서 수동말줄기가 만들어지고 나면 이 말줄기를 근거로 삼아 다른 다양한 동사활용이 가능하다. 수동말줄기가 마련되면서 이미 수동의 의미를 담고 있으니 이 말줄기로부터 다른 활용형을 만들면 된다. 당연히 과거형도 만들 수 있다. 현재말줄기를 근거로 과거형을 만들듯이 똑같은 방식으로 과거형을 만들면 된다. 수동의 과거형을 만들 때에는 수동말줄기가 마치 -ya 갈래 표식이 붙은 제4갈래 동사인 것처럼 다루면 되지만, 인칭뒷토는 제이인칭뒷토(과거형이니까!)에서 Ā.형만

(수동이니까!) 사용해야 하고 또 과거보탬말 a-가 첨가된다. 수동의 과거형을 사용하는 예들을 보자.

앞선 예문13.04와 예문13.08의 과거형은 다음과 같다.

예문13.04 ग्रामो नलेन गम्यते । → 과거형 : ग्रामो नलेनागम्यत ।

grāmo nalenāgamyata.

날라가 마을로 갔다. (← 날라에 의해 마을로 가졌다.)

예문13.08 शिष्यः पण्डितेनोपदिश्यते । → 과거형 : शिष्यः पण्डितेनोपादिश्यत ।

śiṣyaḥ paṇḍitenopādiśyata.

학생이 학자에 의해 가르쳐졌다.

예문13.23 ग्रामं गच्छेति पिता पुत्रमवदत् ।

grāmaṃ gaccheti pitā putram avadat.

마을로 가라고 아버지는 아들에게 말했다.

수동형 : ग्रामं गच्छेति पित्रा पुत्र औद्यत ।

grāmaṃ gaccheti pitrā putra audyata.

예문13.21 यो वने शत्रुना हन्यते तस्य वपुः पशवो भुञ्जन्ति ।

yo vane śatrunā hanyate tasya vapuḥ paśavo bhuñjanti.

과거형 : यो वने शत्रुनाहन्यत तस्य वपुः पशवो ऽभुञ्जन् ।

yo vane śatrunāhanyata tasya vapuḥ paśavo 'bhuñjan.

숲에서 적에 의해 살해된 그의 몸을 짐승들이 먹었다.

य इन्द्रेणाहन्यत तेन वृत्रेण सर्वे जन्तवो ऽबध्यन्त ।

ya indreṇāhanyata tena vṛtreṇa sarve jantavo 'badhyanta.

인드라에 의해 죽여진 브리뜨라에 의해 모든 생명체들이 고통받았다.

यौ पापाभ्यां राजभ्यामबध्येतां तौ वीरावन्येन वीरेणामुच्येताम् ।

yau pāpābhyāṃ rājabhyām abadhyetāṃ tau vīrāv anyena vīreṇāmucyetām.

두 사악한 왕에게 사로잡힌 두 전사는 다른 영웅에 의해 풀려났다.

수동명령형

✤13.16 수동말줄기를 출발점으로 삼아 다른 다양한 활용 형태를 만들 수 있다. 예를 들면 명령형을 만들 수도 있다.

धनान्यर्धविभागेन विभज्यन्ताम्।

dhanāny ardha-vibhāgena vibhajyantām.

재산을 반씩 나누자!

동사 vi-√bhaj "나누다"의 수동말줄기가 만들어지기 위해 -ya가 첨가된 후에, 이것을 Ā.(수동!)로 3인칭 복수(dhanāni) 명령형 활용을 시킨 것이다.

명사말줄기의 강 · 중 · 약형 구분

✤13.17 우리가 처음 배운 곡용형태는 모두 끝모음명사들이었다. 그리고 지금까지 배운 끝자음명사들도 모두 각 수와 격에 따라 어떤 명사격뒷토를 명사말줄기에 첨부해야 하느냐 하는 것만 배우면 되는 경우들이었다. 이제는 명사격뒷토뿐 아니라 명사말줄기 자체가 격과 수에 따라 바뀌는 경우들에 대해 배우게 될 것이다. 이것은 마치 동사의 활용에서 말줄기의 강형과 약형이 구분되는 것과 마찬가지이다.

✤13.18 명사말줄기는 강·약 형태 구분이 있는 두말줄기명사와 강·중·약 형태 구

분이 있는 세말줄기명사가 있다.

✤13.18(01) 남성과 여성명사의 경우 아래의 격들이 강형이다.

임자격, 대상격, (부름격) 단수와 양수
임자격, (부름격) 복수

✤13.18(02) 명사말줄기의 강·중·약 형태 구분도 역사적으로 강세의 위치 때문에 생겨나는 현상이다.(☞✤10.20) 남성과 여성명사에서 단수와 양수의 임자격과 대상격; 그리고 복수의 임자격은 격뒷토에 강세가 오는 경우가 전혀 없기 때문에 이 다섯 격이 강형 말줄기에 해당하는 격들이 된다. 이와 다르게 부름격의 경우에는 단어가 문장에서 어느 위치에 나오는지에 따라 강세를 갖게 되는지의 여부가 결정되는 복잡한 사정이 있다. 따라서 일반적인 문법서술에서는 이 사정들은 모두 무시하고 부름격은 임자격과 같은 강·중·약 형태 중의 한 형태를 취한다고 설명한다.

✤13.18(03) 두말줄기명사라면 위의 강형에 해당되지 않는 경우는 모두 약형이 된다.

✤13.18(04) 그런데 세말줄기명사라면 강형에 해당되지 않는 경우들 중에서 뒤에 오는 격뒷토가 자음으로 시작되는 경우(예로 -bhyām)에는 중형 말줄기가 되고 격뒷토가 모음으로 시작되는 경우(예로 -as)에는 약형 말줄기가 된다.

-an으로 끝나는 남성곡용

✤13.19 쌍쓰끄리땀에서 중요한 명사들이 -an으로 끝나는데, 이 명사들은 모두 남성이거나 중성이다. 여기에 해당되는 남성명사들의 곡용을 배우도록 하자. 이 곡용에는 두말줄기명사와 세말줄기명사의 구분이 있게 되므로 나누어서 배우도록 하자.

✤13.20 -an으로 끝나는 두말줄기명사 남성곡용:

표13.01 ātman [m.] "자신, 자아" (강·약 말줄기 구분)

격	약칭	단수	양수	복수
임자격	N.	आत्मा ātmā	आत्मानौ ātmānau	आत्मानः ātmānaḥ
대상격	A.	आत्मानम् ātmānam	आत्मानौ ātmānau	आत्मनः ātmanaḥ
수단격	I.	आत्मना ātmanā	आत्मभ्याम् ātmabhyām	आत्मभिः ātmabhiḥ
위함격	D.	आत्मने ātmane	आत्मभ्याम् ātmabhyām	आत्मभ्यः ātmabhyaḥ
유래격	Ab.	आत्मनः ātmanaḥ	आत्मभ्याम् ātmabhyām	आत्मभ्यः ātmabhyaḥ
가짐격	G.	आत्मनः ātmanaḥ	आत्मनोः ātmanoḥ	आत्मनाम् ātmanām
곳때격	L.	आत्मनि ātmani	आत्मनोः ātmanoḥ	आत्मसु ātmasu
부름격	V.	आत्मन् ātman	आत्मानौ ātmānau	आत्मानः ātmānaḥ

✤13.20(01) 표13.01에서 진한 색 바탕으로 표시한 부분이 강형 말줄기가 쓰이는 경우들이다. 단수 부름격이 강세를 가지는 경우에는 항상 첫 음절에 강세를 갖는다는 역사적인 사정(☞✤13.18(02)) 때문에 표13.01의 단수 부름격이 다른 강형 말줄기와 같은 형태를 갖고 있지 못하지만, 이것은 초보 학습자들에게 중요한 내용이 아니다.

य आत्मानं न जानाति तेन न किं चिज्ज्ञायते ।
ya ātmānaṃ na jānāti tena na kiṃ cij jñāyate.

자기자신을 모르는 자에게는 아무것도 인식되지 않는다.

ब्राह्मण आत्मने ऽयजतापि फलं नालभत ।

brāhmaṇa ātmane 'yajatāpi phalaṃ nālabhata.

사제는 자신을 위해 제사를 지냈지만 결실을 얻지 못했다.

न शस्त्रं वहते ऽश्मनि ।

na śastraṃ vahate 'śmani.

바위를 맞아 칼을 뽑지는 않는 법이다.

✤ 13.21 -an으로 끝나는 세말줄기명사 남성곡용:

표13.02 rājan [m.] "왕, 연장자" (강·중·약 말줄기 구분)

격	약칭	단수	양수	복수
임자격	N.	राजा rājā	राजानौ rājānau	राजानः rājānaḥ
대상격	A.	राजानम् rājānam	राजानौ rājānau	राज्ञः rājñaḥ
수단격	I.	राज्ञा rājñā	राजभ्याम् rājabhyām	राजभिः rājabhiḥ
위함격	D.	राज्ञे rājñe	राजभ्याम् rājabhyām	राजभ्यः rājabhyaḥ
유래격	Ab.	राज्ञः rājñaḥ	राजभ्याम् rājabhyām	राजभ्यः rājabhyaḥ
가짐격	G.	राज्ञः rājñaḥ	राज्ञोः rājñoḥ	राज्ञाम् rājñām
곳때격	L.	राज्ञि / राजनि rājñi / rājani	राज्ञोः rājñoḥ	राजसु rājasu
부름격	V.	राजन् rājan	राजानौ rājānau	राजानः rājānaḥ

진한 색 바탕으로 표시한 부분이 강형 말줄기가 쓰이는 경우들이다. 곳때격 단수에서는 약형으로 -n (rājñ-)만이 아니라 예외적으로 중형 -an (rājan-) 형태도 사용되는 일이 있기는 하다.

राजा तस्य ज्येष्ठे पुत्रे स्निह्यति ।
rājā tasya jyeṣṭhe putre snihyati.
왕은 그의 첫째 아들을 사랑한다.

✤13.22 표13.01과 표13.02를 이해하기 위해서는 앞서 배운바 있는(☞표06.04) 명사격뒷토의 표준형을 다시 상기해야 한다. 강·약 구분이 있는 ātman의 경우에 강형은 ātmā-이고 약형은 ātma-라는 사실을 볼 수 있다. 결국 강·약 구분은 ā·a 구분인 셈이다. 강·중·약 구분이 있는 rājan의 경우에는 강형은 rājā-; 중형은 rāja-; 약형은 rājø-이다. 결국 강·중·약 구분은 ā·a·ø 구분인 셈이다. 이 내용은 앞선 표02.02를 다시 보면서 상기하기 바란다. 따라서 rājan의 단수 수단격 rājñā는 rājan의 약형에 모음으로 시작되는 격뒷토 -ā가 첨부된 결과라는 것을 생각하면, rājøn + ā → rājñā를 이해할 수 있겠다. 수단격 양수의 경우에는 격뒷토가 -bhyām으로 자음으로 시작되기 때문에 세말줄기명사의 경우에는 중형 말줄기가 쓰여야 하니 rāja가 사용되어 rājabhyām이 된 것이다. 단수 부름격의 형태는 무시해도 좋다. (☞✤13.20(01))

중성 두말줄기명사와 세말줄기명사

✤13.23 중성인 두말줄기명사와 세말줄기명사의 경우에는 그 강·중·약형의 분포가 다음과 같다.

✤13.23(01) 임자격, 대상격, 부름격 복수가 강형이다.

✤ 13.23(02) 두말줄기명사라면 위의 강형에 해당되지 않는 경우는 모두 약형이 된다.

✤ 13.23(03) 세말줄기명사라면 강형에 해당되지 않는 경우들 중에서 임자격, 대상격, 부름격 단수는 중형이다. 임자격, 대상격, 부름격 양수는 약형이다. 나머지 경우들은 남성명사와 마찬가지로 뒤따라 오는 인칭뒷토가 자음으로 시작되는 경우에는 중형 말줄기가 되고 뒤따라 오는 인칭뒷토가 모음으로 시작되는 경우에는 약형 말줄기가 된다.

✤ 13.24 -an으로 끝나는 두말줄기명사 중성곡용:

표13.03 karman [n.] "행위" (강·약 말줄기 구분)

격	약칭	단수	양수	복수
임자격	N.	कर्म karma	कर्मणी karmaṇī	कर्माणि karmāṇi
대상격	A.	कर्म karma	कर्मणी karmaṇī	कर्माणि karmāṇi
수단격	I.	कर्मणा karmaṇā	कर्मभ्याम् karmabhyām	कर्मभिः karmabhiḥ
위함격	D.	कर्मणे karmaṇe	कर्मभ्याम् karmabhyām	कर्मभ्यः karmabhyaḥ
유래격	Ab.	कर्मणः karmaṇaḥ	कर्मभ्याम् karmabhyām	कर्मभ्यः karmabhyaḥ
가짐격	G.	कर्मणः karmaṇaḥ	कर्मणोः karmaṇoḥ	कर्मणाम् karmaṇām
곳때격	L.	कर्मणि karmaṇi	कर्मणोः karmaṇoḥ	कर्मसु karmasu
부름격	V.	कर्म / कर्मन् karma / karman	कर्मणी karmaṇī	कर्माणि karmāṇi

진한 색 바탕으로 표시한 부분이 강형 말줄기가 쓰이는 경우들이다.

इन्द्रियजितः कर्माणि कुर्वन्त्यपि नैव कर्मभिर्बध्यन्ते ।
indriyajitaḥ karmāṇi kurvanty api naiva karmabhir badhyante.
감각기관을 이긴 자들은 행위를 함에도 불구하고 그 행위들에 속박되지 않는다.

✣ 13.25 -an으로 끝나는 세말줄기명사 중성곡용:

표13.04 nāman [n.] "이름" (강·중·약 말줄기 구분)

격	약칭	단수	양수	복수
임자격	N.	नाम nāma	नामनी / नाम्नी nāmanī / nāmnī	नामानि nāmāni
대상격	A.	नाम nāma	नामनी / नाम्नी nāmanī / nāmnī	नामानि nāmāni
수단격	I.	नाम्ना nāmnā	नामभ्याम् nāmabhyām	नामभिः nāmabhiḥ
위함격	D.	नाम्ने nāmne	नामभ्याम् nāmabhyām	नामभ्यः nāmabhyaḥ
유래격	Ab.	नाम्नः nāmnaḥ	नामभ्याम् nāmabhyām	नामभ्यः nāmabhyaḥ
가짐격	G.	नाम्नः nāmnaḥ	नाम्नोः nāmnoḥ	नाम्नाम् nāmnām
곳때격	L.	नाम्नि / नामनि nāmni / nāmani	नाम्नोः nāmnoḥ	नामसु nāmasu
부름격	V.	नामन् / नाम nāman / nāma	नामनी / नाम्नी nāmanī / nāmnī	नामानि nāmāni

굵은 테두리 안에 진한 색 바탕으로 표시한 부분이 강형 말줄기가 쓰이는 경우들이고 진한 색 바탕 표시만 있는 부분은 중형 말줄기가 쓰이는 경우들이다. 결국 복수의 임자격, 대상격, 부름격이 강형; 단수의 임자격, 대상격, 부름격이 중형이라는 것을 알아 두는 것이 핵심이다.

यस्य नाम शिवेनादीयत स दक्षस्य यज्ञस्य क्षयमनयत् ।

yasya nāma śivenādīyata sa dakṣasya yajñasya kṣayam anayat.

이름을 쉬바에게서 받은(이름이 쉬바에 의해 주어진) 그는 닥샤의 제사에 종말을 가져왔다.

✤13.26 명사들의 두말줄기명사와 세말줄기명사가 생겨나는 이유는 동사와 마찬가지로 고전쌍쓰끄리땀에서는 발음으로 구분하지 않는 강세의 위치 변동이다. 하지만 사라진 강세가 남긴 형태상의 구분은 표13.01; 표13.02; 표13.03; 표13.04에서 보이듯 명확하게 드러난다. 강세의 위치 변동에 따라 곡용의 형태가 바뀐다는 말은 곧 강세를 갖는 모음이 어디에 자리 잡는지에 따라 곡용의 형태가 바뀐다는 말이다. 따라서 앞서 고정형 말줄기를 가진 동사의 활용에서 보았듯이 말줄기의 앞뒤로 모음이 나타나는지의 여부가 중요한 요소가 된다. 세말줄기명사에서 곡용뒷토가 모음으로 시작되는지 여부가 중형과 약형을 구분하는 기준이 된다는 사실도 이 때문이다. 따라서 -man, -van으로 끝나는 남성, 여성, 중성 명사의 곡용은 -man, -van 앞에 모음이 나타날 때에는 세말줄기명사가 되고(sī-man [f.] "경계선") -man, -van 앞에 자음이 나타날 때에는 두말줄기명사가 된다(āt-man [m.] "자아").

✤13.27 두말줄기와 세말줄기에 해당되는 -an, -man, -van으로 끝나는 명사의 곡용형을 명확하게 구분해서 익혀야 하는데, 이를 위해서는 특히나 말줄기의 형태가 무엇인지를 곡용된 구체적인 격의 형태와는 별도로 알고 있어야 한다. 좋은 방법은 단수 임자격과 단수 수단격을 동시에 암기해 두는 것이다. 두말줄기명사이던 세말줄기명사이던 임자격 단수는 강형 말줄기를 알 수 있게 해 주고 수단격 단수는 약형 말줄기의 형태를 알 수 있게 해 준다.

✤13.28 표13.01부터 표13.04까지에서 배운 곡용형태의 구분이 중요해지는 예를 들어 보자. "brahman"이라는 단어는 남성과 중성을 명확하게 구분해야 한다. 남성일 때에는 "브라흐만"이라는 이름을 가진 신을 가리킨다. Indra, Varuṇa 등과 함께 베다시기부터 중요한 신이다. 이 의미로 쓰일 때에는 표13.01을 따라 곡용되며 임자격 단수 brahmā; 대상격 단수 brahmānam이

된다. 이 단어가 중성으로 사용될 때에는 베다시기의 세계관에서 우주의 운행원리를 가리키는 의미로 쓰인다. 그리고 곡용은 표13.03을 따르기 때문에 임자격 단수 brahma; 대상격 단수 brahma가 된다.

सर्वं खल्विदं ब्रह्म ।

sarvaṃ khalv idaṃ brahma.
모든 것은 실로 이 브라흐만[n.]이다.

अयमात्मा ब्रह्म ।

ayam ātmā brahma.
이 자아가 브라흐만[n.]이다.

ब्रह्मा सर्वस्य लोकस्य पतिर्ऋषीन्ब्रह्म परमसत्यमुपदिशति ।

brahmā sarvasya lokasya patir ṛṣīn brahma paramasatyam upadiśati.

모든 세상의 주인인 브라흐만[m.] 신이 성인들에게 최상의 진리 브라흐만[n.]을 가르친다.

연습문제

▷ 13.01 다음을 한국어로 옮기시오.

▷ 13.01(01) यत्तेन क्रियते तत्तयोच्यते ।

▷ 13.01(02) यत्र वीरेण कृष्णेन स्थीयते तत्र न केभ्यश्चित्सर्वैः पुरुषैर्भीयते ।

▷ 13.01(03) यतः सा देवी तस्याः पत्या मुह्यते तत आत्मनो बलं न वेत्ति ।

▷ 13.01(04) सर्वेषु राजसु स श्रेष्ठ इति जनैरुद्यते ।

▷ 13.01(05) कुतः स राजा तेन मुनिनाशप्यत । यतस्तस्य पुत्रो राज्ञ इषुणा म्रियते ततः स राजानमशपत् ।

13.02 다음 문장을 데바나가리로 표기하고 한국어로 옮기시오.

13.02(01) sarve janā rājñā pāyante.

13.02(02) yadi yuddhe śatruṇā jīyate tarhi sarvadā tena hanyate.

13.02(03) yat tena smṛtividā bālena dṛśyate śrūyate ca tat tena smaryate.

13.02(04) ākāśo meghabhiḥ pūryate meghabhyo vāri patati ca.

13.02(05) yasmiṃs tenauṣyata tad vanam asmād nagarād dūram āsīt.

13.02(06) yasya nāma na kena cid avidyata tenāśuddho rākṣaso 'hanyata.

13.02(07) yathā kavinā gīyate tathā veda ṛṣiṇā śrūyate paṇḍitena paṭhyate.

D 13.03 다음 문장들을 해석하고 수동문장을 능동문장으로, 능동문장을 수동문장으로 바꾸어 데바나가리로 적으시오.

D 13.03(01) स मुनिराश्रमे तस्य पुत्रैः सह वसति ।

D 13.03(02) राजा शत्रुभ्य आत्मनो नगरं पाति ।

D 13.03(03) पण्डितः सत्यं जानाति ।

D 13.03(04) अस्मिन्नरण्य एको वणिजको ऽतिष्ठत् ।

D 13.03(05) देवस्तपसा पण्डितेनान्वीक्ष्यते ।

D 13.03(06) राक्षसा राज्ञो ऽश्वानघ्नन् । तस्माद्राक्षसा इषुभी राज्ञाहन्यन्त ।

▷ 13.03(07) तस्मिन्काले ब्रह्मणे देवाय ब्राह्मणैरिज्यते ।

▷ 13.03(08) यज्ञे हवींषि बहुभिर्जनैरहूयन्त ।

▷ 13.03(09) सा नारी पत्या माता क्रियते ।

▷ 13.03(10) कवेः काव्यो मित्रेण श्रूयते ।

D 13.04 다음 이야기를 한국어로 옮기시오. (**हंस-काक-कथा**)

D 13.04(01) अस्त्युत्तरमार्गस्य समीपे न्यग्रोधः । तत्र हंसः काकेन सहावसत् । एकस्मिन्समये कश्चिद्राजा श्रान्तो न्यग्रोधस्याध आगच्छत् । इषवो धनुषा सह मूले निधीयन्ते राज्ञा । स राजा च निद्रामकरोत् । पश्चात्तस्य मुखाद्वृक्षस्य च्छायापागच्छत् ।

D 13.04(02) ततो यस्य सूर्यतेजसा राज्ञो मुखं व्याप्यत स हंसेनादृश्यत । यो हंसो वृक्षेऽतिष्ठत्स राज्ञि करुणामकरोत् । तेन समयेन हंसस्य पक्षाभ्यां च राज्ञो मुखे छायाक्रियत । ततो यो राजा निद्रया सुखमभवत्कदाचित्तस्य मुखं व्यादीयते स्म ।

D 13.04(03) अथ यः काको ऽन्यस्य सुखमद्विष्ट तस्य पापः स्वभाव आसीत् । काकस्तस्य राज्ञो मुखे पुरीषस्योत्सर्गमकरोदन्यत्र चापतत् । तस्माद्राजा काकस्य पुरीषेन बुध्यते । यावदसौ राजोर्ध्वमन्वैक्षत तावद्धंसस्तेन राज्ञादृश्यत । तस्य च राज्ञ इषुणा म्रियते ।

▷ 13.04(04) न तिष्ठतु न गच्छतु हि पापेन सह क्वचित् । यः काकेन सह हंसो ऽवसत्स पापेन काकेन म्रियते ।

낱말 목록

adhas [adv.] 아래, 아래로, 밑으로, 밑에서

apa-√gam 1P. [apagacchati] 떠나다, 멀어지다, 사라지다

ardha [m.][n.] 절반
[a.] 절반을 이루는

√arh 1P. [arhati] ~할 만하다, ~할 수 있다, ~하는 것이 필요하다

aśman [m.] 바위, 돌, 보석, 돌로 만든 도구

ākāśa [m.] 허공, 빈 공간, 하늘

ātman [m.] 숨, 영혼, 생명, 자기 자신, 개인, 본성, 본질

uttaramārga [m.] 북쪽(으로 가는) 길

ut-√sṛj 6P.Ā. [utsṛjati, utsṛjate] 뿜어내다, 풀어 놓다, 버리다, 피하다, 넘겨주다

utsarga [m.] 뿜어내기, 풀어 놓기, 배설

ūrdhvam [adv.] 위쪽으로, 위로, 위에

karman [n.] 행위, 행동, 일, 의무, 실천, 종교적 실행, 운동, 결과

√kṝ 6P. [kirati] 흩뿌리다, 내뿜다

kṣaya [m.] 하락, 멸망, 쇠망, 상실, 줄어듦, 축소

khalu [adv.] 실로, 정말로, 확실히, 그러니까, 따라서

√gā 3P. [jigāti] (접때형 agāt) 가다, 나아가다, 접근하다, 오다

chāyā [f.] 그늘, 그림자, 그늘진 곳

jyeṣṭha [a.] 가장 나이가 많은, 첫째의, 최고의

√dṛś (현재형은 √paś에서 도출) (미래형 drakṣyati, drakṣyate) (완료형 dadarśa, dadṛśe) 보다, 바라보다, 고려하다, 간주하다

dhik [adv.] 끔찍하다, 망측하다, 수치스럽다, 더럽다, 망신스럽다 (비난과 불만을 나타내기 위한 표현)

nāman [n.] 이름, 명칭, 호칭, 특징, 명사

nyagrodha [m.] 아래로 자라는 나무, 인도 무화과, 반얀(Banyan) 나무

pakṣa [m.] 날개, 양쪽 진영, 대치한 양편, 대치한 의견

paramasatya [n.] 최상의 진리, 궁극의 진실

√pā 2P. [pāti] 지키다, 보호하다, 내려다보다, 지켜보다

pāpa [a.] 사악한, 나쁜, 저급한

purīṣa [n.] 흙, 땅, 배설물, 똥

√pṝ 9P. [pṛṇāti] 가득 채우다

brahman [m.] (신) 브라흐만
[n.] 우주운행의 원리

mukha [n.] 주둥이, 얼굴, 부리, 방향, 맨 앞의 부분

√muh 4P. [muhyati] 정신을 차리지 못하다, 착각하게 되다, 당혹하게 되다. (시킴형 mohayati), (시킴형의 수동형 mohyate)

yoga [m.] 묶기, 제어하기, 적용, 응용, 사용, 얻기, 일, 노력, 수행, 실천, 결합하기, 혼합, 인도철학의 한 전통

rājan [m.] 왕, 통치자, 대장, 연장자

√vadh/√badh [vadhati] (현재형은 드물고 접때형, 가상형으로 사용) 때리다, 죽이다, 물리치다

√vah 1P.Ā. [vahati, vahate] 지니고 있다, 가지고 가다, 옮기다, 갖추고 있다, ~로 이끌어 가다, 들어 옮기다

vi-√bhaj 1P.Ā. [vibhajati, vibhajate] 나누다, 분배하다, 배분하다

vibhāga [m.] 분할, 나눔, 몫, 일부, 분열, 구분, 차이

vy-ā-√dā 3P.Ā. [vyādadāti, vyādatte] 열다, 벌리다

vy-√āp 5P. [vyāpnoti] 도달하다, 뻗쳐서 미치다, 모두 덮다, 뒤덮다

śrānta [a.] 지치다, 힘이 빠지다, 피곤해지다, 고통받다, 힘들어하다
[n.] 피로, 지침, 약화, 노력, 분투, 고행,

sāṅkhya [n.] 체계화된 세계관, 인도 전통철학의 한 전통 (요가와 대조),
[a.] 숫자의, 숫자와 연관되는

smṛtivid [a.] 전승을 잘 아는, 전승을 꿰고 있는

svabhāva [m.] 원래의 상태, 본성, 타고난 경향

haṃsa [m.] 거위, 기러기

√hā 3P. [jahāti] 버리다, 포기하다

제14과
संस्कृतवाक्योपक्रिया

iṬ : 사잇모음 -i

✤14.01 동사의 일반체계에서는 동사활용을 위해 사용되는 뒷토가 -ya로 시작되는 경우가 아니면 동사말뿌리와 동사뒷토 사이에 사잇모음 -i-가 끼어드는 경우들이 있다. 동사의 일반체계는 동사의 현재말줄기를 사용하는 활용이 아니기 때문에, 결국 동사말뿌리를 직·간접적으로 사용하는 활용이라고 할 수 있다. 따라서 사잇모음 -i-가 동사말뿌리와 뒤따르는 요소(들)의 사이에 끼어드는 경우가 있다는 뜻이다. 이렇게 나타나는 사잇모음을 인도 문법전통에서는 iṬ (इट्)라고 부른다.

✤14.02 특정한 동사말뿌리의 뒤에는 iṬ가 삽입되고 다른 말뿌리의 경우에는 삽입되지 않는 일반적인 경향이 있다. 이에 근거해서 뒤에 iṬ가 삽입되는 말뿌리를 "seṬ-말뿌리" (sa-iṬ, iṬ를 가진 말뿌리) 혹은 "seṬ"라고 하고, iṬ가 결합되지 않는 말뿌리를 "aniṬ-말뿌리" (an-iṬ, iṬ가 없는 말뿌리) 혹은 "aniṬ"이라고 한다. 확실하게 seṬ도 아니고 aniṬ도 아니어서 경우에 따라 iṬ를 사용하기도 하고 사용하지 않기도 하는 말뿌리는 "veṬ-말뿌리" (vā-iṬ, 경우에 따라 iṬ를 갖거나 아니거나 하는 말뿌리) 혹은 "veṬ"라고 부른다.

✤14.03 실제로는 특정한 하나의 말뿌리가 한 활용 형태 안에서도 iṬ를 사용하거나 사용하지 않는 다양한 변형들을 보여주기 때문에 각 말뿌리에 대해 단정적으로 iṬ의 사용 여부를 규정하는 일반원칙을 정하는 것은 불가능하다. 일반적으로 말해서 aniṬ-말뿌리들은 -ū와 -ṝ가 아닌 모음으로 끝나는 말뿌리들과 굳은곳소리(ca-varga) 혹은 입술소리(pa-varga)의 자음이나 -d, -dh, -n, -h로 끝나는 말뿌리들인 경우가 많다. 그리고 aniṬ이 숫자로 볼 때에 가장 많다.

✤14.04 √grah는 예외적으로 i가 아니라 ī 를 삽입모음으로 사용한다.(☞✤14.10(03))

✤14.05 복합 모음으로 끝나는 말뿌리들은 일반체계에서 대개는 -ā로 끝나는 동사

말뿌리처럼 다루어진다. (↳✣14.10(06)에 제시된 √gai의 경우)

과거분사(past participle)

✣14.06 과거분사는 말뿌리 뒤에 뒷토 -ta를 붙여서 만들어진다.

√śru → śruta √bhū → bhūta √kṛ → kṛta

√dviṣ → dviṣṭa √mṛ → mṛta

✣14.06(01) 하지만 단순하게 뒷토 -ta를 붙이는 이상의 조작이 필요한 경우들이 있는데 몇 가지 예를 들자면 아래와 같다. 과거분사를 만드는 방식에 대해서는 곧 따로 배우게 될 것이지만, 우선 아래의 예들만을 익히기 바란다.

√pat → patita √yuj → yukta √sthā → sthita

√gam → gata √han → hata

과거분사의 의미

✣14.07 과거분사의 의미는 크게 두 가지로 이해할 수 있다. 타동사의 경우와 자동사의 경우를 나누어 생각하면 된다.

✣14.08 sakarmakadhātu(≈타동사)의 경우 과거분사

✣14.08(01) 타동사의 경우에는 과거분사가 수동의 의미를 나타낸다. 예로 √han에서 만들어진 과거분사 hata는 "죽임을 당한, 살해된"을 의미한다. 그리고 hata는 분사이기 때문에 -a로 끝나는 형용사로 취급된다. 따라서 hata가 꾸미는 말의 성구분과 수와 격에 맞추어 형용사 곡용을 한다. 과거분사는 -a로 끝나는 형용사로 곡용되고 여성의 경우 -ā 곡용을 따르므로 곡용은 어렵지 않다.

राजा हतं राक्षसमवपश्यति ।
rājā hataṃ rākṣasam avapaśyati.
왕은 살해된 락사싸를 내려다본다.

सा हता पापा चौरी नरकमगच्छत् ।
sā hatā pāpā caurī narakam agacchat.
그 죽은 사악한 여자 도둑은 지옥으로 갔다.

चौरो ऽहेरिव हतादपि राक्षसाद्बिभेत् ।
cauro 'her iva hatād api rākṣasād abibhet.
도둑은 죽었음에도 락사싸를 뱀처럼 무서워했다.

✣ 14.08(02) 과거분사가 꾸미는 말은 과거분사로 쓰인 타동사의 행위를 당한 대상이 된다. 즉, 죽이는 행위를 당한 대상이 락사싸일 때에 "hato rākṣasaḥ"라고 표현하게 되는 것이다. 따라서 과거분사는 수동 표현을 대신할 수 있다. 과거분사를 가지고 수동문장을 나타낸다면 행위자(kartṛ)는 수단격으로 표현된다.

예문14.01 indro vṛtraṃ hanti. 인드라가 브리뜨라를 죽인다.

예문14.02 vṛtra indreṇa hanyate. (수동형 문장)

예문14.03 vṛtra indreṇa hataḥ. (과거분사/과거수동분사 문장)

✣ 14.08(03) 이렇게 사용된 과거분사는 특정한 때매김을 나타내기보다는 행위대상(karman)이 당한 행위가 완료되었음을 의미한다. 전문용어로 말하자면, 완료 모매김(aspect)을 표현한다. 따라서 어떤 맥락이나 어떤 때매김(tense)에 쓰이더라도 동사가 지시하는 행위를 수행하는 일은 뭉뚱그려서 이미 끝났다는 것을 나타낸다.

예문14.04 राजा वनमगच्छत्। ततश्च हतं वानरमदिशत् ।
rājā vanam agacchat. tataś ca hataṃ vānaram adiśat.
왕은 숲으로 가고 나서 죽은 원숭이를 가리켰다.

예문14.05 राजा वनं गच्छति। ततश्च हतं वानरं दिशति ।

rājā vanaṃ gacchati. tataś ca hataṃ vānaraṃ diśati.

왕은 숲으로 가고 나서 죽은 원숭이를 가리킨다.

이 문장에서 왕이 숲으로 간 일과 죽은 원숭이를 가리킨 일이 과거이던 현재이던 간에 원숭이가 죽임을 당한 일은 이미 이루어진 후였다는 것을 "hata"가 나타내고 있다. 죽임을 당하는 일이 모두 끝나서 더 이상 진행되는 상황이 아니라는 말이다. 따라서 이 문장들에서 hata는 과거형을 표현하는 것이 아니다. 예문들에서 hata가 가리키는 것은 모매김으로서의 완료이고 이것이 과거에 대해서 이미 완료된 것이면 과거형과 함께 쓰인 예문14.04의 경우이고 현재에 대해서 이미 완료된 것이면 현재형과 함께 쓰인 예문14.05의 경우가 된다.

✤14.09 akarmakadhātu(≈자동사)의 경우 과거분사

✤14.09(01) 동사가 akarmakadhātu인 경우라면 과거분사가 수식하는 명사는 행위대상(karman)이 아니라 행위자(kartṛ)이고, 따라서 이 때의 과거분사는 행위주체가 수행한 동작이 이미 끝났다는 것을 나타낸다.

예문14.06 नलो गतस्तु तस्य सेवक आगतः ।

nalo gatas tu tasya sevaka āgataḥ.

날라는 갔는데, 그의 하인은 왔다.

✤14.09(02) 따라서 akarmakadhātu의 경우라면 과거분사가 사용되어서 나타내는 의미가 단순한 과거형과 같다고 간주해도 된다. 그리고 이러한 방식으로 과거분사가 사용되는 것이 일반적이다. 아래의 예문14.07을 예문14.08로 바꾸어 표현이 가능하다.

예문14.07 नलो ग्राममगच्छत्। तत्र सेवको ऽप्यन्वगच्छत्।

nalo grāmam agacchat. tatra sevako 'py anvagacchat.

날라가 마을로 갔다. 그리로 하인도 따라갔다.

예문14.08 नलो ग्रामं गतः। तत्र सेवको ऽप्यनुगतः।

nalo grāmaṃ gataḥ. tatra sevako 'py anugataḥ.

날라가 마을로 갔다. 그리로 하인도 따라갔다.

✣14.09(03) 장소의 이동이나 운동을 나타내는 동사들의 경우에는 과거분사가 아주 흔하게 과거형의 대용으로 사용된다.

✣14.09(04) 여러 akarmakadhātu들의 경우에는 과거분사가 특정한 때매김의 의미를 갖지 않고 사용된다.

예문14.09 मृताः पितरः स्वर्गे स्थिता इत्युच्यते पण्डितेन।

mṛtāḥ pitaraḥ svarge sthitā ity ucyate paṇḍitena.

"죽은 조상들은 하늘나라에 있다."라고 현자가 말한다.

이 문장에서 과거분사들은 "죽다"(√mṛ)거나 "머무르고 있다"(√sthā)거나 하는 동작에 대해 특정한 때매김과 상관 없는 표현을 하고 있다. 이렇게 때매김과 무관한 방식으로 사용되었는지의 여부는 맥락에 따라 판단해야 한다. pitṛ "아버지"는 복수로 사용되어 "조상"을 의미한다.

예문14.10 सा मृता देवी स्वर्गमगच्छत्। किं तु सा हता पापा चौरी नरकमगच्छत्।

sā mṛtā devī svargam agacchat. kiṃ tu sā hatā pāpā caurī narakam agacchat.

그 죽은 왕비는 하늘나라로 갔다. 하지만 그 살해된 사악한 여자 도둑은 지옥으로 갔다.

예문14.10에서는 두 문장이 대조를 이루어 배치되어 있다. 따라서 이 경우에는 완료의 의미가 표현되고 있다고 판단하는 것이 타당하다.

सांख्ययोगौ पृथग्बालाः प्रवदन्ति न पण्डिताः।
एकमप्यास्थितः सम्यगुभयोर्विन्दते फलम्॥
यत्सांख्यैः प्राप्यते स्थानं तद्योगैरपि गम्यते।
एकं सांख्यं च योगं च यः पश्यति स पश्यति॥

sāṅkhyayogau pṛthag bālāḥ pravadanti na paṇḍitāḥ.
ekam apy āsthitaḥ samyag ubhayor vindate phalam.
yat sāṅkhyaiḥ prāpyate sthānaṃ tad yogair api gamyate.
ekaṃ sāṅkhyaṃ ca yogaṃ ca yaḥ paśyati sa paśyati.

이론과 실천이 각각이라고 말하는 것(사람들)은 바보들이고 현자들이 아니다.

하나만이라도 똑바로 따르는 자는 두 가지의 성과를 얻는다. (√vid의 Ā.)

이론(체계를 따르는 사람들)이 얻는 경지, 그것은 실천(을 하는 사람들)에 의해서도 도달된다.

이론과 실행이 하나라고 보는 자, 그는 (실제로) 본다.

과거분사 만들기

✤14.10 과거분사를 만드는 방식은 아래와 같다.

✤14.10(01) 과거분사는 예외없이 끝모음명사 -a의 곡용에 따를 수 있는 형태로 만들어진다. 일반적으로는 말뿌리에 직접 뒷토 -ta를 붙여서 만들어진다. 드물게 -na를 붙이는 경우가 있다.

✤14.10(02) 말뿌리는 일반적으로 강화되지 않는다.

√kṛ → kṛta

यन्मया कृतं तदेव धर्मः ।
yan mayā kṛtaṃ tad eva dharmaḥ.
내가 행한 것이 바로 정의이다.

√śru → śruta

एवं मया श्रुतम् ।
evaṃ mayā śrutam.
이렇게 나는 들었다.

√su "짜내다" → suta (현재말줄기 suno- (강형), sunu- (약형))
√dviṣ "싫어하다" → dviṣṭa (현재말줄기 dveṣ- (강형), dviṣ- (약형))

यत्र तपांसि स्थितानि तत्र परमो वीरः।

yatra tapāṃsi sthitāni tatra paramo vīraḥ.

고행들이 있는 곳에는 최상의 영웅이 있다.

√bhū → bhūta　　　　√mṛ → mṛta

✤14.10(03) 말뿌리가 약형을 가지고 있을 때에는 약형에 -ta를 붙인다. 쌈쁘라싸라나가 적용되는 경우가 해당된다. (☞✤13.01)

√yaj "제사 지내다" → ij → iṣṭa "제사가 지내진"

√grah "쥐다" → gṛh → gṛhīta "쥐어진" (☞✤14.04가 추가로 적용)

√hve "부르다" → hū → hūta "불려진"

앞서 수동형을 만들 때 약형이 사용되는 경우들을 이미 본 적이 있다. 따라서 수동형을 만드는 것과 연계시켜서 과거분사의 형태를 이해하는 것도 익히기에 좋은 방법이 된다.

√vac [vakti] 수동3인칭 단수 ucyate "그것이 언급된다" → uc + ta → ukta

√vas [vasati] 수동3인칭 단수 uṣyate "그것이 거주되어진다" → uṣ + ta → uṣita

✤14.10(04) 현재말줄기를 만들면서 말뿌리의 약형이 만들어지는 경우에 과거분사를 만드는 데에 사용되는 약형이 드러나기도 한다.

√daṃś 1P. [daśati] "이빨로 물다" (☞✤10.32(01)) → daṣṭa

√bhraṃś 4P. [bhraśyati] "떨어지다, 기울다" (☞✤10.35) → bhraṣṭa

√bandh 9P. [badhnāti] "묶다" → baddha

✤14.10(05) 콧소리로 끝나는 많은 말뿌리들은 콧소리가 탈락되면서 -ta를 첨가한다.

√gam → gata "간"　　　　√nam → nata "구부려진"

√man → mata "생각된"　　　　√yam → yata "제어된"

√ram → rata "만족한" √han → hata "죽여진"

गतं न गम्यते तावदगतं नैव गम्यते ।

gataṃ na gamyate tāvad agataṃ naiva gamyate. *Mūlamadhyamakakārikā*

이미 지나간 것은 지나가게 되지 않고 마찬가지로 아직 지나가지 않은 것은 또한 지나가게 되지 않는다.

✣14.10(06) 긴 모음 -ā나 복합 모음으로 끝나는 말뿌리들은 끝모음이 -ī가 된 후에 -ta를 붙인다. 여기에 해당되는 경우들은 수동형말줄기에서 약형이 드러나는(☞✣13.06(02)) 경우들이다.

√pā → pīta "마셔진" √gai → gīta "불러진"

하지만 아래의 경우들은 이 규칙에 따르지 않는다.

√jñā → jñāta "인지된" √sthā → sthita "세워진"
√yā → yāta "간" √dā → datta "주어진"
√dhā → hita "놓여진"

अथ गोपालेन स्वगृहमागतेन पिताभिहितः ।

atha gopālena svagṛham āgatena pitābhihitaḥ.

그리고 자기 집으로 돌아간 목동이 아버지에게 말했다. (← 집으로 돌아간 목동에 의해 아버지가(pitā) 말해졌다(abhi-hita).)

✣14.10(07) 말뿌리 끝의 울림소리인 거센소리는 거센소리를 잃고 뒤따르는 -ta가 울림소리로 바뀌면서 거센소리가 된다.

√budh → buddha "깨어난" √labh → labdha "성취된"

✣14.10(08) 말뿌리가 -h로 끝나는 경우 아래의 형태로 과거분사가 만들어진다.

√dah → dagdha "태워진" √duh → dugdha "(젖을) 짜낸"

아래의 경우들은 더 불규칙적인 경우들이다.

√ruh → rūḍha "올려 태워진"   √sah → soḍha "참아 내어진"

√vah → voḍha "지녀 옮겨진"

✣14.10(09) 끝자음 -c, -j, -ś가 -ta 앞에 오는 위치에서는 내부싼디가 적용된다. 이 규칙들은 앞서 제2갈래 동사(☞✣11.12(06))와 제7갈래 동사(✣11.30(01))의 활용에서 본 적이 있다.

√yuj → yukta "묶인"   √dviṣ → dviṣṭa "싫음의 대상이 되는"

√dṛś → dṛṣṭa "보여지는"

दृष्टेन धूमेन तत्राग्निरस्तीति मया मतम् ।

dṛṣṭena dhūmena tatrāgnir astīti mayā matam.

연기가 관찰되기 때문에 "저곳에 불이 있다."라고 나는 생각한다.

✣14.10(10) 특정한 말뿌리들은 iṬ를 첨가한 후에 -ta를 붙인다. 앞서 설명한 대로 몇몇 동사들은 거의 모든 경우에 iṬ를 사용하기 때문에 규칙적으로 사잇모음 -i-를 기대할 수 있지만, 많은 동사들은 그렇지 않다. iṬ의 삽입 여부는 보편적인 규칙으로 설명될 수 있는 면이 거의 없어서 개별적인 과거분사들의 형태를 두고 익숙해져야 한다.

말뿌리 끝에 자음중복이 오는 경우

√nind → nindita "비난받는"

√śaṅk → śaṅkita "의심되어지는"

말뿌리 끝이 혀말은소리인 경우

√paṭh → paṭhita "낭송되는"   √bhāṣ → bhāṣita "말해진"

√vas → uṣ → uṣita "거주되는"

말뿌리 끝이 -l이나 -v인 경우

√cal → calita "움직여진"   √jīv → jīvita "살아진"

√sev → sevita "섬겨진"

말뿌리 끝이 거센소리인 안울림소리일 때

√likh → likhita "적힌"

이외의 경우들이 있다.

√pat → patita "떨어진"

√kup → kupita "화난"

√khād → khādita "먹힌"

√bādh → bādhita "제어당한"

✣ 14.10(11) 모든 제10갈래(cur-갈래)에 속하는 동사의 말줄기와 시킴형말줄기에서는 -aya를 -i로 대체하고 -ta를 붙인다.

√cint [cintayati] → cintita "생각되는"

√cur [corayati] → corita "훔쳐진"

कस्माद्वागभवत्पूर्वं कस्मात्पश्चान्मनो ऽभवत् ।

मनसा चिन्तितं वाक्यं यदा समभिपद्यते ॥ 『महाभारतम्』

kasmād vāg abhavat pūrvaṃ kasmāt paścān mano 'bhavat.

manasā cintitaṃ vākyaṃ yadā samabhipadyate. *Mahābhārata*

왜 말이 먼저 있었고 왜 마음이 나중에 있었나?

말이 마음으로 생각되어지는 경우에만 얻어진다.

✣ 14.10(12) 몇몇 말뿌리들은 과거분사를 만들면서 -na를 뒷토로 사용한다. 여기에 해당하는 많은 수의 말줄기들은 -d로 끝난다. 그리고 이 -d는 뒤따라 오는 -na와 결합해서 -nna가 된다.

√chid → chinna "잘린"

√pad → panna "떨어진"

√bhid → bhinna "갈린"

√sad → sanna "앉혀진"

그리고 이외에도 다음과 같은 말뿌리들이 있다.

√pṝ → pūrṇa "채워진"

√hā → hīna "버려진"

√jṝ → jīrṇa "낡은"

√tṝ → tīrṇa "가로질러진"

शिष्यो जीर्णं हीनं पुस्तकमपश्यदत्यजच्च ।

śiṣyo jīrṇaṃ hīnaṃ pustakam apaśyad atyajac ca.

학생이 낡고 버려진 책을 보고 그것을 버려두었다.

ॐ पूर्णमदः पूर्णमिदम् ।

पूर्णात्पूर्णमुत्पद्यते ।

ॐ पूर्णमदः पूर्णमिदम् ॥

oṃ pūrṇam adaḥ pūrṇam idam.

pūrṇāt pūrṇam utpadyate.

oṃ pūrṇam adaḥ pūrṇam idam.

옴! 완전하노니 저것이고 완전하노니 이것이며

완전한 것에서 완전한 것이 생겨나니

옴! 완전하노니 저것이고 완전하노니 이것이다.

과거분사(p.p.)의 활용

✣14.11 과거분사는 분사이기 때문에 동사로서의 기능과 형용사(명사)로서의 기능을 동시에 수행하게 되어 문장의 구성을 수월하게 해 준다. 분사는 형용사로서 명사의 곡용에 따른 곡용을 할 수 있고 격과 수와 성구분을 나타낼 수 있다. 동시에 형용사들이 대부분 그러하듯 명사로 사용될 수 있으며 때때로 부사로 쓰일 수도 있다. 보태어 분사는 동사로서 때매김을 나타내거나 말태도를 나타낼 수도 있고 동사의 목적어를 갖거나 동사와 동일한 구조의 표현을 구현할 수도 있다.

✣14.12 동사로서 가질 수 있는 목적어나 기타 부사구들을 수반한 채로 과거분사가 쓰일 수 있다.

예문14.11 **शिष्यो हूतात्प्रेताद्बिभेति ।** śiṣyo hūtāt pretād bibheti.
학생이 (누군가가) 불러낸 귀신을 무서워한다.

예문14.12 **शिष्यो मन्त्रं परिब्रवीति ।** śiṣyo mantraṃ paribravīti.
학생이 주문을 외었다.

관계절을 만들지 않아도 이 두 문장을 과거분사를 이용해서 한 문장으로 결합시키는 것이 가능하다. √bhī 3P. [bibheti] "~(Ab.G.)을 두려워하다"에서 두려움의 대상을 나타내는 유래격을 분사와 함께 쓸 수 있기 때문이다.

예문14.13 **हूतात्प्रेताद्भीतः शिष्यो मन्त्रं पर्यब्रवीत् ।**
hūtāt pretād bhītaḥ śiṣyo mantraṃ paryabravīt.
불러낸 귀신을 무서워한 학생이 주문을 외었다.

✤ 14.13 과거분사는 수동문장을 과거분사 수식어구를 가진 명사구로 바꿀 수 있게 해 준다. 예를 들어 아래 예문14.14와 14.15를 과거분사를 사용해 결합시킬 수 있다.

예문14.14 **यथा कविना गीयते तथा वेद ऋषिणा श्रूयते पण्डितेन पठ्यते ।**
yathā kavinā gīyate tathā veda ṛṣiṇā śrūyate paṇḍitena paṭhyate.
시인에 의해 노래 불러지는 것처럼 베다를 성인이 들었고 현자가 낭송한다.

예문14.15 **कवेः काव्यो मित्रेण श्रूयते ।**
kaveḥ kāvyo mitreṇa śrūyate. (→ 능동문장: mitraḥ kaveḥ kāvyaṃ śṛṇoti.)
시인의 노래를 친구가 듣는다.

예문14.16 **यथा कविना गीतो मित्रेण श्रुतः काव्यस्तथा चर्षिणा श्रुतः पण्डितेन पठितो वेदो ऽस्माकं परम्परागतः ।**
yathā kavinā gīto mitreṇa śrutaḥ kāvyas tathā carṣiṇā śrutaḥ paṇḍitena paṭhito vedo 'smākaṃ paramparāgataḥ.
시인에 의해 노래되고 친구가 듣는 시처럼 성자가 듣고(ca-ṛṣiṇā) 현자가 낭송하는 베다는 우리들이 가진, 이어져 전해온 것이다.

✣14.14 과거분사를 사용하면 예문14.16에서 보이듯 한 명사를 수식하는 절을 만들 수도 있지만 수동문장을 구성할 수도 있다. 예문14.17은 예문14.15와 같은 의미의 수동문장이다.

예문14.17 कवेः काव्यो मित्रेण श्रूयते । kaveḥ kāvyo mitreṇa śrūyate.

예문14.18 कवेः काव्यो मित्रेण श्रुतः । kaveḥ kāvyo mitreṇa śrutaḥ.

संस्कृतं नाम दैवी वागन्वाख्याता महर्षिभिः ।
saṃskṛtaṃ nāma daivī vāg anvākhyātā maharṣibhiḥ. (Daṇḍin)
쌍쓰끄리땀은 신들의(daivī [f.] ← daiva) 언어이고 위대한 리시들이 따라한 언어이다.

✣14.15 수동형 ucyate의 경우가 그러하듯, 과거분사 ukta의 경우에도 마찬가지로 말로 표현된 내용뿐 아니라 말이 전달된 상대방도 수동문장의 주어로 제시될 수 있다. (☞✣13.13) 따라서 예문13.17은 아래 예문14.19로 표현될 수 있다.

예문14.19 धिगस्त्वित्युच्यते मुनिना पापो धूर्तः । तथा स मुनिर्धिगकरोत् ।
dhig astv ity ucyate muninā pāpo dhūrtaḥ. tathā sa munir dhig akarot.
"망할 놈!"이라고 현자가 사악한 사기꾼에게 말했다. 그렇게 현자는 욕을 했다.

예문14.20 धिगस्त्वित्युक्तो मुनिना पापो धूर्तः । तथा स मुनिर्धिगकरोत् ।
dhig astv ity ukto muninā pāpo dhūrtaḥ. tathā sa munir dhig akarot.

반면 말로 표현된 내용을 ukta를 동원해서 지시할 때에는 대부분 지시되는 내용을 3인칭 단수 중성으로 간주하여 "uktam"의 형태가 사용된다.

예문14.21 धिगस्त्वित्युक्तं मुनेः शापः ।
dhig astv ity uktaṃ muneḥ śāpaḥ.
"망할 놈!"이라는 말이 현자의 저주이다.

परलोको नास्तीत्युक्तं नीतिकुशलेन । सत्यान्नास्ति परं पदमिति प्रतिवक्ति धर्मज्ञः ।
paraloko nāstīty uktaṃ nītikuśalena. satyān nāsti paraṃ padam iti prativakti dharmajñaḥ.
"저 세상은 없다."라고 정치술의 전문가가 말했다. "진실보다 더 나은 입장이란 없다."라고 다르마를 아는 자가 대답했다.

✤14.16 자동사에 대해서도 사용이 가능한 쌍쓰끄리땀의 수동문장들은 과거분사의 활용 가능성을 더욱 넓혀준다. 예로 아래의 네 문장 모두를 우리는 같은 의미로 사용할 수 있다.

नलो ग्रामं गच्छति स्म ।	nalo grāmaṃ gacchati sma.
ग्रामो नलेनागम्यत ।	grāmo nalenāgamyata.
(= ग्रामं नलेनागम्यत ।)	(= grāmaṃ nalenāgamyata.)
नलो ग्रामं गतः ।	nalo grāmaṃ gataḥ.
ग्रामो नलेन गतः ।	grāmo nalena gataḥ.

날라가 마을로 갔다.

ग्रामो नलेनागम्यत । तत्र सेवको ऽप्यनुगतः ।
grāmo nalenāgamyata. tatra sevako 'py anugataḥ.
날라가 마을로 갔다. 그리로 하인도 따라갔다.

✤14.17 분사는 형용사로서 명사곡용을 따르기 때문에 형태상 명사와 구분되지 않는다. 특히나 과거분사는 -a로 끝나는 명사의 곡용을 따르는지라 형용사나 명사로 활용되기가 쉽다. 많은 형용사들이 그러하듯 과거분사가 명사로 사용되는 것도 일상적인 일이다. 특히 자동사에서 만들어진 과거분사들이 명사가 되는 경우들이 많다. 이미 배운 단어들 가운데 일부를 살펴보자.

√śru 5P. [śṛṇoti] "듣다" → śruta [p.p.] "들은, 말해진, 가르쳐진"

→ [n.] "들어서 전해진 내용, (베다와 같은) 전통(smṛti "기억된 것"과 대조되는 전통)"

√budh 4Ā. [budhyate] "깨어나다, 의식하다, 알아차리다"
→ buddha [p.p.] "깨어난, 의식한, 알아차린"
→ buddha [m.] "현명한 사람, 깨달은 사람, 붇다 (불교의 창시자)"

√bhū 1P. [bhavati] "있다, 이다, 되다" → bhūta [p.p.] "~이 된, 있게 된, 실재하는" → bhūta [n.] "실재로 있는 것, 요소, 살아 있는 생명체"

√mṛ 6Ā. [mriyate] "죽다" → mṛta [p.p.] "죽은" → mṛta [n.] "죽음"

√gai 1P. [gāyati] "노래하다" → gīta [p.p.] "노래 불러진, 읊어진"
→ gīta [n.] "노래, 읊기" [f.](-ā) "노래, 종교적 가르침을 담은 운문"

√man 4Ā.;8Ā. [manute / manyate] "생각하다" → mata [p.p.] "생각된, 상상된, 이해된" → mata [n.] "생각, 상상, 구상"

√bhāṣ 1Ā. [bhāṣate] "말하다" → bhāṣita [p.p.] "말해진, 발음된, 언급된"
→ bhāṣita [n.] "언어" → subhāṣita [n.] "(잘 말해진 것) 속담, 경구"

यदि किं चिद्ब्राह्मणस्त्वया मृतस्तर्हि त्वमनन्तरं नरकं गच्छसि ।
yadi kiṃ cid brāhmaṇas tvayā mṛtas tarhi tvam anantaraṃ narakaṃ gacchasi.
만약 어떤 사제가 당신으로 인해 죽는다면 당신은 곧바로 지옥으로 갈 것이다.

अमृतं मया प्राप्तमिति बुद्धेनोक्तं वचनं तस्य मित्रभिः श्रुतम् ।
amṛtaṃ mayā prāptam iti buddhenoktaṃ vacanaṃ tasya mitrabhiḥ śrutam.
"내가 불사를 얻었다."는 붇다가 한 말을 그의 동료들이 들었다.

✤ 14.18 과거분사는 형용사이기 때문에 많은 경우 명사로 사용될 수 있다. 예를

들어 saṃskṛta라는 형용사는 saṃ-√skṛ의 과거분사형이다. 그래서 "구성된, 준비된, 완벽하게 만들어진, 정화된, 다듬어진"의 의미를 갖는다. 언어가 saṃskṛta라는 말은 다듬어지고 정화된 언어로서 제사 의식에 사용되어 신들과 소통하는 수단이 되는 언어라는 의미이고 다듬어지지 않는 속어(prākṛta "다듬어지지 않은 원형")에 반대되는 의미로 사용된다. 따라서 우리가 "쌍쓰끄리땀"이라고 부르는 언어의 이름은 saṃskṛtaṃ (vākyam) [n.]의 축약형이라고 이해할 수 있다. 이 외에도 saṃskṛtā (bhāṣā / vāk) [f.]라는 이름도 있다.

संस्कृताद्दते भगवद्गीताया मूलार्थो न ज्ञायते ।
saṃskṛtād ṛte bhagavadgītāyā mūlārtho na jñāyate.
쌍쓰끄리땀(에 대한 이해) 없이 바가받기따의 본래 의미(mūla-artha)는 이해되지 않는다.

संस्कृतं जयतु । saṃskṛtaṃ jayatu!
쌍쓰끄리땀 만세! (쌍쓰끄리땀이 승리할지니!)

예문14.22에서의 mata는 중성 단수형으로 사용된 과거분사라고 할 수 있다.

예문14.22 **दृष्टेन धूमेन तत्राग्निरस्तीति मया मतम् ।**
dṛṣṭena dhūmena tatrāgnir astīti mayā matam.
연기가 관찰되기 때문에 "저곳에 불이 있다."라고 나는 생각한다.

그런데 이 문장이 mayā matam이 아니라 mama matam으로 끝난다고 하면 이 경우에는 mata가 중성명사로 사용되었다고 보아야 할 것이다.

예문14.23 **दृष्टेन धूमेन तत्राग्निरस्तीति मम मतम् ।**
dṛṣṭena dhūmena tatrāgnir astīti mama matam.
연기가 관찰되기 때문에 "저곳에 불이 있다."라는 것이 나의 생각이다.

-mat, -vat 곡용

✤14.19 많은 수의 형용사와 명사가 모음 -a 뒤에 -ant/-at로 끝나는 형태의 뒷토가 붙어서 만들어진다. 여기에 속하는 단어들의 형태를 아래와 같이 구분해서 볼 수 있다.

✤14.19(01) 가짐이나 소유를 나타내는 뒷토 -mat, -vat를 붙여서 만들어진 형용사들이 있는데 강형 말줄기는 -mant, -vant이고 약형 말줄기는 -mat, -vat이다.

✤14.19(02) 동사의 현재 체계 안에는 -at(/-ant)로 끝나는 현재분사가 있다.(↳✤16.14)

✤14.19(03) 역사적으로는 앞선 둘 중의 하나에 속했지만, 앞선 14.19(01)과 14.19(02)에 상응하지 않는 예외적인 곡용형태들을 보이는 단어들이 있다.

✤14.20 끝자음형용사 중 -mat(/-mant), -vat(/-vant)로 끝나는 형용사의 남성곡용은 다음과 같다.

-mat(/-mant), -vat(/-vant) 끝자음명사 남성곡용

표14.01 bhagavat [a.] "고귀한, 좋은 운명(bhaga)을 가진"

격	약칭	단수	양수	복수
임자격	N.	भगवान् bhagavān	भगवन्तौ bhagavantau	भगवन्तः bhagavantaḥ
대상격	A.	भगवन्तम् bhagavantam	भगवन्तौ bhagavantau	भगवतः bhagavataḥ
수단격	I.	भगवता bhagavatā	भगवद्भ्याम् bhagavadbhyām	भगवद्भिः bhagavadbhiḥ
위함격	D.	भगवते bhagavate	भगवद्भ्याम् bhagavadbhyām	भगवद्भ्यः bhagavadbhyaḥ

유래격	Ab.	भगवतः bhagavataḥ	भगवद्भ्याम् bhagavadbhyām	भगवद्भ्यः bhagavadbhyaḥ
가짐격	G.	भगवतः bhagavataḥ	भगवतोः bhagavatoḥ	भगवताम् bhagavatām
곳때격	L.	भगवति bhagavati	भगवतोः bhagavatoḥ	भगवत्सु bhagavatsu
부름격	V.	भगवन् bhagavan	भगवन्तौ bhagavantau	भगवन्तः bhagavantaḥ

이 곡용에서도 말줄기의 강형과 약형 구분을 상기하여 검토해 보라. 강형 말줄기가 나타나는 자리에는 -n-이 들어 있는 강형이 나타나고 있다.

अरण्यं भगवता बुद्धेन गतम् ।

araṇyaṃ bhagavatā buddhena gatam.

존귀한 자 붇다는 숲으로 갔다.

✤ 14.21 dhīmat [a.] "현명한, 사려 깊은"을 표14.01의 곡용형태에 맞추어 곡용시켜 보라!

✤ 14.22 표14.01 곡용을 따르는 형용사의 형태는 "~을 가진, ~을 갖춘"이라는 의미를 갖는 뒷토 -mat(/-mant), -vat(/-vant)를 사용해서 만들어지는 형용사들이다. 예로 dhī [f.] "생각, 숙고"에 -mat를 붙여서 만들어진 단어가 dhīmat [a.] "현명한, 총명한"이다.

✤ 14.22(01) 이 뒷토는 명사들과 결합되어 많은 새로운 형용사 혹은 파생명사들을 만들어 낸다. 예를 들자면 아래와 같은 단어들이 만들어진다.

buddhi [f.] " 판단력, 이해력, 지성"

→ buddhimat [a.] "지성을 지닌, 총명한, 학식 있는"

smṛti [f.] "기억, 전승, 집중"

→ smṛtimat [a.] "기억력을 지닌, 전승을 담지해 가진, 집중력을 지닌"

✤ 14.22(02) -mat(/-mant)가 아닌 -vat(/-vant)를 사용하게 되는 경우들은 아래와 같다. 말줄기가 -m, -a, -ā로 끝나거나 혹은 이 소리들이 버금끝찌소리(penultimate, 끝에서 두번째 소리)로 나타날 때에 -vat가 쓰인다.

vidyā [f.] "지식, 지혜" → vidyāvat [a.] "지식을 지닌"

yaśas [n.] "영예, 영광, 명성" → yaśasvat [a.] "영예로운, 유명한"

kanyā [f.] "소녀, 딸" → kanyāvat [a.] "딸을 가진" [m.] "딸을 가진 아버지"

또 말줄기가 원래 어원상으로는 터짐소리로 끝날 때에도 -vat가 쓰인다.

akṣan-vat "눈을 가진"　　krīḍā-vat "놀이를 즐기는"

citta-vat "이해를 가진"　　dīpa-vat "(빛을 지닌→) 빛나는"

✤ 14.23 표14.01 남성곡용에서 주목해야 할 것은 바로 임자격 단수가 -mān, -vān으로 끝난다는 사실이다. 이점이 ✤14.19(02)에서 언급된 현재분사의 곡용(↳✤16.19)과 구분되는 유일한 대목이다.

✤ 14.24 끝자음형용사 -mat, -vat의 여성형은 뒤에 -ī를 붙여서 만들기 때문에 -matī, -vatī이며 nadī(↗표07.03)의 곡용에 따른다.

✤ 14.25 끝자음형용사 -mat(/-mant), -vat(/-vant)의 중성곡용은 임자격, 대상격, 부름격에서만 남성곡용과 차이가 있고 나머지 경우는 남성의 곡용과 일치한다.

-mat(/-mant), -vat(/-vant) 끝자음명사 중성곡용

표14.02 dhīmat [a.] "현명한, 사려 깊은"

격	약칭	단수	양수	복수
임자격	N.	धीमत् dhīmat	धीमती dhīmatī	धीमन्ति dhīmanti
대상격	A.	धीमत् dhīmat	धीमती dhīmatī	धीमन्ति dhīmanti
수단격	I.	धीमता dhīmatā	धीमद्भ्याम् dhīmadbhyām	धीमद्भिः dhīmadbhiḥ
위함격	D.	धीमते dhīmate	धीमद्भ्याम् dhīmadbhyām	धीमद्भ्यः dhīmadbhyaḥ
유래격	Ab.	धीमतः dhīmataḥ	धीमद्भ्याम् dhīmadbhyām	धीमद्भ्यः dhīmadbhyaḥ
가짐격	G.	धीमतः dhīmataḥ	धीमतोः dhīmatoḥ	धीमताम् dhīmatām
곳때격	L.	धीमति dhīmati	धीमतोः dhīmatoḥ	धीमत्सु dhīmatsu
부름격	V.	धीमत् dhīmat	धीमती dhīmatī	धीमन्ति dhīmanti

mahat 곡용

✣14.26 앞선 -at(/-ant)곡용을 따르는 형용사로 mahat "큰, 위대한"이라는 형용사가 있는데, 이 형용사는 강형 말줄기가 mahant-가 아니고 mahānt- (긴 모음 ā!)라는 점만이 표14.01이나 표14.02와는 다르다.

표14.03 mahat [a.] "큰, 위대한" 남성곡용

격	약칭	단수	양수	복수
임자격	N.	महान् mahān	महान्तौ mahāntau	महान्तः mahāntaḥ
대상격	A.	महान्तम् mahāntam	महान्तौ mahāntau	महतः mahataḥ
부름격	V.	महन् mahan	महान्तौ mahāntau	महान्तः mahāntaḥ

표14.04 mahat [a.] "큰, 위대한" 중성곡용

격	약칭	단수	양수	복수
임자격	N.	महत् mahat	महती mahatī	महान्ति mahānti
대상격	A.	महत् mahat	महती mahatī	महान्ति mahānti
부름격	V.	महत् mahat	महती mahatī	महान्ति mahānti

धीमद्भ्यः सुहृद्भ्य ऋते स राजा महान्तं प्रयत्नमकरोत् ।

dhīmadbhyaḥ suhṛdbhya ṛte sa rājā mahāntaṃ prayatnam akarot.

사려깊은 친구들 없이 그 왕은 큰 노력을 했다.

महान्राजा धीमता मुनिनोपादिश्यत ।

mahān rājā dhīmatā muninopādiśyata.

위대한 왕은 현명한 성자에게서 가르침을 받았다.(muninā-upa-a-diśyata)

bhavat 곡용

14.27 표14.01과 표14.02 곡용을 따르는 다른 중요한 단어로는 bhavat(/bhavant)이 있다. 이 말은 역사적으로는 bhagavat의 축약형으로 추정된다.

14.27(01) 이 말은 대화상대를 존칭으로 나타낼 때 자주 사용된다. 그렇게 사용될 때에는, 대화상대를 지칭하므로 내용상은 2인칭이지만 문법적으로는 3인칭 취급을 해서 동사는 3인칭을 사용해야 한다. 대화의 상대방이 여성일 때에는 여성형 bhavatī가 쓰인다.

भवाननुगच्छतु। bhavān anugacchatu!
따라오시지요!(←님께서 따라오시기를!)

कुत्रासीद्भवान् । kutrāsīd bhavān?
어디에 계셨습니까?

भवान्कुत्र गच्छति । bhavān kutra gacchati?
어디로 가십니까?

अस्य पुरुषस्य नाम भवता कथं ज्ञातम् ।
asya puruṣasya nāma bhavatā kathaṃ jñātam?
저의 이름을 어떻게 아셨습니까? (← 이 사람의 이름이 님에 의해 어떻게 인지되었습니까?)

14.27(02) "이 사람"이라는 표현은 자신을 낮추기 위해 사용되는 표현이다. 상대방에 대한 공손한 표현을 하기 위해 3인칭 동사활용과 함께 존경을 뜻하는 명사를 사용해서 상대방을 가리키는 경우들이 bhavat 외에도 있는데, 대표적으로는 ārya를 들 수 있다. 이 호칭은 종교적이거나 사회적으로 존중받는 사람임을 함축하는 표현이다. deva도 같은 맥락에서 사용되는데, 일반적으로 왕이나 권력자에 대한 호칭으로 국한된다.

यथा भवानिच्छति तथा । yathā bhavān icchati tathā!
यथार्य इच्छति तथा । yathārya icchati tathā!

그대께서 원하시는 대로!

भवत्या नाम किम् । bhavatyā nāma kim?
आर्यायाः नाम किम् । āryāyā nāma kim?
그대([f.])의 이름이 무엇인지요?

कुत्र भवतो निवासः । kutra bhavato nivāsaḥ?
그대의 거처는 어디인지요?

जयत्वार्यः । jayatv āryaḥ!
그대께서 승리하시길!(→ 만세!)

जयतु देवः । jayatu devaḥ!
폐하께서 승리하시길!(→ 폐하 만세!)

✣14.27(03) 이렇게 bhavat을 활용한 표현은 정중한 명령을 나타내는 표현의 표준형이라고 할 수 있다.

इदमासनमलङ्करोतु भवान् । idam āsanam alaṅkarotu bhavān!
이 자리에 앉으시지요! (← 이 자리를 님께서 꾸미시기를!)

उपविशतु भवान् । upaviśatu bhavān!
앉으시지요!

✣14.27(04) 상대방을 부르는 호칭을 생략한 채 명령이나 요청을 할 수 있는 수동명령형이 존칭 명령에서는 자주 사용된다. (☞✣13.16) 이 경우에는 행위자(kartṛ)에 해당하는 bhavatā 혹은 bhavadbhiḥ가 생략되어 있다고 생각할 수 있겠다. 물론 맥락에 따라 tvayā, āryeṇa, devena 등등이 생략된 행위자(kartṛ)라고 간주될 수도 있다. 아래의 모든 문장은 "앉으시지요!"를 의미한다.

उपविश्यतां भवता । upaviśyatāṃ bhavatā!
उपविशतु भवान् । upaviśatu bhavān!
उपविशत्वार्यः । upaviśatv āryaḥ!

उपविश्यतामार्येण ।	upaviśyatām āryeṇa!
उपविश्यताम् ।	upaviśyatām!
उच्यताम् । न जानामि ।	ucyatām! na jānāmi. 말씀하시지요! 저는 모릅니다.

क्षम्यतामयं पुरुषः । kṣamyatām ayaṃ puruṣaḥ!
저를 용서하시기 바랍니다! (← 이 사람이 님에 의해 용서되도록 하시지요!)

이렇게 표현되는 것은 경칭이 빠진 형태의 명령형과는 대조된다.

क्षमस्व मे तत् । kṣamasva me tat!
나를 그것에 대해 용서하라!

✣ 14.27(05) 표14.01에 제시된 bhagavat도 bhavat와 마찬가지로 3인칭 단수 동사와 함께 2인칭의 존칭으로 사용되는 경우가 있다.

हे भगवन्तत्साधु भगवान्वदतु ।
he bhagavan, tat sādhu bhagavān vadatu!
존자여! 존자께서는 그 진실된 것을 말씀해 주시기 바랍니다!

과거능동분사

✣ 14.28 표14.01; 표14.02와 같은 곡용을 보이는 또 다른 단어들은 바로 -vat(/-vant)으로 끝나는 과거능동분사들이다. 과거능동분사는 과거분사의 뒤에 -vat (강형 -vant)를 붙여서 만들어진다. 여성형은 -vatī로 끝나게 되므로 nadī처럼 곡용된다.

√vac → 과거분사: उक्त ukta → 과거능동분사: उक्तवत् uktavat

√gam → 과거분사: गत gata → 과거능동분사: गतवत् gatavat

√dā → 과거분사: दत्त datta → 과거능동분사: दत्तवत् dattavat

14.29 과거능동분사는 명사곡용형을 따라 곡용되면서 kartṛ가 행한 과거의 동작을 나타내는 분사로 사용된다. 따라서 분사로서의 장점을 지닌 또 다른 과거형이라고 이해하면 되겠다. 과거능동분사는 자주 과거때매김을 나타내는 문장의 서술어로 사용된다. 다음 세 문장은 모두 "날라는 도시로 갔다."라는 의미이다.

नलो नगरमगच्छत् ।	nalo nagaram agacchat.
नलो नगरं गतः।	nalo nagaraṃ gataḥ.
नलो नगरं गतवान् ।	nalo nagaraṃ gatavān.
तस्य सेवका अप्यनुगतवन्तः।	tasya sevakā apy anugatavantaḥ. 그의 시종들도 또한 따라갔다.
भवान्नोक्तवानेव ।	bhavān noktavān eva. 그대가 말씀하시지 않았습니다. (na-uktavān)

पुनः पुनरहं पृष्टवती किं तु भवानुत्तरमेव न दत्तवान् ।
punaḥ punar ahaṃ pṛṣṭavatī kiṃ tu bhavān uttaram eva na dattavān.
제([f.])가 다시 또다시 물었지만 그대가 대답을 주지 않았습니다.

तत्साधु भगवान्वदत्वित्युक्तं श्रुतवान्भगवान्मुनिरेवं प्रत्युक्तवान् ।
tat sādhu bhagavān vadatv ity uktaṃ śrutavān bhagavān munir evaṃ pratyuktavān.
"그 올바른 것을 존자께서 말씀하시기를!"이라는 말을 성자인 존자가 들었고 이렇게 대답했다.

आस्यताम् । मम माता भवत आगमनमुक्तवती किं त्विदानीं गृहे नास्ति।
āsyatām! mama mātā bhavata āgamanam uktavatī kiṃ tv idānīṃ gṛhe nāsti.
앉으시지요! 제 어머니가 당신이 오신다고 말을 했습니다만 지금 (어머니는) 집에 없습니다.

क्षम्यतामयं पुरुषः। स विस्मृतवान्।

kṣamyatām ayaṃ puruṣaḥ! sa vismṛtavān.

저를 용서하시기 바랍니다! 제가 잊었습니다. (자기 자신을 3인칭으로 표현하였기 때문에 대명사 saḥ로 지칭하고 있다.)

연습문제

D 14.01 다음을 한국어로 옮기시오.

D 14.01(01) पूर्णे चन्द्रे शशेनोषितम् ।

D 14.01(02) यस्माद्भवानागच्छत्तस्मिन्देशे संवत्सरमजीवम् ।

D 14.01(03) मूर्खः पण्डितेनोक्तं श्रुतवानपि नावगतवान् ।

D 14.01(04) यज्ञेन प्राप्तात्फलात्स ब्राह्मणो रतः ।

D 14.01(05) एवमस्तु भवन्निति वाक्यं मया श्रुतम् ।

D 14.01(06) यस्मिन्मुनयो राक्षसभ्यो भीतास्तं वनं वीरेण गतम् ।

D 14.01(07) बुद्धस्य वचनं तस्य धीमद्भिर्मित्रभिः श्रुतम् ।

D 14.01(08) यस्य हस्तः शिवेन च्छिन्नं तेन कृते जगति पुरुषा वसन्ति ।

D 14.01(09) पापेन चौरेण चोरितश्छागः क्रतौ हूयते। तदर्थं स्तम्भे बद्धश्च ।

D 14.01(10) यत्र यत्र स कविर्गच्छति तत्र तत्र पुरुषा तेन गीतं काव्यं शृण्वन्ति ।

D 14.02 다음 문장을 데바나가리로 표기하고 한국어로 옮기시오.

D 14.02(01) devānāṃ kratur ahūtena devena naṣṭaḥ.

D 14.02(02) vaṇijakena gṛhītaṃ vānaraṃ paśyāmi.

D 14.02(03) tasya sevakaiḥ praṇatena rājñā pitṛbhya iṣṭam.

D 14.02(04) vana uṣito muniḥ puruṣeṇājñātaṃ satyam apy ajānāt.

▷ 14.02(05) bhuvi panno haṃso jambukena khāditaḥ.

▷ 14.02(06) idaṃ dagdhaṃ havir agninā svargaṃ hriyate.

▷ 14.02(07) rājñā pātā janāḥ sukhaṃ vasanti.

▷ 14.02(08) yāvad idaṃ nagaraṃ bhavatā na tyaktaṃ tāvad aham apy atra sthitaḥ.

▷ 14.02(09) yat kaś cin na manyate tad duḥkhaṃ mahatā vīreṇa soḍham.

D 14.03 다음 이야기를 한국어로 옮기시오. (**नकुल - ब्राह्मण - कथा**)

D 14.03(01) **अस्ति दक्षिणे देशे देवदत्तो नाम ब्राह्मणः । यदा तस्य पुत्रो जातस्तदा स पुत्रवान्पिताभवत् । कदाचिद्या स्नानमैच्छत्सा माता शिशुं पुत्रं रक्षणस्यार्थं भर्तारं रक्षां प्राचोदयत् । सा च स्नानाय गता । यदा ब्राह्मणेन पुत्रो रक्षितस्तदैव खलु ब्राह्मणेभ्यो राज्ञा दानं दीयत इत्याह्वानं राज्ञ आगतम् ।**

D 14.03(02) **स ब्राह्मण आह्वानं श्रुतवान्दरिद्र आसीत् । ततः स मनस्येवमचिन्तयत् । यदि सत्वरं न गच्छामि तदा तच्छ्रुतैरन्यैर्ब्राह्मणैर्मम दानं ह्रियते । किं तु पुत्रस्य रक्षणमत्र नास्ति । तत्किं करोमि । चिरात्कालात्पश्चादेकं कुशलमुपायं तेन ब्राह्मणेन लब्धम् । यं चिरेण प्रजामिवामुं नकुलं संवर्धयामि तेन मम पुत्रं रक्षितम् । तथैव सर्वस्मात्कृतात्परतः स ब्राह्मणो राजगृहं गतः ।**

D 14.03(03) अथ तेन नकुलेन बालस्य समीपमागतं स च तं बालं रक्षितवान् । चिरात्कालाद्दृष्टो महान्कृष्णो ऽहिर्बालस्य समीपमागतवान् । नकुलेन बलवता तदा सो ऽहिरहन्यत । अहिः कुपितेन नकुलेन खण्डं खण्डं कृतश्च भक्षितश्च । यस्य नकुलस्य मुखं रक्तं गतं स तं पतिं ब्राह्मणं गृहमागतवन्तमपश्यत्ततश्च स नकुलः पतेः समीपे द्वारं प्रत्यगच्छत् ।

D 14.03(04) यदा नकुलस्य मुखं ब्राह्मणेनादृश्यत द्वारे तदा मम पुत्रो ऽनेन भक्षित इत्यधीमता चिन्तितम् । ततो नकुलः कुपितेन ब्राह्मणेन हतः । अचिरं यावत्स्वगृहं स प्रविष्टस्तावत्पुत्रं निद्रां गतमहिं च हतमपश्यत् । ततो ऽबुद्धिमतो ब्राह्मणस्य मनसि परमं दुःखमुदतिष्ठत् ।

D 14.03(05) यो ऽर्थस्य तत्त्वमविज्ञातो ऽपि कुपितस्तस्य नष्टं खलु निश्चयं यथा नकुलाच्चापलो ब्राह्मणो दुःखितस्तथा ।

낱말 목록

anu-ā-√khyā 2P. [anvākhyāti] 따라서 설명하다, 따라서 말하다

a-mṛta [a.] 죽음이 없는, 죽지 않는
[m.] 죽지 않는 자
[n.] 죽음이 없음, 영원, 죽음이 없는 세상, 죽음이 없게 하는 액체

alam-√kṛ [alaṅkaroti] 장식하다, 꾸미다, (치장을 마쳐) 준비하다, 자격을 갖추다

avijñāta [a.] (vi-√jñā의 p.p.에 부정앞토가 적용됨) 인식되지 않은, 알려지지 않은, 구분되지 않은, 확실하지 않은

ahūta [a.] 불려지지 않은, 초청되지 않은

āsana [n.] 앉기, 앉는 자세, 앉을 자리, 머무는 자리

ā-√sthā 1P.Ā. [ātiṣṭhati, ātiṣṭhate] ~에 남다, ~에 머무르다, ~에 의지하다, ~을 따르다, 행하다, 수행하다

āhvāna [n.] 초청, 소환, 호출

iṣṭa [a.] (p.p. √yaj) 제사 지내진, 제사 의식을 통해 경배를 받은

ut-√thā (← ut-√sthā) 1P.Ā. [uttiṣṭhati, uttiṣṭhate] 일어서다, 생겨나다, 발생하다, 자리 잡다

upa-√viś 6P. [upaviśati] 가까이로 들어가다, 자리 잡고 앉다

uṣita [a.] (p.p.) 거주되어진, 기거되어진

ṛte [adv.] ~(A. Ab.)없이, ~(A. Ab.)를 제외하고, ~(A. Ab.) 외에

krīḍā [f.] 놀이, 오락

kratu [m.] 계획, 의도, 결정, 이해, 제사 의식, 희생제의, 제사의 공물

√kṣam 1Ā.; 4P. [kṣamate / kṣāmyati] 참아 내다, 조용히 있다, 용서하다

khaṇḍa [a.] 조각난, 갈라진, 깨진, 망가진
[m.][n.] 조각, 부분, 파편, 책의 한 장

khādita [a.] (p.p. √khād 1P. [khādati] 먹다) 먹힌, 잡아먹힌

gīta [n.] 노래, 읊기, 운문 (p.p. √gai)

√cal 1P. [calati] 이동하다, 움직여지게 되다, 움직이다

citta [n.] 생각, 마음, 바램, 마음에 둠, 돌이켜 봄, 지성, 이성

cira [a.] 오랜동안, 오래, 긴 시간동안

√cumb 1P. [cumbati] 입을 맞추다

jambuka [m.] 자칼

jāta [a.] (p.p. √jan) 낳아진, 태어난, 발생한

jīrṇa [a.] 낡은, 오래된, 닳은 (√jṝ의 p.p.)

tadartham [adv.] 그것을 위해, 그것을 목적으

로, 그것 때문에

√tṝ 1P. [tarati] (물을) 건너가다, 가로질러 가다

dagdha [a.] (p.p. √dah) 태워진, 그을은

√dah 1P. [dahati] 태우다

dīpa [m.] 등, 등불

√duh 2P.Ā. [dogdhi, dugdhe] 젖을 짜다, (액을) 짜내다

devadatta [m.] 데바닫따 (고유명사)

dharmajña [a.] 규범을 아는, 옳은 것을 아는

dhīmat [a.] 현명한, 총명한, 사려 깊은

dhūma [m.] 연기, 증기

naṣṭa [a.] 사라진, 잃은, 멸망한, 도망간, 망가진, 망쳐진, 피해를 입은

√nind 1P. [nindati] 비난하다, 매도하다

nivāsa [m.] 살기, 거주하기, 거주처, 주거지, 집

niścaya [m.] 확실함, 확증된 사실, 결정, 정해진 결론, 확인

nīti [f.] 이끌기, 지도, 정치, 정치술, 지도력

nītikuśala [a.] 정치술에 능통한

pada [n.] 걸음, 보폭, 발자국, 장소, 위치, 입장, 다된말

panna [a.] 떨어진, 밑으로 떨어진 (p.p. √pad)

paratas [adv.] 더 먼, 멀리 떨어진, 나중에, 뒤에, ~(Ab.)한 뒤에

parampara [a.] 하나하나씩 연결되는, 하나씩 다음으로 이어지는, 연이은
[m.] 증손자, 증손자와 그 자손들
[f.] (-ā) 연이어진 계보, 전승, 연이어 내려온 (혈통, 학맥, 전통)

paraloka [m.] 저세상, 다른 세상, 미래에 태어날 세상

pari-√brū 2P. [paribravīti] (주문을) 소리 내어 외우다

putravat [a.] 아들(들)을 가진, 자식(들)이 있는

pūrṇa [a.] 가득찬, 충만한, 완전한, 만족한 (p.p. √pṝ)

pṛthak [ind.] 분리되어, 완전히 떨어져, 개별적으로

pra-√cud (caus.) pracodayati 요구하다, 요청하다, 주장하다, 촉구하다

praṇata [a.] (p.p. pra-√nam) 앞을 향해 굽혀진, 경의가 표해진, 인사를 받는, 겸손한

prati-√vac 2P. [prativakti] 선언하다, 대답하다, 대꾸하다

preta [a.] 떠나간, 출발한, 죽은
[m.] 망령, 귀신, 아귀

balavat [a.] 힘을 지닌, 힘센, 강한

√bādh 1Ā. [bādhate] 억누르다, 강제하다, 괴롭히다, 쫓다

buddhi [f.] 판단력, 이해력, 지성, 생각

bhagavat [a.] 좋은 운명(bhaga)을 가진, 유복한, 위대한, 존귀한, 성스러운, (3인칭 단수 동사와 함께 쓰여) 2인칭으로 존칭을 표현. 부름격으로 신이나 성인을 부를 때 bhagavan, bhagavas, bhagos 형태 모두가 사용된다.
[m.] 쉬바, 비스누, 끄리스나, 붇다, 지나

bhagavadgītā [f.] 『바가받기따』, 존귀한 자의 노래

mata [n.] 생각, 상상, 구상 (p.p. √man)

mahat [a.] 큰, 위대한, 중요한, 탁월한, 풍성한, 거대한, 특출난

maharṣi [m.] (← mahā-ṛṣi) 위대한 리시, 위대한 현인, 위대한 성자

√yā 2P. [yāti] 가다, 걷다, 움직이다, 들어가다, 도망가다

rakta [a.] 색이 입혀진, 빨갛게 된, 열정에 찬
[m.] 붉은 색
[n.] 피, 구리

rakṣaṇa [n.] 보호, 수호

rakṣā [f.] 보호, 보살핌

rata [a.] (p.p. √ram) 만족하다, 흡족해 하다, ~을 좋아하다, 사랑받다

√ruh 1P. [rohati] 올라타다, 올라가다, 도달하다

√lih 2P.Ā. [leḍhi, līḍhe] 핥다, 핥아먹다

√lī 9P. [lināti] 눌어붙다, 달라붙다

vi-√smṛ 1P. [vismarati] 잊다, 망각하다, 주의를 기울이지 않다

√śaṅk 1Ā. [śaṅkate] 의심하다, 두려워하다, 불신하다, 추측하다

śaśa [m.] 토끼

śāpa [m.] 저주, 악담, 욕

satvara [a.] 서두르는, 급한, 빠른

sam-abhi-√pad 4Ā. [samabhipadyate] 대답하다, 도달하다, 얻다, 결과를 얻다

samyak [adv.] 정확하게, 적절하게

sādhu [a.] 곧바른, 올곧은, 바른, 알맞은, 바른
[m.] 성자, 올바른 사람, 종교인
[n.] 올곧음, 바름, 알맞음

subhāṣita [n.] (잘 말해진 것) 속담, 경구 (p.p. su-√bhāṣ)

√sev 1Ā. [sevate] 곁에 머물다, 시중들다, 섬기다

soḍha [a.] (p.p. √sah 1Ā. [sahate] 이기다, 참아 내다, 견뎌 내다) 참아 내어진, 견뎌진

smṛta [a.] 기억되다, 환기되다, 생각되다, 간주되다, (전통으로) 전해지다, (전통에서) 가르쳐지다 (p.p. √smṛ)

svagṛha [m.] 자신의 집

hriyate (pass. √hṛ 1P.Ā. [harati, harate]) 가지고 가게 되어지다

√hve 1P.Ā. [hvayati, hvayate] 부르다, 불러내다 (독립형 hūtvā, 수동형 hūyate)

전체 낱말 목록

사용된 줄임말

Ā. ātmanepada
P. parasmaipada

[a.]	adjective	형용사
[adp.]	adposition	부치사
[adv.]	adverb	부사
[f.]	feminine	여성 (명사)
[ind.]	indeclinable	불변화사
[m.]	masculine	남성 (명사)
[n.]	neuter	중성 (명사)
[prn.]	pronoun	대명사

(den.)	denominative	명사유래형
(ifc.)	in fine compositi	겹낱말의 뒷자리에서
(impf.)	imperfect	과거형
(inf.)	infinitive	부정형
(pass.)	passive	수동형
(caus.)	causative	시킴형
(p.p.)	past participle	과거분사

akuśala [a.] 전문가적이지 못한, 잘 하지 못하는, 좋지 않은

akṣara [n.] 글자, 음절

agni [m.] 불, 불의 신

agra [n.] 첫 부분, 가장 윗부분, 정상, 끝, 시작

acakṣuḥ [a.] 눈이 먼
[n.] 나쁜 시력, 눈이 없음

aciram [adv.] 오래지 않아서, 오래되지 않게

atas [ind.] 그러므로, 이것으로부터

ati [ind.] 넘어서는, 지나친, 경계를 넘는

atyanta [a.] 대단한, 과도한, 지나친, 완벽한

atra [ind.] 그곳, 그 경우

atha [ind.] 이제, 그런데, 그리고, 게다가 (주제를 바꿈)

√ad 2P. [atti] 먹다, 집어삼키다
(caus.) ādayati 먹이다

adas [prn.] 저것, 저기 저것

adya [ind.] 오늘, 오늘날, 이제, 지금

adhara [a.] (대명사형 곡용) 아래의, 낮은

adharma [m.] 부당함, 부정의, 부조리, 악

adhas [adv.] 아래, 아래로, 밑으로, 밑에서

adhika [a.] 보태어진, 추가된, 더 나은, 넘어서는

√an 2P. [aniti] 숨쉬다

anantara [a.] 사이에 낀 것이 없이, (시간상) 곧바로, 직접, 즉시, 즉각, 끊기지 않고

anartha [a.] 의미 없는, 가치 없는

anu-ā-√khyā 2P. [anvākhyāti] 따라서 설명하다, 따라서 말하다

anu-√īkṣ (→ anv-√īkṣ) 1Ā. [anvīkṣate] 검사하다, 검토하다, 살펴보다

anupāya [m.] 요령이 아닌 것, 제대로 된 방법이 아닌 것

anupayoga [m.] 사용(upayoga)이 없음, 쓸모없음, 편리함이 없음

anu-√sthā 1P. [anutiṣṭhati] 따르다, 행하다, 수행하다

anṛta [n.] 거짓
[a.] 거짓된, 속이는, 진실(ṛta)이 아닌

antara [a.] 사이에 있는, 내부에 있는, 중간에 있는, 다른(ifc.)
[n.] 내부, 내용, 틈, 사이 공간, 차이

antaḥ [ind.] 안에, 사이에, 한 중간에
[adp.] ~(L.) 사이에, ~ 속에

andha [a.] 눈이 먼, 보지 못하는
[n.] 어둠

andhatva [n.] 눈이 멀음, 맹목

anna [n.] 음식, 먹을 것

anya [a.] 다른, 또 하나의, 별개의, ~(Ab.)와는 다른

anyadā [adv.] 다른 때에, 어느 날

apa-√gam 1P. [apagacchati] 떠나다, 멀어지다, 사라지다

apaṇḍita [a.] 못배운, 학식이 없는
[m.] 학식이 없는 사람, 못 배운 사람

apaṇḍitatva [n.] 학식이 없음, 배운 것이 없음, 어리석음

apara [a.] 나중의, 뒤의, 더 못한, 다른, 별도의, ~(Ab.)와는 다른

apa-√hṛ 1P.Ā. [apaharati, apaharate] 뺏다, 가져가다

api [ind.] (강조) ~조차, ~도, (양보) ~이

지만, ~일지라도, (추가) ~도, ~ 또한

aprāptakāla [m.] 적절하지 않은 때, 제 때가 아닌 때, 제 철이 아닌 때

apsaraḥ [f.] (물이나 구름 사이를 가는 여자) 하늘의 요정, 천녀

abhijña [a.] 잘 아는, 파악하고 있는, 숙달된, 전문가인

abhy-upa-√i 2P. [abhyupaiti] 접근하다, 도착하다, 다가가다, 합의하다

amitra [m.] 적, 상대방
[a.] 친구가 아닌, 적대적인

amutas [ind.] 저기로부터, 저곳에, 다른 세상으로부터

amutra [ind.] 다른 곳에, 다른 세상에, 저 위에

amṛta [a.] 죽음이 없는, 죽지 않는
[m.] 죽지 않는 자
[n.] 죽음이 없음, 영원, 죽음이 없는 세상, 죽음이 없게 하는 액체

araṇya [n.] 숲, 개간되지 않은 땅

artha [m.] 대상, 목적, 재산, 성공, 의미, 뜻, (artham, arthena, arthāya, arthe의 형태로 G.와 쓰이거나 겹낱말 끝에서) ~을 위하여

ardha [m.][n.] 절반
[a.] 절반을 이루는

arha [a.] ~할 만한, 자격이 있는, 가치가 있는, ~(G.)에 적합한

alam [ind.] 충분한, 적절한, 딱 맞는, 능력이 있는, 자격이 있는

alam-√kṛ [alaṅkaroti] 장식하다, 꾸미다, (치장을 마쳐) 준비하다, 자격을 갖추다

ava-√gam 1P. [avagacchati] 이해하다, 알아차리다, 알다, 배우다, 내려가다, 접근하다

ava-√paś 4P. [avapaśyati] 내려다보다

avara [a.] (대명사형 곡용) 뒤의, 열등한

avijñāta [a.] (vi-√jñā의 p.p.에 부정앞토가 적용됨) 인식되지 않은, 알려지지 않은, 구분되지 않은, 확실하지 않은

√aś 9P.Ā. [aśnāti, aśnīte] 먹다

aśuddha [a.] 깨끗하지 않은, 청정하지 않은

aśman [m.] 바위, 돌, 보석, 돌로 만든 도구

aśva [m.] 말, 종마, (놀이판의) 말

√as 2P. [asti] ~이다, 있다

ahi [m.] 뱀

ahiṃsā [f.] 해치지 않음, 불살생

ahūta [a.] 불려지지 않은, 초청되지 않은

aho [ind.] (감탄사로 "아!"에 해당하는 표현으로 만족, 놀람, 고통, 슬픔, 후회, 불쾌함 등을 표현) 아!, 오호!, 저런!, 어이쿠!, 어휴!

ā [ind.] (감탄사로 어떤 기억이 떠오르면서 드러내는 감정의 표현) 아 그래!, 아 맞아!

ākāśa [m.] 허공, 빈 공간, 하늘

ākranda [m.] 울음

ā-√gam 1P. [āgacchati] 오다, 돌아오다, 다가오다, 도착하다

āgama [m.] 오는 것, 다가오는 것, 들어오는 것, 소득, 전해진 가르침, 전승

āgamana [n.] 오기, 도착하기

ācārya [m.] 스승

ātman [m.] 숨, 영혼, 생명, 자기 자신, 개인, 본성, 본질

ādi [m.] 시작, 처음, 첫 번째의 것

ā-√ruh 1P. [ārohati] 오르다, 올라타다, 올라가다

ārya [m.] 아리안에 속하는 사람, 고귀한 자, 존중할 만한 자, 영예로운 자
[a.] 고귀한, 영예로운, 아리안에 속하는

āśrama [m.] 수행처

āsana [n.] 앉기, 앉는 자세, 앉을 자리, 머무는 자리

ā-√sthā 1P.Ā. [ātiṣṭhati, ātiṣṭhate] ~에 남다, ~에 머무르다, ~에 의지하다, ~을 따르다, 행하다, 수행하다

āhāra [m.] 음식, 먹거리

āhvāna [n.] 초청, 소환, 호출

√i 2P. [eti] 가다, 전진하다, 향하다, 지나다

itaḥ [ind.] 여기로부터, 여기서

itara [a.] 다른, 나머지, ~(Ab.)와 다른

iti [ind.] (인용을 나타내서) ~라고 (말하다, 생각하다), ~이므로, (앞선 생각이나 말을 가리켜서) 이렇게, (주의를 요청하는 방식의 강조) 그러니까

ittham [ind.] 이렇게

idam [prn.] 이것, 여기 이것

idānīm [adv.] 지금, 현재

indra [m.] 인드라 (신)

indriya [n.] 감각기관

indriyajit [m.] 감각기관을 이긴 자, 외부에 대한 지각에 흔들리지 않는 자
[a.] 감각기관을 이긴, 외부에 대한 지각에 흔들리지 않는

iva [ind.] (앞선 말에 비교해서) ~과 같이, ~처럼, 마치 ~인 것처럼

√iṣ 6P.Ā. [icchati, icchate] 원하다, 갈구하다, 추구하다, 기대하다

iṣu [m.][f.] 화살

iṣṭa [a.] (p.p. √yaj) 제사 지내진, 제사 의식을 통해 경배를 받은

iha [ind.] 여기, 여기에서, 이 세상에서

īśvara [m.] 신, 유일신, 창조신, 남편, 주인

uttama [a.] 가장 높은, 최상의, 최선의

uttara [a.] 위의, 더 높은, 북쪽의, 뒤따르는, 나중의, 미래의
[n.] 위쪽 부분, 덮개, 북쪽 방향, 뒤에 오는 부분, 대답, 응대, 반격

uttaramārga [m.] 북쪽(으로 가는) 길

ut-√thā (← ut-√sthā) 1P.Ā. [uttiṣṭhati, uttiṣṭhate] 일어서다, 생겨나다, 발생하다, 자리 잡다

ut-√pat 1P. [utpatati] 날아오르다, 떠오르다, 생겨나다, 떠오르다
(caus.) utpātayati 위로 오르게 하다, 뽑아 올리다, 날려 올리다

ut-√pad 4Ā. [utpadyate] 생겨나다, 발생하다, 드러나다

ut-√sṛj 6P.Ā. [utsṛjati, utsṛjate] 뿜어내다, 풀어놓다, 버리다, 피하다, 넘겨주다

utsarga [m.] 뿜어내기, 풀어 놓기, 배설

udarcis [m.] 불
[a.] 타오르는, 빛나는

ud-√dhṛ 1P.Ā. [uddharati, uddharate] 꺼내다, 끄집어내다, 위로 올리다

udvejayati (caus.) ud-√vij 불안하게 하다, 당혹스럽게 하다, 두렵게 하다

unnidrayati (den.) (← ud-nidrā) 잠에서 깨우다

upa-√diś 6P. [upadiśati] 가르치다, 지도하다, 특정해서 지적하다

upadiṣṭa [a.] 가르쳐진, 지도받은, 특정해서 지적된

upa [ind.] ~위에, ~때에, ~안으로, 보태어

upadeśa [m.] 가르침, 언급, 충고, 지적

upanayana [n.] 이끌기, 가까이로 가져가기, 입문, 성인의식

upa-√viś 6P. [upaviśati] 가까이로 들어가다, 자리 잡고 앉다

upavīta [n.] 성스러운 줄 (상위 세 바르나, 특히 사제 계급의 상징으로 왼쪽 어깨에서 오른쪽 옆구리에 둘러 매는 실)

upahāra [m.] 공물, (신에게 바치는) 제물

upāya [m.] 수단, 요령, 방법, 가까이 감

ubha [a.] 둘, 양

ubhaya [a.] (대명사형 곡용) 둘, 두 가지, 양쪽 모두

ulūka [m.] 부엉이

uṣita [a.] (p.p.) 거주되어진, 기거되어진

ūrdhvam [adv.] 위쪽으로, 위로, 위에

ṛte [adv.] ~(A. Ab.)없이, ~(A. Ab.)를 제외하고, ~(A. Ab.) 외에

ṛṣi [m.] (영감에 차서 베다를 읊어 낸) 성인, 현인, 성자

eka [a.] 하나의

ekaika [a.] 하나씩 하나씩, 개별적으로, 낱낱이

ekatara [a.] 하나씩 하나씩, 개별적으로, 낱낱이

eva [ind.] 바로 (앞의 말을 강조), 분명히, 바로 그, 오직, 단지

evam [ind.] 그렇게, 그런 식으로, 그런

oṃ [ind.] (종교의식에 사용하는 감탄사나 조사) 옴! (우빠니샫 이후로는 이것 자체가 명상의 수단이자 대상)

katama [a.] (대명사형 곡용) 여럿 중의 어떤?

katara [a.] (대명사형 곡용) 둘 중의 어떤?

katham [adv.] 어떻게, 무슨 방법으로

kathā [f.] 이야기, 줄거리, 말, 대화

kanyā [f.] 소녀, 처녀, 딸, 미혼인 여자

karuṇā [f.] 연민, 동정심

karman [n.] 행위, 행동, 일, 의무, 실천, 종교적 실행, 운동, 결과

karṣaka [a.] 쟁기질하는
[m.] 농부

kavi [m.] 시인, 통찰력을 가진 자

kaṣṭa [a.] 어려운, 고생스러운, 나쁜, 잘못된, 위험한, 매정한, 욕심 많은

kaṣṭam [adv.] 거의 ~하지 않다, 전혀 ~하지 않다

kaṣṭatapaḥ [m.] 극심한 고행을 하는 자

kāka [m.] 까마귀

kāma [m.] 욕망, 욕구, ~(G. D. L.)에 대한 추구, 사랑, (관능적) 사랑, 즐거움

kāraṇa [n.] 원인, 이유

kārya [n.] 과제, 과업, 업무, 의무, 행위, 결과, 효과
[a.] 행해져야 하는 것, 할당된 것, 할 만한 것

kāla [m.] 시간, 때, 경우, 운명

kāvya [m.] 시, 영감과 지혜가 어린 것(itihāsa와 대조)

kāṣṭha [n.] 나뭇조각, 목재, 장작

kiṃ tu [ind.] 그러나, 그럼에도 불구하고, 하지만

kim [ind.] 무엇?, 무슨?, 누구?, 왜?

kim iti [ind.] 왜?, 무슨 이유로?

kukkura [m.] 개

kutaḥ [ind.] 무엇으로부터?, 누구로부터?, 어디로부터?, 왜?

kutra [ind.] 어디

√kup 4P.Ā. [kupyati, kupyate] 흥분상태에 있다, 마음이 불안정한 상태이다, 화나 흥분으로 가득찬 상태이다, ~(D.G.)에게 화가 난 상태이다

kupita [a.] 화난, 약오른, 모욕을 당한

kumāra [m.] 아이, 남자 아이, 소년, 왕자

kuśala [a.] 전문가적인, 잘 하는, 적당한, 맞는, 좋은

√kṛ 8P.Ā. [karoti, kurute] 하다, 실행하다, 만들다

√kṛt 6P.Ā. [kṛntati, kṛntate] 자르다, 잘라내다, 조각하다

kṛta [a.] 행해진, 만들어진, 성취된, 준비된

kṛtam [adv.] ~(I.)는 그만, ~는 충분하다

kṛṣṇa [m.] 끄리스나, (비스누의 화신들 중 하나로서의) 끄리스나
[a.] 검푸른, 검은, 진한 색의, 어두운

√kṝ 6P. [kirati] 흩뿌리다, 내뿜다

kevalam [adv.] 오직, 단지, 홀로, 완전히, 온전하게

keśara [n.] (말이나 사자의) 갈기

kratu [m.] 계획, 의도, 결정, 이해, 제사 의식, 희생제의, 제사의 공물

√krand 1P.Ā. [krandati, krandate] 울다, 소리내다, 울부짖다

√kram 1P.Ā. [krāmati, kramate] 걷다, 가다, ~쪽으로 움직이다, 접근하다, 노력하다, 진행해 가다, 성공하다

√krī 9P.Ā. [krīṇāti, krīṇīte] 사다, 구입하다, 구매하다

√krīḍ 1P. [krīḍati] 놀다, 놀이를 하다, 즐기다

krīḍā [f.] 놀이, 오락

kruddha [a.] ~(D.G.L.)에게 화난, 분노한

√krudh 4P. [krudhyati] 화가 나다, ~(D.G.)에게 화가 나다

krodha [m.] 화, 분노

kṣatriya [m.] 통치 계급에 속하는 자

√kṣam 1Ā.;4P. [kṣamate / kṣāmyati] 참아 내다, 조용히 있다, 용서하다

kṣaya [m.] 하락, 멸망, 쇠망, 상실, 줄어듦, 축소

√kṣip 6P.Ā. [kṣipati, kṣipate] 던지다

kṣudhā [f.] 배고픔, 굶주림

√kṣubh 4P.Ā. [kṣubhyati, kṣubhyate] 흔들리다, 떨다, 불안정하다

kṣetra [n.] 땅, 들판, 토지, 장소, 지역, 성지

khaga [m.] 허공에서 가는 자, 새

khaṇḍa [a.] 조각난, 갈라진, 깨진, 망가진
[m.][n.] 조각, 부분, 파편, 책의 한 장

khalu [adv.] 실로, 정말로, 확실히, 그러니까, 따라서

khādita [a.] (p.p. √khād 1P. [khādati] 먹다) 먹힌, 잡아먹힌

khāra [m.] (곡물 등의 부피를 재는 단위) 카라 (= 18 droṇa)

gaṅgā [f.] 강가(갠지스 Ganges) 강

gaṇikā [f.] 기녀, 기생, 매춘부

gaṇeśa [m.] 가네샤, 지혜와 장애물을 관장하는 코끼리 머리를 가진 신. 배가 튀어나온 뚱보의 몸을 지니고 쥐에 올라타고 있는 모습으로 등장하는 Śiva와 Pārvatī의 아들로 전해지는 신

gati [f.] 가기, 움직이기, 길, 방식

√gam 1P. [gacchati] 가다, 움직이다, ~한 상태가 되다, (수동형 gamyate) 파악되다

garuḍa [m.] 가루다 (비스누를 태우고 다니는 새의 모습을 한 신)

garbha [m.] 자궁, 내부, 태아, 자손, 알

√gā 3P. [jigāti] (접때형 agāt) 가다, 나아가다, 접근하다, 오다

gīta [n.] 노래, 읊기, 운문 (p.p. √gai)

guru [a.] 무거운, 중요한
[m.] 존경해야 할 중요한 사람, 스승, 아버지, 어머니 등

gṛha [m.] 집, 가정

gṛhakāraka [m.] 집 짓는 사람, 목수

gṛhapati [m.] 가장, 가정을 꾸리는 사람

gṛhīta [a.] 붙잡힌, 움켜잡힌, 장악된

√gai 1P. [gāyati] 노래하다

gopāla [m.] 소치기 목동

gaurava [n.] 무거움 혹은 중요함(guru)에 연관되는, 어려움, 중요함, 존경, 훌륭함

grahaṇa [n.] 잡는 것, 쥐는 것

grāma [m.] 마을

ghaṇṭā [f.] 종, 징

ca [ind.] ~와, 그리고

candra [m.] 달

cana [ind.] ~라고 해도, ~조차도, ~마저도 (주로 부정어와 함께)

√car 1P.Ā. [carati, carate] 돌아다니다, 활동하다

√cal 1P. [calati] 이동하다, 움직여지게 되다, 움직이다

cāpala [n.] 경솔함, 함부로 움직임, 변덕
[a.] 경솔한, 경거망동하는, 변덕스러운

citta [n.] 생각, 마음, 바램, 마음에 둠, 돌이켜 봄, 지성, 이성

cid [ind.] ~라고 해도, ~조차도, ~마저도 (주로 부정어와 함께)

√cint 10P. [cintayati] 생각하다, 마음에 두고 있다

cira [a.] 오랜동안, 오래, 긴 시간동안

√cumb 1P. [cumbati] 입을 맞추다

√cur 10P. [corayati] 훔치다, 강탈하다

cetaḥ [n.] 의식, 생각, 마음

caura [m.] 도둑, 강도

chāga [m.] 염소

chāyā [f.] 그늘, 그림자, 그늘진 곳

√chid 7P.Ā. [chinatti, chintte] 자르다, 잘라내다

chidra [n.] 구멍, 틈새

chinna [a.] 잘려진, 토막난

√jakṣ 2P. [jakṣiti] 먹다

jagat [n.] 세상, 이 세상, 살아 움직이는 것,

동물들, 사람들

√jan 4Ā. [jāyate] 발생하다. 만들어지다, 태어나다, 생겨나다 (p.p. jāta)

jana [m.] 사람, 인간, 종족, 생명체, (집합명사로) 사람들, 백성

janayati (caus.) √jan 낳다. 만들어 내다

jantu [m.] 아이, 자손, 생명체, 피조물, 사람

jambuka [m.] 자칼

jala [n.] 물, 액체

jāta [a.] (p.p. √jan) 낳아진, 태어난, 발생한

jāti [f.] 출생, 탄생, 출생에 따른 신분이나 지위, 카스트, (태어나서 속하는) 종

jāmātṛ [m.] 사위, 처남, 매부

jāla [n.] 망, 그물

√ji 1P.Ā. [jayati, jayate] 이기다, 물리치다, 승리하다, 쟁취하다, 얻다

jīrṇa [a.] 낡은, 오래된, 닳은 (p.p. √jṝ)

√jīv 1P. [jīvati] 살다, 살아 있다

jīva [m.] 생명

√jñā 9P.Ā. [jānāti, jānīte] 알다, 알아차리다. ~을 ~라고 생각하다, ~(A.)를 알게 되다

jñāna [n.] 앎, 지식, 인식

jyeṣṭha [a.] 가장 나이가 많은, 첫째의, 최고의

tat [prn.] 그 (것), 그 사람
[adv.] 그래서, 그 경우에, 그때에, 그리하여, 그렇게 해서, 그런 이유로

tataḥ [ind.] (대명사 tad의 유래격으로 사용) 거기에서부터, 그래서, 그리하여, 따라서, 그리고 나서, 그때부터

tatkālam [adv.] 그때에, 그 사이에

tattva [n.] 실상, 실제 사태, 실제 상황, 진실, 진리

tatra [ind.] 그곳에, 그 경우에

tathā [ind.] 그렇게, 그에 상응하게 (yathā와 짝을 이루어 쓰인다), 또한, 예!

tadartham [adv.] 그것을 위해, 그것을 목적으로, 그것 때문에

tadānīm [ind.] 그때에, 그 경우에

tapaḥ [n.] 열기, 고행, 수행 (중성명사이며 말줄기 자체가 tapas)

tamaḥ [n.] 어두움, 사리분별의 어두움

tarhi [ind.] 그때에, 그 경우에

tila [m.] 참깨

tu [ind.] 그러나, 그런데, 왜냐하면

√tud 6P. [tudati] 때리다, 찌르다

tulya [a.] ~(I.G.)와 같은, 맞먹는, 같은 종류인, 같은 가치인, 비교할 만한

√tṝ 1P. [tarati] (물을) 건너가다, 가로질러 가다

tejaḥ [n.] 불꽃, 불빛, 밝음

taila [n.] 참기름, 기름 (← tila)

tyakta [a.] 버려진, 떠나고 남겨진

√tyaj 1P.Ā. [tyajati, tyajate] 버리다, 떠나다, 포기하다, 그대로 두다

tri [a.] 3, 셋

√daṃś 1P. [daśati] (이빨로) 물다

dakṣiṇa [a.] (대명사형 곡용) 오른쪽의, 남쪽의

dakṣa [m.] 능력, 자질, 정열, (신화 속의 인물) 닥샤

dagdha [a.] (p.p. √dah 1P. [dahati] 태우다) 태워진, 그을은

daṇḍa [m.] 막대, 몽둥이, 권력, 물리력

datta [a.] 주어진, 허락된, 선물로 주어진
[n.] 주어진 것, 선물, 성금

dadhikarṇa [m.] 귀가 우유처럼 하얀 (고양이의 이름)

dama [m.] 자제력, 길들이기, 집, 가정

damayantī [f.] 다마얀띠 (고유명사)

daridra [a.] 가난한

darśana [n.] 보기, 시각을 통한 지각, 시각적 접촉, 검사, 살펴보기, 만나기, 관점, 이론, 철학 체계
[a.] 보여주는, 가르쳐 주는, 보는, 바라보는

darśayati (caus.) √dṛś 보게하다, 보여 주다

√dah 1P. [dahati] 태우다

√dā 3P. [dadāti] 주다, 제공하다

dātṛ [m.] 주는 사람

dāna [n.] 주는 것, 선물, 성금, 기부, 기증, 베풂

dina [m.][n.] 하루, 날

√div 4P. [dīvyati] 놀음하다, 놀다

√diś 6P. [diśati] 가리키다, 보여주다

dīpa [m.] 등, 등불

dīrgha [a.] (시간, 공간) 긴, 길게 뻗은

duḥkha [n.] 불편함, 괴로움, 어려움

duḥkhita [a.] 고통을 받는, 어려움을 겪는

dugdha [a.] 우유로 짜내어진, 짜내어진
[n.] 우유

durdānta [a.] 길들이기 어려운, 통제가 어려운, 길들여지지 않는

√duh 2P.Ā. [dogdhi, dugdhe] 젖을 짜다, (액을) 짜내다

duhitṛ [f.] 딸

dūta [m.] 전령, 사절, 사신, 특사

dūra [a.] 먼, 멀리 떨어진, 긴 거리

dūram [adv.] 멀리, ~(Ab.G.)에서 멀리 떨어진

√dṛś (현재형은 √paś에서 도출) (미래형 drakṣyati, drakṣyate) (완료형 dadarśa, dadṛśe) 보다, 바라보다, 고려하다, 간주하다

deva [m.] 신

devatā [f.] 신, 여신, 신상, 신의 모습을 나타내는 것

devadatta [m.] 데바닫따 (고유명사)

devālaya [m.] 사원, 신전, 신이 머무는 곳, 하늘나라

devī [f.] 여신, 왕비, 여인

deśa [m.] 장소, 지점, 지역

daiva [n.] 신에 속하는 것, 운명
[a.] 신과 연관되는, 신적인, 운명에 따른

droṇa [m.][n.] 드로나 (곡물 등의 부피를 재는 단위)

dvāra [n.] 문, 출입구, 열린 곳, 틈, 구멍

dvija [m.] 두 번 태어난 자, 네 바르나 중 상위 세 바르나에 속하는 자, 사제 계급에 속하는 자, 알에서 태어나는 동물

dvijatva [n.] 두 번 태어났다는 사실 (생리적 출생과 성인식을 통한 종교적 출생), (알이 태어나고 또 알에서 태어나는) 새라는 사실

dvipada [m.] 발이 둘인 자, 인간
[a.] 발이 둘인, 두 빠다로 이루어진

√dviṣ 2P.Ā. [dveṣṭi, dviṣṭe] 싫어하다, 미워하다

dveṣa [m.] 싫어함

dhana [n.] 재화, 재산, 돈, 경쟁에서 이기면 얻는 보상

dhanuḥ [n.] 활, 활 모양의 원호, 길이의 단위

dharma [m.] 사회적 종교적 규범, 관습, 옳은 것, 바른 것, 정의

dharmavidya [m.] 다르마를 아는 자, 법률전문가

dharmavidyā [f.] 다르마에 대한 지식

dharmajña [a.] 규범을 아는, 옳은 것을 아는

√dhā 3P.Ā. [dadhāti, dhatte] 두다, 놓다

dhik [adv.] 끔찍하다, 망측하다, 수치스럽다, 더럽다, 망신스럽다 (비난과 불만을 나타내기 위한 표현)

dhī [f.] 생각, 숙고, (종교적인) 명상, 이해, 지혜

dhīmat [a.] 현명한, 총명한, 사려 깊은

dhūma [m.] 연기, 증기

dhūrta [m.] 사기꾼, 악당

dhenu [f.] 암소, 젖소
[a.] 우유를 주는

na [ind.] ~하지 않는다, ~이 아니다

nakula [m.] 몽구스

nagara [n.] 도시

nadī [f.] 강

nanandṛ [f.] 시누이

naptṛ [m.] 손자

√nam 1P.Ā. [namati, namate] ~(A.D.)에게 경의를 표하다, ~(A.D.)에게 인사하다, 경배하다, 굽히다.

namaḥ [n.] 경배, 인사, 경의 (경배의 대상은 D.)

nara [m.] 남자, 사람, 인간, 남편, 영웅

naraka [m.][n.] 지옥, 지하세계

nala [m.] 날라 (고유명사)

√naś 4P. [naśyati] 없어지다, 사라지다, 멸망하다, 망하다

naṣṭa [a.] 사라진, 잃은, 멸망한, 도망간, 망가진, 망쳐진, 피해를 입은

nāgarika [m.] 도시 거주민, 경찰관
[a.] 약삭빠른

nāma [ind.] 이름하여, 말하자면, 실로, 말 그대로, 그러니까

nāman [n.] 이름, 명칭, 호칭, 특징, 명사

nārī [f.] 여자, 부인

nāśayitṛ [a.] 없애는, 제거하는
[m.] 없애는 자

niḥ-√sṛ 1P. [niḥsarati] 밖으로 나가다, 출발하다

nidrā [f.] 잠

ni-√dhā 3P.Ā. [nidadhāti, nidhatte] 놓다, 올려두다, 내려놓다

√nind 1P. [nindati] 비난하다, 매도하다

ni-√pat 1P. [nipatati] 아래로 떨어지다, ~(L.)로 내려앉다, 덮치다, 공격하다, 자리잡다

nivāsa [m.] 살기, 거주하기, 거주처, 주거지, 집

niśā [f.] 밤 (낮의 반대)

niścaya [m.] 확실함, 확증된 사실, 결정, 정해진 결론, 확인

niṣadha [m.] 니사다 지역, 니사다 땅, 니사다의 사람들 (pl.)

√nī 1P.Ā. [nayati, nayate] 이끌다, 통치하다, 데리고 가다, 끌고 가다

nīcakulajāta [a.] 낮은 씨족에서 태어난

nīca [a.] 낮은, 비천한, 하찮은

nīti [f.] 이끌기, 지도, 정치, 정치술, 지도력

nītikuśala [a.] 정치술에 능통한

nṛ [m.] 사람, 남자, 영웅

nṛpa [m.] 왕, 왕자, 통치자, 사람들의 수호자

nyagrodha [m.] 아래로 자라는 나무, 인도 무화과, 반얀(Banyan) 나무

nyūna [a.] 적은, 부족한, 덜한, 빠진

pakṣa [m.] 날개, 양쪽 진영, 대치한 양편, 대치한 의견

√paṭh 1P. [paṭhati] 소리 내어 읽다, 외우다, 낭송하다, 반복해서 읊조리다

paṇḍita [m.] 배운 사람, 지식인
[a.] 배운, 현명한, 학식이 있는

√pat 1P.Ā. [patati, patate] 떨어지다, 날다

pati [m.] 남편, 배우자 (단수 수단격 patyā, 위함격 patye, 유래격과 가짐격 patyuḥ, 곳때격 patyau) / 주인, 지배자 (☞표07.01 곡용)

patha [m.] 길, 과정

pada [n.] 걸음, 보폭, 발자국, 장소, 위치, 입장, 다된말

panna [a.] 떨어진, 밑으로 떨어진 (p.p. √pad)

para [a.] 반대편의, 먼, 떨어진, 별도의, 넘어서는, 반대되는, 극단적인, 더 나은, 더 못한, ~(Ab.)을 넘어서는, (시간상) 앞서는

parataḥ [adv.] 더 먼, 멀리 떨어진, 나중에, 뒤에, ~(Ab.)한 뒤에

param [adv.] 나중에, ~이 지나고 나서, ~(Ab.)을 지나는, ~(Ab.)을 넘어서는

parama [a.] 최상의, 최선의, 극단의

paramasatya [n.] 최상의 진리, 궁극의 진실

parampara [a.] 하나하나씩 연결되는, 하나씩 다음으로 이어지는, 연이은
[m.] 증손자, 증손자와 그 자손들
[f.] (-ā) 연이어진 계보, 전승, 연이어 내려온 (혈통, 학맥, 전통)

paraloka [m.] 저세상, 다른 세상, 미래에 태어날 세상

paraspara [a.] 서로의, 상호간의
[adv.] 서로서로, 교대로, 상호간에 (남성 단수의 A. I. Ab. G.형태가 주로 쓰인다)

pari-√nī 1P.Ā. [pariṇayati, pariṇayate] (결혼식의 불 주위로 돌게 이끌다 →) 결혼하다, 부인으로 삼다

pari-√brū 2P. [paribravīti] (주문을) 소리 내어 외우다

pari-√vṛt 1Ā. [parivartate] 돌다, 움직이다, 발전하다, 변형되다, 머물다

parjanya [m.] 비, 비의 신

parvata [m.] 산, 산맥

√paś 4P.Ā. [paśyati, paśyate] 보다, 관찰하다, 지각하다, 알아차리다, 경험하다, 고려하다, 간주하다, (사람을 만나서) 보다

paśu [m.] 가축, 가축의 무리, 제사용 동물, 암소

paśupati [m.] 가축의 신, 동물의 신 (주로 Śiva

의 별명)

paścāt [ind.] 이후에, 나중에, ~(Ab.G.)이 지난 후에

√pā 1P.Ā. [pibati, pibate] 마시다

√pā 2P. [pāti] 지키다, 보호하다, 내려다보다, 지켜보다

pāda [m.] 발, 맨 아랫부분, 4분의 1

pāpa [a.] 사악한, 나쁜, 저급한

pitāmaha [m.] (부계의) 할아버지, 조상

pitāmahī [f.] 할머니

pitṛ [m.] 아버지

putra [m.] 아들, 자식 (f.: -ī)

putravat [a.] 아들(들)을 가진, 자식(들)이 있는

putrikā [f.] 딸

punar [ind.] 다시, 반복해서

purīṣa [n.] 흙, 땅, 배설물, 똥

puruṣa [m.] 사람, 남자, 부하, 일하는 사람

pustaka [m.][n.] 책, 필사본

√pūj 10P. [pūjayati] 숭배하다, 섬기다, 존경하다

pūjā [f.] 신에 대한 경배, 신에 대한 경배 의식

pūrṇa [a.] 가득 찬, 충만한, 완전한, 만족한 (p.p. √pṝ)

pūrva [a.] 앞선, 이전의

pṛthak [ind.] 분리되어, 완전히 떨어져, 개별적으로

√pṝ 9P. [pṛṇāti] 가득 채우다

pautra [m.] 손자

[a.] 아들에 속하는

pra-√āp 5P. [prāpnoti] 도달하다, 얻다

pra-√cud (caus.) pracodayati 요구하다, 요청하다, 주장하다, 촉구하다

√prach 6P.Ā. [pṛcchati, pṛcchate] 묻다, 질문하다, 요청하다

prajā [f.] 출산, 번식, 자손, 백성

prajñā [f.] 지혜, 지식, 분별력, 판단력, 통찰

praṇata [a.] (p.p. pra-√nam) 앞을 향해 굽혀진, 경의가 표해진, 인사를 받는, 겸손한

prati [ind.] ~을 향하여, ~에 마주하고, ~에 대하여

[adp.] (주로 A.뒤에서) ~을 향하여, ~에 대하여, ~에 맞서서

pratidinam [adv.] 매일, 날마다

prati-√vac 2P. [prativakti] 선언하다, 대답하다, 대꾸하다

prati-√vad 1P. [prativadati] 대답하다

prati-√vas 1P. [prativasati] 살다, 거주하다, 자리 잡고 머무르다

praty-ā-√gam 1P. [pratyāgacchati] 돌아서 오다, 돌아오다, 다시 오다

prathama [a.] 첫 번째(의)

prayatna [m.] 노력, 행위, 애쓰기, 의도적인 노력

pra-√vad. 1P.Ā. [pravadati, pravadate] 선언하다, 외치다

pravāda [m.] 소문, 풍문, 발음, 언급, 모함

pra-√viś 6P.Ā. [praviśati, praviśate] ~로 들어가다, ~로 뛰어들다 (agnim, agnau ~불로 뛰어들다), ~을 얻다

priya [n.] 사랑, 총애, 즐거움

[a.] ~(G.L.D.)에게 사랑스러운, ~에게

소중한, 사랑받는

preta [a.] 떠나간, 출발한, 죽은
[m.] 망령, 귀신, 아귀

phala [m.] 열매, 과일, 결실, 결과

baddha [a.] 묶인, 고정된, 결합된

√bandh 9P. [badhnāti] 묶다, 고정시키다, 속박하다 (pass.) (나쁘게) 속박되다, 나쁜 일을 겪다

bala [n.] 힘, 에너지, 생기

balavat [a.] 힘을 지닌, 힘센, 강한

balavattara [a.] (비교급) 더 힘이 강한 (balavat)

bahu [a.] 많은, 풍부한, 다수의, 자주

√bādh 1Ā. [bādhate] 억누르다, 강제하다, 괴롭히다, 쫓다

bāla [a.] 어린, 유아의, 덜 자란, 어리석은, 사리분별이 없는
[m.] 어린 아이, 소년

biḍāla [m.] 고양이

buddha [a.] (p.p. √budh) 깨어난, 의식한, 알아차린, 각성한, 깨달은, 현명한, 학식이 있는
[m.] 현명한 사람, 각성한 자, 깨달은 사람, 붇다 (불교의 창시자)

√budh 1P.Ā. [bodhati, bodhate] 깨어나다, 의식하다, 알아차리다, 인지하다. 인식하다

buddhi [f.] 판단력, 이해력, 지성, 생각

bṛhat [a.] 높은, 우뚝한, 고귀한, 키가 큰, 위대한, 큰, 광대한, 강한

bauddha [a.] 판단력(buddhi)에 연관되는, 정신적인, 붇다와 연관되는, 불교의

brahman [m.] (신) 브라흐만
[n.] 우주 운행의 원리

brāhmaṇa [m.] 사제, 사제 계급

√brū 2P.Ā. [bravīti, brūte] 말하다, 이야기하다, 전하다

√bhakṣ 10P. [bhakṣayati] 먹다, 마시다

bhagavat [a.] 좋은 운명(bhaga)을 가진, 유복한, 위대한, 존귀한, 성스러운, (3인칭 단수 동사와 함께 쓰여) 2인칭으로 존칭을 표현. 부름격으로 신이나 성인을 부를 때 bhagavan, bhagavas, bhagos 형태 모두가 사용된다
[m.] 쉬바, 비스누, 끄리스나, 붇다, 지나

bhagavadgītā [f.] 『바가받기따』, 존귀한 자의 노래

bhaya [n.] 무서움, 두려움, 공포, 위험

bhartṛ [m.] 남편

bhāryā [f.] 부인, 처, 부양되어야 하는 여자

√bhāṣ 1Ā. [bhāṣate] 말하다, 발언하다

bhāṣā [f.] 말, 언어

√bhid 7P.Ā. [bhinatti, bhintte] 가르다, 쪼개다, 뚫다, 분리하다

√bhī 3P. [bibheti] ~(Ab.G.)을 두려워하다

√bhuj 7P.Ā. [bhunakti, bhuṅkte] 누리다, 즐기다, 먹다, 음식으로 취하다

√bhū 1P. [bhavati] 있다, ~이다, 되다

bhū [f.] 땅

bhūta [a.] (p.p. √bhū) ~이 된, 있게 된, 실재하는, 실재로 있는, 사실인, 존재하는
[n.] 존재하는 것, 살아 있는 생명체, 생물, 사람, 세상, 세상을 이루는 다섯 가지 원소, 요소

bhūmi [f.] 땅, 흙, 지역, 지위

√bhṛ 3P.Ā. [bibharti, bibhṛte] 가지고 있다, 지니고 있다, 가지고 가다, 가지고 오다

bhṛśa [a.] 강한

bhedayati (caus.) √bhid 갈라지게 하다, 깨뜨리다, 파괴하다

bhoḥ (다른 사람을 부르는 말) 여보시오! 당신! (독립되어 사용될 때 bhoḥ 형태가 사용되고, bho는 모음과 울림소리 앞에 그 외의 경우 bhos가 쓰인다.)

√bhram 1P.; 4P. [bhramati / bhrāmyati] 돌아다니다, 헤매다

bhrātṛ [m.] 형제

mata [n.] 생각, 상상, 구상 (p.p. √man)

mati [f.] 생각, 의도, 마음

matsya [m.] 물고기

madhu [n.] 꿀, 단것, 꿀로 만든 술
[a.] 단, 맛있는, 마음에 드는, 좋은

√man 4Ā.; 8Ā. [manyate / manute] 생각하다, 추측하다, ~(A.)을 ~(A. 혹은 iva첨가)으로 간주하다

manaḥ [n.] 마음, 정신

mantra [m.] 주문, 찬가, 베다 의식의 낭송문구, 제례음송문

marut [m.] 바람, 숨결, 바람의 신

mahat [a.] 큰, 위대한, 중요한, 탁월한, 풍성한, 거대한, 특출난

maharṣi [m.] (← mahā-ṛṣi) 위대한 리시, 위대한 현인, 위대한 성자

mahāsiddha [m.] 완벽한 경지에 오른 성자, 완벽해진 수행자

mā [ind.] ~ 하지 마라 (명령형에서의 부정)

mātṛ [f.] 어머니

mārayati (caus.) √mṛ 죽게 하다, 죽이다

mārga [m.] 길, 진로, 경로, 자취, 방법, 방식

māsa [m.] 한 달, 달(moon), 달(month)

mitra [m.][n.] 친구, 지지자, 신뢰관계에 있는 사람 ([n.]이 더 자주 나타난다)

mukti [f.] 놓아줌, 석방, 해방, 풀어줌, 포기, 보내기, 던지기

muktidātrī [f.] (mukti-dātṛ의 여성형) 해방을 주는 자

mukha [n.] 주둥이, 얼굴, 부리, 방향, 맨 앞부분

√muc 6P.Ā. [muñcati, muñcate] 놓아주다, 풀어주다

muni [m.] 성자, 수행자, 고행자

√muh 4P. [muhyati] 정신을 차리지 못하다, 착각하게 되다, 당혹하게 되다. (caus.) mohayati, (caus.의 pass.) mohyate

mūrkha [a.] 어리석은, 멍청한, 바보 같은

mūla [n.] 뿌리, 토대, 하부, 근본

mūlya [n.] 원래의 가치, 가격, 지불금, 임금, 소득, 자본

mūṣika [m.] 쥐

mūṣikā [f.] 쥐

√mṛ 6Ā. [mriyate] 죽다

mṛta [n.] 죽음
[a.] (p.p.) 죽은

mṛdu [n.] 부드러움, 연함
[a.] 부드러운, 연한

megha [m.] 구름

mokṣa [m.] 해방, 해탈

moha [m.] 착각, 어리석음

√yaj 1P.Ā. [yajati, yajate] 제사 지내다, 공물을 바치다

yajña [m.] 제사, 제사 의식

yatkāraṇam [adv.] 왜냐하면

yathā [ind.] 그렇게, 그에 상응하게, 그 방식으로

yathākāma [a.] 원하는 대로의, 내키는 대로의

yathāpūrvam [adv.] 전처럼, 하나씩 하나씩

yathāvacanaṃ [adv.] 말처럼, 말과 같이

√yam 1P. [yacchati] 들고 있다, 받치다, 건네다

yaśaḥ [n.] 영예, 영광, 명성

√yā 2P. [yāti] 가다, 걷다, 움직이다, 들어가다, 도망가다

√yu 2P. [yauti] 묶다, 고정하다.

√yuj 7P.Ā. [yunakti, yuṅkte] 묶다, 제어하다, 갖추다, 정비하다, 착수하다, 행하다

yuddha [n.] 전투, 싸움, 전쟁
[a.] 전투가 행해진, 물리쳐진, 정복된

yoga [m.] 묶기, 제어하기, 적용, 응용, 사용, 얻기, 일, 노력, 수행, 실천, 결합하기, 혼합, 인도철학의 한 전통

rakta [a.] 색이 입혀진, 빨갛게 된, 열정에 찬
[m.] 붉은색
[n.] 피, 구리

√rakṣ 1P. [rakṣati] 보호하다, 지키다, 돌보다, 구하다, ~(Ab.)로부터 보존하다

rakṣita [a.] 보호되는, 지켜진, 보존된, 구출된

rakṣaṇa [n.] 보호, 수호

rakṣā [f.] 보호, 보살핌

√rañj / √raj 1P.Ā.; 4P.Ā. [rajati, rajate / rajyati, rajyate] 붉어지다, 달아오르다, ~(I.)에 흥분하다, ~(L.)를 사랑하다

rata [a.] (p.p. √ram) 만족하다, 흡족해하다, ~을 좋아하다, 사랑받다

ratha [m.] 전차, 마차

rākṣasa [m.] (주로 사람이나 사제를 잡아먹는 힘있는) 괴물, 락사싸

rāga [m.] 좋아함, 애착, 애정, 욕구

rājagṛha [n.] 왕의 집, 왕궁

rājan [m.] 왕, 통치자, 대장, 연장자

√ruc 1Ā. [rocate] ~(D.)의 마음에 들다. ~(D.)을 갈구하다

√rud 2P. [roditi] 울다, 통곡하다

√rudh 7P.Ā. [ruṇaddhi, runddhe] 막다, 저지하다, 차단하다

√ruh 1P. [rohati] 올라타다, 올라가다, 도달하다

rūpa [n.] 색깔, 모양, 외모, 드러난 현상

√labh 1Ā. [labhate] 얻다, 잡다, 성취하다, 도달하다, 성공하다, ~(inf. D.)하기를 허락받다

√likh 6P.Ā. [likhati, likhate] 긁다, 적다

√lih 2P.Ā. [leḍhi, līḍhe] 핥다, 핥아먹다

√lī 9P. [lināti] 눌어붙다, 달라붙다

lekhana [n.] 적기, 기록하기

loka [m.] 세상, 세상 사람, 열린 공간

lobha [m.] 탐욕

√vac 2P. [vakti] 말하다 (단수 형태로 쓰이는 것이 일반적이어서 vacmi, vakṣi, vakti

가 사용되고 명령형 vaktu도 쓰임)

vacana [n.] 말, 발언, 언급, 표현

vajra [m.] (인드라가 사용하는 무기로 가장 단단한 것이며 던질 수 있는 뭉뚱한 곤봉 형태의 무기) 바즈라, 금강, 번개

vaṇijaka [m.] 상인, 교역상

√vad 1P.Ā. [vadati, vadate] 말하다

√vadh / √badh [vadhati] (현재형은 드물고 접때형, 가상형으로 사용) 때리다, 죽이다, 물리치다

vana [n.] 숲, 수목 혹은 수풀이 우거진 곳, 거주지가 아닌 곳, 개간되지 않은 땅

vapus [n.] 모양, 외형, 잘생긴 외형, 아름다운 외모, 본성, 몸
[a.] 아름다운 외형을 지닌

√vas 1P. [vasati] 거주하다, 살다, 머무르다, ~한 상태로 있다

√vah 1P.Ā. [vahati, vahate] 지니고 있다, 가지고 가다, 옮기다, 갖추고 있다, ~로 이끌어가다, 들어 옮기다

vāk [f.] 말, 목소리, 언어, 소리

vākya [n.] 말, 문장, 언어, 발언, 언급, 선언

vādayati (caus.) √vad 말하도록 시키다, (악기를) 연주하다

vānara [m.] 원숭이

vāyu [m.] 바람

vāri [n.] 물, 비, 액체

vāsa [m.] 거주처, 사는 곳

vikāra [m.] 병, 질병, 변형, 변경

vigata [a.] 흩어진, 사라진, 죽은

vitta [n.] 가진 것, 돈, 재산

√vid 2P. [vetti] 알다, 이해하다, 지각하다, 파악하다

√vid 6P.Ā. [vindati, vindate] 찾다, 발견하다, 얻다, 선택하다, (수동형의 관용적 사용) vidyate ~이 있다; na vidyate ~이 없다

vidyā [f.] 지식, 지혜, 앎

vidhi [m.] 규정, 규칙, 규율, 명령, ~을 하라는 요구를 담은 규정 (↔ niyama 금지 규정)

vinā [adp.] ~ (A.I.) 없이, ~ (A.I.)은 빼고

vi-√bhaj 1P.Ā. [vibhajati, vibhajate] 나누다, 분배하다, 배분하다

vibhāga [m.] 분할, 나눔, 몫, 일부, 분열, 구분, 차이

vi-√vad 1P.Ā. [vivadati, vivadate] 다투다, 따지다, 반대하다, 언쟁하다, 싸우다

vivara [m.] 구멍, 틈

vi-√vah 1P. [vivahati] 멀리 가져가다, 멀리 이끌다. 여자를 부인으로 맞아 데려가다, (여자와) 결혼하다, (신부를 신부 아버지의 집에서) 데려오다, 결혼하다

vivāha [m.] 결혼

vivāhayate (caus.) vi-√vah 부인을 삼아 집으로 데려오다, 부인으로 삼다

viśva [a.] (대명사형 곡용) 모든, 전체
[n.] (모든 것을 포괄하는) 온 세상, 우주

viśvāsa [m.] ~(L.G.I.)에 대한 신뢰, 믿음

viṣṇu [m.] 비스누

vistara [a.] 펼쳐진, 긴, 장황한, 자세한

vistareṇa [adv.] 길게, 모두 다, 장황하게, 자세하게

vi-√smṛ 1P. [vismarati] 잊다, 망각하다, 주의를 기울이지 않다

vīra [m.] 전사, 용사, 우두머리, 영웅, 남편 [a.] 용감한, 강한, 뛰어난

vṛkṣa [m.] 나무

√vṛt 1Ā. [vartate] 굴러가다, 진행되다, 움직이다, (일이) 일어나다

vṛtra [m.] 숨기는 자, (베다에 등장하는 뱀 모양의) 악마 브리뜨라

vṛddha [a.] 늙은, 발전된, 전개된

veda [m.] 베다 텍스트, 지식, 앎

velā [f.] 경계선, 해안선, 조류, 밀물

vai [ind.] (앞선 단어를 강조하여) 실로, 정말, 확실히, 바로

vaidika [m.] 전문가, 베다 전문가, 베다에 연관된

√vyadh 4P. [vidhyati] 맞추다, 뚫다, 관통하다, ~에 고정되다

vyavahāra [m.] 일, 수행, 실행, 관행, 관습, 직무, 사업

vyāghra [m.] 호랑이

vy-ā-√dā 3P.Ā. [vyādadāti, vyādatte] 열다, 벌리다

vy-√āp 5P. [vyāpnoti] 도달하다, 뻗쳐서 미치다, 모두 덮다, 뒤덮다

śakti [f.] 힘, 능력, 기운

√śaṅk 1Ā. [śaṅkate] 의심하다, 두려워하다, 불신하다, 추측하다

śaṅkha [m.][n.] 소라고둥, 나팔로 부는 소라고둥, 나각(螺角)

śatru [m.] 적

√śap 1P.Ā.; 4P.Ā. [śapati, śapate / śapyati, śapyate] 저주하다, 욕하다, 탓하다

śabda [m.] 소리, 소음, 말소리, 목소리, 말, 언어, 표현

√śam 4P. [śāmyati] 노력하다, 애쓰다, 지치다, 그만두다, 조용해지다, 만족되다

śarīra [n.] 몸, 육체

śaśa [m.] 토끼

śastra [m.][n.] 칼, 검, 무기

śāpa [m.] 저주, 악담, 욕

√śās 2P. [śāsti] 가르치다, 통제하다, 억제하다, 선언하다, 알리다

śāstra [n.] (전통적인) 전문 지식 체계

śiśu [m.] 아이, 유아, 동물의 어린 새끼

śiṣya [m.] 학생

śīghra [a.] 빠른, 신속한, 날랜

śīla [n.] 본성, 품성, 뿌리 깊은 성향, 습관, 행동 방식

√śuc 1P. [śocati] 슬퍼하다, 고통스러워하다, 애통해하다

śuddha [a.] 정화된, 깨끗한, 순수한, 하얀, 밝은, (종교적인 의미에서) 청정한

√śo 4P. [śyati] 날카롭게 연마하다, 갈다

√śram 4P. [śrāmyati] 힘쓰다, 지치다, 피로하다

śrānta [a.] 지치다, 힘이 빠지다, 피곤해지다, 고통받다, 힘들어하다
[n.] 피로, 지침, 약화, 노력, 분투, 고행

śrāvayati (caus.) √śru 듣게 하다, 말해주다

√śru 5P. [śṛṇoti] 듣다

śruta [n.] 들어서 전해진 내용, (베다와 같은 창작자가 없다고 간주되는) 전통

(기억된 것 smṛti와 대조), 전승 내용
[a.] 들은 것, 말해진 것, 가르쳐진 것

śreṣṭha [a.] 제일의, 최상의

√śvas 2P. [śvasiti] 내쉬다, 숨쉬다

saṃvatsara [m.] 한 해, 만 일 년

saṃvardhayati (caus.) saṃ-√vṛdh 기르다, 양육하다, 강화시키다

saṃśaya [m.] 의심, 불확실함

saṃskṛta [a.] 함께 놓여진, 구성된, 준비된, 완벽하게 만들어진, 정화된, 다듬어진, 정교한
[n.] 준비, 제사 의식, 쌍쓰끄리땀 언어, 제사의 효과, 잠재적인 경향성

sakhī [f.] 여성 친구, 시녀

satya [n.] 진리, 사실, (구현될 힘을 지닌) 진실
[a.] 참된, 진짜의

satvara [a.] 서두르는, 급한, 빠른

√sad 1P. [sīdati] ~(A.L.)에 앉다, 제사에서 (자리 잡아) 앉다, 자리를 잡다

sadṛśa [a.] 유사한, 닮은, 비슷한, ~(G.I.)와 닮은, 비슷한, 같은

sama [a.] 같은, 동일한, 비슷한, 보통의

sam-abhi-√pad 4Ā. [samabhipadyate] 대답하다, 도달하다, 얻다, 결과를 얻다

samam [adv.] ~(I.)과 똑같이, ~(I.)과 동일하게, ~(I.)과 비슷하게, ~에 맞추어서

samaya [m.] 함께 모임, 만나기, 합의 계약, 관행, 규정, 정해진 시간, 적절한 상황, 시간, 경우

samāgata [a.] (p.p. sam-ā-√gam) 모인, 만난

samāgama [m.] 모임, 함께 모임, 회합, 단체

samīpa [n.] 가까운 곳
[a.] 가까이

samudra [m.] 바다, 대양

sampad [f.] 일치, 성공, 성취, 행운

sambodhana [a.] 깨우는, 각성시키는, 부르는 (부름격을 지칭하는 표현)

samyak [adv.] 정확하게, 적절하게

sam-√vad 1P.Ā. [saṃvadati, saṃvadate] ~(I. G.)와 토론하다, 의논하다, 말을 나누다

sarva [n.] 모든 것, 전부
[a.] (대명사형 곡용) 전부 다, 모두, 전체의

sarvatas [adv.] 모든 방향에서, 모든 방면에서

sarvadā [ind.] 항상, 언제나

sarvavit [a.] 모든 것을 아는

saha [ind.] ~(I.)과 함께, ~(I.)을 동반하여, ~(I.)을 따라

sāṅkhya [n.] 체계화된 세계관, 인도 전통철학의 한 전통(요가와 대조)
[a.] 숫자의, 숫자와 연관되는

sādhu [a.] 곧바른, 올곧은, 바른, 알맞은, 바른
[m.] 성자, 올바른 사람, 종교인
[n.] 올곧음, 바름, 알맞음

sārdham [adv.] ~(I.)과 함께, ~(I.)과 동반해서

siṃha [m.] 사자

√sidh 4P. [sidhyati] 이루어지다, 수행되어지다, 성취되다

√su 5P.Ā. [sunoti, sunute] 짜내다, 추출하다, 준비하다

sukha [n.] 즐거움, 쾌락

sundara [a.] 잘생긴, 아름다운, 매력적인 ([f.]: -ī)

subhāṣita [n.] (잘 말해진 것) 속담, 경구 (p.p. su-√bhāṣ)

sumanas [a.] 마음씨 좋은, 너그러운, 만족한

sumukha [a.] 훌륭한 얼굴을 지닌, 잘생긴

suhṛd [a.] 마음이 좋은, 착한
[m.] 친구, 협력자, 동맹자

sūrya [m.] 태양, 해

√sṛj 6P. [sṛjati] 흘려 내보내다, 만들어 내다, 뿜어내다, 풀어놓다

√sev 1Ā. [sevate] 곁에 머물다, 시중들다, 섬기다

sevaka [m.] 하인, 시중드는 사람, 고용인, 수행원

√so 4P. [syati] 끝내다, 파괴하다, 죽이다

soḍha [a.] (p.p. √sah 1Ā. [sahate] 이기다, 참아 내다, 견뎌 내다) 참아 내어진, 견뎌진

soma [m.] 쏘마, 쏘마즙

√skand 1P.Ā. [skandati, skandate] 뛰어오르다, 뛰다

skandha [m.] 어깨

stambha [m.] 기둥, 받침대

√stu 2P.Ā. [stauti (/stavīti), stute (/stuvīte)] 찬양하다, 칭송하다, 숭배하다, 기리다

√sthā 1P.Ā. [tiṣṭhati, tiṣṭhate] 서 있다, 자리 잡다, 머무르다, 고정되어 있다

sthāna [n.] 서 있음, 머무름, 고정, 상태, 장소, 위치, 경우

sthāne [adv.] 적절한 경우에, 적절하게, ~ 대신에

sthāpita [a.] 확립된, 고정된

snāna [n.] 목욕, 씻기, 세정식

√snih 4P. [snihyati] 마음이 ~(L.)에 꽂히다, ~(L.)를 사랑하다

√spṛś 6P. [spṛśati] 만지다, 손으로 접촉하다, 피부로 접촉하다

sma [ind.] (현재 표현 뒤에 붙어서 과거의 의미를 표현) ~했다, 항상 ~하곤 했다, (강조의 의미로) 실제로, 정말

√smṛ 1P.Ā. [smarati] 기억하다

smṛta [a.] 기억되다, 환기되다, 생각되다, 간주되다, (전통으로) 전해지다, (전통에서) 가르쳐지다 (p.p. √smṛ)

smṛti [f.] 기억, 기억되어 전해진 것, 전승, 전통, 전통적인 규범, 주의력, 각성된 상태의 집중

smṛtivid [a.] 전승을 잘 아는, 전승을 꿰고 있는

sva [a.] 자기 자신의

svagṛha [m.] 자신의 집

svadharma [m.] 자신의 다르마, 각자의 의무와 바른 것, 각자의 특성

√svap 2P. [svapiti] 자다, 잠들다, 드러눕다

svabhāva [m.] 원래의 상태, 본성, 타고난 경향

svayam [adv.] 스스로

svarga [m.] (죽어서 가는) 하늘나라

svasti [f.][n.] 행운, 성공, 복 (행운이 깃들기를 원하는 상대는 D.)

svasṛ [f.] 자매, 여자형제

svāhā [ind.] (베다의 만뜨라 끝에 사용되는 반복 어구) 이렇게 공물을 바치노니, ~(D.)에게 축복이 있으리

haṃsa [m.] 거위, 기러기

hata [a.] 맞은, 죽여진, 때려진, 파괴된

√han 2P. [hanti] 죽이다, 때리다

haviḥ [n.] 제물, 제사의 공물, 불에 태워서 바치는 유제품이나 쏘마나 곡물

√has 1P. [hasati] 웃다, 미소짓다, 비웃다

hasta [m.] 손, (아래쪽) 팔

√hā 3P. [jahāti] 버리다, 포기하다

hi 〔ind.〕 왜냐하면, 그러니까, 정말로, 사실

hita [n.] 이익
[a.] (p.p. √dhā) 두어진, 놓여진, 세워진, 고정된, 준비된, 이익이 되는

√hu 3P. [juhoti] 제물을 바치다

√hṛ 1P.Ā. [harati, harate] 가져가다, 지니다, 들어 옮기다, 가지고 오다, 가지고 가다

hṛd [n.] 마음, 영혼, 생각, 가슴, 내면

he [ind.] (누군가를 부르거나 불만을 나타내는 감탄사) 어이! 그대!

hriyate (pass. √hṛ 1P.Ā. [harati, harate]) 가지고 가게 되어지다

√hve 1P.Ā. [hvayati, hvayate] 부르다, 불러내다 (독립형 hūtvā, 수동형 hūyate)

한국어로
찾아보기

1인칭 67
2인칭 67
3갈래 동사 명령형 활용 286
3갈래 동사 현재활용 286
3인칭 67
3인칭대명사 177
10갈래 246
가격 115
가상말태도 157
가상형 253
가짐격 136-140, 165
간략형 133
갈래 69
갈래 표식 위치 259
갈래 표식 258-259, 259
갈이소리 47, 302-304
감탄사 71
강·중·약형 구분 355-356
강세 52
강형 현재말줄기 254-256
강화형 61
같은 무리 108
거듭 263
거센소리 41
격 79
격뒷토 79
격의 이름 91
결여대명사 183
겹낱말 136
겹막대부호 151
고전쌍쓰끄리땀 27
고정형 갈래 248-251
고정형 동사 249, 261
고정형 모음 249, 256
곳매격 160-162
공손한 표현 395
과거능동분사 397-399
과거보탬말 314
과거분사 375, 379
과거형 253, 314
관계대명사 196, 197, 200
관계문장 197
교환가치 115
구격 92
구나 60, 62
구르무키 31
굳은곳소리 42
굽따 문자 31, 232
기본형 61
긴 모음 37-38
끊어읽기 78
끝자음명사 152
끝자음 중성명사 320-324
나가리 31
남성 80
남성명사 81
남편 174
내부싼디 58, 59, 130, 251

내쉼소리 48, 302-304
네빨리 232
높이강세 53, 254, 255
다된말 78
다음절 -ī 끝모음명사 여성곡용 176
단순 모음 34
대격 92
대명사 70
대명사형 곡용 명사 202-204
대상격 93-96
대체 발음 36
데바나가리 31, 231, 269-271, 302-304, 326-328
도구격 92
독립모음표기 303
동격 92
동사 70, 71
동사말뿌리 68
동사앞토 318-320
동사활용 66
동작주체 113
동화 58
동화현상 129
두말줄기명사 356, 357, 362
뒷토 68, 258
드라비다 27
딸린모음표기체계 232, 235, 303, 330
때매김 252, 314, 376
『릭베다』 26
마라티 232
막대부호 151
말뿌리갈래 288
말뿌리 목록 247
말줄기 68, 152
말태도 85, 157, 252
명령말태도 157
명령형 157-159, 253
명령형 인칭뒷토 253
명사 70
명사격뒷토 154
명사말줄기 79, 355-356
모매김 314
모음 34
모음강화 60
모음싼디 62-64
모음의 층위 59-62
모음충돌 64
모헨조다로 26
목적격 92
무른곳소리 39
미탄니 26
반막대부호 151
반모음 46, 302-304
버금꼴찌소리 392
『베다』 26
벵갈문자 31
본래말끝 111
부름격 106, 162

부사 70, 71
부정앞토 96
부치사 70, 71, 94
분사 119
불교혼성쌍쓰끄리땀 29
불규칙동사 263
불변화사 70, 71, 199, 204, 162-164, 164-165
브라흐만 362
브라흐미 30, 231
브릳디 60, 62
브릳디형 314
비고정형 갈래 248-251, 283-284
비고정형 동사 250
비고정활용 250
비교 95
비라마 235-236, 329
비싸르가 48, 89, 235
빠니니 28, 247
『빠니니 읽기: 인도 문법전통의 이해』 24
빠다 225
빠알리 29
쁘라끄릳 30
사잇모음 -i 374-375
사잇토 258
사제 84
사제집단 27
사태수동 350
사회적이고 종교적인 규범 27
샤라다 31
서술말태도 157
성구분 78, 79
성별 79
세말줄기명사 356, 357, 362
소유격 92
소유를 나타내는 동사 138
속격 92
수 66
수단격 113-115, 376
수동과거형 353-355
수동말줄기 341
수동명령형 355
수동형 341, 352
시점 115
시킴형 94, 266
싼디 58-59, 129
쌈쁘라싸라나 340, 380
쌍쓰끄리땀 25, 389
쌍쓰끄리땀화 29
씯담 31
아누쓰바라 49, 235
아랴 26
아리안 26
아바그라하 53, 64, 90, 330
『아베스타』 26
아빠브랑샤 29
아쇼까 30, 231
『아스타댜이』 28
안거센소리 41

안울림소리 41
앞토 258
약형 현재말줄기 254-256
약형 61
양수 뒷토 65
어순 80, 93, 118
어형분석전통 28
여격 92
여성 80
역사언어학 60
역행동화 129
연결사 92
영어 약칭 92
완료 모매김 376
외부싼디 58, 59
운문 118
운율 118
울림소리 41
원모음 62
위격 92
위함격 116-117
유래격 133-135
음운나열의 순서 53
의문대명사 162, 194, 200
의문문 162-164
이빨소리 44
이중싼디 64
인더스 문명 26
인도아리안 26
인도유럽어 25
인도이란어 26
인용 93
인칭 66
인칭대명사 131
일반체계 340
일치 117-119
입자격 92-93
입술소리 44
자동사 346
자음싼디 86
자음의 다섯 무리 38
전치사 71
접속사 71
제1갈래 261-263
제2갈래 69, 288
제3갈래 284
제4갈래 263-264
제5갈래 294-295
제6갈래 265-266
제7갈래 297
제8갈래 296-297
제9갈래 300-302
제10갈래 266
제목 93
제이인칭뒷토 314, 315
제일인칭뒷토 249, 315
조사 71
조상 228, 378

존칭 395
종격 92
주격 92
중간인칭 67
중간태 85
중성 80
중세 인도아리안어 29
지시대명사 남성곡용 178
지시대명사 여성곡용 179
지시대명사 중성곡용 178
지시대명사 177-184, 197, 200
진짜말끝 86, 108-111, 110, 155
짧은 모음 34-37
처격 92
처소격 92
초기 베다어 27
최상급 138
친족명사 227-230
카로스티 30
콧소리 41, 126
타동사 346
탈격 92
터짐소리 40
품사 71
하랍빠 26
한말줄기 152
행위대상 없이 쓰이는 말뿌리 346
행위대상 346
행위대상을 갖는 말뿌리 346
행위자 345, 376
행위자명사 226-227
혀말은소리 42, 130
현재말줄기 68, 246, 252
현재분사 253
현재서술형 253
현재서술형 활용 66
현재 체계 252-253, 314
현재형 말줄기 68
형용사 70, 117
호격 92
홑막대부호 151
후치사 71
힌디 232
힐타일 25
-a 끝모음명사 남성곡용 81
-ā 끝모음명사 여성곡용 150
-a 끝모음명사 중성곡용 106
-an으로 끝나는 남성곡용 356-359
-an으로 끝나는 두말줄기명사 남성곡용 357
-an으로 끝나는 두말줄기명사 중성곡용 360
-an으로 끝나는 세말줄기명사 남성곡용 358
-an으로 끝나는 세말줄기명사 중성곡용 361
-as 끝자음명사의 남성곡용 324
-as 끝자음명사의 여성곡용 324
-as 끝자음명사의 중성곡용 321
-i 끝모음명사 남성곡용 174
-i 끝모음명사 여성곡용 269
-i 끝모음명사 중성곡용 268

-ī 끝모음 단음절명사 여성곡용 282
-is 끝자음명사의 남성곡용 325
-is 끝자음명사의 중성곡용 321
-u 끝모음명사 남성곡용 175
-u 끝모음명사 여성곡용 224
-u 끝모음명사 중성곡용 225
-ū 끝모음 단음명사 여성곡용 283
-us 끝자음명사의 여성곡용 325
-us 끝자음명사의 중성곡용 322
ad-갈래 288
bhavat 곡용 395-397
bhū-갈래 261-263
cur-갈래 266
div-갈래 263-264
hu-갈래 284
IAST 표기 방식 50-51
k-y-t 짝이룸 199-202
krī-갈래 300-302
mahat 곡용 393-394
rudh-갈래 297
su-갈래 294-295
tan-갈래 296-297
tud-갈래 265-266
ø 61

쌍스끄리땀으로 찾아보기

a-/an- 96
akarmakadhātu 346-347, 377
atra 70
atha kim 164
adas 207-211
adhara 203
aniṬ 374
anusvāra 49, 87
antara 203
anya 134, 202-203
anyataḥ 204
anyatra 205
anyathā 204
anyadā 204
apara 134, 203
Apabhraṃśa 29
api 163-164, 205
abhijña 139
abhyāsa 230-231, 263
amī 65
amutaḥ 211
amutra 211
artha 140
artham 140
arthāya 140
arthe 140
arthena 140
arha 139
alam 115
avagraha 53
avara 203
avyaya 71
Aṣṭādhyāyī 28, 247
Aśoka 30, 231
ā 129
āgama 314
ātmanepada 82-86
ārya 291, 395
iṬ 374, 382
itara 134, 202
iti 95, 114, 351
idam 207-211
iva 95
iha 70
ukta 386
uktam 386
ucyate 351, 386
uttamapuruṣa 67
uttara 203
upasarga 318
ubhaya 203
ubhayatra 205
ubhayathā 204
ubhayapada 84
ubhayī 203
Ṛgveda 27
eka 203
ekatara 203

ekataḥ 204
ekatra 205
ekadā 205
ekavacana 67
eke 203
etat 182, 209
eva 94
eṣaḥ 90, 182
kaḥ 194
katama 202
katara 202
kam 194
kartari prayoga 348, 350
kartṛ 113, 345-350, 376-377, 396, 398
karman 346-350, 376-377
karmaṇi prayoga 349
ka-varga 232
kā 194
kām 194
kim 194-195
kim api 164
kim iti 164
kiṃ punar 164
kuśala 139
kṛtam 115
Kharoṣṭhī 30
guṇa 60
Gurmukhī 31
Gupta 31, 232
ca 68-69,
caturthī (vibhakti) 92
cana 205
ca-varga 232
cit 205
tat 182, 209
tatkālam 181
tattva 181
tatra 70
tadā 201
tadānīm 201
tadvat 181
tanmaya 181
tarhi 201
tasmāt 182
tāvat 201-202
tu 69, 94
tulya 139
tṛtīyā (vibhakti) 92
tena 182
dakṣiṇa 203
daṇḍa 151
deva 291, 395
Devanāgarī 31, 231-236
drāviḍa 27
dvitīyā (vibhakti) 91-92
dvivacana 67
dharma 27
na 70, 96

namaḥ 116
Nāgarī 31
Nepālī 232
pañcamī (vibhakti) 92
pati 174
pada 78
padapāṭha 78
para 134, 203
parataḥ 204
paratra 205
parasmaipada 66, 82-86
Pāṇini 28
pāda 225
pitṛ 378
pūrva 203
pūrvataḥ 204
pragṛhya 65
prathamapuruṣa 67
prathamā (vibhakti) 91-92
prākṛta 30, 389
prātiśākhya 28
priya 139
Baṅlā 31
bahunā 115
bahuvacana 67
brahma 363
brahman 362
brahmā 362
brāhmaṇa 84
Brāhmī 30, 231
brāhmaṇa 27
bhagavat 395, 397
bhagoḥ 89
bhavat (/bhavant) 395-397
bhavatī 395
bhāve prayoga 350
bhāṣā 30
bhūvādayaḥ 247
bhoḥ 89
-mat (/-mant) 390-393
madhyamapuruṣa 67
Marāṭhī 232
mā 129
māsa 95
Muṇḍaka-Upaniṣad 107
yaḥ 196-197
yathā 205
yadā 201
yadi 201
yāvat 201-202
-vat (/-vant) 390-393
varga 49, 108
vidyate 139-140, 265
virāma 235
viśva 203
viśvatra 205
viśvathā 204
visarga 48

vistareṇa 115
vṛddhi 60
veṬ 374
Śāradā 31
śuddha 34
ṣaṣṭhī (vibhakti) 92
saṃvatsara 95
saṃskṛtam (vākyam) 29, 389
saṃskṛtā (bhāṣā/vāk) 389
saṃhitāpāṭha 78
saḥ 90, 182, 196-197
sakarmakadhātu 346-347, 375
sadṛśa 139
sandhi 58
saptamī (vibhakti) 92
samprasāraṇa 340
sambodhana 92
sarva 203
sarvataḥ 204
sarvatra 205
sarvathā 204
sarvadā 205
sarvanāma 202
Siddham 31
seṬ 374
so 'ham 180
sparśa 40
sma 135-136
sva 203
svara 34
svasti 116
svāhā 116
Hindī 232

외국어로
찾아보기

ablative 92,133-135
absolute final 86
abugida 232
accusative 92,93-96
active voice 85
adposition 94
agent 113,345
alphasyllabary 232
apposition 92
aspect 314, 376
assimilation 58
athematic conjugation 250
athematic 250
ātmanepada 82
Avesta 26
Buddhist Hybrid Sanskrit 29
causative 266
cerebral 42
Classical Sanskrit 27
copula 92
dative 92, 116-117
double sandhi 64
ending 68
external sandhi 58
feminine 80
gender 79
general conjugation 340
genitive 92, 136-140
Harappa 26
have 138
hiatus 64
Hittite 25
IAST 31
imperative mood 157
imperative 253
imperfect 253, 314
Indo-Aryan 26
Indo-European 25
Indo-Iranian 26
instrumental 92, 113-115
internal sandhi 58
intransitive 346
locative 92, 160-162
masculine 80
Middle Indic 29
Middle Indo-Aryan 29
middle voice 85
Mitanni 26
Mohenjo Daro 26
mood 157, 252
neuter 80
nominal stem 79
nominative 92, 92-93
optative mood 157
optative 253
Pāli 29
Pāṇini 28
particles 71

past participle 375
penultimate 392
pitch accent 43, 254, 255
present indicative 253
present participle 253
present system 252-253
retroflex 42
Ṛgveda 26
root class 288
sanskritization 29
stem 68, 152
stop 40
tense 376
thematic vowel 249
thematic 250
transitive 346
vocative 92, 162
voice 85

어려운 말모양 찾아보기

agacchatām 316
aghnan 325
acchinat 318
acchindan 318
ajuhavuḥ 316
ajuhutām 316
attaḥ 291
atti 291
atsi 291
adanti 291
admi 291
anayoḥ 208, 209
apatetām 316
abadhyanta 354
abadhyetām 355
abhinat 317
abhinadam 317
abhuñjan 354
abhyupait 319
amī 65, 210
amībhiḥ 210
amībhyaḥ 210
amīṣām 210
amīṣu 210
amucyetām 355
amuyā 211
amuyoḥ 210-211
amuṣmin 210
amuṣmai 210
amuṣyāḥ 211
amuṣyām 211
amuṣyai 211
amū 210-211
amūḥ 211
amūn 210
amūni 210
amūbhiḥ 211
amūbhyaḥ 211
amūbhyām 210, 211
amūṣām 211
ayāni 290
ayāma 290
ayāva 290
ayunak 317
ayunajam 317
aruṇat 317
aruṇadham 317
aśāna 301, 302
aśnatām 302
aśnate 301
aśnanti 301
aśnantu 302
aśnāti 301
aśnātu 302
aśnītām 302
aśnīte 301
aśnīṣva 302
aśnai 302

asāni 185
asāma 185
asāva 185
asmat 132-133
asmān 132
asmāsu 132
asmi 184
asyāḥ 209
asyām 209
ahan 325
āpnuhi 295
ābhiḥ 209
ābhyaḥ 209
ābhyām 208, 209
āyam 315
āvayoḥ 132
āvām 132
āvābhyām 132
āsan 318
āsam 315, 318
āsām 209
āsīḥ 318
āsīt 318
āsta 318
āstam 318
āstām 318
āsma 318
āsva 318
icchati 266
icchate 266
ijyate 344
ita 290
itaḥ 290
itam 290
itām 290
itha 290
ithaḥ 290
imaḥ 290
imāḥ 209
imān 208
imāni 208
ime 208, 209
imau 208
ivaḥ 290
ihi 290
udvejayati 267
eti 290
etu 290
edhi 185
enat 183-184
enam 183
enayā 183
enayos 183
enān 183
enāni 183
enām 183
enās 183
ene 183

enena 183
enau 183
ebhiḥ 208
ebhyaḥ 208
emi 290
eṣi 290
aicchat 315
audyata 354
karoti 296
karotu 297
karomi 296
kavī 174
kaveḥ 174
kavau 174
kavyoḥ 174
kārayati 267
kāryate 344
kīryate 343
kuravāṇi 297
kuravai 297
kuru 297
kuruta 297
kurute 296
kuruṣva 297
kurvatām 297
kurvanti 296
kurvate 296
kurvantu 297
kurve 296
kṛntati 265
kṛntate 265
krīṇanti 300
krīṇāti 300
krīṇīte 300
krīṇīvaḥ 300
krīṇīhi 301
krīṇe 300
gīyate 342
ghnanti 293
cakṣuṣī 322
cakṣūṃṣi 322
coryate 343
janayati 267
jānanti 301
jānantu 301
jānāti 300, 301
jānātu 301
jānītām 301
jānīte 300, 301
jānīṣe 301
jānīṣva 301
jānīhi 301
jāne 300
jānai 301
jīyate 342
juhavāni 286
juhavāva 286
juhavai 286

juhuta 286
juhutām 286
juhudhi 286
juhuṣva 286
juhvate 286
juhvāte 286
tubhyam 132
te 132-133
tvat 132-133
tvayā 132
tvayi 132
tvā 132-133
dadāvaḥ 287
dadhati 287
dadhate 287
dadhāte 287
dadhe 287
dadhmaḥ 287
dadhvaḥ 287
darśayati 267
dātaḥ 226
dātari 226
dātāram 226
dātārau 226
dātuḥ 226
dātṛṇaḥ 227
dātṛṇā 227
dātṛṇi 227
dātṛṇī 227
dātṛṇe 227
dātṝṇi 227
dātṝn 226
dātrā 226
dātre 226
dīyate 342
dvikṣe 290
dvikṣva 291
dviḍḍhi 291
dviṣate 290
dviṣāte 290
dviṣe 290
dviṣṭe 290
dvekṣi 290
dveṣai 291
dhattaḥ 287
dhatte 287
dhattha 287
dhatse 287
dhiyaḥ 282
dhiyam 282
dhiyā 282
dhiyāḥ 282
dhiyām 282
dhiyi 282
dhiye 282
dhiyai 181
dhiyau 282
dhenau 224

dhenvā 224
dhenvām 224
naḥ 132-133
nā 229
nṛṇām 229
nṝṇām 229
nau 132-133
patyā 174
patyuḥ 174
patye 174
patyau 174
pitaḥ 228
pitari 228
pitarau 228
pituḥ 228
pitṝn 228
pitrā 228
pitre 228
pitroḥ 228
pīyate 342
pūryate 343
pṛcchati 266
pṛcchate 266
bibhṛhi 287
bodhayati 267
bravāṇi 292
bravīti 292
bravītu 292
bravīmi 292
bravīṣi 292
bravai 292
bruvatām 292
bruvate 292
bruvanti 292
bruvantu 292
bruvātām 292
brūta 292
brūtam 292
brūtām 292
brūte 292
brūṣe 292
brūṣva 292
brūhi 292
bhāvayati 267
bhinatti 297
bhintte 297
bhuvaḥ 283
bhuvā 283
bhuvāḥ 283
bhuvām 283
bhuvi 283
bhuve 283
bhuvai 283
bhuvoḥ 283
bhuvau 283
bhedayati 267
mat 132-133
matayaḥ 269

mataye 269
matī 269
matīḥ 269
mate 269
mateḥ 269
matyāḥ 269
matyām 269
matyai 269
madhunī 225
madhūni 225
madho 225
manasī 321
manāṃsi 321
mayi 132
mā 132-133
mātarau 228
mātṝḥ 228
mārayati 267
muñcati 265
muñcate 265
me 132-133
yacchati 263
yanti 290
yantu 290
yuṅkta 300
yuṅktaḥ 299
yuṅktām 300
yuṅkte 297, 299
yuṅkṣe 299
yuṅkṣva 300
yuṅgdhi 300
yuñjate 299
yuñjanti 299
yuñjantu 300
yuñjamaḥ 297
yuñje 299
yunakti 297, 299
yunaktu 300
yunakṣi 299
yunajāni 300
yunajai 300
yunajmi 299
yuvayoḥ 132
yuvābhyām 132
yuvām 132
yuṣmat 132-133
yuṣmāsu 132
yauti 293
rañjayati 267
ruṇatsi 299
ruṇaddhi 297, 299
ruṇaddhu 299
ruṇadhāni 299
ruṇadhai 299
ruṇadhmi 299
runtse 299
runtsva 299
runddhi 299

runddhe 297, 299
runddhvam 299
rundhatām 299
rundhate 299
rundhanti 299
rundhantu 299
rundhe 299
vaḥ 132-133
vām 132-133
vāri 268
vāriṇaḥ 268
vāriṇi 268
vāriṇī 268
vāriṇe 268
vāriṇoḥ 268
vārīṇām 268
vārīṇi 268
vāre 268
vidyate 265
vidhyati 264
vindati 265
vindate 265
vibhajyantām 355
vivāhayate 267
veti 183
vetti 265
śādhi 294
śāsati 294
śāsāmi 294
śāsti 294
śāstu 294
śāssi 294
śiṣṭha 294
śyati 264
śrāvayati 267
śrūyate 342
saṃvardhayati 267
sunavāni 295
sunavai 295
sunu 295
sunutām 295
sunute 295
sunuṣva 295
sunoti 295
sunotu 295
sunvate 295
sunvanti 295
sunve 295
sta 185
staḥ 184
stam 185
stām 185
stauti 293
stha 184
sthaḥ 184
sthīyate 343
smaḥ 184
syati 264

인도 고전어 쌍쓰끄리땀 첫마당 1

초판 발행 2019년 1월 30일
개정판 1쇄 발행 2022년 3월 30일

지은이 강성용
펴낸이 장지연
편 집 이은경
펴낸곳 도서출판 라싸
출판등록 2018년 10월 2일 제 2018-000295호
주소 (06161)서울특별시 강남구 선릉로 524, 522호(삼성동, 선릉대림아크로텔)
전화 (02) 557-4157 | **팩스** (02) 558-4157
홈페이지 www.rasabooks.kr | **이메일** jyjang@ghculture.kr

ISBN 979-11-965912-1-2 03700

이 도서의 국립중앙도서관 출판예정도서목록(CIP)은 서지정보유통지원시스템 홈페이지(http://seoji.nl.go.kr)와 국가자료공동목록시스템(http://www.nl.go.kr/kolisner)에서 이용하실 수 있습니다. (CIP 제어번호: 2019001504)